STUDIA AUGUSTINIANA HISTORICA

18

PATER ENGELBERT EBERHARD (1893–1958)

AUGUSTINER, PROVINZIAL, GENERAL

EINE BIOGRAPHIE

WILLIGIS ECKERMANN, OSA

Roma 2012

© Pubblicazioni Agostiniane
Via Paolo VI, 25
00193 Roma
E-mail: libri@osacuria.org

Vertrieb für den deutschsprachigen Raum:
Echter Verlag GmbH
ISBN 978–3–429–03528–0

In copertina:
P. Engelbert Eberhard, 1958.

Authentische Ordensgeschichte
ist also allemal Nachfolgegeschichte.
In diesen Nachfolgegeschichten
wird nämlich ein Stück jenes praktischen
Wissens um Jesus den Christus weitererzählt,
das in die Mitte der Christologie gehört.

J. B. Metz, *Zeit der Orden?*

P. Karl Willigis Eckermann OSA, Dr. theol. habil., Litt. D., geb. am 29. November 1934 in Rhumspringe, ist Professor im Ruhestand für Dogmatik und Dogmengeschichte an der Universität Vechta und war Leiter des Augustinus-Instituts Würzburg. Er lebt im Augustinerkloster in Würzburg.

INHALTSVERZEICHNIS

VORWORT

Pater Dr. Engelbert Eberhard (1893–1958) ist noch nicht ganz aus dem Gedächtnis seiner Mitbrüder entschwunden. Die Personen, die ihn kannten, werden aber weniger, seine Leistungen geraten in einer sich rasch wandelnden Zeit in Vergessenheit. Er verdient es jedoch, dass man sich seiner erinnert, da er eine herausragende Persönlichkeit des Augustinerordens war, die eine erstaunliche Leistung vollbrachte.

In der Zeit der Weimarer Republik übernahm er 1929 von seinem Vorgänger P. Clemens Fuhl (1874–1935), der sich der Leitungsaufgabe nicht mehr gewachsen fühlte, die Aufgabe des Provinzials. Er organisierte in der Zeit des sich anbahnenden Zweiten Weltkrieges die Übersiedlung einer großen Zahl junger Augustiner nach Nordamerika und Kanada und bewahrte sie dadurch vor dem wahrscheinlich sicheren Tod.

In der Nachkriegszeit packte er den Wiederaufbau der zerstörten Würzburger Augustinerkirche und des Klosters an und kümmerte sich um Hilfslieferungen an Nahrung und Kleidung aus Amerika und der Schweiz, um damit die Augustinerklöster und zahlreiche andere Personen zu versorgen.

Als Ordensgeneral bemühte sich Pater Engelbert um das Zusammenwachsen der verschiedenen Provinzen und ihren Zusammenhalt. Durch die Wiedererrichtung des Internationalen Kollegs St. Monica in Rom mit seinem theologischen Studium gab er dem Orden Impulse, die für seine Entwicklung im 20. und 21. Jahrhundert von großer Bedeutung wurden.

P. Engelbert hat sich für diese Aufgabe umfassend ausgebildet.

Er absolvierte nach seinem Theologiestudium zusätzlich ein Studium der Philologie an der Universität Würzburg. Es war geplant, dass er am Gymnasium in Münnerstadt als Lehrer tätig werden sollte. Diesen Beruf übte er in Münnerstadt aber nie aus, zeitweise jedoch in Nordamerika. Er unterrichtete dort einige Jahre am Villanova College der amerikanischen Augustiner nahe bei Philadelphia. Für ein Jahr war er Referendar am Alten Gymnasium (heute Wirsberg–Gymnasium) in Würzburg.

Für wissenschaftliche Arbeiten fehlte P. Engelbert die Zeit und Neigung. Er war eher musisch begabt. Dies zeigen seine Gedichte, die volkstümlichen Bücher über Augustinerheilige und seine Zeitschriftenbeiträge. Zur Förderung der Wissenschaft in der Augustinerprovinz trug er dennoch viel bei.

Als Oberer steht P. Engelbert in der Traditionslinie der heiligmäßigen Mitbrüder P. Pius Keller (1825–1904) und P. Clemens Fuhl (1874–1935), von denen er lernte, die er aber nicht zu kopieren suchte, auch nicht in ihrem heiligmäßigen Leben. Dem P. Clemens folgte er als Provinzial und pflegte einen wohlwollenden, brüderlichen Kontakt zu ihm, als dieser von 1931–1935 als General den Gesamtorden leitete.

Von 1953 bis zu seinem Tode 1958 war P. Engelbert dann selber General und bekleidete damit das höchste Amt im Augustinerorden.

Es gab ihm Gelegenheit, sein großes spirituelles Anliegen ins Gespräch zu bringen und nach Kräften zu verwirklichen. Sein Ideal war ein lebendiges Gemeinschaftsleben in den Konventen, der Konvente untereinander und darüber hinaus der einzelnen Provinzen miteinander. Eines seiner am häufigsten gebrauchten Worte in diesem Zusammenhang war das Wort Gemeinschaft. Ich erinnere mich noch gut an Fragen, die mir von ausländischen Mitstudenten in Rom nach der Bedeutung dieses Wortes Gemeinschaft gestellt wurden, da sie es vom General häufig hörten. Meine Antwort war, dass er mit ihm nicht nur Strukturen beschreiben, sondern vor allem ein verständnisvolles und herzliches Zusammenleben betonen wollte, wie es die Augustinerregel im 1. Kapitel mit den Worten ausdrückt: *Zu allererst sollt ihr einmütig zusammenwohnen, wie ein Herz und eine Seele auf dem Weg zu Gott.*

Als ich mit der Arbeit an der Biographie über P. Engelbert begann, wurde mir verschiedentlich die Frage gestellt, welche Bedeutung sie in unserer Zeit für die deutsche Augustinerprovinz und für den Orden überhaupt habe. Meine Antwort bildete sich im Laufe der Beschäftigung mit dem Leben P. Engelberts heraus und fällt differenziert aus.

Ich habe P. Engelbert noch persönlich gekannt. Er stammt nicht nur aus dem gleichen Dorf, aus dem auch ich stamme, sondern auch aus meiner direkten Nachbarschaft. In späteren Jahren erlebte ich ihn als Student in Rom. Das Interesse an seinem Leben steht mit dieser gemeinsamen Herkunft und manchen Erlebnissen in Verbindung.

Der persönliche Aspekt ist aber nicht der einzige und nicht der ausschlaggebende für die Abfassung der Biographie.

Es gab verschiedene Personen, die mich zur Abfassung einer Biographie ermutigten.

An erster Stelle muss ich P. Athanasius Pape (1902–1977) nennen, mit dem ich mich verschiedentlich über die Zeit nach dem Tode des P. Engelbert und über sein Leben unterhielt. Er ermunterte mich, eine Biographie über ihn zu schreiben, da er ein guter Ordensmann und großer General gewesen sei. Für die Arbeit überließ er mir seinen Briefwechsel mit P. General und andere Aufzeichnungen. Die Auswertung dieser Schriftstücke musste ich bis jetzt zurückstellen.

Dann verweise ich auf die Angehörigen von P. Engelbert, die mich zum Schreiben drängten und mir Zugang zu den Briefen gewährten, die sie aus seiner Gymnasialzeit in Münnerstadt und dann später aus der Zeit als Ordensmann in Amerika aufbewahrt hatten. Sie bieten einen Einblick in entscheidende Abschnitte seines Lebens, seiner Entwicklung und der Ordensgeschichte.

Ein entscheidender Anreiz zu dieser Arbeit ist der unglaubliche Weg, den der Sohn eines Eichsfelder Handelsmannes, man nennt solche Leute auch Hausierer, aus dem kleinen Dorf Rhumspringe im Untereichsfeld bis in die Zentrale der Christenheit, in die Weltstadt Rom, an die Spitze des weltumspannenden Augustinerordens in einer schwierigen und gefährlichen Zeit gegangen ist.

Beim Abfassen der Biographie sah ich, dass das Leben P. Engelberts nicht geradlinig verlief, sondern verschiedentlich durch die Eingriffe des P. Clemens Fuhl durchkreuzt wurde. Manche Ansätze in seinem Leben wurden abgebrochen und konnten später wieder aufgenommen werden, andere blieben dagegen Fragment. So war es auch mit seinen Plänen für die deutsche Ordensprovinz. Er wollte sie aus der Enge und Kleinheit herausführen, musste aber einsehen, dass seine Mitbrüder ihm auf diesem Weg nicht folgten.

Vielleicht kann die Vertiefung in sein Leben Mut und Zuversicht in einer Zeit vermitteln, in der vieles mit der gleichen Rasanz in der deutschen Augustinerprovinz abgebaut wird, mit der es unter P. Engelbert aufgebaut wurde. Wenn die Biographie dies bei dem einen oder anderen bewirkt, hätte sie erreicht, was die Beschäftigung mit seiner Persönlichkeit anstrebt.

Die Augustiner zitieren gern das Wort ihres Ordensvaters *Unruhig ist unser Herz, bis es ruht in dir.* Auch Pater Engelbert hat dieses Wort gebraucht und über seine Gedichtsammlung gesetzt. Es fasst ihre Aussagen treffend zusammen. Aber noch viel an-

schaulicher wird es in seinem Leben, das sich einerseits nach
Heimat und Ruhe sehnte, andererseits von Unstetigkeit, Rastlo-
sigkeit und Hektik bestimmt war. Als die endgültige, die himmli-
sche Heimat ihm dann aber immer deutlicher vor Augen trat, war
er überrascht und hielt seine Abberufung für verfrüht. Er hätte gern
noch weiter gearbeitet, da er jetzt erst wisse – so drückte er sich
aus –, wie er die Arbeit im Orden anzufassen habe. Aber das war
ihm nicht mehr vergönnt. Seine Zeit war abgelaufen.

Die verbliebenen unerledigten Aufgaben übernahmen nach sei-
nem Tode andere. Sie führten manche Ansätze weiter, andere ver-
nachlässigten sie. Sein Ideal von dem einen Herzen und der einen
Seele in Gott bleibt aber für jede Generation, die sich der
Ordensregel des heiligen Augustinus verpflichtet weiß, eine
Herausforderung.

Für mich hat die Abfassung der Biographie über P. Engelbert
einen erheblichen Abstand deutlich gemacht zwischen der
Ausgestaltung des Ordenslebens, wie sie P. Engelbert anstrebte,
und wie wir es heute leben. Es wurde mir klar, dass ein Tradi-
tionsbruch stattgefunden hat. Er entstand dadurch, dass vieles im
klösterlichen Alltag als nicht mehr zeitgemäß und überholt abgelegt wurde. Das Abrücken von vermeintlich Überholtem kann aber
nicht alles sein. Von dem Abgetanen müssen die tragfähigen
Gedanken aufgegriffen und für die Gestaltung des augustinischen
Ordenslebens in unserer Zeit weiterentwickelt werden.

Würzburg, am Geburtstag des hl. Augustinus
13. November 2011

Willigis Eckermann OSA

VERWENDETE ABKÜRZUNGEN

AA   Analecta Augustiniana
BA   Bibliotheca Augustiniana, Würzburg
CU   Cor Unum
MvgR Maria vom guten Rat
PA   Provinzarchiv der deutschen Augustiner, Würzburg

LITERATURHINWEIS

Die erste größere Veröffentlichung über P. Engelbert trägt den Titel: *In memoriam Rev.mi P. Generalis Fr. Dr. Engelberti Eberhard.* Sie ist in *Cor Unum* 17 (1959) 1-70 erschienen. Die Beiträge wurden von augustinischen Zeitgenossen und Augenzeugen verfasst, die sich bewußt waren, dass ihnen noch der nötige geschichtliche Abstand fehle. Dennoch sind es wichtige Beiträge:

R. Arbesmann, Primus inter pares (S. 11-16);
H.-J. Seller, Der junge Theologe und Philologe (S. 16-19);
A. Pape, Pionier und Oberer in Amerika (S. 20-28);
A. Kunzelmann, Leiter der deutschen Provinz (S. 30-40);
A. Pape, General in Rom (S. 41-50);
M. Salesia, Vater der Schwestern (S. 51-60);
H.-J. Seller, Seine Persönlichkeit (S. 61-70).

AUSBILDUNG

Als Gustav Eberhard den ersten uns erhaltenen Brief am 24. Dezember 1906 aus Münnerstadt an seine lieben Eltern schrieb[1], lagen einige Wochen in einer neuen Umgebung hinter ihm. Er hatte sein Elternhaus verlassen und war aus seinem Heimatdorf Rhumspringe auf dem Untereichsfeld in Begleitung des Augustinerpaters Nebridius Greubel in die Fremde, in die Klosterschule Münnerstadt abgereist.

Der Abschied aus dem Dorf, das geprägt war von kleinbäuerlicher Landwirtschaft, von Maurern, die ihr Brot in Braunscheig und Hannover verdienten, und von Saisonarbeiterinnen, die durch Spargelstechen und andere Arbeiten in der Landwirtschaft etwas dazu verdienten, war ein entscheidender Einschnitt in das Leben Gustavs gewesen. Jetzt hatte er das Hinausziehen in die Fremde nicht nur als

Das Heimatdorf von P. Engelbert, Rhumspringe, mit der Pfarrkirche St. Sebastian im Harzvorland.

---

[1] Gustav an Eltern, Münnerstadt, 21. Dez. 1906; PA, ES.

einen Vorgang erlebt, der sich alle Jahre bei vielen Familien im Dorf und auch in seiner eigenen Familie zutrug, sondern am eigenen Leib gespürt. Der Abschied vom Heimatdorf im südlichen Harzvorland, am Nordostrand des Untereichsfeldes, von der Rhumequelle und von seiner Familie bedeutete für ihn auch eine Verpflichtung. Er konnte sie vielleicht noch nicht in Worte fassen, um so genauer die Dorfbewohner, die sich Gustav als Augustinerpater und Priester vorstellten und sich fragten, ob er das tragen könne.

Auf den Umzug aus dem etwa 1500 Katholiken zählenden Dorf war Gustav vorbereitet worden. Denn er gehörte zu den Schülern, die sich für den Augustinerorden interessierten und deshalb in dem etwa 15 km von Rhumspringe entfernten Augustinerkloster Germershausen, wo eine Art Progymnasium eingerichtet war, für die Aufnahmeprüfung in die dritte Klasse des humanistischen Gymnasiums in Münnerstadt ausgebildet wurden. Pater Nebridius Greubel war ihr Lehrer; er begleitete[2] die Jungen am Ende der Ausbildungszeit nach Münnerstadt in Unterfranken in das Internat, genannt Klosterschule, der Augustiner. Hier sollten sie das humanistische Gymnasium besuchen und die Voraussetzung für weitere Entwicklungen legen.

Im gleichen Jahr 1906 war Gustav zuvor mit einem sehr guten Zeugnis aus der katholischen Volksschule seines Heimatdorfes entlassen worden.[3] Neben der Volksschule hatte er einen mehrjährigen Privatunterricht von seinem Verwandten, dem Lehrer J. Mecke, erhalten, der ihm das notwendige Wissen für die Aufnahme in die dritte Gymnasialklasse neben dem Unterricht des P. Nebridius vermitteln sollte. Er führte ihn in die Anfangsgründe der lateinischen Sprache ein.[4] In einer Aufnahmeprüfung musste er sein Wissen beweisen. Der Schritt in die dritte Klasse gelang ihm aber nicht, sondern nur in die zweite.[5] Dies geht aus dem Inskriptionsbuch des Gymnasiums Münnerstadt hervor, in dem sich dieser Eintrag findet: *Trat aus dem Privatunterricht in die II. Klasse ein.*[6] Jedenfalls konnte seine Familie aus dem Brief Gustavs entnehmen, dass er in der Ferne Fuß gefasst hatte.

---

[2] Chronik des Klosters Germershausen vom 3.9.1906.

[3] Zeugnisbuch der katholischen Volksschule zu Rhumspringe. Von Ostern 1905 bis Ostern 1919; Grundschule Rhumspringe, Schulstraße 11.

[4] MvgR 36 (1948) 189.

[5] Die Aufnahmeprüfung in die 3. Klasse bestanden nicht: Aloys Henkel aus Hilkerode, Hubert Fraatz aus Wollbrandshausen und Gustav Eberhard aus Rhumspringe. Chronik, Kloster Germershausen vom 3. 9. 1906.

[6] Inscriptionsbuch 1906/07 des Gymnasialarchivs Münnerstadt; in: Stadtarchiv Münnerstadt.

Münnerstadt war ein kleines fränkisches Städtchen, das von seinen Bauten her noch stark mittelalterlich geprägt war. Die Stadtmauer, seine Tore, die Stadtpfarrkirche und die Niederlassung der Deutschherrn vermittelten diesen Eindruck. Daneben gab es die Klosterkirche der Augustiner, die mit ihrer Rokokoausstattung ein ganz anderes Lebensgefühl verbreitete. Dies war die weitere Umgebung des Gymnasiasten Gustav.

Sein Leben außerhalb der Schule spielte sich im Internat der Augustiner, in der so genannten Klosterschule ab.

ANGEKOMMEN IN DER FREMDE

Seine Familie waren die Eltern, das katholische Ehepaar Gustav (* am 6. Oktober 1862) und Amalia Eberhard (* am 13. März 1873). Zu ihr gehörten zwei jüngere Geschwister, der Bruder Otto und die Schwester Anna. Gustav selbst war am 23. März 1893 geboren und erhielt als besonderes Geschenk, studieren zu dürfen. In der Familie lebte die Großmutter Luise und, durch die gemeinsame Arbeit der Familie angegliedert, die Luisetante. Sie hatte ihr eigenes Haus. Da ihr Mann und ihre beiden Kinder gestorben waren, hatte sie Anschluss an die Familie

Vor dem Geburtshaus von P. Engelbert. Von links: Anna Jakobi, Nachbarin, Mutter Amalia, Vater Gustav, Schwester Anna.

Eberhard gesucht und durch die gemeinsame Arbeit gefunden.

In seinem ersten Brief wünschte Gustav seinen Lieben ein fröhliches Weihnachtsfest und schrieb von sich, dass er noch gesund und munter sei und erwarte, *dass ihr es vielleicht auch noch seid.* Er hätte schon eher geschrieben, erhoffte aber zuerst einen Brief von zu Hause. An Neuem kann er mitteilen, dass sie jetzt Ferien haben und Zeugnisse erhielten. Mit seinem sei er *vollständig zufrieden.* Er konnte es sein, da er sehr gute Noten erhalten hatte. Nur im Turnen bekam er eine Zwei. Dafür brachte er folgende Entschuldigung vor: *Im Turnen hätte ich auch noch eine bessere Note bekommen; aber im Probeturnen hatte ich einen schlimmen Finger und ich hatte es dem Turnlehrer nicht gesagt.*

Er berichtete dann, dass 9 Schüler nicht nach Hause gefahren, sondern in Münnerstadt geblieben seien. Für sie war das Leben in der Klosterschule auch etwas angenehmer gestaltet. Sie durften in den Ferien statt wie üblich um halb sechs nun um halb sieben aufstehen. Den Tagesablauf schilderte Gustav so: *Nun brauchen wir den ganzen Tag nichts zu tun als Schlittschuh laufen und spielen und zu Weihnachten Meßlieder einüben.*

Dem Brief legte er die Pensionsberechnung bei, die ihm der Regens der Klosterschule, P. Franz Böhm, übergeben hatte.[7] Er schrieb dazu: *Wann Ihr das Geld schicken sollt, hat er nicht gesagt. Wahrscheinlich bis Neujahr. Weiter weiß ich nichts zu schreiben und grüße alle Verwandten und Bekannten und den Herrn Lehrer und Herrn Kaplan.*

Über den Weihnachtsbrief Gustavs mit der Mitteilung der erzielten guten Noten werden die Eltern froh gewesen sein.

Einen Einblick in Gustavs Leben in der Klosterschule bietet sein Brief vom 23. 1. 1911 an seine Mutter, Großmutter und die Geschwister.[8] Der Brief zeigt, dass sich Gustav nicht nur in das Internatsleben eingefügt hatte, sondern es auch mitgestaltete. Er bedankte sich für eine Drucksache, die er von ihnen erhalten hatte, und zerstreute zugleich ihre geäußerten Befürchtungen, dass er durch die Lektüre besagter Schrift das Studium vernachlässigen könnte, mit dem stringenten Hinweis: *Denn während der Studierzeit dürfen wir uns damit nicht abgeben und während der Freizeit wird ja nicht studiert.* Es handelte sich bei besagter Drucksache wahrscheinlich um ein Theaterstück. Denn Gustav berichtet in dem Brief, dass sie vorläufig alle beiden Stücke spielen, dass es mit dem Schlittenfahren zu Ende sei, da der Schnee nicht lange liegen geblieben sei, und dass sie eine Schulaufgabe aus dem Griechischen ins Deutsche geschrieben hätten. Viel Neues kann er seinen Lieben nicht mitteilen, da alles seinen gewohnten Gang geht, *denn bei uns ist ein Tag wie der andere.* Dann spricht er seine Mutter direkt an und unterbreitet ihr eine Bitte: *Liebe Mutter! Hier sitzen sie nun immer an mir und ich soll ihnen Wurst mitschicken lassen. Da könnt Ihr mir, wenn Ihr mir das nächste Mal wieder was schickt, welche mitschicken. So ungefähr 5–6 Würste (natürlich Mettwürste) könnt Ihr mal mitschicken. Schreibt mir was jede kostet (Porto*

---

[7] Back, S. / Zumkeller, A., Das Augustinerkloster in Münnerstadt. Ein Gang durch seine Geschichte (Cassciacum XXXI), Würzburg 1975, 245, 247.

[8] Gustav an Mutter, Großmutter und Geschwister, Münnerstadt, 23. 1, 1911; PA, ES.

*natürlich mitgerechnet). Ihr braucht Euch da keine Unkosten dar-
aus entstehen lassen.* Dann bittet er noch um die Übersendung des
Verzeichnisses mit den Geburtstagen, *damit ich keinen übergehe.*

VERWURZELT IN DER HEIMAT

In der Anrede des Briefes fehlt der Vater. Dies geschah ganz
bewusst, da Gustav von ihm ein Schreiben erhalten hatte, aus dem
er schloss, dass er nicht mehr zu Hause sei, sondern schon fort war
und seinen Handelsgeschäften nachging. Gustav blieb während der
Zeit der Abwesenheit des Vaters mit ihm in Kontakt. Wollte er ihm
eine Mitteilung senden, dann musste er postlagernd an den
Gastwirt H. Thieß in Ottersberg bei Bremen schreiben, bei dem der
Vater regelmäßig einkehrte und die Post vorfand.[9]
Gustav hatte seinen Vater in den großen Ferien im August das
letzte Mal gesehen. Jetzt nahte sein 49. Geburtstag. Es war eine
Gelegenheit zum Gratulieren und Danken, die sich Gustav nicht entgehen ließ. Er ist inzwischen 18 Jahre alt geworden und ein selbstbewusster Gymnasiast, der diesen Tag mit *verschiedenen Gefühlen*
begrüßte.[10] Mit Dank *vorzüglich gegen Gott, der Euch bisher so gütig*

*Die 4. Klasse des Gymnasiums in Münnerstadt 1908/09; 2. Reihe, 4. von rechts:
Schüler Gustav Eberhard.*

---

[9] Gustav an Vater (Postkarte), Münnerstadt, 19. Sept. 1911; PA, ES.
[10] Gustav an Vater, Münnerstadt, 5. Okt. 1911; PA, ES.

*beschützt hat und der Euch diesen Tag hoffentlich in Gesundheit hat
erleben lassen.* Dann richtete er den Dank auch gegen den Vater. Er
nennt *die vielen Wohltaten, die Ihr mir von zartester Kindheit an erwiesen und bis jetzt fortgesetzt habt, besonders aber, dass Ihr mir das
große Opfer gebracht und mich habt studieren lassen.* An dieser Stelle
zeigt Gustav, was ihm das Studium bedeutet, wie sehr er es liebt und
schätzt. *Ich fühle mit jedem Tag mehr, dass nur das Studium mein
Beruf ist und dass ich anders hätte unglücklich werden müssen.* Er
versicherte seinem Vater, dass er seine Güte vergelten möchte. *Und
ich will es versuchen, durch anhaltenden Fleiß und gute Erfolge Euch
einen kleinen Ersatz zu bieten für Eure vielen und großen Mühen.
Ich will meinem Vorsatz treu bleiben, mag kommen, was da will.*

　　Gustav hielt dann eine Betrachtung über den Tag, auf den der
väterliche Geburtstag fiel, in der Übergangszeit vom Herbst zum
Winter. *Hier wird es nun auch allmählich Winter. Es ist alles so traurig und öde in der Natur. Alles Leben ist entschwunden und wo man
hinblickt ist alles grau und eintönig. Die ganze Natur ist wie tot. Nur
der Wind rauscht noch in den Zweigen und im Laube, aber auch aus
seinem Rauschen hört man nur das eine Wort: ‚Sterben‘. Man wird
ganz schwermütig dabei. Es ist also eigentlich nicht so schön, seinen
Geburtstag im Herbst zu haben als im Frühlinge, wo alles grünt und
blüht.* In dieser Situation riet Gustav seinem Vater: *Aber macht Euch
den Tag so angenehm und gemütlich wie möglich; viel werdet Ihr allerdings nicht von ihm haben, wie ich meistens auch nicht.*

　　Zur ersten heiligen Kommunion seiner Schwester Anna gewährte Gustav einen Blick in sein eigenes Inneres und beschrieb,
welch einschneidendes Erlebnis die Erstkommunion für sein Leben
war, welche Folgerungen er daraus zog und was er seiner
Schwester wünschte und riet.[11]

　　Die Erstkommunion Gustavs lag fünf Jahre zurück. Es waren
Jahre *voll Freud und Leid.* Aber keines dieser Ereignisse *hat den
Eindruck verwischen können, den jener heilige Tag auf mich gemacht hat. Er war der schönste, der glücklichste Tag in meinem
Leben und nur mit stiller Wehmut, aber auch seligem Troste denke
ich zurück an den Tag meiner ersten heiligen Kommunion. O welche seligen Gefühle bestürmen da das Herz des Kommunionkindes,
Gefühle des Dankes und der Liebe gegen den göttlichen Heiland,
der uns zu Liebe ein armes, schwaches Erdenkind geworden und
nun in der heiligen Kommunion zu uns kommen will.* Um dieses
Glück zu genießen, ist ein reines Herz erforderlich, das durch eine

---

[11] Gustav an Schwester Anna, Münnerstadt, 16. März 1911, PA, ES.

gute Gewissenserforschung, die mit Reue und Vorsatz verbunden ist, erreicht wird. Schon die Vorbereitungszeit auf die heilige Kommunion ist eine gnadenvolle Zeit; auch an sie wird man mit Freude zurückdenken, *wenn sie gut und würdig benützt ist.*

Gustav wünschte seiner Schwester, dass der Erstkommuniontag für sie ein Freudentag fürs ganze Leben sein möge. Er führte ihr vor Augen, wie dies möglich sein kann, und es scheint so, dass Gustav diese Einstellung und Haltung selbst erprobt hatte. *Wenn dich dann die Stürme des Lebens umbrausen, wenn Not und Gefahr über dich kommt und Versuchungen zum Bösen an dich herantreten, dann kannst du zurückschauen auf jenen Freudentag, wo du so fromm und so unschuldig warst und dann denke zurück an die Treue, die du dem lieben Heiland geschworen hast und du wirst nicht mutlos werden und die Versuchungen überwinden. Wie ein leuchtender Stern wird der ‚Weiße Sonntag' an deinem Lebenshimmel glänzen und wenn du auf ihn schaust, dann wirst du wie die drei Weisen aus dem Morgenlande zum Ziele deiner Bestimmung gelangen zum Heiland im Himmel!*

Das Bild vom Weißen Sonntag als leuchtender Stern am Lebenshimmel in Verbindung mit den drei Weisen aus dem Morgenlande, die sich auf den Weg zum Christuskind machten, wird von Gustav verschiedentlich verwendet. Es wurde für ihn ein Bild des Lebens und der Lebensgestaltung, der Begegnung und des Unterwegsseins mit Jesus Christus. Die eigene Erstkommunion hat es hervorgerufen und grundgelegt.

Der Geburtstag und die bevorstehende Schulentlassung seiner Schwester Anna war für Gustav ein weiterer Anlass, ihr etwas über den Wert der Jugend und das Schülersein auch nach der Schulentlassung zu schreiben.[12] Er verstand seinen Brief als trautes Zwiegespräch mit einer Lieben in der Heimat. Er zeigt aber auch seine Einstellung zu den angeschnittenen Themen.

Da Gustavs Schwester ihren Geburtstag zum letzten Mal als Kind feiert, führt er ihr vor Augen, wie *schön gerade die Kinderjahre sind.* In ihnen treten *die Sorgen und Forderungen des Lebens noch nicht an das Kind heran und sein Herz weiß noch nichts von der Schlechtigkeit der Welt.* Gustav gab ihr deshalb den Ratschlag: *Bleibe ein Kind, solange du kannst!* Zu diesem Hinweis fühlte er sich durch das Heilandswort *Lasset die Kinder zu mir kommen, denn ihrer ist das Himmelreich* berechtigt. Gustav stellte seiner Schwester die

---

[12] Gustav an Schwester Anna, Münnerstadt, 17. März 1912; PA, ES.

Frage, was denn das Schöne sei, das *die Kindheit so auszeichnet.*
Seine Antwort lautet: *Es ist die Herzensreinheit,* die es zu bewahren
gilt. Ein Vorblick in die nun beginnende Jugendzeit zeigt, dass sie
eng mit der Kindheit verknüpft ist und speziell mit ihrer Reinheit.
*Ohne sie ist auch die schönste Jugendzeit nichts wert. Wenn du sie
und den Glauben treu auch im Leben bewahrst, dann wirst du einst
glücklich, wenn nicht, tief unglücklich werden. Nur eine Jugendzeit
hat der Mensch und ist diese eine verloren, dann ist sie für immer
verloren.* Die Schwester Anna soll sich diese paar Worte zu Herzen
nehmen, *wenn sie auch etwas predigend aussehen.*

Gustav entwickelte seiner Schwester Gedanken vom weiterge-
henden, lebenslänglichen Lernen, wenn er ihr erklärte, dass die
Entlassung aus der Volksschule kein Abschied vom Schülersein sei,
sondern der Übertritt in eine andere Schule, in die Schule des ernsten Lebens. Der Entlassene muss in Wirklichkeit erst in die Schule;
*denn aus der Schule kommt der Mensch erst, wenn er seine müden
Augen für immer schließt. Das ganze Leben ist eine Schule; denn lernen müssen wir immer und auch in der Schule des Lebens sitzen die
Tüchtigen oben an.* Hat man die Schule der Kindheit gut angewandt,
so gibt uns der Gedanke an sie immer wieder neuen Lebensmut.

Zum 50. Geburtstag seines Vaters schrieb Gustav einen Brief,
der ihm die Gelegenheit bot, über die vier Jahreszeiten im Leben
des Menschen zu reflektieren.[13]

Mit dem 50. Lebensjahr sei der Vater in *eine neue Jahreszeit,
den Herbst des Lebens* eingetreten. Gustav erinnerte an die
Silberstreifen, die im Haar des Vaters auftraten, und meinte, dass
man im Lebensherbst sich gern an sein verflossenes Leben zurück-
erinnert. Gustav blickte in das Leben seines Vaters und fand darin
*lauter Wohltaten, die Ihr mir und uns allen erwiesen habt.
Besonders aber mir, denn Ihr habt die schweren Kosten und Opfer
des Studiums gern und mit Freuden gebracht und mich dazu gemacht, was ich bin. Ihr wißt gar nicht, wieviel Ihr damit getan habt;
denn ich glaube, ich wäre ewig unglücklich geworden, wenn ich
nicht zum Studium, das mein Ein und Alles ist, gekommen wäre.*
Gustav dankte seinem Vater und wünschte ihm, dass er auch den
Winter seines Lebens in Frieden und Ruhe erleben möge. *Wenn der
müde Leib sich zum ewigen Schlafe niederlegt, dann möge die
Seele eine fröhliche Auferstehung zum neuen Leben, zu einem ewigen Frühling feiern. Das soll mein Wunsch an diesem Tage sein.*

---

[13] Gustav an Vater, Münnerstadt, 11. Okt. 1912; PA, ES.

EINKLEIDUNG ZUM OBLATEN

Ein Einschnitt in das Leben Gustavs war die Mitteilung des Provinzials P. Ambrosius Schubert (1863–1927) an die Klosterschüler der drei oberen Klassen des Gymnasiums, dass sie an Ostern mit dem Augustinerhabit eingekleidet werden sollten. Dies war eine Neuerung in der Klosterschule Münnerstadt und sollte die Schüler fester an den Orden binden. Aus der gymnasialen Unverbindlichkeit sollte eine äußerlich sichtbare Bindung an den Orden werden. Der Provinzial hatte sich in dieser Angelegenheit an das Ministerium in München mit der Bitte gewandt, dass die Klosterschüler der drei oberen Klassen das Gymnasium im Ordenskleid besuchen dürften, wie es bereits für die Zöglinge der Franziskaner und Kapuziner in Bayern gestattet wurde. Der Provinzial versicherte, dass *die Studenten in ihrer Berufswahl selbstverständlich frei blieben.*[14] Ein Ministerialerlass vom 16. April 1913 genehmigte das Ersuchen. In Zukunft solle sich die Anstalt aber nicht mehr Schule, sondern Internat nennen, war eine Auflage des Ministeriums, da in ihr kein Unterricht erteilt werde.[15]

Gustav hatte während der letzten Ferien mit seinen Eltern, wie er im Brief vom 18. Januar 1913 schrieb[16], zwar schon darüber gesprochen, doch wurde es jetzt ernst. Es war zwar ein Schritt, der Gustav seinem Ziel, Ordensmann und Priester werden zu wollen, näher brachte, doch hatte er Folgen, die bedacht und verdaut werden mussten.

Eine Folge war, dass er *mit dem Augustiner Kleid ins Gymnasium* gehen musste, die Ferien nicht mehr zu Hause verbringen konnte, sondern in einem Augustinerkloster. Für Gustav bedeutete dieser Schritt ein schweres Opfer, das er aber *dem Herrgott zu Liebe* gern bringen wollte. Denn *ohne Opfer ist einmal das menschliche Leben nicht und Opfer muß es geben, sonst wird der Mensch zu übermütig.*

Was ihm aber Sorge bereitete, war die Begegnung und der Umgang mit den Klassenkameraden. *Denkt Euch*, schreibt er, *wenn wir mit dem Habit in die Schule gehen müssen zwischen die Schulkameraden, die schon sechs Jahre mit einem zusammen gewesen sind und von denen es bei manchen auch nicht mehr weit mit dem Glauben her ist, das geht sicher ohne Spott und Ulkerei*

---

[14] S. Back / A. Zumkeller, Das Augustinerkloster in Münnerstadt. Ein Gang durch seine Geschichte, Würzburg 1975, 250.

[15] S. Back / A. Zumkeller, Das Augustinerkloster Münnerstadt, 250.

[16] Gustav an Eltern, Münnerstadt, 18. Jan. 1913; PA, ES.

nicht ab. Aber das macht nichts. Mit Gottes Hilfe geht alles. Der erste Schultag im neuen Kleid wird Aufsehen erregt haben. Aber die Mitschüler waren durch ihre Lehrer aus dem Augustinerkloster an den Habit gewöhnt, so dass sie sich zwar wunderten, aber mit dem Spott zurückhielten.

Das Leben im Klosterinternat von Münnerstadt hatte seinen festgelegten Rhythmus, der Gustav manchmal widerstrebte und ihm eintönig vorkam. In einem Brief an seinen Bruder Otto vom 29. 10. 1912 klagte er[17]: *Von Morgens halb sechs bis Abends neun Uhr weiter nichts als studieren und immer studieren, Sonntag wie Alltag.* Gustav lehnte dieses Leben nicht ab, sondern suchte ihm auch etwas Gutes abzugewinnen: *Aber das schadet nichts; denn man lernt etwas und wird dann auch etwas und die Eltern, die soviel für uns tun, haben ihre Freude.*

Das Studium wurde aber auch aufgelockert. Gustav berichtete am 22. 5. 1913 von einem gelungenen Ausflug[18], den er mit zwei anderen Klassenkameraden zu Fuß von Münnerstadt nach Coburg in zwei Tagen machte. In Coburg besuchten sie eine Theateraufführung und wanderten am dritten Tag weiter nach Vierzehnheiligen und Staffelstein. Für den Heimweg benutzten sie die Eisenbahn über Bamberg. Diese Tage vermittelten viele Eindrücke und gefielen Gustav sehr gut.

Die Zeit, die auf den Ausflug folgte, war für Gustav nicht eintönig. Denn in der Klosterschule

Gustav (am linken Rand) auf einer Wanderung mit Freunden.

wartete schon *furchtbar viel Arbeit* auf ihn.[19] Da stand das Schuljubiläum im Juni an, für das er ein 40 Strophen umfassendes Gedicht verfasst hatte, das dem Rektor aber zu lang erschien. Dann soll er für den Abschluß eine Rede ausarbeiten, am Abend mit der Klosterschule Theater einüben, selbst seine Schularbeiten machen und noch Nachhilfestunden geben. Bei diesem Arbeitspensum ist es verständlich, dass er sich *schon auf die großen Ferien* freute.

---

[17] Gustav an Bruder Otto, Münnerstadt, 29. 10. 1912; PA, ES.
[18] Gustav an Eltern, Münnerstadt, 22. 5. 1913; PA, ES.
[19] Gustav an Eltern, Münnerstadt, 22. 5. 1913; PA, ES.

Unter Schuljubiläum verstand Gustav wahrscheinlich das Befreiungsfest, zu dem er am 14. Juni 1913 einen von ihm verfassten 18strophigen Prolog vortrug.[20] Für dieses Jahr kommt aber auch das 25jährige Kaiserjubiläum Wilhelms II. in Frage, der 1888 den Thron bestiegen hatte und 1913 25 Jahre regierte, doch passt das Gedicht nicht auf ihn. Es ist überschrieben mit *Walhalla* und wurde von Gustav in der Aula des Gymnasiums Münnerstadt vorgetragen.

Er kannte die Walhalla, den Tempel am Donaustrande *mit den Mauern fest und schwer*, erbaut von König Ludwig von Bayern, wahrscheinlich von einem Ausflug nach Regensburg, wie er in der Klosterschule üblich war.

Aus seinem patriotischen Gedicht sei der Gedanke der Einigkeit herausgegriffen, den dieser Bau symbolisieren soll. In ihm sind die besten Deutschen um den König Ludwig vereinigt und es kommen bis heute neue hinzu.

Gustav griff den Wunsch des Bayernkönigs auf, dass die deutsche Einheit fest und stark sein möge und schrieb:

> *Möge fest, wie dies Gebäude,*
> *Möge fest, wie dieser Stein,*
> *Möge fest und stark wie heute*
> *Stets der Deutschen Eintracht sein!*

Der Gedanke der Eintracht, des Zusammenhalts und Zusammenwirkens war für Gustav nicht nur eine Pflichtübung, die er für diese Schulfeier aussprach, sondern entsprach seiner Überzeugung. Man kann ihn als das natürliche, aus der Erfahrung gewonnene Fundament bezeichnen, auf dem dann später seine Anschauungen von der Zusammenarbeit der deutschen Augustinerprovinz und des Gesamtordens aufruhen und aufbauen konnten. Dies ist eine weltliche Komponente, zu der später religiös überhöhte Vorstellungen von augustinischer Gemeinschaftsauffassung kamen.

Gustavs Einkleidung verzögerte sich etwas. Erst am 16. April 1913 traf ein ministerieller Erlass mit der gewünschten Erlaubnis aus München ein.

Für Gustav hatte der Erlass die Konsequenz, die er seinen Eltern mit diesen Worten mitteilte: *Jetzt heißt es am Schluß der Ferien: Hinein in den schwarzen Rock.*[21]

---

[20] Erzählungen und Gedichte, BA F 36,114-117.
[21] Gustav an Eltern, Münnerstadt, 22. Mai 1913; PA, ES.

Die Einkleidung erfolgte dann am 28. August 1913, am Fest des hl. Augustinus. An diesem Tag erhielten die ersten 13 Schüler des Klosterseminars der drei oberen Klassen durch den Provinzial P. Ambrosius Schubert das Ordenskleid.

Im Geburtstagsbrief vom 4. Oktober 1913 an den Vater bezog sich Fr. Engelbert darauf: *Zu Eurem Geburtstage will ich Euch nur das Geständnis machen, dass ich mich in meinem Berufe glücklich fühle, glücklich wie in keinem andern. Und ich glaube das ist für einen Vater, der nur das Beste seiner Kinder will, der sich für seine Kinder sorgt und abmüht, die schönste Freude, wenn er sieht, dass er erreicht hat, was er will, dass seine Kinder wirklich glücklich sind. Und das bin ich, lieber Vater, das kann ich mit offenem Herzen gestehen. Und das alles verdanke ich Euch; Ihr habt mich studieren lassen und was Ihr mir für eine Wohltat damit erwiesen habt, kann ich Euch gar nicht ausdrücken. Ich glaube ich wäre in einem trockenen Geschäfte der unglücklichste Mensch der Welt geworden. Darum sage ich Euch an Eurem Geburtstage den herzlichsten Dank dafür und bete täglich, das habe ich mir zur Gewohnheit gemacht, dass Euch Gott all die Liebe vergelte, die ich Euch kaum wieder gut machen kann. Möge er Euch noch lange am Leben erhalten, damit Ihr den Tag meiner Primiz noch recht fröhlich und gesund erlebt und mich später auch in Amt und Würden seht.*[22]

An Gustavs Einkleidung in Münnerstadt hatten seine Eltern teilgenommen. Sie konnten sich bei dieser Gelegenheit davon überzeugen, dass es ihm gut ging. Er hatte zwar viel Arbeit, beklagte sich darüber aber nicht, sondern war froh: *Nun ja der Mensch muß arbeiten, sonst ist er nicht glücklich. Und wir arbeiten mit Rücksicht auf ein hohes Ziel, den Himmel. Wie wäre es doch so traurig, wenn mit dem Tode alles aus wäre!*

Der Geburtstag des Vaters veranlasste Engelbert, über das Ziel des Lebens nach dem Tode nachzudenken. Dabei hatte er das herbstliche Lauertal Münnerstadts vor Augen. *Ich kann hier von meinem Pulte so schön ins Lauertal hinabsehen. Es ist Herbst. Leise fallen unten an den Bäumen die gelben Blätter ab und sinken wie von einer unsichtbaren Hand gebrochen zitternd zu Boden, wo sie – vergehen. So reißt auch die kalte Hand des Todes einen Menschen nach dem andern aus dem Leben und bettet ihn in die kühle Erde, wie tröstlich ist da nicht der Gedanke, dass wir nicht wie die Blätter vergehen, sondern zu einem schönern Leben einge-*

---

[22] Fr. Engelbert an Vater, 4. Okt. 1913; PA, ES.

Einkleidung zum Oblaten in Münnerstadt am 28. August 1913. Fr. Engelbert erste Reihe rechts außen.

hen! *Dieser Gedanke richtet uns auf, wenn Arbeit und Mühe hart auf unsern Schultern liegen; dieser Gedanke macht auch mir das Studium und die Sorgen des Lebens leicht, hoffentlich auch Euch.*[23]

Bei seiner Einkleidung erhielt Gustav den Namen Frater Engelbert. In dem Geburtstagsbrief an seinen Bruder Otto vom 10. Dezember 1913 legte Fr. Engelbert seinem Bruder zwei Punkte ans Herz: *Tue nichts gegen die Sittlichkeit und gehe nie von deinem Glauben ab.* Dem Brief legte er eine Photographie bei. Sie zeigt Engelbert mit seinen Mitschülern, *wie wir uns gleich nach unserer Einkleidung haben photographieren lassen.* Sie war im Oktober 1913 aufgenommen. Fr. Engelbert bittet seinen Bruder: *Behalte sie als eine Erinnerung an den für mich so wichtigen Tag und bete auch manchmal etwas für mich, dass ich in meinem Berufe ausharre und meine Gesundheit behalte.*[24]

Von den Briefen, die an die Mutter gerichtet waren, ist einer vom 11. März 1914 zu ihrem Geburtstag besonders aufschluss-reich.[25] Fr. Engelbert blickte darin auf seine Einkleidung zurück und schrieb, dass er durch sie *einen großen Schritt vorwärts getan* habe zu seinem *erhabenen Ziele als Ordenspriester.* Engelbert be-

---

[23] Fr. Engelbert an Vater, 4. Okt. 1913; PA, ES.
[24] Fr. Engelbert an Bruder Otto, Münnerstadt, 10. Dez. 1913; PA, ES.
[25] Fr. Engelbert an Mutter, Münnerstadt, 11. März 1914; PA, ES.

nannte die Verdienste, die seine Mutter daran hat. *Ihr wart es, die so manchen Weg durch Wasser und Schnee nach Germershausen gemacht hat, um mir zu meinem Ziele zu verhelfen. Das eine Ziel ist nun mit Gottes Hilfe in einigen Monaten erreicht, nämlich die Absolvierung des Gymnasiums, mit Gottes Hilfe werde ich dann auch in einigen Jahren das andere höhere Ziel, Priester zu werden, erreichen, um damit nicht nur meinen, sondern auch Euren Herzenswunsch zu erfüllen. Ich werde Euch das nie vergessen, liebe Mutter, und werde den lieben Gott besonders an Eurem Geburtstage bitten, dass er Euch dafür reichen Segen auf Erden und noch reichern einst im Himmel droben gibt, wo aller Kummer und alles Erdenleid ein Ende hat.*

Da sich die Geburtstage in der Familie häuften, äußerte Engelbert den Wunsch, nicht immer nur schriftlich gratulieren zu müssen, sondern gern wieder einmal mitfeiern zu können, *aber man muß das Opfer Gott zu Liebe schon bringen.* Er hoffte aber, dass ein Heimataufenthalt im Sommer möglich sein wird, wünschte sich, dass das Noviziat nicht zu früh beginnt.

Vor dem Abitur waren noch einige Schulaufgaben zu schreiben. Als Engelbert den Brief an seine Mutter schrieb, hatte er die letzte im Griechischen abgeliefert: *Erst heute Morgen haben wir Griechische gehabt, so Gott will die letzte deutsch-griechische im ganzen Leben.* Dieser Blick in die Zukunft sollte sich aber nicht erfüllen, denn Engelbert studierte später klassische Philologie und musste auch Übersetzungen vom Deutschen ins Griechische durchführen.

Der Geburtstag seiner Großmutter Luise veranlasste Engelbert, *wieder zur Feder zu greifen.* Der Brief gibt einen Hinweis auf die Umstände, unter denen es geschah.[26] *Es ist das erstemal im Ordenskleid und zugleich das letzte Mal als Gymnasiast.* In diesem Hochgefühl schrieb er: *Nun steht mir die Welt offen, oder von meinem Standpunkte aus gesprochen der Weg zu meinem eigentlichen Berufe, dem Priesterstande. Und mein herzlichster Wunsch zu Euerm Geburtstag ist, dass Ihr den Tag, wo ich dieses ersehnte Ziel erreiche, noch in voller Frische und Gesundheit erlebt; das ist, wie ich glaube, nicht nur Euer Herzenswunsch, sondern auch der meine; denn meine Freude wäre nicht voll, wenn Ihr an diesem Tage nicht da wäret.* Bis zu diesem Zeitpunkt waren es noch fünf Jahre. Im Hinblick auf die Zeit seiner Gymnasialstudien, die sich dem Ende zuneigten, stellte Engelbert fest: *Ich stehe jetzt am Ende*

---

[26] Fr. Engelbert an Großmutter, Münnerstadt, 5. Juli 1914; PA, ES.

*meiner Gymnasialstudien, bin also schon über 8 Jahre von Haus
fort und wie schnell ist eigentlich die Zeit verflossen! Also werden
die paar Jahre auch noch hingehen.* Er kündigte an, dass er gegen
den 4. oder 5. August schon in Rhumspringe sein werde.

Er hatte von zu Hause ein Paket erhalten, über das er sich
freute und für dessen Inhalt er sich bedankte. Er behielt die guten
Sachen nicht für sich, sondern ließ seine Mitschüler daran teilnehmen, damit sie den Endspurt fördern: *Die Zigarren sind wirklich
sehr gut, auch die Wurst ist nicht übel und die Prilleken (eine Art
Berliner) scheinbar auch nicht*, denn alles fand guten Zuspruch. Es
waren alles Produkte aus Rhumspringe; selbst die Zigarren stammten aus der im Dorf damals ansässigen Zigarrenfabrik.

In den Weihnachtsferien 1913 hatte sich Gustav Gedanken
über den Weg gemacht, den er bisher zurückgelegt hatte, und sich
mit den Gefahren auseinandergesetzt, die lauerten, denen er aber
nicht erlegen war. Seine Gedanken über ein mögliches Scheitern
des bisher zurückgelegten Weges schrieb er um Weihnachten 1913
unter der Überschrift *Heimgekehrt* nieder. Es ist aber nicht die
Heimkehr eines erfolgreichen jungen Mannes, sondern die eines ge-
scheiterten Studenten, der sich als fahrender Musikant durchs
Leben schlägt.[27]

In dieser Erzählung treten gewisse autobiographische Züge
hervor, die der Jugendzeit Engelberts angehörten. Andere sind
Kennzeichen seines späteren Lebens, das nicht durch Sesshaftigkeit,
sondern durch den Kreislauf von Abschiednehmen, Unterwegssein
und Rückkehr bestimmt war. Gustav war 20 Jahre alt, als er die
Erzählung niederschrieb. In ihr trat die Bedeutung der Verbindung
zu seiner Familie klar heraus. Sie war für seine Entwicklung uner-
lässlich. Alle Mitglieder der Familie hatten daran Anteil.

Die Hauptperson der Erzählung ist ein fahrender Musikant,
ein verkrachter Student, der durchnässt und frierend auf einem
Hügel steht und auf sein Dorf herabschaut, das am Fuße des Harzes
liegt. In diesem Ort ist unschwer das Heimatdorf von Gustav,
Rhumspringe, zu erkennen. Bei seinem Anblick erinnerte sich der
Musikant an sein verflossenes Leben von der Klosterschule bis zum
Abitur. Es ist der gleiche Weg, den auch Gustav gegangen ist und
auf dem er gerade eine wichtige Etappe beenden wollte.

In den jungen Menschen hat Gustav seine Erfahrung mit seiner Berufung, der Erziehung in der Klosterschule, den Gefahren auf

---

[27] Erzählungen und Gedichte, BA F 36, 9-30.

dem Weg zum Ordensmann und Priester sowie dem Bemühen um ein gutes Abitur hineinprojiziert. Anders als der in den Ferien zu Hause weilende Schüler ist der Abiturient Gustav nicht vom Weg ins Kloster und zum Priestertum durch die Liebe zu einem Mädchen abgekommen. Die Hauptstütze für dieses Bemühen fand er offenbar in seiner Mutter. Diese fehlte dem fahrenden Musikanten, dem Sohn der Landstraße, von dessen tragischem Schicksal die Erzählung berichtet. Die Mutter war gestorben, so dass dem jungen Mann niemand beistand, der seinen Berufswunsch unterstützte, ihm Halt in seinen Schwierigkeiten bot und ihm Mut zu einer Umkehr nach Verirrungen machte. Er wurde zum Bettelmusikanten, zum Vagabunden, zum Landstreicher, der sein Leben armselig und verlassen nach der Rückkehr in sein Heimatdorf auf dem Friedhof beschloss. Im Dorf wagte er nicht, an das erleuchtete Fenster seines Schulfreundes zu klopfen und um Hilfe zu bitten. Die Scham über sein verpfuschtes Leben hielt ihn davon ab. In einer regnerischen Herbstnacht erlitt er am Grab seiner Mutter einen Blutsturz und starb daran. Man fand ihn tot über ihrem Grabhügel.

Die Frage, ob Gustav sich in Liebe mit einer Frau verbinden, oder ob er sich ganz Christus weihen soll, trat verschiedentlich an ihn heran.[28] Sie ist in der Erinnerung an seine Rheinfahrt im Juli 1913 in dem Gedicht *Zum Rhein* festgehalten[29], in dem es aber wohl eher um eine poetische Variation des Lorelei-Motivs als um ein reales Mädchen geht. Wenn es auch in dem Gedicht heißt, dass es sein Herz stürmisch zu dem blonden Mägdelein hinzog, so ist wohl lediglich von einer platonischen Liebe die Rede.

SCHULISCHE LEISTUNGEN UND ABITUR

Überblickt man die Leistungen Gustavs/Fr. Engelberts am Gymnasium von der Quinta, der zweiten, bis zur Oberprima, der neunten Klasse, dann kann man nur sagen, dass der Gymnasiast Gustav Eberhard immer sehr gute Zeugnisse erhielt.

In seinem ersten Jahreszeugnis für die zweite Klasse des Schuljahres 1906/07 steht eine Bemerkung, die auch für die nachfolgenden Schuljahre gelten kann. Sie lautet: *Die Leistungen des braven und fleißigen Schülers können in allen Fächern noch als*

---

[28] Entsagung, in: Erzählungen und Gedichte, BA F 36, 40-41.
[29] Zum Rhein, in: Erzählungen und Gedichte, BA F 36, 98.

sehr gut bezeichnet werden. Die Erlaubnis zum Vorrücken in die
nächst höhere Klasse hat er erhalten.

Will man nach kleinen Schwachstellen im Notenbild des
Schülers suchen, findet man sie im Jahreszeugnis der siebten
Klasse von 1911/12. In ihm hat er die Note *genügend* in der grie-
chischen Sprache erhalten. In der achten Klasse musste er sich im
Weihnachtszeugnis vom 21. Dezember 1912 mit einer 3 in
Französisch begnügen. Im Osterzeugnis vom 14. März 1913 erhielt
er in Französisch die Note 2-3.

Die letzte Klasse schloss Gustav am 14. Juli 1914 mit dem
Abitur ab. Es war die Krönung seiner gymnasialen Bemühungen. In
den Fächern Religion, Mathematik und Physik sowie Turnen hatte
er sehr gut erhalten. In Deutsch, Latein und Geschichte bekam er
die Note gut. Nur genügend erhielt er in der griechischen und französischen Sprache. Seine Leistung wird schriftlich so ausformuliert:
Die Mängel in der Durchführung der Beispiele stempelten seinen
deutschen Aufsatz trotz offenbarer Gewandtheit der Darstellung zu
einer mittleren Leistung; auf nicht höherer Stufe standen seine
Arbeiten aus dem Griechischen und Französischen. Besseres leiste-
te er in der Religionslehre und im Lateinischen und besonders gut
gelang ihm die Lösung der Aufgaben aus der Mathematik und
Physik. Auf Grund der Ergebnisse der schriftlichen Prüfung und des
Jahresfortganges wurde ihm die mündliche Prüfung erlassen.

Hervorgehoben wurden auch Gustavs Leistungen bei Schul-
veranstaltungen. Belobigt wurden auch sein Fleiß und Betragen:
Während seines Aufenthaltes am Gymnasium verdienten sein ge-
setztes Betragen und sein unermüdlicher Fleiß vollste Anerkennung.
Bei Festlichkeiten zeichnete er sich als gewandter Darsteller und
Deklamator aus. Lob verdient auch sein reges Interesse für die he-
bräische Sprache.

Als Fr. Engelbert das Abitur ablegte, herrschte in Europa noch
Friede, wenn auch ein sehr zerbrechlicher. Der Krieg warf bald seine
dunklen Schatten über die fröhlich gestimmte Abiturientenschar. Fr.
Engelbert hatte nur noch 18 Tage Zeit, um sich in das vor ihm lie-
gende Leben hineinzuträumen und hineinzuleben.

AUSBRUCH DES ERSTEN WELTKRIEGES

Der Traum von einer friedlichen, weiten, offenen Zukunft zer-
platzte am 28. Juli 1914. An diesem Tag war das österreichisch-un-
garische Thronfolgerpaar Erzherzog Franz Ferdinand und Gräfin

Sophie in Sarajewo ermordet worden. Nach diesem tödlichen Attentat begann bald der mörderische Erste Weltkrieg.

Nachdem ein Ultimatum an Serbien wirkungslos verstrichen war, erklärte Österreich-Ungarn Serbien den Krieg. Das Deutsche Reich folgte am 1. August mit einer Kriegserklärung an Rußland und mit einer allgemeinen Mobilmachung in Deutschland. Auch in Frankreich wurde die Mobilmachung vorgenommen. Am 2. August wurde Luxemburg von den Deutschen besetzt und ein Ultimatum an Belgien gestellt. Die belgische Regierung wies es zurück, was den Einmarsch der deutschen Truppen am 3. August zur Folge hatte. Am Nachmittag des gleichen Tages erklärte das Deutsche Reich an Frankreich den Krieg. Die Verletzung der belgischen Neutralität durch das Deutsche Reich gab Großbritannien den Anlass, in den Krieg einzutreten durch Abbruch der diplomatischen Beziehungen, was auch Belgien tat. Damit befanden sich beide Länder im Kriegszustand mit dem Deutschen Reich.

MUSTERUNG

Für den Abiturientenjahrgang des Fr. Engelbert hatte die Kriegserklärung unmittelbare Folgen. Jeder von ihnen musste mit seiner Musterung und Einberufung rechnen. Dies geschah auch bei den meisten Abiturienten. Fr. Engelbert wurde zwar gemustert, aber nicht eingezogen. Er war und blieb in dieser Beziehung eine Ausnahme. Er wartete vergebens auf einen Bescheid der Einberufungsbehörde. Dies konnte aber weder wegen eines psychologischen Defektes noch wegen einer körperlichen Behinderung noch wegen eines Gesuches um Befreiung vom Kriegsdienst geschehen sein, da die genannten Gründe auf Fr. Engelbert nicht zutrafen. Seine Noten im Turnen, die über seine körperliche Verfassung am besten Auskunft gaben, zeigen ihn als einen gesunden, beweglichen jungen Mann. Gegen eine Einberufung zum Militär sprach also nichts; dennoch unterblieb sie.

Die Verschonung zog sich über die ganze Zeit des Ersten Weltkrieges hin. Engelbert war darüber beunruhigt und es war ihm zunächst gar nicht recht. Auch er wollte seinen Beitrag zur Verteidigung des Vaterlandes mit der Waffe in der Hand leisten, musste es aber, Gott sei Dank, nicht. Es scheint, dass er zum Sanitätsdienst herangezogen war und Hilfsdienste als Sanitäter leistete.

Eigentlich hätte er darüber froh sein können. Es bedrückte ihn jedoch. Er und andere fragten sich, warum ihn diese Zurückstellung, diese *Schmach* traf. Eine besondere Gnade konnte man darin noch nicht erkennen. Man meinte, die Behörde habe ihn übersehen und deshalb nicht in die Aushebungsliste aufgenommen. Im Nachhinein wollten Andere darin einen göttlichen Gnadenerweis erkennen, der ihn vom Kriegsdienst verschonte und vor einem Heldentod rettete, um ihn für die Aufgaben in der Nachkriegszeit in der Deutschen Ordensprovinz und dann später im ganzen Augustinerorden aufzubewahren. Welche Gründe ausschlaggebend waren, weiß niemand. Dass Gott ihn unter seinen besonderen Schutz genommen hatte, darf man annehmen. Statt in den mörderischen Stellungskrieg einrücken zu müssen, durfte er das Noviziat beginnen.

AUGUSTINER

Nach dem Abitur machte Engelbert zunächst die redlich verdienten Ferien bei seinen Eltern und Angehörigen in seinem Heimatdorf Rhumspringe. Er trat hier bereits im Habit auf, den er seit dem Augustinustag 1913 als *Tertiar* trug.

Während seines Aufenthaltes zu Hause hatte sich sein Wunsch verstärkt, ins Kloster eintreten und Augustiner werden zu wollen. Er kehrte deshalb bald nach dem ihm vertrauten Münnerstadt zurück, das ihm während seines Studiums zur *zweiten Heimat* geworden war und wo sich das Noviziat der Augustiner befand.

Novize in Münnerstadt

Der erste Lebensabschnitt als Augustiner begann für Fr. Engelbert mit der Aufnahme ins Noviziat in Münnerstadt. Vor der Aufnahme musste er sich Exerzitien unterziehen, die ihn in das klösterliche Leben einstimmen sollten. Sie dauerten etwa eine Woche.

Eintritt ins Noviziat. Erste Reihe links: Mutter Amalia, Mitte: Fr. Engelbert, rechts: Schwester Anna; zweite Reihe: Verwandte von Fr. Engelbert.

In diese Zeit fiel auch der Geburtstag von Engelberts Vater, den er zum Anlass eines Gratulationsbriefes nahm, der nicht zu lang ausfallen durfte, da *es der letzte Tag* der Exerzitien war, während der *man sich nicht zu arg zerstreuen* darf.[30]

---

[30] Frater Engelbert an Vater, Münnerstadt, 3. Okt. 1914; PA, ES.

Neben Fr. Engelbert strebte auch Fr. Richard Henkel, der wie Engelbert Eichsfelder war und aus dem Nachbardorf Hilkerode stammte, dem Noviziat zu. Engelbert schrieb seinem Vater: *Morgen früh werde ich mit Henkel ins Noviziat aufgenommen, also nochmals frisch eingekleidet und mit dem weißen Habit bekleidet. Danach beginnt das Noviziat und damit das richtige Ordensleben. Ich bin also endlich am Ziele meiner Wünsche; und wie schön ist es nicht da, dass gerade Euer Geburtstag in dieselbe Zeit fällt, so dass ich Euch aus dem Gefühle meines Glücks heraus meinen herzlichen Dank sagen kann für Eure Mühen und Sorgen, die Ihr und Mutter gehabt habt, um mich so weit zu bringen. Ich will morgen, bei meiner Einkleidung, zu Gott beten, dass er es Euch reichlich vergelte. Ich glaube, es ist das Beste, was ich für Euch tun kann. Betet aber auch Ihr für mich, dass ich auch wirklich ein tüchtiger Ordensmann werde zur Ehre Gottes und zum Heile der Menschen.*

EIN EIGENES ZIMMER

Engelbert fühlte sich *glücklich und zufrieden wie nie zuvor.* Dafür nannte er verschiedene Gründe.

Der erste ist ein eigenes Zimmer, das er ausführlich beschrieb. *Ich habe mein eigenes Zimmer, wo ich nach Belieben schalten und walten kann, nicht zu groß und nicht zu klein, nicht allzu großartig, aber sauber und nett.* Die Zimmereinrichtung entspricht den Bedürfnissen. *Meine Einrichtung besteht in einem Bett; einem Waschtisch mit Zubehör, einem Kleiderschrank, einem Pulte, einem Tisch, einem Stuhl, einem Büchergestelle, einem elektrischen Lichte und einem Ofen, in dem schon ein lustiges Feuer knistert und flackert, so dass es ganz behaglich ist.*

Der Exerzitant vermisste noch einige Kleinigkeiten. Deshalb bat er seine Eltern, ihm diese zu schicken. Es sind dies ein oder zwei Paar weiße Pulswärmer (20 cm lang), ein weißes Schutztuch (55 cm breit) für die Wand über dem Waschbecken sowie ein ½ Pfund Kakao. Um letzteres bat er deshalb, weil es im Winter *um 4 Uhr statt Bier Milch* zu trinken gab.

Auch in den Exerzitien machte sich der begonnene Krieg bemerkbar, wenn Engelbert schrieb: *Über meine Militärangelegenheit weiss ich immer noch nichts.* Er erkundigte sich, wie es mit seinem Bruder und anderen stand und fügte dann schüchtern hinzu: *Sind schon welche gefallen?*

Die Fratres Engelbert und Richard waren am Ende der Exerzitien bereit, ins Kloster einzutreten. Den klösterlichen Namen hatten sie bereits als Tertiaren erhalten. Beim Eintritt ins Noviziat wurden sie mit dem weißen Habit der Augustinernovizen eingekleidet. Diese Zeremonie erfolgte am 4. Oktober 1914 und sollte ausdrücken, dass ein neuer Lebensabschnitt begann, den ein neuer Mensch gestalten soll. Deshalb wurden in der Zeremonie die Zivilkleider des alten Menschen und sein weltlicher Name abgelegt und ein neuer angezogen, wofür der weiße Habit und der neue Name standen.

Die Einkleidung nahm der Prior des Klosters St. Michael, P. Clemens Fuhl, vor. Die Novizen gehörten dann zum Konvent und nahmen an seinem Leben teil. Da es sich aber um ein Einführungsjahr handelte, führten die Novizen auch ein Eigenleben.

DER NOVIZENMEISTER

Dieses wurde durch einen Novizenmeister, den P. Dr. Wilhelm Rügamer (1866–1944), gestaltet, dem die beiden Neulinge unterstanden. Er hatte einen Vertreter, Sozius genannt, den P. Bernhard Merker (1876–1923). Beide Patres waren den Novizen seit der Gymnasialzeit bekannt. P. Wilhelm hatten sie als Religionslehrer und P. Bernhard als Neuphilologen erlebt.

Persönliche Eindrücke Engelberts oder Richards aus ihrem Noviziatsunterricht sind durch Briefe oder andere Aufzeichnungen nicht bekannt. P. Wilhelm hat keine schriftlichen Ausarbeitungen seines Noviziatsunterrichts hinterlassen. Von ihm stammt jedoch eine Reihe von Schriften, aus denen man seine Gedankengänge erschließen kann, mit denen er die Novizen vertraut machte.

NOVIZIATSUNTERRICHT

Seine Aufgabe war es, die Novizen in den Geist und in die Bestimmungen des Augustinerordens einzuführen. Als Grundlage könnte ihm dafür sein Beitrag zum künstlerischen Programm der Decke der Aula des Gymnasiums gedient haben. Dieser wird als mögliche Vorlage für den Unterricht hier herangezogen und in seinen Grundzügen dargelegt.[31]

---

[31] Programm des K. Humanistischen Gymnasiums Münnerstadt für die Jahre 1913 und 1914.

In der Decke sah P. Wilhelm die Erziehungslehre des hl. Augustinus verwirklicht. Es drängt sich deshalb die Vermutung auf, dass sie ihm als Anhaltspunkt für den Noviziatsunterricht diente.

Trifft die Vermutung zu, dann legte P. Wilhelm Wert auf die Berücksichtigung der Natur in seinem Noviziatsunterricht. Dabei ging er von dem Gedanken aus, dass die Gnade die Natur voraussetzt und auf ihr aufbaut.

Als das sittlich-religiöse Erziehungsideal stellte er die Liebe als Ziel der Erziehung heraus. Verwirklicht sah er dieses sittliche Ideal in den Heiligen, speziell in denen des Augustinerordens. Er wird sie den beiden Novizen im Unterricht und im Ablauf des Kirchenjahres an ihren Festen nahe gebracht haben.

Natürlich fehlten auch Ausführungen über Augustinus nicht. Über ihn hatte er sich in seiner herangezogenen Schrift als Lehrer und Erzieher, als Sohn und als Ordensvater geäußert.

Von Augustins Schriften besprach er im Unterricht für die Novizen die Ordensregel als Grundlage des klösterlichen Lebens. Ihr schlossen sich die wichtigsten Punkte der Konstitutionen an, welche die Regel für die Gegenwart auslegten.

P. Wilhelm kannte sich auch in der Geschichte des geistlichen Lebens aus, was die Programmschrift für das Schuljahr 1908/09 belegt. Darin handelt er über die Lehre von den drei Wegen in der mittelalterlichen Poesie des deutschen Volkes. Er wird seinen Novizen im Unterricht die *via purgativa, illuminativa* und *unitiva* erklärt und Hinweise zur Anwendung gegeben haben. Aber im Mittelpunkt seines Unterrichts stand Christus. Ihn hatte er in der Programmschrift *als den universellen Weg zur Erlösung der Seelen, als den Weg, der nicht einem Volke, sondern allen eigen ist*, dargestellt.[32] Mit diesem Gedanken wird er die Novizen in seinem Unterricht bekannt gemacht haben.

Für dieses Thema war P. Wilhelm bestens gerüstet. Er hatte eine Preisaufgabe der theologischen Fakultät Würzburg über *Leontius von Byzanz*[33] gewonnen und war damit promoviert worden. In der Doktorarbeit ging es vor allem um die christologischen Anschauungen des Leontius. Es ist anzunehmen, dass die Aussagen über Jesus Christus ein wichtiger Bestandteil des Novizenunterrichts von P. Wilhelm waren und das Denken Engelberts beeinflussten.

---

[32] De civitate dei X c. 32.

[33] W. Rügamer OSA, Leontius von Byzanz. Ein Polemiker aus dem Zeitalter Justinians (Preisgekrönte Schrift), Würzburg 1894.

Sicher hörte Engelbert den Gedanken über Jesus Christus als den Weg, auf den sich der Novize begeben muss, nicht zum ersten Mal. Er machte aber im Noviziat tiefen Eindruck auf ihn, so dass er später auf ihn zurückgriff.

ERSTE POETISCHE UND LITERARISCHE VERSUCHE

Für Engelbert war das Noviziat auch eine Zeit der Freiheit von schulischen Verpflichtungen, der Besinnung und des Nachdenkens über sich selbst, über seine Zukunft und die Welt. In dieser Zeit der Muße[34] trat in verstärktem Maße seine literarische und poetische Fähigkeit hervor. In dem handschriftlichen Exemplar, das Engelberts Gedichte und einige seiner Erzählungen enthält, hat er das Datum ihrer Entstehung und Veröffentlichung im Druck akribisch vermerkt.[35] Es fällt auf, dass von 1913–15 zahlreiche Gedichte entstanden. Dazu hat das Noviziat beigetragen. Es bot ihm Zeit, das Erlebte und Gefühlte zu bedenken, zu verarbeiten und zu formulieren. So war das Noviziat für ihn nicht nur eine Zeit der Rezeption des klösterlichen Denkens und Verhaltens, sondern auch der schöpferischen Produktivität.

Engelberts Noviziat war keine reine Oase der Glückseligkeit. Über ihm lagen, wie über dem ganzen Volke, die Schatten des Krieges.

Dieser brach auch ins Noviziat ein. Irgendwann musste Richard das Noviziat verlassen und wurde zum Militärdienst eingezogen. Engelbert blieb allein zurück. Das Noviziatsjahr war noch nicht beendet, da kam schon die Nachricht, dass der Mitbruder und Freund Aloys Henkel bei Loos in der Nähe von Lille am 27. September 1915 den Heldentod gefunden hatte. Das war ein herber Schlag für Engelbert. Nachdem sich der erste Schmerz gelegt hatte, verfasste er zwei Gedichte auf den Freund. Das erste überschrieb er mit *Frühes Sterben*, verfasst am Sonntag, dem 21. November 1915, und das zweite mit *Einst...*, gedichtet am Mittwoch, dem 24. November 1915. Im ersten Gedicht wird Hoffnung aus der ewigen Jugend geschöpft, die den Gefallenen im Jenseits erwartet.

> *Was im Lenz einst rauh geknickt,*
> *Ew'gem Lenz entgegenblickt.*

---

[34] *Otium est meum negotium* prangte über der Tür des Noviziats, als der Verfasser sein Noviziat machte.

[35] Erzählungen und Gedichte von Fr. Engelbert Eberhard, BA F 36.

Im zweiten schaut Engelbert auf die gemeinsamen Tage
zurück, die er mit Aloys Henkel glücklich im Streben zum gleichen
Ziel verlebte. Nun muss Engelbert diesen Weg allein gehen. Als
Trost bleibt ihm die Hoffnung auf das Wiedersehen.

1. *Einst zogen wir beide durchs blühende Land*
   Mit leuchtenden Augen, Hand in Hand;
   Auf all un'sern Wegen lag Sonnenschein
   Wir stiegen jauchzend zur Höhe: zu zwein. –

2. *Nun ist es vorüber. – Die Sonne verschwand,*
   Und graue Nebel durchwogen das Land;
   Die leuchtenden Flammen sind alle verloht,
   Die Blumen verblüht, und du – bist tot.

3. *Nun zieh ich allein durch Nebel und Nacht,*
   Kein Blümlein freundlich am Wege lacht –
   Und trauernd steig ich allein zu den Höhn,
   Da schimmert ein Sternlein: das Wiedersehn.

Der Novizenmeister P. Wilhelm war auch ein begeisterter
Marienverehrer. Er leitete die Studentenkongregation in
Münnerstadt, die als Patronin *Maria vom guten Rat* verehrte, und
veröffentlichte Beiträge über Marienlieder, Wallfahrten zu Maria
und Maria in der Dichtung. Mit seiner Marienliebe und -vereh-
rung wird er auch den Noviziatsunterricht bereichert haben. Die
verschiedenen Marienfeste, die im Kloster gefeiert wurden, erforderten die Teilnahme der Novizen. Damit sie diese mit
Verständnis und Anteilnahme begehen konnten, mussten sie in
ihre Geschichte und Bedeutung für das christliche Leben eingeführt werden. P. Wilhelm war dazu in der Lage und wird es gern
getan haben.

Ein Reflex dieses Unterrichts findet sich in Fr. Engelberts
Kriegsgebet zur Mutter Gottes. O sancta Maria, vom Himmelszelt.
Es ist kurz nach dem Noviziat am 13. September 1916 entstanden.[36]
Das von Engelbert gewählte Motiv war ihm vom Münnerstädter
Heimatspiel vertraut, vom Bild der Schutzfrau von Münnerstadt,
die ihren Mantel ausbreitet, um die tödlichen schwedischen Kugeln
zur Zeit des Dreißigjährigen Krieges aufzufangen und so die Stadt

---

[36] Kriegsgebet zur Muttergottes, in: Erzählungen und Gedichte, BA F 36,
108-109.

zu retten. In Anlehnung daran schrieb Engelbert über das aktuelle Kriegsgeschehen:

> *O Mutter, o Mutter, o eile herbei,*
> *Spann rettend den schirmenden Mantel auf*
> *Und hemme der Kugeln tückischen Lauf,*
> *Im Schlachtentoben, im Wetterdröhnen*
> *Hilf, heilige Jungfrau, den deutschen Söhnen!*

Die Novizen nahmen seit Beginn des Noviziats am gemeinsamen Gebet des Konventes teil. Es war deshalb eine Aufgabe des Novizenmeisters, sie in die verschiedenen Formen des Gebetes einzuführen und einzuüben.

Ein wichtiger Bereich war das gemeinsame Breviergebet. Der Novize Engelbert musste in die praktische Handhabung des Breviers und in seinen Aufbau eingewiesen werden.

Da die Psalmen einen wesentlichen Teil des Breviers bilden, ist eine Einführung in ihr Verständnis von großer Bedeutung. P. Wilhelm wird sich dieser Arbeit unterzogen haben und machte auf ihre historische Bedeutung und christologische Deutung aufmerksam. Für letztere konnte er auf Augustinus verweisen, der die Psalmen bereits so erklärt hatte. Deshalb war es naheliegend, dass P. Wilhelm diese Methode empfahl.

Das nähere Vertrautwerden mit verschiedenen Formen des Gebetes und mit den Psalmen regte Engelbert vielleicht zu diesen Versen an:

> *Sagt dem Fink, er soll nicht singen,*
> *Nehmt der Drossel ihre Lieder,*
> *Sagt dem Glöcklein: laß das Klingen!*
> *Und verwehrt das Blühn dem Flieder,*
>
> *Doch mein Herz sollt ihr nicht zwingen.*
> *Wenn es jubelnd jauchzt voll Freude,*
> *Will ich singen und will singen,*
> *Wenn es bebend zagt im Leide.*[37]

Das Gebet soll vom Novizen nicht nur verständnisvoll, sondern auch andächtig verrichtet werden. Zur Andacht beim Beten wird sich P. Wilhelm geäußert haben. Damit sie zustande kommt, muss der Betende sich immer wieder aus der Zerstreuung zum Inhalt

---

[37] Erzählungen und Gedichte, BA, F 36, 57.

seines Gebetes hinbewegen, indem er die Schläfrigkeit und Unaufmerksamkeit ablegt.

Über das unandächtige Gebet hat Fr. Engelbert ein Märchen geschrieben. Es handelt von einem jungen Novizen, der bei einer Schar meist ergrauter Mönche eintrat. Er widmete sich mit großem Eifer den religiösen Übungen *und sang und jubelte im Chor mit wie ein Vöglein am jungen frischen Morgen*. Nach einigen Wochen begann der Eifer zu erkalten. Das Gebet machte ihm keine rechte Freude mehr. Er wusste aber nicht, woher diese Unlust kam.

Bei der Betrachtung der Bitte der Apostel an Christus: *Herr, lehre uns beten!* schlief der Novize ein. Im Schlaf wanderte er zu den ihm vertrauten Plätzen der Stadt. Dabei begegnete ihm sein Schutzengel, der ihm zeigte, dass es beim Gebet auf die Liebe zu Gott und die Aufmerksamkeit für das ankommt, was er Gott vorträgt. Der Novize wird aus seiner Traumreise, auf der er verschiedenen Menschen mit unterschiedlicher Andacht beim Beten und abgestuften Früchten des Betens begegnete, durch den Lärm aufgeschreckt, den sein herunterfallendes Brevier verursachte. Der Lärm brachte ihn zur Besinnung und zeigte ihm, dass die Mitbrüder den Chor verlassen hatten und er allein zurückgeblieben war.

Diese Erfahrung der Unaufmerksamkeit und fehlenden inneren Wärme beim Gebet hatte wahrscheinlich auch der Novize Engelbert gemacht. Deshalb galt auch ihm selbst die Aufforderung, sich aus seiner Lauheit und Zerstreuung wieder Gott mit der ersten Liebe zuzuwenden und das heilige Officium wieder in der Weise mitzubeten, *wie in den ersten Tagen seines Ordenslebens*.[38]

Das Noviziat mit seinem geregelten Ablauf von Gebet, Betrachtung und Unterricht kann dem Novizen schon manchmal die Vorstellung vorgaukeln, dass er sich in einem paradiesischen Zustand befinde. Diese Erfahrung machte auch der Novize Engelbert und teilte sie in seinem Gedicht *Enttäuschung* vom Dezember 1914 mit:

> *Es war ein Traum, ein süßes Träumen,*
> *Doch jählings bin ich aufgewacht;*
> *Glaubt' mich in lichten Himmelsräumen,*
> *Man hat mich höhnisch ausgelacht.*
>
> *Ich wähnt' im Paradies zu leben*
> *Auf wonnetrunk'ner, sel'ger Flur,*

---

[38] MvgR 1916, 60-62.

> *Von Engeln hielt ich mich umgeben,*
> *Doch ach, es waren – Menschen nur.*

Zur täglichen Gewissenserforschung und zur häufigen Beichte wurde der Novize Engelbert angehalten. Er kam dieser Aufforderung nach und erkannte seine Schwäche und sein stets neues Angewiesensein auf die verzeihende Barmherzigkeit Gottes. Engelbert hat dieses Fallen und Wiederaufstehn in seinem Gedicht *Nach der Beichte* ausgesprochen.

> *Nun hast du wieder mir vergeben*
> *Wie schon so zahllos oft im Leben.*
> *Herr! Tausendmal hab ich versprochen*
> *Mich endlich dir zu unterjochen*
> *Und tausendmal brach ich mein Wort*
> *Und frevelte vermessen fort.*
>
> *Herr! Tausendmal hätt' mich dein Grollen*
> *Wie einen Wurm zertreten sollen;*
> *Doch immer schrie ich: „Hab Erbarmen*
> *Ein einzig Mal noch mit mir Armen!"*
> *Dann sprachst du wieder: Ich verzeih!*
> *Und ich – ich sündigte aufs neu'.*
> *Herr! Bleib ich diesmal treu?*[39]

Im Laufe des Kirchenjahres galt es immer wieder Heilige aus dem Augustinerorden zu feiern. Hier hatte der Novizenmeister Gelegenheit, bei der Darstellung des Lebens auch einen Blick in die Geschichte des Ordens und auf seine bedeutendsten Gestalten zu werfen. Dies wird er oder der Prior des Konventes, P. Klemens Fuhl, auch getan haben. Letzterer verfasste um diese Zeit eine Reihe von kurzen Abhandlungen über die Ordensheiligen, die er auch veröffentlichte.[40] Vielleicht wurde er von P. Wilhelm gebeten, mit dem Novizen Engelbert darüber zu sprechen und auf das Augustinische in ihrem Leben einzugehen. Diese Gespräche fielen bei ihm auf fruchtbaren Boden, da die Heiligen die Tradition des

---

[39] Erzählungen und Gedichte, BA F 36, S. 69.
[40] P. Clemens Fuhl, in: MvgR 13 (1917) 7-10 (Evodius); 135-140 (Fulgentius von Ruspe); 171-177 (Anna Katharina Emmerick); 200-201 (Monika); 228-230 (Juliana von Kornelienberg); 264-267 (Alexander Oliva); 293-296 (Tod des hl. Augustinus); 325-329 (Nikolaus von Tolentino).

Ordens verkörpern, von der er später häufig sprach und über die er schrieb.

Die Novizen nahmen auch an den Festlichkeiten des Konventes teil. In die Noviziatszeit Fr. Engelberts fiel das 60jährige Professjubiläum des P. Franz Böhm (1833–1916), den Engelbert als Regens der Klosterschule seit seinem ersten Tag in Münnerstadt kannte. Er unterschrieb seinen Inskriptionsbeleg für die zweite Klasse des Gymnasiums an Stelle von Engelberts Vater und betreute den Schüler Gustav während seiner Gymnasialzeit. Zum diamantenen Professjubiläum von P. Franz steuerte Engelbert ein Gedicht bei, das er vor seiner Zelle in Gegenwart des Konventes, des P. Provinzials und der Klosterschüler vortrug.

Im Gedicht blickt der Jubilar zurück auf sein Leben mit Glück, Schmerz und Leid und freut sich darüber, dass er an seinem Versprechen festgehalten hat.

> *Doch was das Leben mir auch brachte,*
> *Treu hielt ich meinen Fahneneid.*
> *Den Eid, den ich vor 60 Jahren,*
> *Herr, dir geschworen am Altar,*
> *Ich hab ihn gern und treu gehalten*
> *Durch manches sturmdurchbrauste Jahr.*

Wegen Krankheit konnte P. Franz nicht mehr in der Pfarrseelsorge tätig sein. Er widmete sich stattdessen der Erziehung der Ordensjugend und damit auch derjenigen des Fr. Engelbert. Dieser lässt ihn voll Dankbarkeit sagen:

> *Ich durfte junge Seelen leiten,*
> *Die deinem Dienste sich geweiht,*
> *Durft' ihnen zeigen, wie man sicher*
> *Den Degen führt im heil'gen Streit.*

Der Jubilar bittet Gott, er möge die Schar, die sich Gott geweiht hat, behüten und vermehren.[41]

Engelberts Noviziat verlief nicht ohne Auseinandersetzung mit der herandrängenden Sexualität und mit der Frage nach der richtigen Berufsentscheidung. Über beide Bereiche machte er keine ausdrücklichen Angaben.

---

[41] Erzählungen und Gedichte, BA F 36, 86-88.

Aus einem Gedicht, das von der anbrausenden Lebensflut handelt, kann man aber auf solche Auseinandersetzungen schließen, die er in seinem Gedicht festhielt, das mit *Die Lebensflut. (Ein Traum)* überschrieben ist.

In dem Traum stürmt er einem Sirenengesang, einem Zauberklang hinterher. In seinem ziellosen Lauf trifft er auf die Lebensflut, auf eine an ihm vorbeirauschende Menschenmenge.

> *Und taumelnd, wie berauscht von sel'ger Lust*
> *Stürzt er vom Eiland seiner Jugendzeit*
> *Sich in die Flut der vollen Wirklichkeit.*

In dieser begegnet er einer jugendfrohen Schar, unter der sich auch eine verlockende Frau befindet, die er so beschreibt:

> *Um ihre Stirne Purpurrosen glühn*
> *Und heiße Lust die dunklen Augen sprühn.*

Er achtet aber nicht auf ihre Verlockungen, weil er in der Ferne ein verheißungsvolles Licht erblickt.

> *In weiter Ferne glänzt ein schimmernd Licht.*
> *Es glimmt und gleißt in glückverheiß'nem Glanz,*
> *Der Jüngling reißt vom Haupte sich den Kranz*
> *Und was das üpp'ge Weib ihm auch verspricht:*
> *„Du bringst Erkenntnis, heil'ges, fernes Licht!"*
> *Entringt sich's jauchzend ihm, und er durchbricht*
> *Mit Ungestüm der Freude lauten Kreis.*
> *Ihm winkt ein schön'rer, winkt ein bessrer Preis.*[42]

Der Freude der Sexualität stellte er das verheißungsvolle Licht entgegen, von dem er hoffte, dass es ihn in ungeahnte Fernen entführt, in denen er sein Glück finden wird.

Mit der Frage, ob er die richtige Berufsentscheidung getroffen hat, setzte sich Engelbert in einem anderen Gedicht auseinander. Während dieser manchmal quälenden Überlegungen schrieb er einige Zeilen unter der Überschrift *Versuchung* nieder:

> *Fort, fort mit euch, ihr lockenden Gedanken!*
> *Sturmvögeln gleich umflattert ihr die Stirn*

---

[42] Erzählungen und Gedichte, BA F 36, 59-62.

> *Und euer Flug verkündet Wettertoben*
> *Dem Sturmesbangen, fieberndem Gehirn.*[43]

Dem betenden und nachdenkenden Novizen Engelbert wurde in diesen Nöten und Schwierigkeiten immer deutlicher bewusst, dass es die Person Jesu Christi ist, der er sich anvertrauen kann und von der er lernen muss. Der Blick auf Jesus im Garten Getsemani machte ihm Mut und spendete ihm *Trost*, wie er ein Gedicht überschrieb:

> *Und schießt auch durch die Adern glühend*
> *In banger Hast dein Blut,*
> *Und lodert die Begierde sprühend*
> *Durch's Herz in wilder Flammenglut:*
> *Brauchst doch nicht ängstlich zu verzagen,*
> *Du darfst ja voll Vertrauen klagen*
> *Dem Heiland nur dein schweres Leid;*
> *Er, der von Todesangst umschlungen*
> *Am Ölberg blutend einst gerungen,*
> *Hilft gern im harten Seelenstreit.*[44]

Schon bald nach Beginn des Noviziats trat Christus, der seinen Kreuzweg gegangen ist, in das Blickfeld des Novizen. Seine Betrachtungen über das Umschlagen der Hosiannarufe in das Kreuzige ihn, fasste Engelbert in ein Gedicht und drückte den Kontrast der Stimmungen so aus:

> *Er reitet ernst auf seinem Füllen,*
> *Hosanna! Klingt's von fern und nah.*
> *Ein wehes Lächeln – fern im Westen*
> *Erblickt sein Auge – Golgatha.*[45]

In seinem Gedicht *Auf Golgatha* betrachtete Engelbert den am Kreuz sterbenden Heiland, der seine Augen über die Menschen schweifen lässt, die sich vor seinem Kreuz drängen, aber nicht an ihn glauben.

> *Kein Auge wird feucht und betrauert*
> *Den sterbenden Gottessohn.*[46]

---

[43] Erzählungen und Gedichte, BA F 36, 58 (Februar 1915).
[44] Erzählungen und Gedichte, BA F 36, 58 (Februar 1915).
[45] Erzählungen und Gedichte, BA F 36, 63: Hosanna – Ans Kreuz! (20. Oktober 1914).
[46] Erzählungen und Gedichte, BA F 36, 64-66, bes. 65.

Engelbert wird häufig vor dem Kreuz gekniet haben, um dem Gekreuzigten sein Leid und das so vieler vom Krieg betroffener Menschen vorzutragen. Er sprach aber auch von Momenten des Einklangs mit sich und den Mitbrüdern. Es beeindruckte ihn die besinnliche Atmosphäre des klösterlichen Lebens, die tiefe Freude bei der Mitfeier der heiligen Messe und die ersten Versuche der bewussten Nachfolge Christi. Sie bereiteten dem Novizen Glücksgefühle. Auf Grund dieser Erfahrung schrieb er das Gedicht

Glück

1. O heil'ge Lust, dem Herrn zu leben!
Kann's süßer Glück auf Erden geben?
Befreit von Erdenschmutz und Schmerz
Schwingt sich die Seele himmelwärts
Durch Sternentriften kühn hinauf
Zu Gottes Thron im Jubellauf.

2. Erschauernd sinkt sie zitternd nieder
Im Sphärenklang der ew'gen Lieder
Fühlt, wie von heißer Lieb durchglüht
Der Heiland mild ans Herz sie zieht
Und jauchzt (fleht) in heil'gem Liebesglück:
„Herr, laß mich nie zur Welt zurück![47]

Das Noviziat ging für Fr. Engelbert am 15. Oktober 1915 zu Ende. Der Erste Weltkrieg war noch in vollem Gange und sollte noch drei lange Jahre dauern. Die anfängliche Kriegsbegeisterung hatte sich unter dem Eindruck der aufreibenden Stellungskriege und der Verluste an Menschen und Material abgenutzt. Der Anblick der Verwundeten und Kriegsverletzten und die zahlreichen Gefallenen ließen die Sehnsucht nach dem Frieden aufkeimen und immer stärker werden. Aber der Krieg zog sich hin.

Am Ende des Noviziats wurde Fr. Engelbert von einem Prüfer *(examinator)* aufgesucht, der ihn zu verschiedenen Punkten des klösterlichen Lebens, die er während des Noviziats sich hatte einprägen müssen, befragte. Als Examinatoren der Novizen waren die Patres Clemens Fuhl, Wilhelm Rügamer, Godehard Brune und Bernhard Merker aufgestellt. Wer Fr. Engelbert prüfte, ist nicht bekannt. Der Prüfer stellte ihm ein positives Zeugnis aus, so dass der Novizenmeister den Antrag auf Zulassung zur einfachen Profess

---

[47] Erzählungen und Gedichte, BA F 36, 71 (Februar 1915)

stellen konnte. Die Abstimmung im Konventskapitel verlief ohne Gegenstimme. Fr. Engelbert legte am 5. 10. 1915 die einfache Profess ab. Sie wurde vom Prior des Münnerstädter Konventes, P. Clemens Fuhl, entgegengenommen. Darin verpflichtete sich Fr. Engelbert, die Gelübde der Armut, der Keuschheit und des Gehorsams zu beobachten, mit Gottes und der Mitbrüder Hilfe für drei Jahre.

Fr. Engelbert legte den weißen Habit des Novizen ab und erhielt den schwarzen des Augustiners, in dem er dann nach Würzburg übersiedelte.

KLERIKER IN WÜRZBURG

Das Noviziatsjahr beendete den mehrjährigen Aufenthalt Fr. Engelberts in Münnerstadt. Er musste von dem Lauerstädtchen, dem Oberen und Unteren Tor, dem Jürgentor und Dicken Turm, der Stadtmauer, der Stadtpfarrkirche und der Klosterkirche, dem Michelsberg und dem Schindberg, den vertrauten Plätzen seiner Jugend, Abschied nehmen. Dies fiel ihm leichter als das Scheiden von den Mitbrüdern in den Konventen St. Michael und St. Joseph. Es war ihm aber auch bewußt, dass ihn Mitbrüder an seinem Bestimmungsort, dem Augustinerkloster in Würzburg, erwarteten. Weil er seinem Ziele näher kommen wollte, nahm er gern von Münnerstadt Abschied und wandte sich erwartungsvoll Würzburg zu, das ihm neue Erfahrungen versprach.

DER AUGUSTINERKONVENT IN WÜRZBURG

Im Augustinerkloster begegnete er dem Provinzial P. Ambrosius Schubert (1863–1927), dem Hausoberen, P. Prior Johannes Brandmann (1870–1941), dessen Stellvertreter, dem Subprior P. Bonifatius Mirsberger (1878–1951), und P. Marcus Amann (1876–1939), der das Amt des Provinzsekretärs und Prokurators bekleidete. Dann traf er auf P. Hugolin Dach (1869–1918), den Direktor des III. Ordens, der Chronist des Klosters war und die Ritaschwestern gegründet hatte.

KLERIKERMAGISTER

Seine wichtigste Bezugsperson war aber der Klerikermagister P. Liborius Fischer (1874–1919). Ihm war Fr. Engelbert unterstellt.

Die erste Erfahrung, die Fr. Engelbert machen musste, war sein Alleinsein im Klerikat. Er war der einzige junge Augustiner; seine gleichaltrigen Mitbrüder waren beim Militär. Verschiedene Arbeiten im Hause, die sonst auf mehrere Schultern verteilt waren, hatte er zu verrichten. Eine davon war das Ministrieren bei der hl. Messe an den Nebenaltären der Klosterkirche, dann die Lesung aus der hl. Schrift und anderen Büchern beim Mittagessen der Klostergemeinschaft. Engelbert wird diese Aufgaben vielleicht manchmal mit Seufzen ausgeführt haben.

Der Klerikermagister P. Liborius Fischer hatte nicht nur Fr. Engelbert zu betreuen, sondern auch die Monatsschrift *Maria vom guten Rat* zu redigieren. Er wird sich über das Kommen Engelberts gefreut haben, da ihm seine Beiträge für die Zeitschrift willkommen waren. Engelbert ging gern auf die Möglichkeit ein, seine Gedichte und Erzählungen publizieren und einem größeren Kreis bekannt machen zu können.

Der Kriegszeit entsprechend sind Engelberts Gedichte häufig vom Tod geprägt, den seine jungen Mitbrüder im Kampf gefunden hatten.

Einer der Gefallenen war Fr. Heribert Schrems. Auf einem Photo tritt er dem Betrachter als ein junger, stattlicher Mann entgegen. In Erinnerung an ihn verfasste Engelbert an seinem ersten Todestag das Gedicht *Schlaf ohne Sorgen.* In ihm klingt die Sehnsucht nach Frieden an, aber auch die trotzige Zuversicht, dass der Krieg noch etwas Positives bringen wird.

> 1. *Du zogst hinaus in Schlachtengraus und Tod,*
>   *Im Herzen tief die heiße Sehnsuchtsglut:*
>   *„Gib Frieden, Herr, die wilde Flamme loht!*
>   *Herr, hilf, und sei der Preis mein junges Blut!*
>
> 2. *Er nahm es; doch das Feuer lodert fort,*
>   *Zwölf lange Monde zogen schon ins Land,*
>   *Und keiner brachte das Erlösungswort*
>   *Und weiter loht und rast der Weltenbrand.*
>
> *Doch zage nicht! Es kommt der große Tag,*
> *den ihr vom Herrn erkauft mit eurem Blut;*
> *Er bringt den Sieg, mag kommen, was noch mag;*
> *Schlaf ohne Sorgen; Gott macht alles gut!*[48]

Die Poesie Engelberts aus dieser Zeit ist Kriegspoesie. Er verherrlichte nicht den Krieg, sondern reflektierte sein Grauen. Vor allem setzte er sich mit dem frühen Tod von Mitschülern auseinander und suchte ihm einen Sinn zu geben. Er benannte ihre Ideale,

---

[48] Erzählungen und Gedichte, BA F 36, 97. (5. Februar 1916)

für die sie gestorben waren, und hoffte, dass ihr Lebensopfer nicht sinnlos war.

STUDIUM DER PHILOSOPHIE UND THEOLOGIE

Vor Beginn des Theologiestudiums muss Fr. Engelbert ein tiefes Sehnen, eine Unruhe (*inquietum cor*) erfasst haben, da er über diesen Zustand nachdachte und darüber einige Gedichte verfasste. Den genauen Gegenstand der Sehnsucht konnte er nicht angeben und auch ihre Ursache nicht. Der Bach dient ihm zur Betrachtung und als Schlüssel zur Lösung seiner Frage. Engelbert erkannte, dass dieser nach der blauen Ferne zieht. Mit ihm zieht auch die Sehnsucht des Betrachters ins unbestimmte Weite:

> *Und meine Sehnsucht wandert mit*
> *Hinaus ins weite Land,*
> *Als müßte irgendwo das Glück*
> *Ihr reichen dort die Hand.*

Das geschieht jedoch nicht, so dass der Betrachter zu dem Ergebnis kommt, dass der Bach immer rinnt und nie zu einem Ziel kommt. Genau so verhält es sich mit der Sehnsucht:

> *Und meine Sehnsucht träumt und sucht*
> *Und wird doch nie gestillt.*[49]

Für sein Gedicht hat sich Engelbert von dem Wort des heiligen Augustinus inspirieren lassen, das von der Unruhe des Herzens spricht, die sich durch Irdisches nicht stillen lässt. Sie begleitet das Leben des Menschen und kommt erst bei Gott zur Ruhe.[50]

Die Sehnsucht kann zu vorläufigen Zielen kommen, wenn sie den Menschen zum Glück führt. Solche Glücksmomente kann das Licht vermitteln, wenn es das Dunkel verscheucht, der Hunger, der durch irdische Güter nicht gestillt werden kann. Dieser Hunger treibt den Menschen immer wieder über seine erreichten Ziele hinaus. Deshalb soll der Hunger nicht so gestillt werden, dass er als Antriebskraft ausfällt.

---

[49] Erzählungen und Gedichte, BA F 36, 100. (30. März 1916)
[50] Augustinus, Confessiones I, 1, 1.

Mich, Herr, lass weiterhungern
Im Dunkel sehnsuchtsbleich,
Es ist ein heil'ger Hunger,
Er führt ins Himmelreich.[51]

NIEDERE WEIHEN

Engelbert war mit dem Wunsch in den Augustinerorden eingetreten, Priester zu werden. Einen ersten Schritt dazu tat er durch
den Empfang der niederen Weihen. Es waren dies die Tonsur und
die Weihen zum Ostiarier, Lektor, Exorzisten und Akolythen. Der
Weihespender war der Würzburger Diözesanbischof Ferdinand
Schloer (1898-1920, + 1924). Er nahm die Weihe am 15. April 1916
in der Hauskapelle seiner Residenz, im Hof Conti, vor.[52]

Der weihende Bischof war ein selbstloser und charakterfester
Mann, der ein offenes Herz für die Armen hatte und es verstand,
ausgleichend zu wirken.[53]

Mit dem Inhalt der Weihen und den Anforderungen an seine
Person und den Verpflichtungen, die sie mit sich brachten, beschäftigte sich Fr. Engelbert. Ohne Reflexion über die Weihe hätte
er sein Gedicht, das er zur Primiz von P. Joseph Eckstein am 1.
Oktober 1916 schrieb, nicht abfassen können. Das Thema ist zwar
die letzte Weihe, die Priesterweihe, doch tauchen im Gedicht
Haltungen auf, die für alle Weihestufen gelten und auf allen ein-
geübt werden sollen.

Er stellte dem Neupriester Jesus Christus als das entscheidende, leuchtende Vorbild vor Augen. Ihm soll sich der Geweihte an-
gleichen, damit er die ihm Anvertrauten zu Gott dem Herrn führen
kann. Dieser Aufgabe soll der Geweihte in allen Situationen nachkommen, selbst in lebensbedrohenden.

Engelbert ahnte nicht, dass dieses Wort in einigen Jahren in
Deutschland bittere Wirklichkeit werden sollte:

Schlägt die Welt dich ins Gesicht
Dulde still, vergilt es nicht!

---

[51] Erzählungen und Gedichte, BA F 36, 101-102. (22. Februar 1916)
[52] Liber ordinationum pro Dioecesi Herbipolensi ab anno 1900, 90: 15.
4. 1916 Prima Tonsura et ordines minores.
[53] K. Wittstadt, Würzburger Bischöfe, Würzburg 1979, 85.

Auf die priesterliche, an Jesus orientierte Haltung hat Engelbert sich einzustellen bemüht. Nur so konnte er dem Primizianten glaubhaft den Rat geben:

> *Du bist Priester Gott des Herrn,*
> *Du bist Priester, sei es gern!*[54]

STUDIOSUS PHILOSOPHIAE

In einem akademischen Akt wurde *Gustavius Eberhard Rhumspringeniensis Studiosus philosophiae* in die Zahl der Bürger der Julius – Maximilians – Universität Würzburg aufgenommen. Es geschah *unter der Herrschaft des sehr erhabenen und sehr mächtigen Königs und Herrn Ludwigs III., Königs von Bayern.* Bei dem Aufnahmeakt versprach der angehende Student gegenüber den akademischen Gesetzen und Obrigkeiten Willfährigkeit, Ehrenhaftigkeit in der Lebensführung und im Verhalten und Sorgfalt in den Studien walten zu lassen. Nachdem er dies glaubwürdig und durch Handschlag versprochen hatte, war er aufgenommen. Rektor der Universität war damals Prof. A. E. Mayer, Tag der Aufnahme der 18. Mai 1916.

Das Studium begann Fr. Engelbert unter dem Königtum. Es hatte aber nur noch zwei Jahre Bestand, so dass er es in der Weimarer Republik beendete, da er ein zweites Studium anfügte.

PHILOSOPHIE UND THEOLOGIE

Die von Fr. Engelbert belegten Vorlesungen und Seminare für Philosophie und Theologie, die auf einen Abschluss in Theologie zielten, hielt er in seinem Kollegienbuch fest.[55]

Aus den Angaben werden Schwerpunkte erkennbar, die Engelberts Theologiestudium bestimmten.

Sein erstes Semester war das Sommersemester 1916. Er besuchte zwei philosophische Vorlesungen. Die eine behandelte die Metaphysik und die Geschichte der Pädagogik (Prof. Stölzle), in der anderen wurde die Geschichte der Philosophie (Prof. Marbe) dar-

---

[54] Erzählungen und Gedichte, BA F 36, 110. (27. September 1916)
[55] Kollegienbuch des Studierenden der Philosophie und Theologie Herrn Gustav Eberhard aus Rhumspringe; PA.

gelegt. Außerdem belegte er je eine Vorlesung über deutsche Geschichte bei Prof. Henner, über Nationalökonomie bei Prof. Schanz und über die Kunst Unterfrankens bei Prof. Knapp. In sein Erstsemesterprogramm nahm Engelbert bereits zwei theologische Vorlesungen auf: Kirchengeschichte bei Prof. Merkle und Hebräisch bei Prof. Hehn, wie es in Würzburg üblich war. Die beiden Professoren gehörten zu den herausragenden Vertretern der Theologischen Fakultät.

Das Sommersemester war mit historischen Themen reichlich angefüllt.

Die Universitätsverwaltung bestätigte am 19. 5. 1916, dass Engelbert von Honorarpflichtigkeit frei sei.

Vor Beginn des Wintersemesters wurde Fr. Engelbert am 31. 10. 1916 von Bischof Ferdinand Schloer in seiner Hauskapelle zum Subdiakon geweiht.[56]

Bald nach der Weihe begann das Wintersemester 1916/17. In ihm dominierte die Theologie: Apologetik (Prof. Wunderle), Kirchengeschichte (Prof. Merkle), Dogmatik (Prof. Zahn), Moraltheologie (Prof. Ruland), Alttestamentliche Exegese, Einführung ins Alte Testament und Hebräische Grammatik (Prof. Hehn), Homiletisches Seminar (Prof. Ruland). Aus der Philosophie belegte Engelbert Allgemeine Erziehungslehre und das Pädagogische Seminar (Prof. Stölzle).

Das dritte Semester Engelberts war das Sommersemester 1917. Er schrieb sich für folgende Vorlesungen ein: Apologetik (Prof. Wunderle), Dogmatik (Prof. Zahn), Kirchenrecht (Prof. Gillmann), Neutestamentliche Exegese (Prof. Weber), Patrologie und Pastoral (Prof. Braun) und nahm teil am Alttestamentlichen Seminar (Prof. Hehn) und an Übungen über den körperlichen Ausdruck während des Vortrages (Frühen).

Im vierten Semester, dem Wintersemester 1917/18, besuchte Engelbert folgende Vorlesungen:

Dogmatik (Prof. Zahn), Alttestamentliche Exegese (Prof. Hehn), Moraltheologie (Prof. Ruland), Kirchengeschichte (Prof. Merkle), Einführung in die Theologie (Prof. Wunderle), Einleitung in das Neue Testament (Prof. Weber), Liturgik und Patrologie (Prof. Braun), Unterrichtslehre (Prof. Stölzle).

Bei der überschaubaren Zahl der Theologiestudenten bemühte sich Engelbert um kontinuierliche Anwesenheit in den Vorlesun-

---

[56] Liber Ordinationum, 91.

gen. Er kannte die Professoren persönlich und sie ihn, da er nach jedem Semester über den vorgetragenen Stoff ein Examen ablegen musste.

Nachdem Engelbert am Ende des vierten Semesters mit den bestandenen Prüfungen sein Theologiestudium abgeschlossen hatte, stand die Frage der höheren Weihen, des Diakonats und Presbyterats, an. Auf dieses Ziel hatte er hingearbeitet, jetzt hatte er es erreicht.

DIE DIAKONATSWEIHE

Die Weihe Engelberts zum Diakon hatte Bischof Ferdinand Schloer für den 17. März 1918 angesetzt, die Priesterweihe sollte am 1. September folgen.

Auf die Diakonenweihe bereitete sich Engelbert durch Exerzitien vor. In ihnen wird der Leitgedanke wohl der gewesen sein, den er als Überschrift über sein Gedicht setzte, das er vor der Weihe schrieb, *Der Herr ist mein Anteil*.[57]

Der Tenor des Gedichtes lautet, dass der Geweihte Gott ganz allein gehören will. Für die Durchführung dieses Entschlusses benötigt er aber die starke Hand Gottes und seinen Gnadenbeistand. Um beides bittet der sich auf die Weihen vorbereitende Fr. Engelbert:

> *Sind rauh und steil die Pfade,*
> *Voll Dornen starr und dicht,*
> *Gib du mir deine Gnade,*
> *Sei du mein Stab, mein Licht,*
>
> *Du bist, o Herr, mein Erbe*
> *Und meines Kelches Teil,*
> *In dir allein erwerbe*
> *Ich Glück und Heil.*

Nach der Diakonenweihe wird Engelbert sein Amt bei der Feier der Eucharistie in der Klosterkirche oder in anderen Pfarreien ausgeübt haben, wenn er angefordert wurde.

---

[57] Erzählungen und Gedichte, BA F 36, 143.

GEDANKEN ZUM PRIESTERTUM

Die bevorstehende Priesterweihe veranlasste Engelbert, vermehrt über seine Tauglichkeit für dieses Amt nachzudenken. Dabei nahm er seine Unzulänglichkeit wahr:

> *O Gott, nun hab ich tief in mich hineingesehn*
> *Und möcht in Schmerz und heißer Scham vergehn.*[58]

Er weiß aber auch, dass Gott in der Weihe an ihm ein Wunder vollbringt, indem er ihn zur Quelle der Gnade führt:

> *Du wähltest mich, der elend, sündig, unbekannt*
> *Und führtest mich ins heil'ge Wunderland,*
> *Wo deiner Gnaden tiefste Quelle quillt*
> *Und jeden Durst, so heiß und heilig, stillt.*[59]

Seine künftige Tätigkeit fasste Engelbert unter dem Stichwort des *Minister Eucharistiae*[60] zusammen. Für die empfangene Gnade dankte er Gott:

> *Ein großes Wunder hast du heut an mir vollbracht*
> *Und mich an Gnaden, ach so überreich gemacht.*

Eine dieser Gnaden besteht darin, dass er aus dem Gnadenquell für andere schöpfen darf. Engelbert kennt seine Schwächen, seine Schuld und Missetaten und fragt sich, wie er das göttliche Lebenswasser zur Erquickung und zur Reinigung in diesem Zustand darreichen kann. Er darf seine übertragene Aufgabe erfüllen, muss sich aber bewusst bleiben, dass er des Gnadenquells auch selbst bedarf. Seine Bitte an Gott muss deshalb lauten:

> *Herr, heile, heil'ge mich,*
> *Dass ich,*
> *Der fremdem Durst Erquickung brachte,*
> *Am Gnadenquell nicht selbst verschmachte!*[61]

---

[58] Erzählungen und Gedichte, BA F 36, 144. (16. März 1918)
[59] Erzählungen und Gedichte, BA F 36, 145. (17. März 1918)
[60] Erzählungen und Gedichte, BA F 36, 145. (17. März 1918)
[61] Erzählungen und Gedichte, BA F 36, 145. (17. März 1918)

PRIESTERWEIHE

Am 1. September 1918 empfing Fr. Engelbert von Bischof Ferdinand Schloer in der Seminarkirche zum Guten Hirten, heute St. Michael[62], im Beisein der Eltern und zahlreicher Augustiner die Priesterweihe. Er hatte sein Ziel erreicht, das er seit Beginn seiner Studien anstrebte. Um diese Gnade hatte nicht nur er allein gebetet, sondern auch seine Eltern und Verwandten, seine Mitbrüder und seine Heimatgemeinde Rhumspringe. Sie alle hatten Anteil am Erreichen seines Zieles, der Weihe zum Priester. Deshalb war es für sie ein Freudentag, an den sie sich gern zurückerinnerten.

Eine Woche nach der Weihe feierte der Neupriester die Primiz. Es war sein erstes heiliges Messopfer in der Pfarrkirche St. Sebastian zu Rhumspringe. Der Kirchenbau war weder alt noch schön, erfüllte aber für lange Zeit seine Aufgabe als Gottesdienstraum der Gemeinde und tat es auch für die Primiz von P. Engelbert und noch viele Jahre danach.

Mit dem Primizianten war auch der Primizprediger, P. Ambrosius Schubert, nach Rhumspringe gekommen, es war kein geringerer als der Provinzial der deutschen Augustiner. In seiner Predigt verstand er es, große Begeisterung für den Priester- und Ordensberuf zu wecken[63], so dass sich in den nachfolgenden Jahren einige junge Männer für den Augustinerorden entschieden.

Bald nach der Primiz erneuerte P. Engelbert am 5. 10. 1918 seine einfache Profess und legte am 11. November seine feierliche ab. Die Erneuerung wurde notwendig, da die drei Probejahre vorüber waren; die feierliche war erforderlich, da seine Weihen aufgrund der Zugehörigkeit zum Orden erteilt worden waren.

P. Ambrosius Schubert,
Provinzial und Primizprediger
von P. Engelbert.

---

[62] Liber Ordinationum Pro dioecesi Herbipolensi ab anno 1900, 94.
[63] CU 1959, 17.

DAS ENDE DES ERSTEN WELTKRIEGES

Als Engelbert die Priesterweihe empfing und Primiz feierte, herrschte noch Krieg. Es verbreitete sich aber das Gefühl, dass der Krieg nicht zu gewinnen sei, da die Ressourcen immer knapper wurden. Die Abgeordneten des Reichstages bemühten sich deshalb unter der Leitung von Matthias Erzberger (1875–1921) um einen Verständigungsfrieden.

Engelbert schrieb am 17. Juni 1918 ein Gedicht mit der Überschrift *Herr, hilf!* In dieser für Deutschland schwierigen Zeit trat der Sturm auf dem See vor sein geistiges Auge. Er wandte sich wie die Jünger im Boot an Jesus und flehte aus bedrängtem Herzen:

> *Mit zuckender Hand*
> *Wir umklammern dein Gewand:*
> *Du allein bist unser Hort,*
> *Herr, geh' nicht fort,*
> *Sprich dein allmächtiges Wort.*[64]

Als Engelbert das Gedicht schrieb, mehrten sich die Zeichen, die auf ein Ende des Krieges deuteten. Im August 1918 fand im Kaiserlichen Hauptquartier eine Konferenz statt, auf der die Oberste Heeresleitung offen erklärte, dass der Krieg nicht mehr gewonnen werden könne. Diese eindeutige Aussage war ein Durchbruch zum Frieden, obwohl die Kämpfe andauerten. Dem Frieden kam man näher, als Prinz Max von Baden (1867–1929) auf Ersuchen der Obersten Heeresleitung am 3. Oktober 1918 einen sofortigen Waffenstillstand unterzeichnete.

Es kam zur Revolution im Deutschen Reich, die in München zum Sturz der Wittelsbacher und zur Proklamation des Freistaates Bayern führte.

Am 9. November 1918 verkündete Reichskanzler Prinz Max von Baden unter dem Druck der Massen eigenmächtig die Abdankung des Kaisers und Philipp Scheidemann SPD (1865–1939) rief die Deutsche Republik aus. Friedrich Ebert (1871–1925), dem Vorsitzenden der SPD, wurde die Wahrnehmung der Geschäfte des Reichskanzlers übertragen.

Kaiser Wilhelm II. floh am 10. November in die neutralen Niederlande.

---

[64] Erzählungen und Gedichte. BA F 36, 151-152.

Am 11. November 1918 kam es zum Waffenstillstand von Compiègne an der Oise nördlich von Paris. Matthias Erzberger (1875–1921) leitete als Staatssekretär die Waffenstillstandsverhandlungen und war zuständig für deren Durchführung.

1919 wurde der Versailler Vertrag angenommen, der zur drückenden Hypothek der jungen Republik wurde.[65] Von seinen Auswirkungen war auch P. Engelbert betroffen.

STUDIUM DER PHILOLOGIE

Über die weitere Zukunft von P. Engelbert bestimmte der Provinzial P. Ambrosius Schubert (1863–1927; 1908–1920). Ihm war es ein Anliegen, dass die Augustiner als Lehrer am Gymnasium in Münnerstadt auch künftig tätig sein konnten. Deshalb brauchte er Augustiner, die für die Lehrtätigkeit so ausgebildet waren, dass sie den staatlichen Anforderungen entsprachen.

Am Gymnasium in Münnerstadt wirkten zu dieser Zeit P. Clemens Fuhl (1874–1935) als Religionslehrer und P. Godehard Brune (1876–1942) als Altphilologe. Sie sahen in P. Engelbert einen Mitbruder, der ihre Arbeit unterstützen und fortsetzen konnte. Deshalb begrüßten sie die Entscheidung des Provinzials, P. Engelbert für die Lehrtätigkeit vorzusehen und ihn zu veranlassen, das Studium der Philologie aufzunehmen.

Dem Beschluss des Provinzials fügte sich P. Engelbert und schrieb sich an der Universität Würzburg für das Studium der Philologie ein.

Das Philologiestudium umfasste nach der damaligen Ordnung Griechisch, Latein und Deutsch.[66]

DER VERLORENE ERSTE WELTKRIEG

P. Engelbert war kein Kriegsteilnehmer, verfolgte aber das Kriegsgeschehen und litt unter seinen Folgen. Die Nachricht vom Tod eines Mitbruders erschütterte ihn, die Meldung, dass ein Mitschüler gefallen war, wühlte ihn innerlich auf. Seine Trauer ver-

---

[65] Der Grosse Ploetz, Freiburg i. Br. [32]2000, 730-731.
[66] Julius-Maximilians-Universität Würzburg, Kollegienbuch des Studierenden der Philologie Herrn Gustav Eberhard aus Rhumspringe.

arbeitete er in Gedichten und tröstete sich mit der Hoffnung, dass sie ihr Blut nicht vergebens vergossen hätten, sondern zum Wohl des Vaterlandes und für eine bessere Zukunft gefallen seien.

Das Ende des Krieges war für den Patrioten P. Engelbert eine herbe Enttäuschung. Die Umwälzungen in Deutschland und die vermeintlich noch stabile Front konnte er nicht miteinander in Einklang bringen. Diese Diskrepanz brachte er in seinem Gedicht *O Deutschland, o Deutschland!* zum Ausdruck. Er betrachtete die geschlagene Germania und sah, dass sie ihrer Königskrone beraubt war, dass ihr Purpurkleid beschmutzt und zerfetzt ihr am Leibe hing. Auf seine Frage, wer ihr das angetan habe, gibt er die Antwort, dass es nicht die stolzen Überwinder waren, sondern die eigenen Kinder.[67]

Die von P. Engelbert geäußerte Meinung über die Ursachen, die zur Beendigung des Weltkrieges geführt hatten, war wahrscheinlich auch die vorherrschende Meinung unter den Mitbrüdern im Kloster und unter denen, die aus dem Krieg heimgekehrt waren.

KRIEGERHEIMKEHRFEST

Im Kloster Würzburg fand am 12. Juni 1919 ein Kriegerheimkehrfest statt, durch das die zurückgekehrten Soldaten wieder ins Kloster eingegliedert werden sollten. Ob es solche Feiern auch in anderen Klöstern gab, konnte nicht festgestellt werden. In dieser Feier ging es vor allem um die Herausstellung der klösterlichen Gemeinschaft, in die sich die vom Kampf Heimgekehrten wieder einfügen sollten. Ein Programm für den Gesamtverlauf der Feier konnte nicht gefunden werden. Für ihren Beginn liegt ein von P. Engelbert verfasster Prolog in Versform vor, den er den heimgekehrten Mitbrüdern widmete.[68] Er zeigt, wo er die Schuld am Krieg sah und wie er sich die Zukunft in der Heimat für die Heimkehrer vorstellte.

Zum Ausbruch des Krieges kam es, weil sich Deutschland an seinen Grenzen von seinen Feinden wie von einem eisernen Ring umklammert fühlte. Deshalb ging ein Notschrei durchs Land, der begeisterte Kampfbereitschaft in allen Schichten auslöste. Er machte auch vor dem Frieden der Zelle nicht halt und rief die Gottesstreiter,

---

[67] Ezählungen und Gedichte, BA F 36, 156-158. (16. Mai 1919)
[68] Erzählungen und Gedichte, BA F 36, 158-161.

die ihre friedliche Arbeit beiseite legten, um in den Kampf zu ziehen und ihre Pflicht fürs Vaterland zu erfüllen:

Die Lämmer der Zelle, wer hat sie gekannt,
Sie wurden zu Löwen im Streite.

In vier langen Kriegsjahren voll Dulden und Leid haben sie die Heimat geschützt und verteidigt. Dafür gebührt ihnen ewiger Dank.

Das gilt besonders für jene, die ihren Einsatz mit dem Leben bezahlten. Ihnen wird ein besonderes Gedenken und Gebet versprochen.

Die Zurückgekehrten werden mit brüderlichem Gruß herzlich in der Klostergemeinschaft willkommen geheißen. Ihre Aufgabe ist es jetzt, sich umzustellen und einen anderen Kampf zu kämpfen. Es geht um das Gewinnen der Heimat im ewigen Lichte. In sie sind die gefallenen Brüder vorausgegangen. Sie werden den hier Ringenden unterstützend zur Seite stehen, damit auch sie mit ihnen wieder eine Gemeinschaft bilden können.

Die Verse P. Engelberts sollten dazu beitragen, die Mitbrüder wieder in die klösterliche Gemeinschaft einzugliedern, ihnen das gemeinsame Ziel zu benennen und Dank für ihre Mühen und Leiden abzustatten. Dieser Aufgabe wird sich P. Engelbert gern unterzogen haben.

DIE PHILOLOGISCHEN FÄCHER

Zu Beginn des Wintersemesters 1918/19 kehrte P. Engelbert wieder an die Universität Würzburg zurück. Mit abgeschlossenem Theologiestudium kam er jetzt als Studierender der Philologie in einen anderen Fachbereich der Alma Mater. Es war ihm als Ziel vorgegeben, einmal am Gymnasium Münnerstadt die philologischen Fächer zu unterrichten. Darauf war sein Studium, das er jetzt begann, ausgerichtet.

Im ersten philologischen Semester belegte Engelbert vornehmlich geschichtliche Vorlesungen. Er wählte sich folgende Vorlesungen aus: griechische Geschichtsschreibung (Prof. Drerup), Geschichte der römischen Poesie (Prof. Hosius), Geschichte der römischen Kaiserzeit (Prof. Kaerst), antike Kunstgeschichte (Prof. Bulle). Außerdem besuchte Engelbert philologische Seminare bei Drerup und Hosius sowie ein althistorisches bei Kaerst.

Sein zweites philologisches Semester war das Sommersemester 1919. Es machte ihn bekannt mit der attischen Beredsamkeit (be-

sonders Demosthenes), mit der Interpretation ausgewählter Stellen
bei Vergil, der Geschichte des Altertums in der hellenistisch-römi-
schen Periode und mit Erklärungen von Briefen des Horatius.
Außerdem besuchte P. Engelbert die angebotenen Seminarübungen.

Prof. Stangl führte im Kolleg darüber Klage, dass ihm sein
Bimsstein *(pumex)* gestohlen wurde, den ihm ein Freund in Catana
geschenkt hatte. Er tat dies wahrscheinlich einige Male. Die Klage
veranlasste P. Engelbert, ein Gedicht zu schreiben, *Das Pumex-
Lied*. Nachdem der werte Professor alle Hoffnung zu Grabe getragen und versichert hatte, dass er den teuren *pumex* nie vergessen
werde, heißt es ironisch mitfühlend bei P. Engelbert:

> *1. Und leg ich dereinstens mein greises*
> *Philologenhaupt zur Ruh*
> *Und klappt mir Freund Hein die Episteln*
> *Des sel'gen Horatius zu:*
>
> *2. Dann tritt wohl im Reiche der Schatten*
> *Der Meister selber zu mir/dir!*
> *Und spricht: Meinen eigenen Pumex,*
> *Freund Thomas, den schenke ich dir!*

Im dritten Semester, dem Wintersemester 1919/20, besuchte
Engelbert die Vorlesungen und Übungen der genannten Professoren
im Griechischen und Lateinischen. Neu kam der germanistische
Bereich hinzu, der von Prof. Helm vertreten wurde. Er bot Vorlesungen über Literaturgeschichte der althochdeutschen und früh-
mittelalterlichen Zeit sowie über Wolfram von Eschenbach, Leben
und Werk, an, außerdem ein deutsches Seminar.

Von den Veranstaltungen des vierten Semesters, des
Sommersemesters 1920, besuchte Engelbert die Homerische Poetik
und eine Analyse der Ilias durch Prof. Drerup.

Im fünften Semester, dem Wintersemester 1920/21, belegte
Engelbert die altphilologischen Fächer und in der Germanistik bei
Prof. Lessiak deutsche Grammatik und das Nibelungenlied.

Im sechsten Semester, dem Sommersemester 1921, widmete
sich P. Engelbert bei Prof. Drerup der Geschichte der griechischen
Philosophie und im Seminar Platos Gorgias. Bei Prof. Havers hörte
er eine Vorlesung über lateinische Etymologie und Wortforschung.
Prof. Bulle sprach über antike Malerei und Vasenkunde und Prof.
Rötteken über deutsche Literaturgeschichte (von Opitz bis zum
Sturm und Drang).

Bis zu diesem Zeitpunkt erhob die Universität nur für Spezial-
vorlesungen Studiengebühren. So entrichtete P. Engelbert am 20.
5. 1921 die Gebühr von 1 Mark für die Vorlesung bei Prof. Bulle.

Das siebte Semester war das Wintersemester 1921/22. In ihm
musste für die belegten Hauptfächer ein Betrag von jeweils 4 Mark
entrichtet werden. Für den Überblick über die griechische Kunst seit
den Perserkriegen ein Betrag von 0,50 Mark. Der Gesamtbetrag belief sich auf 12,50 Mark, die Engelbert am 16. 11. 1921 bezahlte.

Prof. Drerup hielt eine Vorlesung über Griechische Staatsalter-
tümer und ein Seminar zu Aristoteles' Politik der Athener. Engelbert
hörte auch eine Vorlesung über bayerische Geschichte bei Prof.
Henner und setzte bei Prof. Rötteken die deutsche Literaturgeschichte fort bis zu den Klassikern und widmete sich in seinem
Seminar Schillers Wallenstein. Bei dem erstmals auftauchenden Dr.
Martin führte er griechische Stilübungen durch und bei Prof. Bulle
nahm er an einem archäologischen Seminar teil. Er belegte ein lateinisches Seminar (Properz, Elegien), hörte eine Vorlesung zur
deutschen Grammatik und besuchte ein Seminar, in dem mittel-
hochdeutsche Texte behandelt wurden.

Das achte Semester war das Sommersemester 1922. Prof. Drerup
hielt eine Vorlesung über griechische Sittengeschichte und ein
Seminar über griechische Epigraphie, Prof Havers über Homerische
Laut-und Formenlehre, Prof. Martin ein lateinisches Seminar mit
Stilübungen und Lektüre von Tacitus' Dialogus. In der Germanistik
hörte er bei Prof. Rötteken deutsche Literaturgeschichte im 1. Drittel
des 19. Jahrhunderts, bei Prof. Mauser den Parzival von Wolfram von
Eschenbach und in seinem deutschen Seminar Minnesangs Frühling.
Die am 23. 5. 1922 eingezogenen Studiengebühren betrugen 28 Mark.

Im neunten Semester, dem Wintersemester 1922/23, war die
Germanistik ein Schwerpunkt. Er hörte bei Prof. Rötteken deutsche
Literaturgeschichte im 2. Drittel des 19. Jahrhunderts, bei Prof.
Mausser Geschichte der deutschen Literatur in der klassischen mit-
telhochdeutschen und spätmittelhochdeutschen Zeit, Grammatik
des Mittelhochdeutschen und nahm teil am deutschen Seminar. Bei
Prof. Chroust hörte er die Vorlesung über deutsche Geschichte von
den Befreiungskriegen bis zum Frankfurter Frieden (1814–1871).
Bei Prof. Martin beteiligte er sich am Philologischen Seminar.

Die Studiengebühr von 40 Mark wurde am 18.11.1922 entrichtet.

Das zehnte Semester war das Sommersemester 1923; es war
das Abschlußsemester. Engelbert hörte Vorlesungen zur Geschichte
der deutschen Kaiserzeit bei Prof. Henner und der französischen

Revolution bei Prof. Chroust. Einführung in die Grammatik des Mittelhochdeutschen, II. Teil und deutsches Seminar (Hartmanns Iwein) belegte er bei Prof. Mausser. Bei Prof. Martin belegte er das Philologische Proseminar: Stilübungen.

Die Studiengebühren erreichten am 9.6.1923 den Betrag von 500 Mark.[69]

Die Universitättsmatrikel von Eberhard, Gustav/ Pater Engelbert weist folgende Eintragungen auf:

Es wurde ein Reifezeugnis zur Promotion am 29.12.1922 hinausgegeben.

Promoviert zum Dr. phil. am 26.2.1923.

Das Abgangszeugnis zur Prüfung wurde am 9.5.1923 ausgestellt.[70]

PROMOTION BEI PROFESSOR DR. ENGELBERT DRERUP

Während seines Philologiestudiums belegte P. Engelbert alle Vorlesungen und Übungen von Professor Dr. Engelbert Drerup. Seine Studienplanung steuerte seit Beginn des Philologiestudiums auf die Promotion bei diesem Professor zu.

Ein solches Bemühen ist nicht verwunderlich, da P. Engelbert sich von ihm angezogen fühlte. Die menschliche Sympathie, die er ihm gegenüber hegte, beruhte auf ähnlichen Strukturen der Herkunft, der Glaubensüberzeugung und der künstlerischen Veranlagung.

Es sei an einigen Daten aus dem Leben des Professors verdeutlicht.[71] Engelbert Drerup wurde in Borghorst in Westfalen geboren. Er verbrachte seine Kinderjahre in einem frommen Elternhause, das ihm die unerschütterliche christliche Glaubensgewissheit vermittelte. Sie wurde ihm zum Leitstern auf seinem Lebenswege. Nach Beendigung der Gymnasialstudien in Rheine und Münster be-

---

[69] PA, E. E.

[70] Archiv der Universität Würzburg.

[71] E. Martini, Engelbert Drerup, in: Der Wächter. Zeitschrift für alle Zweige der Kultur 13 (1931) 1-9; sein Lebenslauf bei den Bewerbungsunterlagen im Archiv der Universität Würzburg. Bei den zu seiner Einstellung erstellten Beurteilungen findet sich auch folgender Satz: „Aber zunächst stehen nach dem Urteil einer Reihe kompetenter Forscher viele seiner Leistungen in einem gewissen Mißverhältnis zu dem großen Selbstbewußtsein, mit dem der Verfasser selbst seine Leistungen anpreist." (Philosophische Fakultät Nr. 149, Würzburg 21. Juli 1913).

gann er mit dem Studium der klassischen Philologie an der Akademie Münster, die den Titel Universität noch nicht führte. Er wechselte dann an die Universitäten München, Berlin, Freiburg i. Br. und Leipzig. Sein eigentlicher Lehrer wurde Hermann Lipsius in Leipzig. Er verwies ihn auf die griechische Rhetorik, speziell auf die attischen Redner als Arbeitsfeld. Studienreisen führten ihn nach Italien und Griechenland. Er wurde Privatdozent für klassische Philologie an der Universität München. Von seinen Vorlesungen wird berichtet, dass sie sorgfältig vorbereitet, klar, wohlgegliedert und temperamentvoll vorgetragen wurden. Auch die angebotenen Übungen leitete er geschickt, so dass beide Veranstaltungen lebhaften Anklang fanden. Das wissenschaftlich Entscheidende leistete er auf dem Gebiet der homerischen Dichtung.[72] Mit ihr beschäftigte er sich aufgrund seiner künstlerischen Veranlagung und seines Kunstinteresses. Er selbst veröffentlichte nämlich 1902 lyrische Gedichte unter dem Titel *Welt und Leben*, 1907 den Roman *Der Pröpstinghof* und 1927 lyrische Gedichte, denen er den Titel *Von der Lebensreise* gab.

Als sich Drerup der Homerforschung zuwandte, lagen die *Prolegomena ad Homerum* (1795) von F. A. Wolf vor, der bewiesen hatte, dass die Ilias wie die Odyssee nicht das Werk eines einzigen Dichters sei, sondern von einer Vielzahl von Dichtern verfasst wurde. Die Einzelstücke wurden dann nach vielen Jahrhunderten zusammengearbeitet. Dies war bis in die Zeit Drerups die herrschende Auffassung.[73]

Ihr widersprach Drerup, indem er die homerischen Epen als Kunstwerke zu erfassen suchte. Durch die ästhetisch-psychologische Analyse derselben erkannte er *in ihnen das zielsichere Können und Wollen einer Dichterindividualität*. Ilias und Odyssee stellen nach seiner Auffassung eine Einheit dar. *Sie sind die Schöpfungen eines genialen Kunstdichters (nicht Naturdichters!) von unvergleichlicher Gestaltungskraft.*[74] Nach Drerup fußt die Ilias auf mykenischem Helden- und die Odyssee auf mykenischem Märchengesang.[75]

Im Jahre 1913 erhielt Drerup einen Ruf als ordentlicher Professor der klassischen Philologie und Gymnasialpädagogik an die Universität Würzburg. Neben seinen philologischen Vorlesungen widmete er sich pädagogischen Studien und veröffentlichte 1918

---

72 E. Martini, in: Der Wächter, 1-6.
73 E. Martini, in: Der Wächter, 4.
74 E. Martini, in: Der Wächter, 5.
75 E. Martini, in: Der Wächter, 5.

eine Abhandlung über *Erziehung und Unterricht im griechischen Altertum*. Er setzte sich tatkräftig für das bedrohte Gymnasium nach 1918 ein und stellte die humanistische Bildung in ihrer Bedeutung für die Erziehung zu höherem Menschentum heraus. Deshalb gründete er den *Landesverband der Vereinigungen der Freunde des humanistischen Gymnasiums in Bayern* (1920).[76]

Drerup arbeitete an der Homerforschung weiter und strebte eine systematische *Homerische Poetik* an, die in Band I eine geschichtlich-methodische Grundlegung, in Band II eine Analyse der Ilias und in Band III eine solche der Odyssee enthalten sollte. Der erste Band erschien 1921 unter dem Titel: *Das Homerproblem in der Gegenwart. Prinzipien und Methoden der Homererklärung.* Den dritten Band hat Franz Stürmer *im Sinne und unter Mitwirkung Drerups ausgeführt* (1921).[77]

Im Jahre 1922 wurde Drerup das Ordinariat für griechische Philologie und Geschichte an der neu gegründeten katholischen Kaiser-Karls-Universität zu Nymwegen angeboten. Nach zehnjähriger Wirksamkeit in Würzburg übersiedelte er 1923 nach Nimwegen. In den Jahren 1926–29 war er Dekan der philosophischen Fakultät. Im Studienjahr 1930/31 stand er als *Rector magnificus* an der Spitze der Hochschule. Dieser widmete er zu Beginn seines Rektorats den ersten Band seines zweibändigen Werkes *Die Schulaussprache des Griechischen von der Renaissance bis zur Gegenwart im Rahmen einer allgemeinen Geschichte des griechischen Unterrichtes*, 2 Bände 1930/32.[78]

Drerup wird als eine wirkliche Führergestalt im Reich der Wissenschaft beschrieben. Seinen Freunden sei er *ein Freund von unwandelbarer Treue, seinen Schülern ein väterlich-wohlwollender Berater und Helfe*r gewesen.[79]

THEMA: DAS SCHICKSAL ALS POETISCHE IDEE BEI HOMER

Ihm schloss sich P. Engelbert an und promovierte am 26. 2. 1923 mit dem Thema: *Das Schicksal als poetische Idee bei Homer.* Die Doktorarbeit wurde in den *Studien zur Geschichte und Kultur des Altertums* 13,1, Paderborn 1923, veröffentlicht. Herausgeber

---

[76] E. Martini, in: Der Wächter, 6-7.
[77] E. Martini, in: Der Wächter, 7.
[78] E. Martini, in: Der Wächter, 8.
[79] E. Martini, in: Der Wächter, 9.

dieser Reihe waren die Professoren E. Drerup, H. Grimme und J. P. Kirsch.

P. Engelbert schloss sich in der allgemeinen Beurteilung der Dichtung Homers den Forschungen seines Lehrers Drerup an. Er übernahm von ihm die ästhetische Betrachtungsweise von Ilias und Odyssee und ging davon aus, dass sie einen gemeinsamen Autor haben.[80]

Aus den Problemen der homerischen Theologie griff P. Engelbert die Frage nach dem Schicksal heraus. Er behandelte sein Wesen und seine Stellung zu den Göttern, da diese beiden Bereiche die meisten Schwierigkeiten machten. Engelbert suchte eine Lösung mittels der

P. Engelbert als Studiosus bei einem Aufenthalt im Kloster Münnerstadt.

ästhetischen Betrachtungsweise. Als Grund dafür gab er an, dass sowohl in der Ilias wie in der Odyssee *das Schicksal bald über, bald unter oder neben den Göttern* steht. Diese Rat- und Hilflosigkeit möchte Engelbert aufhellen und beseitigen.[81]

Mit seinem Doktorvater E. Drerup ging P. Engelbert davon aus, dass Homer als kulturellen Hintergrund seiner Epoche echt dichterisch ein Kulturbild konstruierte. Es hatte nie eine volle reale Wirklichkeit. An die Stelle des Anschauungsrealismus trat bei Homer das Prinzip des poetischen Idealismus. Dies muss auch auf den Götterapparat übertragen werden. Er diente in erster Linie poetisch-technischen Zwecken, nicht jedoch religiösen.[82]

P. Engelbert hat diesen Gedanken im Anschluss an Drerup auf das Schicksal übertragen. Er kann feststellen, dass in der epischen Handlung das Schicksal nichts anderes ist als die konzentrierte poetische Idee.[83] Durch sie ist der Ablauf der Handlung von Beginn

---

[80] E. Eberhard, Das Schicksal, 8.
[81] E. Eberhard, ebenda 8.
[82] E. Eberhard, ebenda 17, 19.
[83] E. Eberhard, ebenda 20.

an geregelt. Die Ilias ist ein breit angelegtes Epos. Deshalb darf man nicht *eine augenblickliche, Schlag auf Schlag folgende Auswirkung des Hauptmotivs erwarten.*[84] Die vom Dichter konstruierten Grundlinien sind jedoch der Plan des Zeus, der für den Verlauf der Handlung ausschlaggebend ist. Homer nennt diesen Plan ausdrücklich *das Schicksal.*[85] Demnach ist das Schicksal die poetische Idee. Sie ist nicht nur die eigentliche innere Triebkraft der Handlung, sondern auch die letzte Instanz, *die stets den entscheidenden Ausschlag gibt und das Ganze so regelt, dass das vom Dichter gewollte Ziel erreicht wird.*[86]

Unter diesen Prämissen sah P. Engelbert in dem Willen des Zeus, dem Achill Genugtuung zu verschaffen, die Triebfeder der Handlung und erblickte in ihm das Schicksal in der Ilias.

Das Schicksal in der Odyssee besteht für P. Engelbert im Willen des Zeus, Odysseus die Heimkehr zu ermöglichen. Dieses Wollen treibt die Handlung voran, in ihm besteht das Schicksal.

In seiner Dissertation betrachtete P. Engelbert die Ilias und Odyssee als Kunstwerke und nicht als religionsgeschichtliche Quellen. Der Götterapparat und das Schicksal sind *Hebel und Triebfedern der epischen Handlung. Solange die Götter gemäß ihrer poetischen Rolle die Handlung weiterführen können, sind sie es, die das Schicksal der Helden bestimmen; reicht ihre Wirksamkeit aber nicht aus oder verlangt die Dichtung eine Entwicklung über die in diesem Moment gegebenen Bedingungen hinaus, so tritt das Schicksal in Kraft, dem sich dann auch die Götter beugen müssen.*[87]

Als Ergebnis seiner Ausführungen nannte P. Engelbert folgende Punkte: Das homerische Schicksal ist nichts Materielles. Es ist auch keine religiöse Macht. Deshalb steht es weder über noch unter den Göttern, sondern hat eine dienende Funktion. Wie die Götterwelt dient es poetisch-technischen Zwecken.[88]

Zum Abschluss seiner Darlegungen stellte sich P. Engelbert die Frage, ob das homerische Schicksal religiöse Grundlagen habe. Er möchte eine Antwort durch die Untersuchung der Willensfreiheit bei Homer finden. Dafür stellte er die Beziehung der Moira zum Tode,

---

[84] E. Eberhard, ebenda 37.
[85] E. Eberhard, ebenda 37-38.
[86] E. Eberhard, ebenda 63.
[87] E. Eberhard, ebenda 63, 64.
[88] E. Eberhard, ebenda 64.

ihre Bedeutung im Kulte und die Entstehung und Entwicklung des Moiraglaubens dar.

Die Menschen haben bei Homer die volle Freiheit des Handelns. Sie sind für ihre Taten verantwortlich und können sich nicht auf das Schicksal berufen, wenn sie Fehler und Vergehen begangen haben, sondern müssen dafür Genugtuung leisten.[89]

Hinsichtlich des Todes hat das Schicksal unbeschränkte Macht. Das gemeinsame Los des Todes können selbst die Götter nicht von einem geliebten Menschen abwenden. Sie können aber einen bedeutsamen und auch selbständigen Einfluss auf die Geschicke der Menschen ausüben.[90]

Dem Schicksal schrieb man Einwirkungen auf bestimmte Vorgänge zu, genannt seien Geburt und Tod. Eine herausgehobene Verehrung des Schicksals gab es jedoch nicht.[91]

Manche Forscher führten die Entstehung und Entwicklung des Moiraglaubens auf unpersönliche göttliche Kräfte, auf Zauberkräfte oder dämonische Substanzen in Schicksalsbäumen zurück.[92]

Dem widersprach P. Engelbert und vertrat die These, dass der Glaube an die Moira aus der Betrachtung der Zeit durch die Griechen entstand. In der Zeit sahen sie eine große Regelmäßigkeit und eine unaufhaltsame Folge. In ihr musste also ein streng ordnendes Prinzip wirksam sein. Solche regelmäßigen Ereignisse nahm man auch im Menschenleben wahr, die unabhängig vom Wollen oder Nichtwollen des Menschen eintraten. Man sah sie als selbständige Gegebenheiten an und nannte sie Horen und Moira. Man erblickte in ihnen ein das Leben des Menschen einteilendes und zuteilendes Prinzip.[93]

Die weitere Ausbildung der Religion strebte auf eine Personifikation der übermenschlichen Kräfte. Dabei wurde wahrscheinlich auch die Moira zu einem Dämon, der in der Dreizahl von Geburt, Hochzeit und Tod erscheint.[94]

Als Ergebnis stellte P. Engelbert fest, dass die untersuchte Zeit keinen absoluten Schicksalsbegriff, keinen Fatalismus kennt.[95]

---

[89] E. Eberhard, ebenda 66-68.
[90] E. Eberhard, ebenda 69-70.
[91] E. Eberhard, ebenda 70-71.
[92] E. Eberhard, ebenda 71-73.
[93] E. Eberhard, ebenda 73-75.
[94] E. Eberhard, ebenda 76-77.
[95] E. Eberhard, ebenda 77.

EINTRITT IN DIE STUDENTENVERBINDUNG RHENO-FRANKONIA

Es ist verwunderlich, dass ein Ordensmann, der in einer Gemeinschaft lebt, zusätzlich Mitglied in einer anderen wird. Für seinen Eintritt in eine Verbindung liegt von P. Engelbert keine Begründung vor, obwohl man erwarten könnte, dass er diesen Schritt erklärte. Da er es nicht tat, kann man nur vermuten, dass er der Verbindung deshalb beitrat, weil er in der Mitgliedschaft eine Möglichkeit sah, im akademischen Bereich persönlich wirksam werden zu können. Der Beitritt in die Verbindung Rheno-Frankonia im KV erfolgte 1920 während seines Philologiestudiums. Er gehörte dem Fuchsenstall des WS 1920/21 an. Eine Photographie zeigt ihn im Habit unter seinen Bundesbrüdern. Ebenfalls nahm P. Engelbert am Gesellschaftsabend des 35. Stiftungsfestes 1927 teil, bei dem ihn ein Photo unter den Feiernden im Bahnhofshotel zeigt.

P. Engelbert im Kreise seiner Bundesbrüder in der Studentenverbindung
Rheno-Frankonia in Würzburg 1920/21.

Wahrscheinlich zog es P. Engelbert zu den Rheno-Frankonen, weil er in ihren Prinzipien (*religio, scientia, amicitia*) seine augustinischen Ideale gut aufgehoben fand. Sein jüngerer Bundesbruder, der Augustiner P. Hermenegild M. Biedermann, hat denn auch unter diesen Stichworten Engelberts Leben im Augustinerorden beleuchtet. Er stellte eine große Übereinstimmung zwischen beiden Zielen fest.

Schon 1920, in seinem Aufnahmejahr in die Verbindung, dich-
tete P. Engelbert das Bundeslied der Rheno-Frankonia. Es hat sich
gehalten und wird bis heute gesungen. Die erste Strophe lautet:

> 1. *Dort, wo durch grüne Au'n im weiten Tale*
> *Ein weißes Silberband der Mainstrom zieht*
> *Und an den Bergen rings im Sonnenstrahle*
> *Der Rebe Blut, die gold'ne Traube glüht,*
> *Hat sich zu frohen Stunden*
> *Ein Freundeskreis verbunden.*
> *Die Fahne grün-weiß-golden seht ihr da,*
> *Das Banner der Rheno-Frankonia!*

Die 2. Strophe endet mit den Worten:
> *Wir stehen fest ums heil'ge Kreuz geschart,*
> *Dem Glauben treu! Das ist Rheinfranken Art.*

Die 3. Strophe:
> *Ernst um des Wissens reichen Born geschart,*
> *Der Wahrheit treu! Das ist Rheinfranken Art.*

Die 4. Strophe:
> *Um unser Banner einig fest geschart,*
> *Dem Freunde treu! Das ist Rheinfranken Art.*

Die 5. Strophe klingt so aus:
> *Um Deutschlands Fahnen seht ihr uns geschart,*
> *Der Heimat treu! Das ist Rheinfranken Art.*

P. Engelbert beteiligte sich, soweit es seine Zeit erlaubte, an
den Aktivitäten der Verbindung.

BETREUUNG DER AUGUSTINISCHEN STUDENTEN

Mit dem abgeschlossenen Theologiestudium, der empfangenen
Priesterweihe und der abgelegten ewigen Profess hatte P. Engelbert
die Voraussetzungen geschaffen, um auf einer Seelsorgsstelle arbeiten zu können. Seine erste Tätigkeit war jedoch nicht in der
Pfarrseelsorge, sondern vollzog sich als Socius des Klerikermagisters
im Kloster Würzburg. Das Amt übte er von 1918 bis 1922 aus. Ihm
kam die Aufgabe zu, die Theologiestudenten der Augustiner während
ihres Studiums in Studien- und Berufsfindungsfragen zu begleiten
und zu beraten. Für die Jahre 1922/23 war er dann selbst Klerikermagister und trug die Verantwortung für den Ordensnachwuchs.

UNTERSTÜTZUNG BEDÜRFTIGER STUDENTEN

Der Tätigkeitsbereich P. Engelberts beschränkte sich aber nicht auf das Würzburger Augustinerklerikat, sondern erstreckte sich auch in die Stadt hinein. Während seines Philologiestudiums wandte er sich bedürftigen Studenten in der Stadt zu. Er kümmerte sich um ihr leibliches Wohl, indem er von 1921 an im Südflügel der Würzburger Residenz eine Speisung für bedürftige Studenten einrichtete. Er konnte dieses Angebot machen, weil er in den Ritaschwestern, die damals in der Residenz untergekommen waren, Helferinnen hatte. Die Mittel für die tägliche Speisung von etwa 30 Studenten trug er aus verschiedenen Quellen zusammen.[96]

Wahrscheinlich arbeitete er mit seinem Bundesbruder Franz Klein zusammen, der bereits etwas früher als P. Engelbert eine solche Speisung für bedürftige Universitätsstudenten im rechten Flügel der Würzburger Residenz eingerichtet hatte. Die von P. Engelbert organisierte Hilfe war eine private Hilfsaktion, die von Franz Klein geleistete eine offizielle der Universität.

Der aus Heusenstamm bei Offenbach am Main stammende Franz Klein (1878–1933) nahm im Sommersemester 1913 in Würzburg das Studium der Jurisprudenz auf. Nach dem Krieg setzte er 1919 sein Studium in Würzburg fort und wurde im gleichen Jahr von seinen Kommilitonen in den Studentenausschuss gewählt, in dem er ehrenamtlich mit der *Wirtschaftshilfe* betraut wurde. In dieser Eigenschaft organisierte er an der Hochschule die Studentenspeisung. Dies war ein Berührungspunkt mit der Aktivität von P. Engelbert.

In seiner Tätigkeit war F. Klein *so erfolgreich, dass er zum hauptamtlichen Direktor des Vereins Studentenhilfe bestellt wurde.* Über Jahre übte er seine Tätigkeit im rechten Residenzflügel aus, bis das Studentenhaus im Jahre 1929 am Sanderrasen bezogen werden konnte. Er hatte das für diesen Bau notwendige Kapital gegen alle Schwierigkeiten zusammengebracht und den Bau durchführen lassen.

---

[96] Unserem treuen AH Franz Klein zum Gedenken, in: Rheno-Frankonia im KV zu Würzburg, 1892-1982, Würzburg 1982, 161-163; H. Biedermann, Engelbert Eberhard, in: Rheno-Frankonia, 187-191, bes. 188; 1582-1982. Studentenschaft und Korporationswesen an der Universität Würzburg, Würzburg 1982, 291.

ARBEIT IN NORDAMERIKA

Nach dem ersten Staatsexamen richteten sich die Gedanken von P. Engelbert auf das Gymnasium Münnerstadt als seinen künftigen Wirkungsort. Hier wurde er bereits sehnlichst von seinem Mitbruder und Landsmann P. Godehard Brune (1876–1942) erwartet. P. Godehards Spezialgebiet war Homer. Zu dessen Werken hatte er ein *Vollständiges homerisches Vokabular* verfaßt, das dann 1930 im Druck erschien.

Die Erwartungen, dass P. Engelbert eine Lehrtätigkeit am Gymnasium Münnerstadt wahrnehmen würde, erfüllten sich jedoch nicht. Der Grund war nicht seine Unfähigkeit oder Unwilligkeit, sondern waren die finanziellen Schwierigkeiten, in denen sich die deutsche Ordensprovinz befand. Infolge der Inflation und der Zunahme der Bewerber für die Klosterschule, das Noviziat und das Klerikat reichte das Geld für deren Unterhalt nicht aus.

Eine Abhilfe sah ein Plan vor, den der in der Zwischenzeit zum deutschen Generalassistenten aufgestiegene P. Ambrosius Schubert mit dem amerikanischen Kollegen P. Charles M. Driscoll in Rom entwickelt hatte. Danach sollten deutsche Patres die amerikanischen Mitbrüder am Villanova-College in der Lehrtätigkeit unterstützen. Die Bezahlung ihrer Arbeit sollte der Nachwuchsförderung zugeführt werden. Solche Einsätze im Ausland hatten die deutschen Augustiner P. Stanislaus Strüber (1875–1928) und P. Gelasius Kraus (1870–1951) bereits am Gymnasium der holländischen Augustiner in Venlo durchgeführt. Jetzt war das Einsatzgebiet allerdings weiter entfernt; es lag in Nordamerika.

P. GELASIUS KRAUS (1922–1923)

Als erster deutscher Augustiner fuhr P. Gelasius Kraus am 25. März 1922 nach Villanova. Es war nicht sein erster Auslandseinsatz. Zuvor hatte er von 1920 bis 1922 am Gymnasium der Augustiner in Venlo unterrichtet. Begonnen hatte er am Gymnasium in Münnerstadt mit klassischer Philologie und Naturgeschichte (1899 bis 1920). Der Start in Amerika fiel ihm schwer, da er *große Schwie-rigkeiten im Erlernen der englischen Unterrichtssprache und im Gewöhnen an die amerikanische Art* hatte. Sein Einsatz in Norda -merika war aber entscheidend für die deutsche Provinz. Seine Hilfe war gering. Er selbst wusste dies und spürte die Unzufriedenheit der Villanovaprovinz mit seiner Arbeit. Hätte er aber aufgegeben, wäre die ganze Hilfsaktion gescheitert.[97] Sein Bleiben in Amerika war von Bedeutung.

P. Engelbert in Villanova 1923–12.2.1924

Um das Scheitern zu vermeiden, schickte P. Provinzial Clemens Fuhl P. Engelbert nach Nordamerika, da er um die schwierige Situation des P. Gelasius wußte. Um aber weiterhin das Hilfsprojekt in Villanova durch-führen zu können, konnte er auf P. Engelbert zurückgreifen, der sein Philologiestudium gerade abge-schlossen hatte.

Am 14. 11. 1923 fuhr P. En-gelbert auf der *Sierra Ventana* des Norddeutschen Lloyd von Bre-merhaven aus nach New York. Er machte die Schiffsreise zusammen mit P. Eucharius Tewes, der seinen Bruder besuchen wollte. Nach der Ankunft in New York fuhr P. En-gelbert weiter nach Villanova bei Philadelphia. Auf die Rückseite eines Photos, das die beiden Augustiner als Passagiere zeigt, schrieb P. Engelbert gleich nach seiner Ankunft an seine Eltern: *Ich bin hier gut aufgenommen und noch besser aufgehoben, ich bin unter lieben Mitbrüdern und fühle mich wohl.*[98]

Überfahrt nach Amerika im November 1923 auf der „Sierra Ventana" des norddeutschen Lloyd, Bremen. Rechts P. Engelbert, links P. Eucharius Teves.

---

[97] A. Pape, in: CU 17 (1959) 20.
[98] CU 17 (1959) 22.

Diese Bemerkung wird aber durch einen Brief präzisiert, den P. Engelbert am 12. Dezember 1923 an P. Provinzial Clemens schrieb.[99] Darin heißt es: *Ich bin halt da, weder sehnsüchtig erwartet noch übermäßig beachtet. Von dem eigentlichen Zwecke unseres Hierseins scheint kaum einer eine richtige Ahnung zu haben ... Der Schulbetrieb hier scheint ein sehr guter zu sein, er nimmt die Patres ganz in Anspruch, so dass man sie außer bei Tisch kaum sieht. Rekreation in unserm Sinne gibt es keine, jeder geht nach echt amerikanischer Art seinen Weg. Der persönliche Connex untereinander scheint auch nicht stark zu sein ... Das gemeinschaftliche Gebet besteht in einer kurzen Betrachtung am Morgen und 5-10 Minuten je nach Tisch; an Sonntagen ist nichts. Das Brevier betet jeder für sich. Gearbeitet wird sehr viel. Ich selber komme mir zurzeit noch stark als Fremdkörper vor.* Als Mittler zwischen den amerikanischen Mitbrüdern und P. Engelbert fungierte der deutschstämmige P. Beckermann. Er stellte P. Engelbert auch dem Provinzial vor, als dieser Villanova besuchte.

Seine wichtigste Aufgabe sah P. Engelbert in der Vorbereitung auf das Lehrfach und im Vertrautwerden mit den Mitbrüdern. Er versuchte, dem P. Gelasius eine ihm angemessene Aufgabe zu vermitteln, was ihm auch gelang. *P. Provinzial hat jetzt auch nichts mehr dagegen, wenn P. Gelasius nicht Lehrer wird, er hat sich sogar erboten, ihn in eine Pfarrei zu schicken.* Dies war ganz im Sinne des P. Gelasius.

Engelbert wandte sich gegenüber P. Clemens entschieden gegen die Bitte des amerikanischen Provinzials, der gern deutsche Laienbrüder gehabt hätte. Er meinte dazu, sie wären in Villanova nur Hausburschen im Habit. Sehr positiv äußerte sich P. Engelbert über die Unterstützung durch P. Beckermann. Die Novizen und Kleriker machten auf ihn einen sehr guten Eindruck. Aus der Heimat möchte Engelbert möglichst viel von der herrschenden Not hören. *Das macht doch Eindruck. Bei meiner Erzählung von unserm Hirschbraten waren sie alle entsetzt und ich habe gleich von 2 Patres je 5 Intentionen bekommen. Der Amerikaner liebt möglichst grausige, detaillierte Schilderungen, das sieht man aus allen Zeitungen, dabei will er immer wieder gelobt und als Retter gepriesen werden, dann hilft er auch.* Das war eine Überlegung, nach der P. Engelbert handelte.

---

[99] P. Engelbert an P. Clemens, 12. Dez. 1923; PA.

Nachdem sich P. Engelbert in Ruhe die Situation in Villanova angesehen und mit P. Gelasius besprochen hatte, schrieb er am 26. Januar 1924 an P. Provinzial einen Brief, um ihm Klarheit über ihre Lage zu verschaffen. Er stellte darin fest, dass ein Mangel an Klöstern vorhanden ist, wie sie in der deutschen Provinz bestehen. *Es gibt hier bloß Studienanstalten und Pfarreien. Ein eigentliches Kommunitätsleben finden Sie deshalb kaum ... Die Leute halten hier ihre Schule und gehen dann hin, wohin sie mögen, jeder hat seine eigenen Interessen und Wege. Man hat hier manchmal das Gefühl, als ob man in einem großen Hotel wohnt. Einige Patres sind dabei wieder sehr gut, einige sind vollkommene Muster für einen Priester, schlecht ist wohl kein einziger. Also Sie können sich wohl denken, wie schwer es ist, mit den Leuten in unserm Sinne zusammenzuarbeiten.*[100]

Der Aufenthalt in Villanova sollte neben dem durch den Unterricht verdienten Gehalt noch andere Mittel erschließen, die an die Provinz überwiesen werden sollten. Ein Weg verlief über die Messintentionen.

Von der amerikanischen Provinz als solcher erwartete P. Engelbert in dieser Hinsicht nichts, da ihre Messintentionen nach Rom gingen. Als einzigen Weg erkannte er, einzelne Patres persönlich zu interessieren. Auf diesem Wege hatte er *etwas über 6000 Intentionen bis heute zusammengebracht;* von diesen *sind ungefähr 450 von Patres, besonders von P. Beckermann.*

Über sein eigenes Befinden schrieb P. Engelbert: *Ich habe also fest vor, hier auszuhalten, wenn man auch manche Demütigungen einzustecken hat, man muß anhören können, dass Deutschland die Schuld am Kriege hat – einzelne denken so – oder dass die deutsche Not bloß Schwindel sei, wie mir das vorgestern einer ins Gesicht sagte, meine Beleibtheit zeuge nicht von Hungerkuren etc.*

Für den Unterricht konnte P. Engelbert nicht sofort eingesetzt werden. Im Griechischen ist er dem Dekan der philosophischen Fakultät erwünscht, da er ihn zurzeit brauchen kann.

Der entscheidende Punkt war für Engelbert, dass die beiden Deutschen sich darum bemühen müssen, dass die Deutsche Provinz in Amerika Fuß fasst. Dies konnte durch den Unterricht am Villanova-College geschehen. Diese Intention muss man vor Augen haben, wenn man die Aktivitäten Engelberts zu verstehen sucht.

---

[100] P. Engelbert an P. Clemens, 26. Jan. 1924; PA.

Als wichtigsten Punkt sprach P. Engelbert deshalb die Suche nach einem selbständigen Haus an. Erst dann hätten die deutschen Augustiner einen sicheren Stützpunkt, von wo aus sie arbeiten und an dem sie sich versammeln könnten; sie hätten eine juristische Stellung, die den sicheren Aufenthalt garantiert, und ein Haus, um ihr Verständnis von klösterlichem Leben verwirklichen zu können. Notwendig sei ein eigener Konvent, damit sie nicht von der Gnade und Ungnade der hiesigen Provinz abhängig seien.[101]

Auch für P. Gelasius wurde eine Lösung gefunden, die ihn freute. Er soll vom Unterricht frei sein, in einem amerikanischen Konvent leben und für ihn die hl. Messe feiern und sonst für die deutsche Provinz arbeiten.[102]

BEOBACHTER DES AMERIKANISCHEN LEBENS

Für P. Engelbert war das Leben in Amerika ungewohnt und ganz neu. Die Eindrücke, die es auf ihn machte, und seine Erfahrungen mit ihm schilderte er seinen Eltern drei Wochen nach seiner Ankunft am 19. 12. 1923 in einem ausführlichen Brief.[103]

Er nennt Amerika das *gelobte Land des Dollars* in dem die Geldscheine auch nicht auf der Straße liegen. Wollte er etwas zusammenbringen, dann musste er arbeiten und suchen. Seine wichtigste Arbeit war das Messkollektieren und die Aushilfe in Pfarreien. Seinen Wochenverdienst durch Aushilfe bezifferte er auf 40 Dollar, was eine Ausnahme sei. Das Geld komme durch die Feier der heiligen Messe am Werktag und ein Amt mit Predigt am Sonntag zustande.

Die erbetenen hl. Messen (je 1 Dollar) schickte Engelbert nach Würzburg, damit sie dort gelesen werden. Zum Kollektieren oder Betteln von Messbestellungen bemerkte er, dass es nicht leicht sei, etwas zusammenzubringen, da *halb Europa hier Meßgelder sammelt*.

In seiner Arbeit hatte Engelbert Erfolg. Das Leben in Amerika gefiel ihm, was folgende Schilderung zeigt: *Das Leben hier ist ja viel weniger aufregend als in Deutschland, hier lebt alles*

---

[101] Ebenda.
[102] Ebenda.
[103] P. Engelbert an Eltern, 19. 12. 1923: PA, ES.

im tiefsten Frieden, es gibt im allgemeinen auch Arbeit genug und man kann noch mit Pfennigen rechnen, 1 Zeitung mit 20 Seiten kostet 2 Pf.; auf der Elektrischen kann man für 7 Pf. 2 Stunden fahren.

Den Unterschied zwischen dem Leben in Deutschland und Amerika machte P. Engelbert am Essen deutlich. Er hielt das Essen für gut, sah aber Unterschiede im Verzehr von Fleisch, Obst und Süßigkeiten, die man reichlich zu sich nahm, dafür aber wenig Gemüse. Zu den Alkoholika schrieb er: *Bier und Wein gibt es eigentlich keinen, aber uneigentlich kann man das Zeug schon kriegen.*

Von seiner Arbeit in einer Pfarrei gab er folgende Schilderung: *Letzte Woche war ich bei einem Pfarrer, dem ich an 3 Tagen 4 Predigten zu halten hatte. Für dieses und etwas Beichthören bekam ich 100 Dollar und noch 32 Messen, das macht einen Reinverdienst von mehr als 500 Goldmark (soviel verdient Ihr wohl nicht in 3 Tagen bei großartigster Verpflegung – das Essen war besser als bei Rhumspringer Hochzeiten).*

In seinen Briefen kam P. Engelbert immer wieder aufs Essen zu sprechen, das ihm gut schmeckte und dem er auch gut zusprach. In einem Brief stellte er einmal zusammen, was das Haus für Essen und Trinken ausgab. *Essen und Trinken habe ich allerdings immer so gut, dass Ihr es Euch kaum vorstellen könnt. Unser Haus hier braucht allein für Essen (ohne Milch und Getränke) jede Woche 70 Dollar (= fast 300 Mark) dabei sind wir 4 Priester und 2 Haushälterinnen. Das ist Amerika!*

Die Arbeit, die P. Engelbert leistete und die er leisten musste, war enorm. Das Herumreisen war wohl sehr kräftezehrend. *Es ginge mir sonst also ganz ausgezeichnet, wenn nicht das ewige Herumwandern wäre: 4 Tage bin ich in New York, 3 Tage in Villanova und Philadelphia. Dazu dann noch die vielen Besuche, die man machen muß – um eben Geld zu bekommen.*

Dass P. Engelbert dies leisten konnte, hatte er von seinem Vater mitbekommen, der immer auf Achse war und sein Brot durch den Handel von Haustür zu Haustür verdiente. Nachdem P. Engelbert die Anstrengung dieser Arbeit erfahren hatte, war es ihm nicht recht, dass sein Vater noch auf den Handel ging. Aber er konnte davon nicht lassen. Es war sein Beruf, von dem er sich durch P. Engelbert nicht abbringen ließ. *Das tut mir eigentlich leid, dass Ihr in Euren alten Tagen noch in die Fremde müßt. Geht es denn gar nicht anders?*

Von den Amerikanern bekam er zunächst den Eindruck,

dass sie im Umgang kühl seien: *Der Amerikaner ist viel kühler, er kümmert sich um den andern überhaupt nicht. Das sieht man schon daran, dass sie keinen gescheiten Gruß haben: good morning (Guten Morgen) und dann ist es schon vorbei. Wenn sich gute Bekannte begegnen, so rufen sie Hallo! oder sagen gar nichts. Anfangs kommt das einem dumm vor, jetzt bin ich daran gewöhnt.*

Die erste Aufgabe für P. Engelbert bestand darin, die englische Sprache zu erlernen. Den Unterricht am Kolleg konnte er noch nicht aufnehmen. Er hatte sich einen ersten Überblick über den Lehrbetrieb am Kolleg verschafft und versuchte sich darin einzubringen. Er sah aber, dass in der deutschen Provinz viel mehr Mangel herrschte als in der amerikanischen. *Die Provinz hier ist dreimal so groß als die deutsche, was bedeutet da ein einzelner deutscher Pater; sobald daher die Zeiten einigermaßen besser sind und wir wieder uns selbst ernähren können, werde ich mein Bündel packen und wieder heimkommen.*

Vorerst musste er sich aber mit dem Kloster und seinen Insassen vertraut machen. Das Kloster bezeichnete er als ein *Riesenwerk*. Es umfasste eine Schule mit circa 800 Studenten und das Kloster. Die eigentliche Stadt in der Nähe von Villanova ist die Millionenstadt Philadelphia, die ¼ Stunde entfernt ist.

Interessant fand P. Engelbert die vielen Farbigen. Auch im Kloster bedienten beim Essen *zwei kohlschwarze Kerle*. Er sah zum ersten Mal schwarze Frauen und Scharen schwarzer Kinder.

Sein Erstaunen rief die große Zahl der Autos hervor, die er als *direkte Landplage* bezeichnete. Auf jeden 6.-8. Mann *kommt hier so ein Kasten*. Er meinte, dass ein Fußgänger schon als Sehenswürdigkeit gelte, der *entweder entsetzlich arm oder nicht normal* sei. Er berichtete von zwei größeren Spaziergängen mit P. Gelasius, bei denen jedesmal ein Auto hielt, sie einlud und nach Hause brachte. Das veranlasste sie, verstecktere Wege zu wählen.

In Philadelphia gab es noch an die zehn deutsche Pfarreien. Sie waren für P. Engelbert ein Betätigungsfeld. In ihnen halfen er und P. Gelasius aus. Auf diese Weise verdienten sie Geld für die Heimatprovinz. Die Bekannten in Rhumspringe vergaß P. Engelbert nicht. Er ließ Grüße an Pfarrer Brümann und Lehrer Kellner ausrichten. Er machte auch Pläne für das Nachkommen und die Arbeit eines Verwandten, der aber nicht kommen wollte. Anders war es mit den Verwandten von P. Gelasius, die schon nach Amerika gekommen waren.

MITARBEIT IN ST. RITA'S RECTORY PHILADELPHIA PA. (12.2.1924 – OKT. 1924)

Am 13. 2. 1924 war P. Engelbert schon nicht mehr im Villanova-Kloster, sondern bereits in St. Rita's Rectory in der South Broad Street in Philadelphia.

Er erfuhr aus Deutschland, dass dort traurige Zeiten herrschten, was er über seine Umgebung nicht sagen konnte. Er beschrieb sie sehr positiv. *Hier merkt man von der Not gar nichts, überall, wohin man blickt, ist Überfluss. Die Leute leben wie man vor dem Kriege in Europa nirgends lebte. Lebensmittel sind in Hülle und Fülle vorhanden, die Löhne sind sehr gut besonders für gelernte Arbeiter.* Engelbert schlug deshalb seinen Leuten vor, der Alfons solle für ein Jahr nach Philadelphia kommen und als gelernter Schlosser hier arbeiten, *dann bräuchte auch Vater in seinen alten Tagen nicht mehr auf den Handel.*

An der St. Rita's Church im Juli 1924. Links P. Engelbert.

Engelbert nahm Anteil an der finanziellen Entwicklung in Deutschland und schlug seinen Verwandten einen Weg vor, wie sie einer möglichen Deflation entgehen könnten. *Alles Geld, das Ihr entbehren könnt und sparen wollt, schickt Ihr nach Würzburg an P. Augustin Schmitt, Augustinerkloster. Dann schreibt Ihr mir, wieviel Ihr ihm geschickt habt und dann lege ich es Euch hier in Dollar an, das ist das beste und sicherste, sonst kommt eines Tages wieder ein Geldsturz und dann seid Ihr wieder alles los.* P. Engelbert versicherte seinen Angehörigen, dass sie beruhigt sein könnten, da er alles mit dem P. Provinzial und P. Gelasius absprechen werde.

In diesen familiären Zusammenhang flocht P. Engelbert die Bemerkung ein, wie er sich in Geldangelegenheiten gegenüber der Provinz in Würzburg verhielt. Er sandte nicht sofort das verdiente Geld an die Provinzprokuratur, sondern hielt es zunächst zurück, da er finanzielle Turbulenzen befürchtete. Er überwies *nur das, was sie gerade brauchen.* Zum Provinzprokurator machte er die Bemerkung, *der braucht doch ständig Geld und das müssen wir hier schaffen.*

Von seinem eigenen Befinden berichtete P. Engelbert, dass es ihm *ganz gut, vielleicht zu gut* geht. *Kragen und Westen werden zu eng, hier ist jede Mahlzeit für unsereinen ein Festessen.* Den Zweck seines Amerikaaufenthaltes erfüllte P. Engelbert nach eigenem Bekunden *ziemlich gut.* Er habe *sehr gut verdient, an manchen Sonntagen 30 Dollar!*

Trotz dieser Erfolge stellte er sich die Frage nach seiner Zukunft in Amerika. Sie war für ihn nicht so verlockend, dass er immer im Land bleiben möchte. *So manches gefällt einem weniger gut, sie haben hier zu wenig Verständnis für Kunst und Wissenschaft.*

Seit dem 12. 2. 1924 weilte P. Engelbert in der Pfarrei St. Rita's Rectory in Philadelphia, die an der Broad Street liegt, welche die längste Straße (50 km) in einer Stadt sein soll. Philadelphia ist eine Millionenstadt *und hat eine Ausdehnung (mit den Vorstädten) wie ungefähr das Untereichsfeld.* In der Nähe des Klosters befanden sich viele Wolkenkratzer mit 20–25 Stockwerken. Um seinen Angehörigen eine Vorstellung von ihrer Höhe zu vermitteln, stellt er diesen Vergleich an: *Unsere Kirche würde dagegen aussehen wie eine kleine Hundehütte.*[104] Der amerikanische Provinzial hatte P. Engelbert in diese Pfarrei St. Rita's zum Helfen geschickt. Eine seiner Aufgaben war die Feier von Hochämtern. Sie war nicht die einzige. Er wurde auch zum Beichthören eingeteilt. Von ihm berichtet er: *außerdem höre ich schon Kinderbeichten in Englisch.* Auch die Konversation in Englisch wurde von Tag zu Tag besser, so dass er sich schon *ganz gut mit den Leuten unterhalten* konnte.

Am 1. April 1924 schrieb P. Engelbert über sein Befinden: *Mir geht hier auch nichts ab. Habe gut Essen und Trinken und verdiene auch gut.* Beim Rückblick auf die erste Zeit in Amerika begrüßte er es, dass er *nicht so viel Arbeit hatte. In Würzburg hatte sich mit der Zeit zu viel angehäuft, besonders in der Zeit der beiden schweren Examina. Hier konnte ich einmal gründlich ausspannen. Dazu habe ich viel Neues und Interessantes gesehen und viel von den Amerikanern, die sehr praktisch sind, gelernt.*

Von seinem Aufenthaltsort in der Drei–Millionenstadt Philadelphia aus studierte er das amerikanische Leben und Treiben. Als erstes stellte er fest, dass die Amerikaner sich das Leben bequemer machen *als die armen Deutschen.* Er machte es daran fest, dass man nicht zu gehen braucht. *Alles fährt Auto oder in der Elektrischen.* P. Engelbert schilderte einen zweistöckigen Verkehr.

---

[104] P. Engelbert an Eltern, Philadelphia, 13. Febr. 1924; PA ES.

Auf der Hauptstraße fahren unten die Elektrischen und darüber auf hohem Gerüste die Hochbahn. Er spricht von einem merkwürdigen Gefühl, *wenn man so über die Dächer der Häuser hinsaust oder den Leuten im 3. Stock in die Fenster schauen kann.* Von den Leuten, die hinter diesen Fenstern wohnten und ihm begegneten, schrieb er: *Die Leute sind im Allgemeinen sehr gut, ich meine sie wären gutmütiger als in Deutschland, es herrscht nicht so viel Streit, und besonders kein Parteihass. Jeder geht seinen eigenen Weg und kümmert sich nicht um den andern.*

Von Interesse sind Engelberts Beobachtungen zur Stellung des Priesters in der Gesellschaft. Die Priester seien sehr geachtet, *mehr als in einem Lande Europas. Es ist ganz ausgeschlossen, dass ein Priester beschimpft wird. Wir werden viel gegrüßt.* Ein solches Entgegenkommen erfuhr P. Engelbert bei einem Besuch in New York. Dort *kam ein feingekleideter ganz fremder Herr auf mich zu und bot sich an, mir die Stadt zu zeigen.* Engelbert machte dann die Bemerkung, dass er sich darüber freue, *dass es nun auch in Deutschland wieder besser geht.* Denn *je besser es vorangeht, je schneller kann ich wieder zurückkommen.*[105]

Aus der Heimat hörte P. Engelbert, dass es ein harter Winter gewesen sei, aus Philadelphia konnte er berichten, dass sie *den mildesten Winter seit vielen Jahren gehabt* hätten. Sein Kommentar dazu lautet: *Das ist wieder einmal die verkehrte Welt: Hier hat man Geld und Kohle und Ihr habt den harten Winter.*[106]

Für Deutschland wünschte sich P. Engelbert *ruhigere Zeiten.* Er tat dies mit Blick auf Amerika, von dem er schrieb: *Hier ist es allgemein als ob es nie Krieg gegeben hätte, das Land ist eben an sich wirklich reich und dabei nicht so stark bevölkert, da hat der einzelne noch mehr Möglichkeit zu erwerben und zu verdienen.*

Den eigentlichen Amerikaner charakterisierte P. Engelbert als *eine sehr gutmütige Natur, besonders diejenigen, die von den Irländern abstammen, die früher in sehr großen Scharen nach Amerika auswanderten. Diese sind sehr treue und opferfreudige Katholiken.*

Eine solche Spendenbereitschaft ist auch erforderlich, da die Gemeinde für alles selbst aufkommen muss. *Die Deutschen haben da in früherer Zeit viel zu wenig beigesteuert. Hier treffen auf 1 Familie im Jahr wenigstens 100 Dollar! Danach hätte Rhumspringe*

---

[105] Brief vom 1. April 1924; PA, ES.
[106] Brief vom 25. April 1924; PA, ES.

längst eine herrliche Kirche haben [können]. Nun ist das Geld doch futsch und die alte Kirchenscheune steht immer noch da. Der Herrgott hat es ihnen jetzt gezeigt, wieweit man auf das Geld vertrauen kann. Ob die Menschen vernünftiger werden?

P. Engelbert machte sich trotz seiner Versicherung, er habe kein Heimweh verspürt, Gedanken über seine Rückkehr nach Deutschland. Er schrieb seinen Angehörigen, dass seine Rückkehr *ganz von der Entwicklung der Verhältnisse in Deutschland* abhänge. *P. Provinzial wird mich sicher zurückrufen, wenn es möglich ist. Aber einstweilen ringen sie noch stark mit Geldschwierigkeiten.* P. Engelbert führte im Augenblick *ein so bequemes Leben wie nie zuvor.* Doch sah er dessen Ende nahen, denn *je besser es allerdings mit der englischen Sprache geht, desto mehr wird auch die Arbeit. Seit einiger Zeit versuche ich es schon ernsthaft mit dem Beichthören.*

Gegen Ende seines Aufenthaltes in St. Rita's in Philadelphia machte P. Engelbert eine *14tägige Reise durch ganz Mittelamerika,* d. h. den mittleren Teil der Vereinigten Staaten. Als einen Höhepunkt nannte er den Besuch der Niagarafälle.[107] Wahrscheinlich sollte sich P. Engelbert einen allgemeinen Überblick über die nähere Umgebung verschaffen, in der er lebte und arbeitete.

St. Nicholas of Tolentine, Rectory
New York City 8 (1924–1927)

Von St. Rita's in Philadelphia musste P. Engelbert seinen Standort wechseln und nach New York City 8 umziehen in die Rectory St. Nicholas of Tolentine. Deshalb war seine Freude über einen Brief aus der Heimat keine Floskel, sondern ehrlich, wenn er schreibt: *Man fühlt sich oft so einsam; Freunde und Bekannte habe ich zwar immer bald, aber kaum hat man sich wo eingewöhnt, da muß man wieder wandern.* In der verhältnismäßig kurzen Zeit von 11 Monaten hatte P. Engelbert vier verschiedene Wohnorte. Er beurteilte diese Wechsel als gut für seine Arbeit, aber auch als nervenaufreibend. Durch die Übersiedlung nach New York lagen seine Arbeitsplätze erheblich auseinander. Es war die Pfarrei in New York und das College in Villanova.

---

107 Postkarte vom 6. September 1924; PA, ES.

Über seine Arbeit, die jetzt auch im Unterrichten bestand, schrieb P. Engelbert: *Ich bin jetzt die Hälfte der Zeit auf der Eisenbahn oder der Elektrischen. Jede Woche muß ich für 2 Tage nach Villanova, um dort Deutsch zu lehren. Ich brauche immer 4 Stunden mit dem Zuge. Den Unterricht muß ich in englischer Sprache halten, weil die Jungens kein Wort Deutsch verstehen.* Der Unterricht war in Kurse aufgeteilt. P. Engelbert hatte drei Kurse. Am ersten nahmen zehn, am zweiten fünf und am dritten drei Schüler teil. Fast alle waren angehende Mediziner (*premedical course*). Am zweiten Kurs nahm ein Farbiger teil, der bereits Apotheker war, aber noch Arzt werden wollte. Von dessen Bemühen im Deutschen berichtet sein Lehrer P. Engelbert: *Er kann das Wort Schwester absolut nicht herausbringen, sagt immer Zwetscher oder Swetscher oder Schwetsche.* Aber auch der Lehrer P. Engelbert hatte seine Schwierigkeiten mit dem Englischen. *Das Englische geht mir auch noch nicht so flott, da haben wir manchen Spaß.* In den drei Kursen hielt P. Engelbert auch Lektüre ab. Im dritten bot er Faust an, im zweiten Immensee von Storm und im ersten deklinierte er mit den Studenten deutsche Wörter. Der Kommentar zu seinem Unterricht lautet: *Stellen Sie sich dazu vor, dass ich englisch radebrechen muß, dann haben Sie einen Begriff von dem Theater.*[108]

Von seinem neuen Wohnsitz in New York war P. Engelbert begeistert. Dazu trug der Prior bei, der *ein sehr angenehmer Mensch* ist, *der mir sehr wohlgesinnt ist.* Auch von der Stadt New York war P. Engelbert fasziniert. Er gab von ihr folgende Eindrücke wieder: *Die Stadt selbst ist ganz wunderbar. Sie ist dreimal so groß wie Berlin und sicher die interessanteste Stadt der Welt. Diese Gebäude: es gibt Wolkenkratzer mit mehr als 45 Stockwerken. Dazu der Verkehr: drei große viergeleisige Untergrundbahnen gehen durch die Stadt von Nord nach Süd, manchmal in zwei Stockwerken unter der Erde, wo ein Zug über den anderen hinweggeht. Über der Straße geht die Hochbahn, auf der Straße die Elektrische und Hunderttausende von Autos. Alle Nationen und Völker kann man hier sehen. Schwarze, Chinesen, Japaner usw. begegnen einem stets auf den Straßen. Die Stadt ist so lang, dass [man] auch mit dem Untergrundpass weit über 1 Stunde fährt. Es gibt auf der Welt kaum etwas, was man hier nicht sehen kann. Ihr seht, an Abwechslung fehlt es hier nicht.*

---

[108] P. Engelbert an P. Clemens, PA, und P. Engelbert an die Eltern aus New York, 10. Nov. 1924; PA, ES.

Aber damit konnte sich P. Engelbert nicht länger beschäftigen. Er musste *hinter dem Gelde herjagen*, musste sich darüber Gedanken machen, *wo man wieder was herkriegt, denn jeder Brief aus Würzburg endet immer mit dem Gedanken: Schick Geld!*

Von der New Yorker Pfarrei hatte er den Auftrag übernommen, Chaplain am Veterans Hospital, einer *Irrenanstalt*, zu sein. An ihr hatte er Gottesdienst zu halten. Von den 700 Insassen schreibt er: *Da gibt es oft komische Szenen, denn diese Leute schwätzen und treiben das dümmste Zeug. Einer glaubt, er wäre George Washington, der andere, er wäre Millionär, der dritte hält sich für den lieben Gott. Einer will absolut nicht in den Himmel, weil man da keine Karten spielen könnte.* Es war eine vielfältige Arbeit, die P. Engelbert zu bewältigen hatte. Vom Unterricht musste er sich umstellen auf behinderte Menschen, vom Lehren aufs Zuhören, für beides viel Geduld aufbringen.

In einem Brief erinnerte sich P. Engelbert an seine Überfahrt nach Amerika und machte sich bewusst, dass er in dieser kurzen Zeit so viel gesehen hatte wie in seinem *ganzen vergangenen Leben nicht*. Zu den Anforderungen, die an ihn gestellt wurden, schreibt er: *Anfangs war es hart für mich, weil ich keinen Menschen kannte, die Sprache nicht verstand und nicht wußte, wie ich zu arbeiten hatte, um die Erwartungen und Wünsche des P. Provinzial zu erfüllen. Es gab manches Unangenehme zu überwinden, aber heute sitze ich ziemlich fest im Sattel. Ich habe meinen festen Posten und meinen festen Gehalt.*[109]

In seinem Brief an P. Provinzial Clemens[110] hielt er Rückblick auf seine Zeit in Amerika. *In allernächster Zeit wird es nun ein Jahr, dass ich die Heimat verließ. Wenn ich auf dieses verflossene Jahr zurückblicke, so muß ich sagen: es war eine bewegte und seltsame Zeit, die ich durchgemacht habe: Freude und Schwung, Erwartung und Enttäuschung, Liebe und Kälte. Das hat sich im bunten Durcheinander abgelöst, nie im Leben habe ich nur annähernd all diese Gefühlsskalen so schnell und so intensiv durchgemacht. Viel Neues und Interessantes habe ich gesehen: Philadelphia bot schon Vieles, aber es ist halt doch bloß ein Landstädtchen gegen New York. Dieser 7 Millionenstadt, die sich auf der schmalen Halbinsel zusammendrängt. Technisch ist sie wohl das größte Wunderwerk der Welt. Diese wahnsinnigen*

---

[109] P. Engelbert an die Eltern, 22. 11. 1924; PA, ES.
[110] P. Engelbert an P. Clemens, 8. 11. 1924; PA.

*Wolkenkratzer, die bis in die Wolken greifen – babylonische Türme
– und dann der Verkehr ... das Hasten und Haschen der Menschen
nach dem Dollar, nach Brot und Vergnügen kann man nirgends so
stark beobachten wie hier. Dann der Völkermischmasch! Alle
Nationen laufen da herum, alle Sprachen klingen einem um die
Ohren. – Also Neues und Interessantes habe ich genug gesehen,
mancherlei Erfahrungen habe ich mir auch gesammelt, man wird
hier gezwungen, die Augen aufzumachen – und so hoffe ich, dass
nebst dem Gelderwerb das Jahr doch auch kein vertanes war.
Vielleicht erscheint Ihnen das seltsam, aber manchmal kam mir das
Ganze so öde vor: Nie eine geregelte Arbeit, die befriedigt, nie ein
eigentlich festes Heim, nirgends eine Ordnung, ein System, stets
auf der Jagd, stets nach neuen Möglichkeiten suchend, die halbe
Zeit auf der Bahn oder der Elektrischen – was bleibt da für das
Innere? Nur der ideale Zweck gibt einem immer wieder den Mut,
den das Geld allein nicht geben würde. Ich habe sicher nie im
Leben den Wert der religiösen Ideen so stark empfunden wie hier.
Oft ist mir in letzter Zeit, gerade wenn ich viel Geld in der Hand
hatte, der Gedanke ganz plötzlich gekommen: Und wenn du jetzt
sterben müßtest, was hättest du von dem ganzen Plunder? Ich glaube, ich bin in dem Jahre mehr als um 12 Monate älter geworden –
man hält mich oft für einen Mann von 40-45 Jahren!* In
Wirklichkeit war er erst 35 Jahre alt.

Als weiteres Betätigungsfeld hatte P. Engelbert die seelsorgli-
che Betreuung des deutschsprachigen Gesellenvereins von
Philadelphia übernommen. Als ihr Präses sprach er am 28. Oktober
1928 in der St. Peters Halle auf einer Massenversammlung der
deutschen Katholiken Philadelphias über den Ursprung, die Natur
und die Vorzüge der christlichen Ehe. Träger der Veranstaltung
waren der Volksverein und die Katholische Frauen-Union. Am 27.
Oktober hatte der Gesellenverein das Drama *Geächtet* aufgeführt,
das P. Engelbert wahrscheinlich einstudiert hatte. Die
Professionalität der Spieler wurde besonders gelobt. *Ganz besonderen Anklang fanden die humorvollen Bemerkungen des Präses,
Hochw. Dr. Engelbert Eberhard OSA.*[111]

Die Mitteilung des P. Clemens, er wolle ebenfalls nach Amerika
kommen, wurde von P. Engelbert mit gemischten Gefühlen aufgenommen.

---

[111] Nord-Amerika vom 18. Oktober 1928.

KEINE ABDANKUNG VON P. CLEMENS

Er kannte P. Clemens und ahnte, dass er auf das Amt des Provinzials resignieren wollte, um für das Wohl der deutschen Provinz in Amerika zu arbeiten. Von diesem Vorhaben suchte P. Engelbert ihn abzubringen.

Sein erstes Argument war, dass er keine Möglichkeit sehe, wo P. Clemens hätte arbeiten können. Deshalb solle er nicht längere Zeit in Amerika bleiben: *Sie wollen auch nach Amerika kommen. Wenn es nicht zu egoistisch und drastisch wäre, würde ich Ihnen meine Stelle hier anbieten – und selber heimwärts ziehen. Sie sehen, schon P. Gelasius hat keine Stelle, wo wollen Sie da jetzt unterkommen? Ich wüßte da augenblicklich wirklich keinen Rat. Die Möglichkeit, in einer deutschen Gemeinde zu arbeiten, ist sehr gering, durch den Krieg ist alles englisch geworden. Wenn ich alles überblicke, komme ich wieder zu dem Schlusse: Wir brauchen eine eigene Niederlassung. Auf die Dauer tut das Zusammenleben mit der amerikanischen Provinz doch nicht gut. Das Interesse erlahmt, zumal die Verhältnisse anfangen besser zu werden. Unser Prinzip muß nach meinem Empfinden sein: einen Platz zu suchen, der gute Arbeitsmöglichkeiten in der Seelsorge bietet.* Die Spekulationen, die hinsichtlich eines Klosters in Kanada von P. Gelasius angestellt wurden, hielt P. Engelbert momentan für unrealistisch. Er wollte für ihre Verwirklichung die Verantwortung sich nicht aufladen. Er verwies auf den Auftrag, der ihnen erteilt sei. Dieser lautete: *der deutschen Provinz für die augenblicklich dringende Not Hilfsmittel zu beschaffen.*

Eine Möglichkeit für das Kommen des P. Clemens sah Engelbert in einem eigenen Haus. *Hätten wir einmal ein festes Projekt, dann wäre es vielleicht gut zur Ordnung der ganzen Sache, dass Sie mal für einige Monate herüberkämen.* Damit ein solches Projekt ernsthaft begonnen werden kann, *wäre es gut, wenn Sie mir bald ein Schreiben ausstellen, in dem Sie nach einem allgemeinen Zeugnis über meine Person bestätigen, dass ich von Ihnen beauftragt bin, eine Niederlassung zu gründen.*

Das Kommen des P. Clemens für einige Monate begrüßte P. Engelbert: *Dass Sie für einige Monate kämen, wäre sicher von Segen, damit Klarheit in unsern hiesigen Betrieb käme. Dann sollten Sie aber wieder heimgehen, da Sie doch kaum soviel hier erreichen als Sie vermuten.*[112]

---

[112] P. Engelbert an P. Prov. Clemens, 23. Nov. 1924; PA.

P. Clemens ließ sich aber von seinem Plan, selbst in Amerika
arbeiten zu wollen, nicht abbringen und schilderte P. Engelbert die
Schwierigkeiten in der deutschen Provinz. Darauf antwortete ihm
P. Engelbert und nannte einige Fakten, die gegen einen längeren
Aufenthalt sprachen.

Er nannte als Ziel des Amerikaaufenthaltes, das auch das Ziel
des P. Clemens sein muss, die Hilfe für die deutsche Provinz. *Aber
bei der Schwierigkeit der jetzigen Lage, die Sie so kritisch schildern, muß wohl das Gefühl zurücktreten und wir müssen so nüchtern als möglich das Ziel vor Augen behalten: Hilfe für die deutsche Provinz zu schaffen. Das ist auch Ihr einziges Ziel für diese
Reise. Wie werden Sie das erreichen?*

In Frage kann kein Betteln von Haus zu Haus kommen. Möglich
wäre eine Spezialkollekte in der Kirche nach der Pfarrkollekte. Der
Vertrieb von Emmerickschriften wäre möglich. Die Arbeit in der
Seelsorge mit Sammeln von Stipendien böte sich an.

Darin sah P. Engelbert aber keine geeignete Arbeit für P.
Clemens. Er schlug ihm aber vor, sich darauf zu konzentrieren, ein
oder zwei Klöster in Amerika zu gründen. Sie seien *eine absolute
Notwendigkeit für uns.* Einmal für die in Amerika arbeitenden
deutschen Augustiner, dann aber auch als *zweite Basis für die
Provinz.* Engelbert sah das als *eine sehr wichtige Sache* an.

Als Plan schlug er P. Clemens vor, er solle nach Amerika kommen, mit dem Bischof von Milwaukee verhandeln, eine Zeit lang
hier bleiben und dann nach Deutschland zurückkehren. *Packen Sie
die Sache so an, danken Sie auf keinen Fall ab! Das ist von meinem oder unserem Standpunkte aus zu sagen.*[113]

Zu dieser Zeit erwog P. Clemens also schon den Plan, von seinem Amt als Provinzial zurückzutreten und in Amerika für die
deutsche Provinz zu arbeiten, deren hohe Schulden ihm zusetzten.

ZIEL DER VISITATION DER DEUTSCHEN AUGUSTINER IN AMERIKA DURCH P. CLEMENS FUHL; 27. MÄRZ – 24. AUGUST 1925: NEUE STRUKTUR FÜR DIE DEUTSCHEN AUGUSTINER

Seine Überlegungen unterstrich Engelbert in einem weiteren
Brief an P. Clemens, in dem er ihn zum baldigen Kommen drängte, ihm aber auch nahelegte, er solle nach Deutschland zurückkehren: *Kommen Sie, sobald es möglich ist, sofort herüber, um hier*

---

[113] P. Engelbert an P. Clemens, 12. 1. 1925; PA.

die Sache in Ordnung zu bringen. Zum Generalkapitel fahren Sie dann wieder zurück. Lassen Sie aber bitte jeden Gedanken von vornherein fallen, dass Sie hier bleiben werden. Denn vielleicht hängt nicht bloß die Entwicklung, sondern auch die Existenz der deutschen Provinz von einer guten finanziellen Basis in Amerika ab.[114] Engelberts Brief vom 12. 1. 1925; Die eindringlichen Aufforderungen von P. Engelbert, P. Clemens möge sie visitieren, fanden bei diesem Gehör. Er fuhr am 27. 3. 1925 von Bremerhaven mit dem Dampfer *Bremen* in Richtung Amerika ab.

Die Visitation sollte nach der Vorstellung P. Engelberts nicht in erster Linie der klösterlichen Erneuerung dienen, sondern dem Aufbau einer klösterlichen Struktur für die hier arbeitenden deutschen Augustiner.

Zu diesem Zeitpunkt hatte sich P. Engelbert schon besser in die amerikanischen Verhältnisse eingelebt. Er hatte schon viele Freunde und Bekannte gefunden, *so dass man sich nicht mehr so einsam vorkommt. Die Leute sind hier wirklich gut, viel besser und liebenswürdiger als in Deutschland. Die Riesenstadt New York, wo die ganze Welt zusammenkommt, bietet zudem so viel Interessantes und Neues, dass es einem unmöglich langweilig werden kann. Trotzdem zieht es mich jedoch zurück zur alten Heimat.*[115]

Für die Fastenzeit hatte P. Engelbert ein besonderes Predigtprogramm übernommen. Danach musste er wenigstens an *3 Orten jede Woche einmal predigen: in New York, Bethlehem und Philadelphia. Die Städte liegen auseinander wie Rhumspringe, Hannover, Braunschweig.* Sein Kommentar dazu lautet: *An Abwechslung fehlt es also durchaus nicht.*

Er freute sich auf die Ankunft des Provinzials und verband damit die Hoffnung, *dass wir hier, vielleicht in Milwaukee, ein deutsches Kloster gründen.* Engelberts Gedanken richteten sich auch auf seine Rückfahrt im August, stellte aber gegenüber seinen Angehörigen zum Besuch des P. Clemens fest: *Mitnehmen wird er mich wohl noch nicht, er kann Euch dann aber besuchen.*

Zehn Tage lang begleitete P. Engelbert den P. Clemens.[116] Er fuhr mit ihm über Chicago nach Milwaukee. Dort verhandelten sie mit dem Bischof. Die Besprechung verlief gut, so dass Engelbert den Eindruck gewann, *dass ein Kloster in der dortigen Diözese sicher ist.* Nach dieser Tour fuhr Engelbert gleich nach Villanova zurück,

---

[114] P. Engelbert an P. Clemens, 6. Dez. 1924; PA.
[115] P. Engelbert an Vater, 17. März 1925; PA, ES.
[116] P. Engelbert an Eltern, 30. April 1925; PA, ES.

um wieder zu unterrichten. An seine Eltern schrieb er, dass er für das neue Kloster nicht in Frage kommt, sondern in New York bleiben muss, *denn dort verdiene ich ziemlich gut und das können sie für den Augenblick in Würzburg noch nicht entbehren. So bin ich sicher. Die Zeit meiner Rückkehr hängt allerdings ganz [davon] ab, ob die Verhältnisse in der deutschen Provinz sich bessern.*

Auf seinem Posten fühlte sich P. Engelbert wohl. Er verstand sich als Missionar besonderer Art. *Eine Art Missionär bin ich ja auch – wenn ich auch stark nach dem Dollar jagen muß. Denn ohne diese Geldhilfe gingen alle unsere jungen Leute für den Priester- und Ordensberuf verloren, weil wir sie nicht ernähren könnten.*

Mit seinem persönlichen Befinden ist Engelbert sehr zufrieden. Dem lieben Gott dankt er dafür, dass er ihm bisher in allen seinen Arbeiten gut geholfen hat. Er hat ihn auch *gesund, fröhlich und arbeitsfroh erhalten. Es geht ihm wirklich in jeder Beziehung gut, besser als es mir in Deutschland gehen könnte, denn arbeiten müssen wir überall.*

Am 24. 8. 1925 wurde P. Clemens verabschiedet. Es geschah in New York, das P. Engelbert als seinen Anlaufpunkt ansah: *Briefe schickt immer nach New York, weil das doch mein Hauptquartier ist.*[117]

Die Verabschiedung von P. Provinzial Clemens rief bei P. Engelbert Heimwehgefühle im New Yorker Hafen hervor. *In den letzten Tagen hätte ich auch fast Heimweh bekommen, da ist P. Provinzial wieder nach Deutschland zurückgefahren. Gestern Morgen ging das Schiff, es war dasselbe mit dem ich gekommen bin. Der Kapitän kannte mich noch und fragte mich: Wollen Sie wieder mit zurück? Ich möchte schon, habe ich ihm geantwortet—aber—! Und dann zog das Schiff hinaus ins Meer und die Schiffskapelle spielte: ‚In der Heimat, in der Heimat da gibt's ein Wiedersehn'. Da ist es mir doch etwas sonderbar zu Mute geworden – nun ich hoffe, so arg lange wird es mit dem Wiedersehen doch wohl nicht mehr dauern. Einstweilen ist allerdings noch wenig Aussicht. Der Bau in Würzburg hat gegen 150 000 Mark verschlungen, die müssen von hier aus so langsam gedeckt werden. Daneben haben wir alles in allem 150 Studenten, die auch ernährt sein wollen – und all das Geld erwartet man in der Hauptsache von uns 4 Leutchen in Amerika, da wird einem oft der Kopf heiß.*[118]

---

[117] P. Engelbert an Eltern, 30. April 1925; PA, ES.
[118] P. Engelbert an Eltern, 26. 8. 1925; PA, ES.

Den gleichen Abschied schilderte P. Clemens, von dem P. Engelbert meinte: *Der wäre gern in Amerika geblieben.* Er drängte ihn aber, dass er nach Deutschland zurückkehre, seine Arbeit wieder aufnehme und nicht resigniere.

Die letzten Stunden vor seiner Abfahrt schilderte P. Clemens mit Blick auf P. Engelbert: *Unmittelbar vom letzten Vortrag (Exerzitien in Philadelphia) weg kam ich zur Bahn; abends neun Uhr war ich in New York, früh sechs Uhr zelebrierte ich mit P. Engelbert, der mich dann zum Schiff begleitete. Er hätte mich gerne auch noch weiter begleitet. Ich merkte dies bei der Abfahrt des Schiffes. Bis dorthin hatte er immer gelacht und gescherzt, sich mit Mr. Haus, der ihm in New York ein guter Freund geworden ist und der mit größter Liebenswürdigkeit eigens zu meinem Abschied gekommen war, um mir 45 Dollars als Stipendien in die Heimat mitzugeben, angelegentlich unterhalten. Als das Schiff von den Tauen gelöst war und anfing sich zu bewegen, schwang P. Engelbert seinen Hut mit Mr. Haus; aber seine Züge waren ganz ernst; er redete kein Wort. ‚Er muß doch noch einmal lachen, wie er es doch sonst immer tut', sagte zu mir Mutter Löffler neben mir, die mit 24 Jahren nach Amerika gezogen war und jetzt 42 Jahre später zum ersten und letzten Male ihre deutsche Heimat besuchen will. Er lachte aber nicht mehr und ich sah nicht mehr, dass er redete. Aber ich sah, er wäre so gerne mit mir gegangen in die Heimat.*[119]

ERRICHTUNG DER PFARREI ST. RITA'S RACINE (IVES)

Vor seiner Abreise nach Deutschland erhielt P. Clemens die ersehnten Schriftstücke für die Gründung eines Klosters in Racine. Dadurch fand er auch die Genugtuung, dass seine Reise nach Amerika nicht vergeblich gewesen war.

Zusammen mit P. Engelbert hatte P. Clemens ein Grundstück für eine zu errichtende Pfarrei und ein Kloster ausgewählt. Dafür hatte P. Gelasius Kraus bereits Erkundigungen eingeholt und 1924 vom Erzbischof Messmer die Erlaubnis erhalten, sich in der Erzdiözese Milwaukee niederzulassen. Er schlug ihm drei Orte vor, von denen schließlich Ives in der Nähe von Racine ausgewählt wurde.

---

[119] MvgR 24 (1928) 85.

PROVINZVIKAR FÜR NORDAMERIKA

Bald nach seiner Rückkehr nach Deutschland traf der Provinzial mit seinem Definitorium eine wichtige strukturelle Entscheidung. Er machte P. Engelbert zum *provincialis vicarius* und entschied, dass alle Patres Mitglieder des Konventes Racine sind, aber nicht alle Einnahmen in den Konvent fließen. Die Aufgaben und Vollmachten des Provinzvikars umschrieb P. Clemens so: *Er hat in Amerika die Obliegenheiten des Provinz-oberen wahrzunehmen, allerdings nur in strengstem Anschluss, steter Unterordnung und vollem Einverständnis mit dem wirklichen Provinzial. Doch ist es für die Mitbrüder dort ersprießlich, für Veränderungen, welche dem Provinzial obliegen, aber einer dringenden Erledigung bedürfen, im Lande selbst den entsprechenden Oberen angehen zu können.*

In der Entscheidung des Provinzials sah P. Engelbert einen großen Vertrauensbeweis, aber auch eine große Verantwortung und Last. Er schrieb an seinen Vater: *Es muss hier alles erst geschaffen werden, wir haben mit gewaltigen Schwierigkeiten zu kämpfen und sind zur Zeit bloß fünf Patres. Bisher habe ich alle wichtigen Sachen stets in Deutschland vom Provinzial entscheiden lassen, jetzt schreibt er mir einfach: ‚Das ist Ihre Sache, entscheiden Sie!' All die vielen großen Geldangelegenheiten fallen darunter, so dass es mir oft recht unbehaglich zu Mute wird. Nun, ich vertraue auf den lieben Gott, der wird schon helfen. Bisher ist mit seiner Hilfe alles gut gegangen, besser als ich und auch der P. Provinzial erwartet hat.*[120]

In seinem neuen Amt trug Engelbert die Verantwortung für die zu errichtende Pfarrei und das Kloster. Zum Kauf des Grundstücks schrieb P. Engelbert: *Seit gestern [25. Aug.] habe ich nun ein wenig mehr Ruhe, die letzten Monate waren voller Arbeit, Hetze und Aufregung. Seit Mai war ich zweimal in Milwaukee (2000 km von hier = 8 mal so weit wie von Rhumspringe nach*

---

[120] P. Engelbert an Vater; 1. Nov. 1925; PA, ES.

Münnerstadt). Dort soll also das neue Kloster angefangen werden. Zu diesem Zwecke habe ich dort einen Bauplatz gekauft (60 m breit, 150 m lang), der 1800 Dollar kostet (über 7000 Mark!). Das muß auch zum Teil aufgebracht werden, macht mir aber einstweilen weniger Sorge als die Geldnot in Deutschland.[121]

Die Arbeit am Auf- und Umbau des Klosters und der Pfarrei Racine wurde durch P. Gelasius begonnen. Er wurde als Kaplan im deutschen Waisenhaus in Tacony, einer Vorstadt von Philadelphia, durch P. Franz Roth abgelöst. P. Gelasius führte zusammen mit den Brüdern Oswald und Albin den Bau durch. Sie wohnten bei den Dominikanerinnen in Racine. Vorher war P. Gelasius fast ein Jahr Gast bei Franziskanerinnen in Milwaukee.

PRIOR DES KONVENTES RACINE

Von dem noch ganz einfach eingerichteten Haus in Racine ohne verschließbare Türen, aber mit einem eigenen Bett schrieb P. Engelbert nach der Weihe: *Ich lag noch lange wach. Zum ersten Male seit fast drei Jahren schlief ich in Amerika nicht im fremden Bett. Viele gute Leute habe ich getroffen, überall war ich herzlich aufgenommen worden, und doch: ich war und blieb stets ein Fremdling, ich hatte keine Heimat. Und wie mir, so war es den anderen ergangen. Und nun war unsere Sehnsucht erfüllt: Was ich noch vor zwei Jahren nicht zu träumen gewagt hatte, war in Erfüllung gegangen: wir hatten eine Heimat im fremden Lande.*[122]

Haus und Kirche wurden am 29. August 1926 eingeweiht. Mit Blick auf die Aufgabe des Hauses und der Kapelle schrieb P. Engelbert: *Und froh bin ich, dass wir hier nicht nur arbeiten, um der bedrängten Augustinerprovinz in Deutschland zu helfen, sondern dass wir auch tatkräftig mitarbeiten am religiösen Wohle des Landes.*[123]

Nachdem die Klostergründung in Racine, das nordöstlich von Kenosha liegt, vorerst abgeschlossen war, freute sich P. Engelbert auf seinen Urlaub in Deutschland. In Vorfreude schrieb er seinen Eltern: *Die Reise ist jetzt ganz sicher, soweit man menschlich sicher sein kann; denn seit einiger Zeit bin ich auch noch der Prior*

---

[121] P. Engelbert an Eltern, 26. August 1925; PA, ES.
[122] Engelbert Eberhard, Unsere erste Niederlassung in Nordamerika, in: MvgR 22 (1926) 377.
[123] MvgR 22 (1926) 381.

*des neuen Hauses in Racine (kann allerdings dort nicht wohnen,
sondern muß alles brieflich machen), als solcher aber bin ich streng
verpflichtet, am Provinzialkapitel teilzunehmen, das im Juli nächsten Jahres ist. P. Provinzial Clemens schreibt außerdem in jedem
Briefe, er wünsche und erwarte bestimmt, dass ich im nächsten
Jahre nach Deutschland käme für einige Monate. Da wir jetzt 6
Patres und 2 Brüder sind, ist es auch praktisch möglich, dass ich
von hier fort kann. So könnt Ihr also sicher auf mich rechnen.*[124]

Da alle deutschen Augustiner in Amerika zum Kloster St.
Rita's Racine gehörten, war P. Engelbert sowohl ihr Prior als auch
ihr Provinzvikar.

Die Aufgaben, die Engelbert als Oberer durchzuführen hatte,
hinderten ihn nicht daran, seinen anderen Verpflichtungen nachzukommen.

Er besuchte wenigstens einmal in der Woche die Geistesge-
störten im Veterans Hospital. Der Umgang mit ihnen war nicht
leicht. Für sie empfand er großes Mitleid. *Das Herz tut einem weh,
wenn man diese 8–900 jungen Männer sieht, die alle mehr oder weniger den Verstand verloren haben. Es ist da natürlich auch schwer
als Priester auf sie einzuwirken, viele leben gerade wie Tiere dahin;
man muß viel Geduld haben.*[125]

Von New York aus musste P. Engelbert einmal in der Woche
zum Unterricht nach Villanova fahren. Sprachlich gesehen war seine
Arbeit im Villanova College mühsam. *In Villanova ist die Arbeit
auch nicht leicht, ich habe den ganzen Unterricht im Deutschen und
einen Teil des Latein, da muß ich eine fremde Sprache in die andere übersetzen, denn von den Studenten kann natürlich keiner ein
Wort Deutsch. Das macht mich immer entsetzlich müde, so zwei
Stunden nacheinander vor 60 Studenten englisch zu sprechen und
ihnen in dieser Sprache Latein zu erklären.*

Von Villanova aus fuhr P. Engelbert nach Philadelphia und er-
ledigte hier seine Bankgeschäfte.[126]

Seine Arbeit als Provinzialkommissar beschreibt P. Engelbert:
*Der Posten als Provinzial-Stellvertreter bringt auch viel Arbeit, be-
sonders Schreibereien mit [sich], zumal da ich auch die ganze
Geldverwaltung, Aufnahme von Anleihen usw. in meinen Händen
habe. Ich freue mich jedoch, dass unser Unternehmen im Allgemeinen sich gut entwickelt.*

---

[124] P. Engelbert an Eltern, 14. Nov. 1926; PA, ES.
[125] P. Engelbert an Eltern, 10. Dez. 1926; PA, ES.
[126] P. Engelbert an Eltern, 10. Dez. 1926; PA, ES.

Das Kloster Racine beurteilt er sehr positiv. *Die neue Niederlassung hat zwar, wie alles junge, ihre Kinderkrankheiten, doch bin ich mit ihr sehr zufrieden. So vertraue ich weiter auf Gottes Hilfe und Schutz.*

Engelberts Gedanken beschäftigten sich auch mit seinen Eltern. Besonders machte ihm der Vater Sorge. Es gefiel ihm nicht, dass sein Vater noch in die Fremde zog. *Ich meine überhaupt, er solle nicht mehr fortgehen, wenn Ihr es irgendwie machen könnt. Die Hauptsache ist, dass Ihr einigermaßen durchkommt – Ersparnisse sind gut, aber einmal hat der Krieg gezeigt, dass man sie wieder verlieren kann, und dann ist es besser, Vater ruiniert seine Gesundheit nicht, sondern [sonst] erhält sich uns noch länger – er ist doch nicht mehr jung.*[127]

Was Engelbert seinem Vater vorhielt, traf in ähnlicher Weise auf seine eigene Tätigkeit zu. Ein Reflex davon findet sich in einem Brief an den Vater. Engelbert hatte von seiner Schwester Anna brieflich erfahren, dass der Vater *wieder auf den Handel gegangen sei.* P. Engelbert gefiel diese Arbeit beim Alter seines Vaters nicht mehr. Deshalb richtete er einige mahnende Worte an ihn: *Also habt Ihr wieder fortgemüßt? Es tut mir immer weh, dass Ihr Euch in Euren alten Tagen nicht mehr Ruhe gönnen könnt. Hoffentlich bleibt Ihr gesund dabei … Mir fehlt es hier nicht daran, es geht mir wie Euch: Man ist stets unterwegs. Jede Woche muß ich für 3–4 Tage nach Villanova und Philadelphia. 14 Stunden habe ich dies Jahr in der Woche Unterricht zu geben, letztes Jahr waren es bloß 6. So wächst die Arbeit ständig. Das Schlimmste aber sind die Geldsorgen.*[128]

PLANUNGEN DER ERSTEN RÜCKFAHRT IN DIE HEIMAT

Die erste Rückreise nach Deutschland plante P. Engelbert gründlich und mit Interesse. Er wollte nicht nur die Eltern und das Kloster in Würzburg wiedersehen, sondern auch Italien.[129] *Ihr glaubt gar nicht, wie ich mich schon aufs nächste Jahr freue. Ich habe vor, am 18. Mai hier abzufahren, und zwar will ich zuerst nach Italien. Das Schiff fährt nach Neapel. Dann komme ich über Rom, Florenz, Venedig, Tirol heim. Ich möchte gern Italien und*

---

[127] P. Engelbert an Eltern, 10. Dez. 1926; PA, ES.
[128] P. Engelbert an Vater, 1. November 1925; PA, ES.
[129] P. Engelbert an Eltern, 15. April 1927; PA, ES.

Rom sehen. Wenn ich direkt nach Deutschland fahren würde, müßte ich wohl bis 1. Juni mit der Abfahrt warten, so komme ich zur selben Zeit doch heim.

Für die Fastenzeit 1927 hatte P. Engelbert eine außerordentliche Seelsorgsarbeit angenommen. Er sollte zwei Fastenpredigtenreihen halten, eine davon in New York und die andere in Philadelphia in den Augustinerpfarreien. Die anstrengende Arbeit veranlasste P. Engelbert zu einem sehnsuchtsvollen Vorblick auf die Erholungspause im Sommer. Von ihr erwartete er vor allem ein Zur–Ruhe–Kommen während der Seereise, die er zum Faulenzen benützen wolle. *Meine Schiffskarte habe ich jetzt schon. Fahre also am 17. Mai hier ab und werde am 2. Juni in Neapel sein. Pfingsten hoffe ich in Rom zuzubringen. An welchem Tage ich nach Deutschland komme, kann ich noch nicht sagen.*[130]

In den vier Wochen bis zur Abfahrt musste P. Engelbert noch einige Dinge erledigen. Sie betrafen vor allem das Kloster Racine, dessen Prior er war und über das er in Deutschland berichten wollte und musste. Er setzte sich das Ziel: *Am Ostersonntag werde ich nochmals nach unserem Kloster in Racine fahren, dessen direkter Prior ich ja bin, um in alles genau Einsicht zu bekommen, damit ich in Deutschland einen ordentlichen Bericht geben kann. Es ist eine unangenehm lange Reise. Die einfache Fahrt mit dem Blitz-Zuge nimmt 25 Stunden in Anspruch! Die ganze Fahrt wird mir, obwohl ich zu halben Preisen fahre, über 200 Mark kosten!*

P. Engelbert fühlte sich diesem Kloster besonders verbunden und nahm die weite Reise auf sich. *Trotzdem fahre ich wieder gern hin, um zu sehen, wie sich das neue Kloster macht. Es liegt mir sehr am Herzen, denn es wurde auf meine besondere Veranlassung hin gegründet, bin also auch in erster Linie verantwortlich. Gott sei Dank scheint es wirklich gut zu sein. Nach den Briefen, die ich bekomme, steht es besser als ich je gehofft und erwartet hätte.*

P. Engelbert richtete seinen Blick in die Zukunft und hatte die Gründung eines weiteren Klosters fest vor. *Wenn wir nur noch ein zweites Kloster hier gründen könnten, ich halte schon lange Umschau, habe aber noch nichts entdeckt.*[131]

Als P. Engelbert abfuhr, sandte er noch eine Karte an seinen Vater mit der Anschrift Rhumspringe, Eichsfeld. Sie ist in Boston am 18. Mai abgestempelt. Er schrieb: *Bin gestern aufs Schiff ge-*

---

[130] P. Engelbert an Eltern, 15. April 1927; PA, ES.
[131] P. Engelbert an Eltern, 15. April 1927; PA, ES.

gangen, heute legten wir in Boston an, morgen geht's weiter nach Italien. Fühle mich gesund und bester Stimmung. Das Schiff hatte den Namen *S. S. Providence.* P. Engelbert schickte einen weiteren Gruß an seinen Vater von der Insel Madeira (Funchal), die er als Paradies bezeichnete. Abgeschickt wurde die Karte aus Rom.[132]

Einen Glückwunsch zum Namenstag am 8. April sandte P. Engelbert dem P. Provinzial Clemens. Unter den Gratulanten sollen *die Amerikaner* nicht fehlen, stellte er fest. *Ich kann wohl sagen, wenn einer Ihrer an diesem Tage mit dankbarer Liebe gedenkt, dann sind wir es in Amerika, denn wir haben es gemerkt und gefühlt, wie Ihr Herz bei uns war. Gerade diese Tatsache war uns immer wieder ein neuer Ansporn. Wohl haben wir Ihnen zu helfen gesucht, aber für die Provinz zu arbeiten, war unsere Pflicht und wir hätten es auch tun müssen ohne die liebevolle Anteilnahme des Provinzials. Gerade mir war das eine große innere Hilfe und dafür danke ich Ihnen heute von Herzen.*[133]

Die Fahrt P. Engelberts nach Deutschland war auch insofern gut geplant, als die von P. Engelbert besetzten Arbeitsplätze während seiner Abwesenheit von zwei Augustinern vertreten wurden. Am Veterans Hospital war als Aushilfe P. Athanasius am 16. März 1927 eingetroffen, am Villanova College übernahm P. Friedrich Broßler die Vertretung für P. Engelbert.

WAHL ZUM 4. DEFINITOR

P. Engelbert kehrte zum ersten Mal im Jahre 1927 aus Amerika nach Deutschland zurück. Der Aufenthalt in Deutschland war kein eigentlicher Erholungs-, sondern ein Arbeitsurlaub. Er musste am Provinzkapitel im Juli 1927 im Konvent St. Augustin in Würzburg teilnehmen. Er musste diesen Termin sowohl als Provinzialkommissar für Amerika als auch als Prior des Konventes St. Rita's Racine wahrnehmen. Außerdem erwarteten die Teilnehmer am Kapitel von ihm einen ausführlichen Bericht über die Arbeit der Mitbrüder in Amerika.

Wie wurde seine und der anderen Augustiner Arbeit in Amerika von den deutschen Kapitelsteilnehmern aufgenommen und beurteilt? Darüber sollten eigentlich die Akten des Kapitels Auskunft

---

[132] Zwei Postkarten; PA, ES.
[133] P. Engelbert an P. Clemens, 24. März 1927; PA 53.

geben. Sie tun es aber nicht, da sie nur formelle und organisatori-
sche Angaben enthalten. Aus ihnen lässt sich lediglich herauslesen,
dass man P. Engelbert Vertrauen entgegenbrachte. Denn er wurde
von den Kapitelsvätern zum *iudex causarum* zusammen mit P.
Jakob Zoller, den P. Engelbert außerordentlich schätzte, und P.
Aurelius Stengel gewählt.[134] P. Engelbert wird als Dritter unter den
Stimmberechtigten aufgeführt, die P. Clemens zum neuen Provinzial
mit 20 Stimmen wieder wählten. Die restlichen zwei Stimmen verteilten sich auf P. Engelbert (1 Stimme), während der 2. Stimmzettel
leer war. In das aus vier Personen bestehende Definitorium wurde
P. Engelbert als 4. Definitor gewählt. Die drei anderen Definitoren
waren die Patres P. Godehard Brune (1. Definitor), P. Ansgar Noeser
(2. Def.) und P. Augustin Schmitt (3. Def.).[135]

Zusammen mit dem Provinzial und zwei weiteren Patres (P.
Alban Beck und P. Matthäus Zimmermann) nahmen die Definitoren
auch die Besetzung des Konventes Ives in Amerika vor. Dabei hatte
P. Engelbert als Definitor und als einer, der in Amerika tätig war,
ein Wort mitzureden. Zu dem Konvent sollten gehören P. Engelbert,
Provinzialkommissar, 4. Definitor; P. Gelasius Kraus, Prior,
Prokurator, Pfarrer; P. Jordan Karl, Consiliarius; P. Eucharius
Teves; P. Franz Roth, Consiliarius; P. Alipius Reuter, Sakristan; P.
Tarcisius Rattler; Br. Oswald Ankenbauer; Br. Casimir Mainczik; Br.
Albin Kleinhenz.[136]

Engelbert berichtete vor den Kapitelsvätern über die Arbeit der
deutschen Augustiner in Amerika. Lob oder Kritik sind dazu nicht
vermerkt.

Nach seiner Rückkehr aus Deutschland schrieb er am 15.
Dezember 1927 an seine Eltern einen Brief, in dem er auf die vergangenen Monate zurückblickte und auch das Kapitel streifte. Über
die Dauer seines Aufenthaltes in Amerika schrieb er: *In 3 Jahren,
denke ich, bin ich doch wieder in Deutschland, auf jeden Fall muß
ich im Sommer in 2 Jahren wieder zum Kapitel kommen und
werde dann kaum nochmals nach Amerika zurückkehren.*

Im September kam P. Engelbert von Deutschland nach
Amerika zurück. Er bezeichnete die in Deutschland verbrachte Zeit
als *bewegte Monate*. Es waren vor allem Geldsorgen und andere
Schwierigkeiten, die ihm und dem Provinzial sowie den anderen
Definitoren zu schaffen machten.

---

[134] PA, Standbuch 37, 94.
[135] PA, Standbuch 37, 97.
[136] PA, Standbuch 37, 108-109.

Hinsichtlich seiner Arbeit erreichte P. Engelbert eine Entlastung. Sie bestand darin, dass er seit Anfang Dezember 1927 seinen Hauptsitz nicht mehr in New York hatte, sondern in Villanova. Er war von dort in das Villanova Monastery übergesiedelt. Dadurch hatte er nicht mehr zwei Arbeitsstellen, sondern nur noch eine. Es entfiel auch die wöchentliche Fahrerei. Die Anstrengung wäre *auf die Dauer doch zu viel* geworden, *zumal er in Villanova dieses Jahr 5 Tage in der Woche unterrichten muß.* Es wären dann für New York nur 2 Tage übriggeblieben, *und das war zu wenig.*

Der Wechsel wurde dadurch ermöglicht, dass P. Athanasius Pape aus Nörten, der zur Vertretung von P. Engelbert während der Zeit des Kapitels gekommen war, in Amerika bleiben konnte. Er übernahm P. Engelberts Stelle als Kaplan in der Pfarrei St. Nicholas und die Zeitstelle am Veterans Hospital. Zur Gruppe der Augustiner kam noch ein junger Pater, Alipius Reuter, so dass jetzt 8 Patres und 3 Brüder die augustinische Familie bildeten. Dieser Grundstock gab P. Engelbert das Gefühl: *So können wir ganz gut für Deutschland arbeiten. Es geht auch ganz gut, ich bin mit den Erfolgen zufrieden. In einigen Jahren, denke ich, ist der hiesige Betrieb so organisiert und ausgebaut, dass er eine ständige und sichere Hilfe für Deutschland sein wird.*[137]

Aus dieser Briefstelle geht klar hervor, was P. Engelbert mit den deutschen Klöstern in Amerika vor Augen stand. Sie waren in einer für die deutsche Provinz schwierigen Zeit entstanden und förderten ihren Ausbau. P. Engelbert rechnete offenbar damit, dass eine solche Unterstützung auf längere Sicht nötig sei. Erforderlich war sie in den 30er Jahren und nach dem Zweiten Weltkrieg. Dann wurde die Notwendigkeit einer solchen Ausrichtung der amerikanischen Klöster auf die deutsche Provinz nicht mehr von allen Mitgliedern geteilt, so dass es zu Kontroversen über den richtigen Weg dieser Klöster kam und über ihre Verbindung zur Mutterprovinz.

LEHRER AM VILLANOVA COLLEGE (1927–1928)

Nach seinem Umzug von New York in das Villanova Monastery widmete sich P. Engelbert intensiv seiner Lehrtätigkeit am Villanova College. Er hatte Latein- und Deutschunterricht zu erteilen. Er kam dieser Aufgabe gern nach. Der Kontakt zu den amerikanischen

---

[137] P. Engelbert an Eltern, 15. Dez. 1927; PA, ES.

P. Engelbert als Lehrer am Villanova College.

Mitbrüdern und den Studenten fiel ihm leicht. Schwerer tat er sich bei der Übersetzung vom Lateinischen ins Englische und vom Deutschen ins Englische. Für die Vorbereitung hatte er jetzt aber hinreichend Zeit und genügend Ruhe, da die Pendelei entfiel und die Aushilfen nicht mehr so zahlreich waren.

Seine Arbeit als Provinzialkommissar nahm er ernst und kümmerte sich um die Mitbrüder. Ebenso sorgte er für die finanzielle Unterstützung der deutschen Provinz. Er verstand sich in erster Linie als Dienstleister und nicht als Oberer einer unabhängigen Gruppe.

P. Engelbert war erst kurze Zeit im Villanova Monastery, als am 28. Januar 1928 ein Großbrand ausbrach und Teile des Kollegs mit ihren Einrichtungen zerstörte. Der Brand begann in einem der chemischen Laboratorien und konnte nur mit Mühe wegen der ungünstigen Wetterbedingungen gelöscht werden. Die großen Feuerwehrautos aus Philadelphia konnten den Schnee und das Eis kaum überwinden. Beim Löschen zerbarsten die Schläuche, weil das Wasser bei der Kälte fror. Der Schaden belief sich auf etwa 2 Millionen Dollar. P. Engelbert nahm Anteil an diesem Unglück und wünschte den amerikanischen Augustinern, *dass mit Hilfe Gottes und guter Menschen zu seiner Ehre und zum Nutzen der amerikanischen Jugend ein neues, schöneres Kolleg erstehen* möge.[138]

Fünf Jahre nach dem ersten Brand entstand ein neuer, der in Villanova wieder große Schäden anrichtete. Zu diesem Zeitpunkt war P. Engelbert aber nicht mehr in Amerika. Er nahm Anteil am

---

[138] MvgR 24 (1928) 115-116.

Unglück des Villanova College und bekundete seine Verbundenheit mit den Augustinern der amerikanischen Provinz, was er in einem Brief an P. Clemens zum Ausdruck brachte: *Vor einigen Tagen stand in einer amerikanischen Zeitung, dass Villanova wieder abgebrannt sei, der Schaden sei 7-800 000 Dollars nach der Schätzung des Priors Fr. Farrell. Heute schreibt P. Athanasius kurz, dass, während er den Brief schreibe, die Nachricht eintreffe, Villanova stände in Flammen, es sei schlimmer als vor fünf Jahren. Das wäre ein schreckliches Unglück!*[139]

VEREINSARBEIT IN PHILADELPHIA

Ein weiteres Betätigungsfeld neben dem Unterricht war für P. Engelbert die Vereinsarbeit in der St. Heinrichs-Gemeinde (St. Henry's Rectory) in Philadelphia. Zu der Millionenstadt konnte er leicht und schnell von Villanova aus gelangen. Seine Aktivitäten in der Gemeinde lassen sich aus dem Programm seiner Verabschiedungsfeier erschließen, die am 6. April 1929 stattfand. Er betreute in dieser Gemeinde den katholischen Gesellenverein (Kolping), den St. Elisabeths-Verein und den Verein der Hl. Familie.[140]

Vor dem Pfarrhaus der St. Henry's Church im August 1924.

Vom Gesellenverein war P. Engelbert der Präses. Die Kolpingssöhne von Philadelphia rühmen ihn dafür, dass er die Wanderburschen *Vom Schwabenland, von Ruhr und Rhein, Und sonst woher aus deutschen Landen* sammelte, damit sie brüderlich vereint sein können. Bei

[139] P. Engelbert an P. Clemens, Würzburg, 12. August 1932; PA.
[140] Abschiedsfeier zu Ehren des hochw. Herrn Dr. Engelbert Eberhard, OSA, Philadelphia, 6. April 1929; Nord-Amerika, 11. April 1929, 5.

den Begegnungen mit ihnen kam es zu ernsten Gesprächen. P. Engelbert verstand es, sie durch Scherze aufzulockern. Wichtig war vor allem, dass er ihnen das Gefühl des Aufgehobenseins und der Heimat bei den Begegnungen vermitteln konnte.

Die Versammlungen des Gesellenvereins fanden am ersten Mittwoch im Monat im Schulgebäude der St. Heinrichs Kirche statt. Wenn es ihm möglich war, nahm P. Engelbert daran teil.

Dem St. Elisabeth-Verein gehörten katholische deutsche Mädchen an, die in Philadelphia und New York arbeiteten. Ihre offiziellen Zusammenkünfte fanden am Donnerstag und Sonntag nachmittags und abends statt. Auch in diesem Verein war P. Engelbert gern gesehen. Es war ein junger Verein. Daher nahmen dessen Mitglieder seinen guten Rat und seine Worte der Ermutigung bereitwillig auf.

Die Erwartungen der Mitglieder der Erzbruderschaft der Hl. Familie in der St. Heinrichs-Gemeinde erfüllte P. Engelbert durch Vorträge, die den Familiengedanken für die damalige Zeit erläuterten und die Mitglieder aufforderten und ermahnten, ihren Satzungen treu zu bleiben und sie in ihrem Leben zu beachten.

In den einzelnen Gruppen förderte P. Engelbert das Theaterspiel und das gemeinschaftliche Lied in seinen verschiedenen Formen sowie den Gesellschaftstanz. Es fiel ihm nicht leicht, diese vertrauten, ihm zugetanen Gruppen zu verlassen.

ABSCHIED VON AMERIKA IM JAHRE 1929

P. Engelbert hatte sich in die Verhältnisse in Amerika gut eingelebt. Er wohnte im Villanova Monastery und unterrichtete am Villanova College. Seine Lehrtätigkeit ließ ihm hinreichend Zeit, sich um die Belange der anderen deutschen Augustiner zu kümmern und dem Hauptziel seines Amerikaaufenthaltes nachzukommen, die notleidende deutsche Heimatprovinz finanziell zu unterstützen.

Der Provinzial P. Clemens Fuhl kannte die Fähigkeiten von P. Engelbert und wusste um seine Verdienste. Während seines Amerikaaufenthaltes hatte er sie konkret erfahren. Er hatte P. Engelbert deshalb zum Provinzialkommissar für Amerika ernannt und zum vierten Provinzdefinitor wählen lassen. Durch die Übertragung dieser Aufgaben verfolgte P. Clemens das Ziel, P. Engelbert für die Leitung der Deutschen Provinz vorzubereiten. Den Posten als Provinzkommissar in Amerika hatte er für sich selbst vorgesehen und wollte auch in Amerika bleiben und wirken, während P. Engelbert die deutsche Provinz leiten sollte.

Im Jahre 1929 war für P. Clemens der Zeitpunkt gekommen, diesen Plan in die Tat umzusetzen. Der erste Schritt dazu war der Verzicht auf das Leitungsamt des Provinzials. Der aktuelle Anlass waren die Schulden, die Höhe der zu zahlenden Zinsen, der drohende Bankrott der Provinz. Dies bedrückte P. Clemens und setzte ihm heftig zu, so dass er für sich nur die eine Lösung des Rücktritts sah, um von diesen Ängsten loszukommen. Es sollte und musste mit der Provinz weitergehen, deshalb machte er sich über seinen Nachfolger Gedanken. Er nannte zwar keinen Namen, sah ihn aber in P. Engelbert, von dem er überzeugt war, dass er die kritische Situation der Provinz besser meistern würde als er. Zunächst kam es darauf an, P. Engelbert nach Deutschland zurückzurufen.

Die Nachricht von der Abberufung P. Engelberts aus Amerika nennt P. Athanasius einen *Blitz aus heiterem Himmel*.[141] Dies traf für all jene zu, die in die Gedankengänge des P. Clemens nicht eingeweiht waren oder sie nicht erahnten. P. Engelbert waren die Pläne der Resignation des P. Clemens jedenfalls seit dessen Visitation in Amerika bekannt. Er versuchte ihn davon abzubringen, musste aber einsehen, dass seine Argumente keine dauernde Durchschlagskraft hatten.

Erstaunt mag P. Engelbert über den von P. Clemens angegebenen Grund gewesen sein, dass er sein Seminarjahr ableisten und deshalb nach Deutschland zurückkehren solle. Aber dieser Schachzug zeigte, dass P. Clemens ein kluger Stratege war. Seine Entscheidung zum Rückruf nach Deutschland begründete er mit den aufgewandten Anstrengungen des P. Engelbert, der *nicht seiner mit so vielen Bemühungen erworbenen Berechtigung zum Lehrberuf verlustig gehen soll*.[142]

Vor einem solchen pädagogischen Jahr, heute nennt man es Referendariat, standen auch die Augustiner P. Rudolf Arbesmann und P. Adalbero Kunzelmann. Den Abschluss dieses Jahres bildete das zweite Staatsexamen.

Die von P. Clemens vorgebrachten Gründe überzeugten P. Engelbert und so nahm er im Gehorsam, aber mit Wehmut Abschied von Amerika.

Es ist leider nicht bekannt, wie sich P. Engelbert von seinen Studenten und den Augustinern von Villanova verabschiedete. In seiner Dankesrede vor den Vereinen in der St.-Heinrichs-Gemeinde

---

[141] CU 17 (1959) 25.
[142] Brief des P. Clemens vom 24. Juli 1929; PA.

bemerkte P. Engelbert, dass er am Samstag, dem 13. April 1929, auf dem Dampfer *St. Louis* der Hamburg–Amerika–Linie *ohne Bedenken wegen der Zahl 13* seine Heimreise antreten werde.[143]

P. Engelbert wurden Geschenke überreicht; er selber machte den Anwesenden ebenfalls eine Freude. Die Zeitung Nord-Amerika schreibt dazu: *Zum Schluß gab der scheidende Präses allen ein schönes Andenken. Es ist dies das Buch „Unruhig ist unser Herz", welches die so schönen Gedichte von Hochw. Dr. Eberhard enthält.*[144]

Mit dem Dampfer *St. Louis* verließ P. Engelbert Amerika. An Bord des Schiffes schrieb er an P. Franz Roth, seinen Vertrauten: *Näher kommen wir der alten Heimat – ich habe bisher wenig gedacht und noch weniger getan. Die Hauptsache war: schlafen, schlafen. Wie einem das wohltut!*[145]

Engelberts Gedanken beschäftigten sich noch nicht mit seinem neuen Arbeitsfeld in Deutschland, sondern mit den Mitbrüdern in Amerika. Er forderte sie auf: *Haltet zusammen und schafft freudig weiter. Ich habe großen Optimismus für die Zukunft – doch es hängt, wenn nicht alles, so doch ungefähr viel von Amerika ab. Es ist mir lieb, wenn es dir ganz klar bewußt ist, was auf deinen Schultern liegt – es mag drücken, aber es reißt auch immer wieder in die Höhe – doch nur dann, wenn uns die Sache viel höher steht als unsere Person. Du wirst dann auch persönlich an Wert und Reife gewinnen. Du denkst, ich predige? – die Sorge und der Wille, unsere Provinz hochzubringen, diktieren mir diese Worte. – Du kennst mich besser als die andern und ich weiß, Du verstehst mich, und ich bin überzeugt, Du wirst so weiterarbeiten, wie Du mit mir zusammengearbeitet hast. Mein Herz und meine Gebete sind immer bei Dir – und bei Euch allen.*

Dies sind Engelberts Abschiedsworte an seine Mitbrüder in Amerika, die er auf dem Ozean niederschrieb, während die Küste von Irland in Sicht kam. Am 24. April landete er in Hamburg, fuhr dann gleich aufs Eichsfeld zu seinen Angehörigen nach Rhumspringe und zu seinen Mitbrüdern nach Germershausen. Am 30. April kam er in Würzburg an, wo er erfuhr, dass am 1. Mai um 10 Uhr das Seminar im Alten Gymnasium beginne.[146]

---

143 Nord-Amerika, 11. April 1929, 5.
144 Nord-Amerika, 8.
145 P. Engelbert an P. Franz, 21. April 1929; PA.
146 P. Engelbert an P. Franz, 3. Mai 1929; PA.

RÜCKKEHR NACH WÜRZBURG

SEMINARKANDIDAT

Am 1. Mai fand sich P. Engelbert vor 10 Uhr im Alten Gymnasium als Seminarkandidat ein. Das Gebäude war ihm bekannt, da es vor der Säkularisation das Augustinerkloster war. Über den Fensterstürzen prangte noch das augustinische Herz. Als Erinnerungsstück und Verbindungsglied ans Alte Gymnasium erinnert noch heute im ersten Stock des Wirsberggymnasiums ein Fenstersturz mit Augustinusherz an diese Tradition.

Die Wege für den Beginn des Seminarjahres hatte P. Clemens durch Schreiben vom 2. April 1929 an das Bayerische Staatsministerium für Unterricht und Kultus geebnet. In ihm erinnerte er daran, dass dem P. Engelbert durch Ministerialentschließung vom 30. 10. 1923 Nr. 47247 gestattet wurde, den zweiten Teil des Staatsexamens und das Seminarjahr zu einem späteren Zeitpunkt zu vollenden. Dies sei jetzt eingetroffen.[147] Das Ministerium möge seine Zustimmung erteilen.

Die Kandidaten hatten sich vollzählig eingefunden. Der erste Seminartag verlief nach der Schilderung P. Engelberts in der für solche Zeremonien üblichen Weise. *Dort wurden wir 9 Kandidaten, darunter 2 Damen, sofort alphabetarisch geordnet, erhielten die Kriegsartikel verlesen, schwuren unter fürchterlichem Ernst eine Art Dienst-Eid, erfuhren, dass der Seminarleiter (Rheinfelder) unser Vater und der Seminarlehrer (Zillinger) unsere Mutter sei ... und wurden dann vom Seminarlehrer in Frack mütterlich ersucht, ihm in alphabetischer Reihenfolge in die Klasse IV A zu einer ,Musterunterrichtsstunde' zu folgen. Ich gebe mir nun fürchterliche Mühe, denselben fürchterlichen Ernst dieser Einpaukung der Oxytona der 2. Deklination im Griechischen entgegenzubringen. Die Methode, dass alle 35 Schüler den Spiritus (asper wie levis) und den Gravis und Akut nebst Circumflex mit drohender Gesichtsgebärde und er-*

---

147 Brief des P. Clemens vom 2. April 1929; PA 2328.

hobenen Armen in der Luft beschreiben (bei Aussprache der Wörter)
wirkte zuerst etwas verwirrend auf mein einfältiges Gemüt; als ich
auf dem Heimweg an der Domstraße einen Schutzmann ähnliche
Handbewegungen ausführen sah, fragte ich Rudolf schüchtern, ob
auch die Schutzleute von Amtswegen die Spiritus, Gravis ... etc. aus-
zuführen hätten, evtl. zur Fortsetzung und Vertiefung für die
Studenten außer der Schule; erfuhr aber, dass das nur Verkehrszei-
chen seien ... Na also, lach nur! Aber ich bin mir noch nicht klar
über mich selber.–

Vergleicht man den Jahresbericht des Schuljahres 1929/30 mit
den Angaben P. Engelberts, so lässt sich Übereinstimmung feststellen. Der Bericht führt auch die Namen der Seminarteilnehmer
auf. Neben den drei Augustinern P. Engelbert, P. Rudolf und P.
Adalbero mit Doktortitel waren auch die beiden Damen, Dr. Anna
Söder und Dr. Rosa Söder, Doktoren. Zu den Seminarkandidaten
gehörten weiter: Dr. Wilhelm Fellmann, Josef Helfrich, Adolf Kling
und Ludwig Wegner. Mit diesen Damen und Herrn begann P.
Engelbert sein praktisches Jahr.[148]

Wie sah es aus? Was hatte Engelbert zu leisten? Zunächst musste er von seinem Klosteroberen erfahren, dass er sich nicht ausschließlich der Schule widmen konnte, sondern auch noch andere
Aufgaben zu erledigen hatte. Ein Punkt waren die Geldangelegenheiten. Dazu schrieb er dem P. Franz nach Amerika: *Ich werde*
die Provinzkasse nicht übernehmen, wohl aber ein eigenes Konto an
der Darmstädter Bank anfangen, an das Du alles schicken mögest. Er
konnte jetzt dazu keine Erklärungen abgeben, da die Schule rief. Aber
Nächstens mehr! Muß in die Schule. In einem Dankesbrief an P.
Franz schrieb P. Engelbert: *Leider habe ich ihn nicht zur Hand;*
zudem muß ich in ½ Stunde in der Schule sein.[149]

Im Kloster Würzburg war der Prokurator P. Augustin Schmitt
schwer erkrankt, der den Neubau des Klosters begonnen hatte. P.
Engelbert musste für ihn einspringen. Er schrieb dazu: *Hier in*
Würzburg such ich ihn (den schwerkranken P. Augustin) *einiger-*
maßen zu vertreten, d. h. ich halte den Betrieb äußerlich aufrecht
– hoffentlich wird er wieder so, dass er den Bau zu Ende führen
kann. Wenn ich mich nochmals ganz da hineinarbeiten soll, werde
ich kaum Zeit für meine Schule bekommen.[150]

---

[148] Jahres-Bericht über das Alte Gymnasium (gegr. 1561) in Würzburg.
Schuljahr 1929/30, Würzburg 1930, 4.
[149] P. Engelbert an P. Franz, 16. Mai 1929; PA.
[150] P. Engelbert an P. Franz, 18. Juni 1929; PA.

Aber Engelbert ließ das Seminar nicht schleifen, sondern kniete sich auch in diese Arbeit hinein: *Ich suche in dieser Zeit notdürftig die Prokuraturgeschäfte weiterzuführen. Die Schule macht auch mehr Arbeit als ich gedacht habe; es ist ein wirklich glänzender Kurs über praktische Lehrtätigkeit, finde mich auch langsam hinein. Meine ersten Lehrproben (4) habe ich hinter mir, so dass ich einstweilen etwas Ruhe habe. Am 14. Juli gibt es Ferien bis 1. September. Dann kommt allerdings nochmals ein hartes Semester; im Februar ist dann der Abschluß.*[151]

SEMINARARBEIT

Bei allen Arbeiten, die P. Engelbert für das Würzburger Kloster und die Ordensprovinz zu leisten hatte, vergaß er die Anforderungen nicht, die das altphilologische Seminar an ihn stellte. Eine davon lautete, dass er eine Seminararbeit zu schreiben hatte. Das Thema seiner Arbeit sollte über den Amerikanismus in der Pädagogik handeln. Dafür benötigte er Material, das er von den in der Schule tätigen Augustinern in Amerika erwartete. Deshalb richtete er die ungeduldige Frage über P. Franz an P. Friedrich, der in Villanova lehrte: *Warum läßt P. Friedrich gar nichts von sich hören? Tarcisius und Athanasius schrieben schon – gerade die Schule und Villanova interessieren mich doch!*[152] Einige Zeit später schrieb er an den in Amerika weilenden P. Clemens: *Wie Sie ja wissen, handelt meine pädagogische Arbeit von der ‚Kritik des Amerikanismus in der Pädagogik‘. Sehr dankbar wäre ich Ihnen, wenn Sie sobald als möglich einen Katalog vom Villanova-Kolleg (das Buch mit Studienplänen usw.) und vielleicht auch Chestnut Hill (Mount St. Joseph-College) schicken würden. Gibt es auch etwas Ähnliches für die Volksschulen und die high-schools?*[153]

ALLTAG DER SEMINARKANDIDATEN

Einen Einblick in den Alltag der drei augustinischen Seminarkandidaten gewährte P. Adalbero durch die Schilderung der Korrektur einer Arbeit und den Verlauf eines Ausfluges.[154]

---

[151] P. Engelbert an P. Franz, 1. Juli 1929; PA.
[152] P. Engelbert an P. Franz, 1. Juli 1929; PA.
[153] P. Engelbert an P. Provinzial Clemens in Amerika, 4. Sept. 1929; PA.
[154] P. Adalbero an P. Franz, 30. Sept. 1929; PA.

Er schrieb: *Am Samstag und Sonntag haben Engelbert und ich zusammen eine griechische Schulaufgabe korrigiert; 4 Fünfer, 6 oder noch mehr Vierer; und das Dümmste bei der ganzen Sache ist, dass man selbst wieder korrigiert wird. Die Schulaufgabe hat Engelbert auch gemacht. Du hättest einmal sehen sollen, wie er dabei gestöhnt hat. Dabei kommen ihm diese Sachen zwischen all seinen anderen Sorgen so lächerlich klein vor.*

Ein Schulausflug, an dem auch die drei Augustiner teilnahmen, war mit einem tödlichen Ausgang für den Heizer der Lokomotive verbunden und hätte auch für die anderen Teilnehmer schlimm ausgehen können. P. Adalbero schreibt: *Wir waren in Retzbach eingestiegen und fuhren mit einem ganz gewöhnlichen Personenzug heim. Vielleicht hundert Meter vom Bahnsteig weg fuhr eine Rangierlokomotive zwischen den Postwagen und den ersten Wagen des Zuges, in dem wir waren mit 40 Buben. Die vordere Plattform wurde vollständig weggerissen. Zum Glück war niemand darauf. Uns hat es weiter nichts gemacht, nur P. Rudolf ist erst nach hinten und dann nach vorne ziemlich hart aufgestoßen, so dass er eine Prellung des rechten Backenknochens und eine stark blutende Fleischwunde davontrug. Engelbert fuhr mit ihm gleich ins Luitpoldspital, wo er vier Tage lag. Jetzt ist er in Münnerstadt zur Erholung. Den Buben hat es weiter nichts gemacht. Der Heizer der Rangierlokomotive war tot, der Lokomotivführer schwer verletzt. Ein Glück, dass der Führer unserer Lokomotive noch rechtzeitig bremste, sonst wäre vielleicht die Maschine gerade auf unseren Wagen aufgefahren. Der Oberstudiendirektor hat am folgenden Sonntag einen feierlichen Dankgottesdienst halten lassen für die Rettung.* Der Oberstudiendirektor war Dr. H. Rheinfelder, Engelberts Seminarleiter.

Von P. Engelberts Seminararbeit über die Kritik des Amerikanismus in der Pädagogik ist leider nichts erhalten geblieben. Sie wurde entweder beim Bombenangriff 1945 auf Würzburg vernichtet, bei dem auch das Alte Gymnasium zerstört wurde, oder nach der zur Aufbewahrung vorgeschriebenen Zeit entsorgt.

ABSCHLUSS DES SEMINARS

Über die Arbeiten im zweiten Teil des altphilologischen Seminars und dessen Abschluss liegen über P. Engelbert leider keine persönlichen Nachrichten vor. Von P. Adalbero und P. Rudolf ist bekannt, dass sie das zweite Staatsexamen bestanden und eine Anstellung am Humanistischen Gymnasium Münnerstadt erhielten.

Bis zum Schluss nahm auch P. Engelbert am Seminar teil und legte das Abschlussexamen ab, obwohl er die Leitung der deutschen Augustinerprovinz übernahm. Eine Anstellung in Münnerstadt strebte er allerdings nicht an. Davon riet ihm auch P. Clemens ab: *Wichtig ist, dass Sie nicht in Münnerstadt sich anstellen lassen, sondern sich frei halten, damit Sie sowohl diese Reise (nach Karthago) als auch die Visitation in der Provinz halten können. ... Darum bitte ich Sie, sich doch ja freie Zeit zu sichern und deswegen rechtzeitig dem Direktor des Gymnasiums Ihre Pläne zu sagen. Sonst könnten Sie in eine entsetzliche Hast hineingetrieben werden.*[155] Über den Abschluss des praktischen Jahres wurde diese Nachricht verbreitet: *Die geprüften Lehramtskandidaten Dr. P. Rudolf Arbesmann und Dr. P. Adalbero Kunzelmann sind seit Beginn des neuen Schuljahres bereits am Gymnasium Münnerstadt angestellt. H. H. P. Dr. Engelbert ist es während seiner Amtszeit als Provinzial unmöglich auch noch Lehrtätigkeit am Gymnasium auszuüben.* Aus dieser Nachricht kann man schließen, dass P. Engelbert erst dann am Gymnasium unterrichten wird, wenn er von seinem Amt frei ist.[156] Bis zu diesem Zeitpunkt musste die Unterrichtstätigkeit Engelberts ruhen. Wann und ob sie überhaupt von ihm aufgenommen würde, konnte keiner voraussehen.

Congregatio intermedia

Für die Zeit vom 19.–21. Mai 1929 hatte der Provinzial Clemens Fuhl ein Intermedium ins Würzburger Kloster St. Augustin einberufen. Die Tagesordnungspunkte der Congregatio Intermedia zwischen den ordentlichen Kapiteln versprachen keine besonderen Sensationen.

Die Darlegungen des P. Augustin Schmitt zum finanziellen Stand der Provinz enthielten keine pessimistische Beurteilung. Er räumte allerdings ein, dass die Provinzkasse wesentlich aus der Sakristeikasse bestehe. Dies bedeutete, dass in sie die *finanzielle Hilfe der deutschen Mitbrüder in Amerika* hineinfloss. P. Augustin wünschte, dass *die einzelnen Häuser in geeigneter Weise in das finanzielle Interesse der Gesamtprovinz mit einbezogen werden.*

---

[155] P. Clemens an P. Engelbert, 9. Dez. 1929; PA, 2553.
[156] MvgR 26 (1930) 167.

Zum bevorstehenden Augustinusjubiläum 1930 stellte P. Rudolf den Entwurf einer Festschrift vor. Zu den Redakteuren soll neben P. Rudolf auch P. Engelbert gehören. Für die Zeitschrift *Maria vom guten Rat* schlug P. Engelbert für das Jubiläumsjahr eine stärkere Berücksichtigung des hl. Augustinus vor. Dem Redakteur P. Evodius wurden P. Engelbert und P. Rudolf als Mitarbeiter zur Seite gestellt.

Über die finanzielle Lage der Konvente Weiden und Germershausen, zwei Neubauten, berichtete P. Engelbert. Er fügte seinen Ausführungen hinzu, dass die Provinz bereit sei, ihnen nach Kräften zu helfen.

Der Bericht P. Engelberts über die äußere und innere Lage in Amerika löste eine lebhafte Disputation aus. Dabei betonte P. Provinzial Clemens, *dass wir hier weder in der Quantität noch in der Qualität der Leute sparen dürfen.* Als Ergebnis der Diskussion diktierte er folgende drei Punkte:

Mit allen Mitteln muß versucht werden, im Osten (Amerikas) eine Klostergründung zu erreichen, um unseren Mitbrüdern einen religiösen Halt und Mittelpunkt zu geben.

Für diesen Zweck muß bald ein älterer geeigneter Pater gefunden werden.

A. R. P. Provinzial soll nach Erledigung seiner Geschäfte in Deutschland bald zu einer Visitation nach Amerika aufbrechen.

In einem Rundschreiben an die Mitbrüder erklärt P. Clemens, dass er sich verpflichtet fühle, diesem Anliegen seine Sorgfalt zu widmen, *weil gerade in meiner Amtsführung, also auf meine Verantwortung hin, diese Lage in Amerika geschaffen wurde.*[157] Schließlich wird P. Engelbert als Leiter einer Kommission eingesetzt, die sich mit der notwendigen baulichen Erweiterung in Münnerstadt beschäftigen soll.[158]

Der zweite Punkt im Beschluss zu Amerika verriet nichts von der Brisanz, die in ihm steckte. Er kam so harmlos daher, dass man in ihm keine weitreichenden Folgen weder für P. Clemens noch für P. Engelbert vermuten konnte.

Aber P. Engelbert kannte oder vermutete die Absichten des Provinzials, die er mit dem Willen, nach Amerika zu fahren, um dort zu sehen, was notwendig sei, verband. Er kommentierte sie hellsichtig: *P. Provinzial hat das so formuliert und auch seine wahre Absicht, drüben zu bleiben, nicht verraten, weil er Widerstand be-*

---

[157] Brief des P. Clemens vom 22. Mai 1929; PA 2391.
[158] PA, Standbuch 37, 112.

fürchtete. So ging das Definitorium ohne weiteres auf seinen Vorschlag ein; außer P. Rudolf und mir weiß keiner von der wahren Absicht.

Für die Zeit seiner Abwesenheit wird dann hier ein Vikar aufgestellt. Jetzt wurde über die Person allerdings noch gar nichts geredet – ich denke oder hoffe, dass P. Godehard das Opfer sein wird.[159]

Für P. Engelbert stand fest, dass P. Clemens von seinem Amt als Provinzial zurücktreten werde, sobald er in Amerika sei, denn er hatte es ihm gesagt: *Nun privatissime: mir sagte P. Provinzial, dass er, sobald er in Amerika sei, abdanken wolle und dass er glaube, P. Vermeulen und auch der General würden nicht widersprechen. Ich bitte, diese Sachen ganz geheim zu halten, damit kein Amerikaner und vor allem durch Briefe niemand in Deutschland davon erfährt!*[160] In die Reisepläne des Provinzials war P. Engelbert eingeweiht. Er wußte, dass P. Clemens bereits sein Visum und auch das Schiffs-Ticket hatte. *Er fährt hier am 9. August mit dem Alb. Ballin (Hapag) ab und soll am 19. August in New York landen. Leider hat er die Schiffskarte selbst bestellt und III. Klasse genommen; er läßt sich nicht bereden, will auch das einmal kennenlernen.*[161]

P. Engelbert als Provinzvikar (*Vicarius provincialis*)

Für die Zeit der Abwesenheit des Provinzials von der Provinz muss nach den Konstitutionen der Augustiner ein Stellvertreter gewählt werden. Dieser Vorschrift entsprach P. Clemens. Aus der Wahl am 16. Juli 1929 ging P. Engelbert hervor. Keiner ahnte, dass diese Amtsübertragung sein Leben für Jahre bestimmen sollte. Mit diesem Amte betrat er die erste Sprosse einer Karriereleiter, deren Ende niemand kannte.

Engelbert beurteilte die Lage, in der er sich mit der Übernahme des Amtes befand, richtig und schätzte den vor ihm liegenden Weg realistisch ein. An seinen Vertrauten P. Franz schrieb er: *Er [P. Clemens] hat hier schon stark durchblicken lassen, dass es seine feste Absicht ist, drüben* (in Amerika) *zu bleiben und zu resignie-*

---

[159] Engelbert an P. Franz, 25. Mai 1929; PA.
[160] Engelbert an P. Franz, 25. Mai 1929; PA.
[161] Engelbert an P. Franz, 18. Juli 1929; PA.

*ren. Für hier ist das natürlich ein schwerer Verlust – aber du weißt,
wie er seinen Willen durchzusetzen versteht.* Ich bin natürlich
dabei der eigentliche Leidtragende. Über den Verlauf der
Definitoriumssitzung schreibt P. Engelbert: *P. Godehard kniff sofort und verschanzte sich hinter seinem Konrektorat. Er sagte, ‚der
Rektor verlange ohnehin, er solle die Klosterschule aufgeben', so
könne er doch nicht noch einen [weiteren] Posten übernehmen. So
blieb ich hängen und wurde vorgestern zum Provinz-Vikar erwählt.*[162] Über seine Wahl ist bei P. Engelbert kein Gefühl des
Triumphes festzustellen. Er bezeichnet sich vielmehr als den
Leidtragenden, obwohl er wusste, dass P. Clemens ein Auge auf ihn
geworfen hatte. Die Belastung des Amtes machte sich schon vor
dessen Abreise bemerkbar, da er bereits alles auf ihn abschob.

Für die Wahl Engelberts zum Provinzvikar nannte P. Clemens
dem General einige Gründe. Einer war der Hinweis auf die erfolg-
reiche Arbeit P. Engelberts in Amerika. Das gab ihm die Gewähr,
dass er ein geeigneter Vikar für die Leitung der Provinz während seiner Abwesenheit sei. Er selbst hielt es für seine Pflicht, sich um die
spirituellen Belange der Mitbrüder in Amerika zu kümmern. Diesen
Darlegungen hatte sich das Definitorium einstimmig angeschlossen.
Ebenfalls tat dies der Generalassistent P. Vermeulen, nachdem er ein
persönliches Gespräch mit P. Engelbert geführt hatte.

Nach dem Urteil Engelberts wird sich die Aufgabe von P.
Clemens in Amerika nicht in kurzer Zeit durchführen lassen.
Deshalb stellte er sich auf seine längere Abwesenheit ein. Er meinte zu dessen Aufgabe, dass es für ihn leichter sein werde, die einzelnen Brüder zu trösten und zu ihrer Arbeit zu ermuntern, als ein
zentrales Haus im Osten Amerikas für sie zu gründen. P. Clemens
bat deshalb auch selbst den General, er möge sein Bemühen mit
seinem Gebet unterstützen und ihm ein Empfehlungsschreiben des
Kardinals Gasparri vermitteln, dessen Autorität nach Meinung P.
Engelberts in Amerika viel gelte.[163]

Über die Ankunft und das Bleiben von P. Engelbert in
Würzburg haben sich alle gefreut. P. Clemens beschreibt seine
Rückkehr mit einem biblischen Vergleich: *Fast möchte man an den
Gegensatz im Evangelium denken, wo der Herr von Freude und
Schmerz spricht, welche ausgelöst werden durch sein Scheiden von
den Aposteln. Sie haben wohl jetzt in Amerika Trauer, aber wenn*

---

[162] Engelbert an P. Franz, 23. Juli 1929; PA.
[163] P. Clemens an P. General, 24. Juli 1929; PA 2482.

Sie dieses Opfer aus Liebe zu Gott bringen und beharrlich auch jetzt Ihre Pflicht erfüllen, wird der liebe Gott auch über diese Not hinweghelfen, Euere Traurigkeit wird in Freude verwandelt werden.

Durch die Ankunft von P. Engelbert ist dem P. Clemens *ein großer Stein vom Herzen genommen.*[164] Dies traf auch für P. Augustin Schmitt, den Prokurator des Klosters Würzburg, zu. Er konnte aus Krankheitsgründen seinen Dienst in einer Zeit nicht wahrnehmen, die für den Neubau des Klosters entscheidend war. Damit die Arbeit zügig weitergeführt werden konnte, ließ sich P. Engelbert gleich in Pflicht nehmen und über die Planungen und anstehenden Arbeiten informieren, so dass er die Leitung des Neubaus übernehmen konnte. Er machte sich auch mit den Fragen der Finanzierung vertraut und erfuhr, dass die Verhandlungen mit der Bank geordnet sind. Die Anwesenheit Engelberts und sein kundiges Interesse am Neubau vermittelten dem Prokurator die Zuversicht, dass der Bau vollendet werden kann.[165]

An P. Franz schrieb P. Engelbert: *Alles in allem geht es hier gut und es geht voran; seid überzeugt, Ihr arbeitet für etwas Großes und Schönes und soweit ich sehe, ist kein Grund zu Bedenken, und ich möchte Euch bitten, freudig und tatkräftig wie bisher mitzuarbeiten.*

Aus der Korrespondenz mit P. Franz seien einige Punkte herausgegriffen, die den neuen Provinzvikar in seinen Aktivitäten zeigen. Er musste über die Errichtung einer Pfarrei in Berlin verhandeln.[166] *Die Verhandlungen gehen so weit glatt; das Projekt ist das weitaus beste von allen bisherigen ... jetzt soll eine sehr schöne romanische Friedhofskapelle benutzt werden.*[167]

Zu seinen neuen Aufgaben bemerkte P. Engelbert generell: *Hier gibt es unendlich viele und nicht leichte Probleme zu lösen. Ein Angebot schlägt das andere (Übernahme von Pfarreien, Schulen etc.); dabei ist unsere innere Struktur, oder Organisation noch durchaus nicht fest. Über Nacht läßt sich das auch nicht erreichen; viel Geduld und viel Liebe ist nötig. Das habe ich mir vorgenommen: Klar das Ziel zu erfassen suchen, aber alles in Liebe zu erreichen; lieber dann langsamer vorgehen.*[168]

---

[164] P. Clemens an P. Athanasius Pape, 6. Mai 1929; PA 2380.
[165] Brief vom 17. Juni 1929; PA Nr. 2429.
[166] Engelbert an P. Franz, Berlin NW 21, 6. Juni 1929; PA.
[167] Engelbert an P. Franz, Berlin NW 21, 6. Juni 1929; PA.
[168] Engelbert an P. Franz, 1. Juli 1929; PA.

VOLLMACHT ALS PROVINZVIKAR

In einem Rundbrief vom 24. Juli 1929 vor Antritt seiner Visitationsreise in Amerika legte P. Clemens die Vollmachten des Vikars dar. Er schrieb: *Für die Zeit meiner Abwesenheit von Europa wird der bisherige Provinzialkommissär unserer Ordensprovinz in Amerika, P. Engelbert Eberhard, mein Amt in Deutschland als Vicarius Provincialis ausüben. Das ist in kurzem der Inhalt der Botschaft, welche ich heute den Mitbrüdern zu machen habe.* P. Clemens erläuterte die Aufgabe des Vikars, der *von jetzt ab mein Amt hier in Deutschland an meiner Stelle auszuüben hat. Mit Zustimmung unseres Definitoriums habe ich gemäß unseren Konstitutionen ihm bereits alle meine Aufgaben, welche hier in Deutschland zu erledigen sind, übertragen und von jetzt ab ist er als Superior maior und als der Ordinarius für unsere Provinz zu betrachten für die Zeit meiner Abwesenheit von Deutschland. Bei der Übertragung meiner Amtsgewalt auf ihn habe ich in keiner Weise eine Ausnahme gemacht, soweit die Verwaltung des Amtes in Deutschland in Betracht kommt. Namentlich habe ich ihn gebeten, so bald als möglich hier in Deutschland die heilige Visitation vorzunehmen. Dementsprechend bitte ich die Mitbrüder in allem ihr Verhalten einzurichten und ihre Angelegenheiten also niemals mir vorzutragen, sondern deren Erledigung immer von P. Engelbert zu erwarten und entgegenzunehmen.* Daraus spricht ein großer Vertrauensbeweis des Provinzials für P. Engelbert.

In seiner Rückschau auf die vergangenen Jahre würdigte P. Clemens die Zusammenarbeit mit P. Engelbert und schrieb darüber: *P. Engelbert hat schon bisher gemäß dem ausdrücklichen Willen unseres Provinzialkapitels mit mir in die Verwaltung unserer Ordensprovinz sich geteilt und mit größtem Danke gegen Gott muss ich sagen, dass unsere gemeinsame Arbeit von reichem Segen Gottes ist begleitet gewesen. Wir beide werden auch jetzt noch in diese Amtsführung uns teilen. Möge Gottes Segen auch jetzt noch mit unserer Tätigkeit sich verbinden. Darum bitte ich die Mitbrüder, mir diesen Trost nicht zu versagen, dass sie nach dem Geiste und dem Buchstaben unserer hl. Regel ihre Gesinnungen des kindlichen Gehorsams und tiefer Ehrerbietung gegen P. Engelbert um so wirksamer werden lassen, je höher die Stellung ist, in welcher er als Oberer sich befindet.*[169]

---

[169] Rundbrief des P. Clemens vom 24. Juli 1929; PA 2483.

Für seinen Amerikaaufenthalt wünschte P. Engelbert dem P. Clemens viel Erfolg. Er schrieb an ihn: *Heute ist wohl der Tag Ihrer Ankunft in Amerika: möge der liebe Gott Ihren Einzug segnen.*[170]

Bereits Ende Juli 1929 führte P. Engelbert die Visitation der deutschen Klöster durch. In einem Brief an Mrs. Alphons Haus in New York bemerkte P. Clemens: *Er hält jetzt bereits hier die Visitation in meinem Auftrag und ist deswegen auf der Reise in den Klöstern unserer Provinz.*[171] P. Engelbert korrigierte diese Aussage in einem Brief an P. Clemens: *Eine offizielle Visitation habe ich nicht gehalten, doch war ich in allen Häusern.*[172]

P. Clemens kümmerte sich von Amerika aus auch um die inneren Belange der Provinz. Nachdrücklich legte er P. Engelbert die Studienangelegenheiten der deutschen Augustinerkleriker ans Herz. Er solle darauf dringen, dass die Studien so durchgeführt werden, wie die Canones es verlangen. *Namentlich müssen wir sehen, dass auch das vierte Studienjahr für Theologie nach der Priesterweihe gehalten wird. Wir müssen darauf dringen, dass wir studierende Priester haben.* Tatsache *ist, dass überall über die Rückständigkeit unseres Studiums gesprochen wird und zwar von ganz verschiedenen Seiten her.*[173]

Die Lage, in der sich P. Engelbert befand, war schwierig. Deshalb wünschte ihm P. Clemens Mut und Kraft. *Für Sie wird große Willenskraft notwendig sein, um die vielen Widerstände in der Provinz zu überwinden. Aber am Schluss werden alle sich freuen, wenn dann zur rechten Zeit die notwendigen Kräfte da sind.*[174] Auch P. Engelbert machte dem P. Clemens Vorschläge für sein Vorgehen in Amerika. Einer davon war der Besuch von Ives, der zur Glaubwürdigkeit seiner Amerikareise beitragen werde: *Ich denke, Sie sollten Ives schon sehen und zwar bald: dadurch gewinnt Ihre Visitationsreise an Glaubwürdigkeit, dann ist es schon gut, dass Sie ein Gesamtbild unserer Tätigkeit erhalten.*[175]

Eine wichtige Aufgabe war die Gründung eines Klosters im Osten. P. Engelbert konnte sie nicht lösen; er musste sie P. Clemens überlassen. Dieser erkundete zusammen mit P. Gelasius und P. Franz einen solchen Platz an der Chesapeake-Bay. Den drei Patres

---

[170] P. Engelbert an P. Clemens, 19. August 1929; PA.
[171] P. Clemens, 27. Juli 1929; PA 2486.
[172] P. Engelbert an P. Clemens; PA.
[173] P. Clemens an P. Engelbert, 4. Sept. 1929; PA 2507.
[174] P. Clemens an P. Engelbert, 20. Sept. 1929; PA 2513.
[175] P. Engelbert an P. Clemens, 4. Sept. 1929; PA.

gefiel der Platz. P. Provinzial Clemens schrieb darüber dem P. Engelbert einen ausführlichen Brief, in dem er um seine Zustimmung warb.[176] Die Reaktion Engelberts auf den Vorschlag war wohl ablehnend, so dass der Plan nicht weiter erörtert wurde.

NEUE PROJEKTE

An den Provinzvikar P. Engelbert wurden verschiedene Projekte herangetragen. Eines betraf den Kauf eines Schlosses in Thüringen. Das Objekt war für Engelbert deshalb von Interesse, weil es für die Professoren am Gymnasium Münnerstadt nützlich sein könnte. Er schrieb darüber an P. Clemens nach Amerika: *Morgen früh will ich nach Salzungen. Pfr. Meisenzahl möchte, dass wir in Wernshausen (3. Station nördlich von Meiningen, Richtung Eisenach) ein Schloß kaufen als Erholungsheim und Diaspora-Kloster. Es würde das erste Kloster in Thüringen sein! Die Kapuziner hätten große Lust, doch hält er uns für geeigneter, weil wir schon Beziehungen zum Norden hätten. Zudem hätten gerade wir etwas in Thüringen gutzumachen. Auch Regens Meisenzahl drängt. Ich werde mit P. Rudolf erst alles genau ansehen. Es soll ca. 100 000 M kosten, 50 000 Hypothek wären* [zu übernehmen].[177] Die Besichtigung hinterließ bei den beiden Patres einen sehr günstigen Eindruck.[178] Aber das Projekt wurde nicht weiter verfolgt.

An seinen Überlegungen zur endgültigen Übersiedlung nach Amerika ließ P. Provinzial Clemens P. Engelbert intensiv teilnehmen. Er bat nicht nur um sein Gebet, sondern äußerte auch, dass es in Deutschland ohne ihn gut weitergehen werde. *Beten Sie bitte auch fleißig für mich, damit Gottes Wille von mir erkannt wird und geschieht. Wenn ich in Amerika einigermaßen noch ein Plätzchen ausfüllen kann, gehe ich gern dorthin. Oder sollte doch eine Art Trägheit mir Illusionen vorgaukeln? Darüber habe ich keine Zweifel, dass ich von hier gut fortsein kann. Hier wird die Entwicklung ohne mich genau so vorwärts gehen wie bisher.*[179] Die Prognose P. Engelberts, dass die Reise von P. Clemens nur dann sinnvoll sei, wenn er eine längere Zeit in Amerika bleibe, traf zu und wurde von P. Clemens auch akzeptiert. *Soweit ich sehen kann,*

---

[176] P. Clemens an P. Engelbert, 10. Okt. 1929; PA 2523.
[177] P. Engelbert an P. Clemens, 19. Aug. 1929; PA.
[178] P. Engelbert an P. Clemens, 4. Sept. 1929; PA.
[179] P. Clemens an P. Engelbert, 21. Jan. 1929; PA 2234.

ist es doch zwecklos, wenn ich nur kurze Zeit hier bleibe; denn in
kurzer Zeit kann ich gar nichts erreichen und die ganze Reise hier-
her wäre zwecklos. Das kann ich jetzt schon mit Klarheit sehen.[180]

ABDANKUNG DES P. CLEMENS ALS PROVINZIAL UND ERNENNUNG P. ENGELBERTS ZUM RECTOR PROVINCIALIS

Seine Abdankung als Provinzial plante P. Clemens umsichtig.
Er war auch darauf bedacht, dass P. Engelbert sein Nachfolger
wird, da er ihn für das Amt des Provinzials als geeignet ansah.

Er ließ deshalb den Generalassistenten P. Bonaventura
Vermeulen beim General vorfühlen, ob er seine Resignation annehmen werde. Als Grund machte er seine Tätigkeit in Amerika geltend. Als seinen Nachfolger präsentierte er P. Engelbert.

Als seine Hauptaufgabe im Osten Nordamerikas betrachtete P.
Clemens *die Leitung unserer jungen Leute, die hier im Osten
Nordamerikas sich befinden.*

Die Leitung der Provinz in Deutschland lag bereits in den
Händen von P. Engelbert. Dazu P. Clemens: *Nach allem, was ich
urteilen kann, macht er seine Sache sehr gut. Er geht mit jugend-
licher Kraft, aber auch mit großer Klugheit und Nächstenliebe vor.
Er ist sehr zäh in dem, was er will, nimmt sich aber in Acht vor
stürmischem Wesen. Der Generalassistent möge dahin wirken, dass
P. General dann auch wirklich P. Engelbert Eberhard zum rector
Provincialis ernennt. Ich bitte Sie, mir eine kurze Weisung zukommen zu lassen, ob nach ihrem Urteil anzunehmen ist, dass P.
General eingehen wird auf meinen Plan und P. Engelbert Eberhard
zum rector Provincialis ernennen wird. Ausdrücklich bemerke ich,
dass mein Definitorium einstimmig bei vollzähliger Versammlung
für seine Ernennung zum Vicarius Provincialis während meiner
Reise nach Amerika gestimmt hat. Und bei dieser Abstimmung
sagte ich schon, dass meine Reise voraussichtlich längere Zeit in
Anspruch nehmen wird. Von der Abdankung selbst wollte ich nicht
unmittelbar sprechen. Doch wußten die Mitbrüder, dass ich diesen
Gedanken im Sinne habe.*

Da sein Provinzialat sich dem Ende zuneigte, arbeitete P.
Clemens auf den Wechsel hin. Er sah in P. Engelbert den rechten
Mann, der die Arbeit der jungen Priester in der Provinz in religiö-

---

[180] P. Clemens an P. Engelbert, 22. August 1929; PA.

ser und praktischer Hinsicht gut organisieren kann. *Er hat ein sehr gutes Organisationstalent. Er kennt als junger Mann besonders gut die Bedürfnisse und namentlich durch seine Erfahrung in Amerika auch die Gefahren unserer Zeit.*

Der Kontakt des P. Engelbert zu den jungen und älteren Priestern wurde von P. Clemens positiv beurteilt. *Als junger Mann steht er den jungen Priestern unserer Provinz näher und wird auf sie leichter einen entscheidenden Einfluss als Führer ausüben. Die bisherige Erfahrung hat auch bereits erwiesen, dass er die Provinz hinter sich hat und dass auch die alten Priester gerne mit ihm zusammenarbeiten.*

Die Resignation des P. Clemens soll nicht bedeuten, dass er in den Ruhestand gehen will, sondern weiterhin zur Mitarbeit zur Verfügung steht. *Natürlich will ich mich auch selbst nicht in den Ruhestand versetzen, sondern will auch in Zukunft gerne mit P. Engelbert zusammenarbeiten, soweit meine schwachen Kräfte dazu imstande sind. Er hat selbst mit mir in meiner langen Amtszeit sehr gut zusammengearbeitet. So bin ich das ihm schuldig auch aus persönlichen Gründen. Das ist allerdings nicht entscheidend.*

Hinsichtlich der angespannten wirtschaftlichen Lage der Provinz muss besonders auf die Finanzen geachtet werden. Von P. Engelbert ist eine gute Zusammenarbeit mit P. Augustin, dem Provinzprokurator, zu erwarten. Es ist aber auch nötig, dass alle Kräfte in der Provinz in geeigneter Weise zusammenarbeiten, damit die Zinsen für unsere Schulden bezahlt werden können. *Dabei weiß ich, dass wir eines besonderen Segens Gottes uns erfreuen. Dieser ist auch in Zukunft notwendig. Aber gerade deswegen, weil er notwendig ist, zweifle ich nicht daran, dass Gott ihn spenden wird, wenn wir nur treu unsere Pflicht erfüllen. P. Engelbert Eberhard hat nun gerade in solchen wirtschaftlichen Fragen einen sehr scharfen Blick ...Wenn dann P. Engelbert zugleich mit der Autorität des Provinzials das letzte Wort zu sprechen hat, wird diese Einheit der Arbeit und Leitung dem wirtschaftlichen Fortschritt unserer Provinz den größten Vorteil bringen können.*

Im jetzigen Augenblick geht der Neubau seiner Vollendung entgegen. Die Räume müssen verteilt und teilweise vermietet werden. *P. Engelbert hat um diese Dinge sich bisher sehr gut angenommen und hat ein gesundes Urteil, viel mehr als ich. Der Einheitlichkeit wegen ist es gerade deswegen jetzt so wichtig, dass die Leitung der Provinz an P. Engelbert dauernd übergeht.*[181]

---

[181] P. Clemens an P. Bonaventura Vermeulen, 23. Sept. 1929; PA 2516.

P. Clemens schrieb an P. Engelbert, er werde seine Resignation einreichen, wenn die vorgebrachten Argumente den P. General überzeugen.[182]

Die Antwort des Generals ließ nicht lange auf sich warten. P. Clemens teilte sie umgehend dem P. Engelbert mit: *Soeben erhalte ich einen Brief von P. Generalassistent in Rom. Er ist einverstanden mit meiner Resignation und ebenso P. General. Nur will P. General haben, dass die drei Definitoren in Ihrer Abwesenheit beraten und abstimmen sowohl darüber, ob meine Resignation angenommen werden soll wie auch darüber, ob Sie selbst als rector Provincialis dem P. General vorgeschlagen werden sollen.* Die Mitteilung von P. Clemens an P. Engelbert erfolgte unverzüglich und lautete: *Ich werde morgen meine Abdankung ausarbeiten, sie dem P. Godehard zuschicken mit dem Auftrag, die beiden anderen Definitoren zu rufen, die von P. General verlangten Akte vorzunehmen und daraufhin dem P. General alles zuzuschicken.* P. Clemens unterließ es nicht, das ganze Unternehmen unter den göttlichen Segen zu stellen. *Möge der liebe Gott unsere Entschlüsse leiten und mit seinem himmlischen Segen begleiten! Möge er uns helfen, seinen Willen zu erkennen und zu erfüllen und uns bewahren vor der Täuschung, das, was wir gerne haben, für den Willen Gottes zu halten.*[183]

Mit großer Zielstrebigkeit unternahm P. Clemens den weiteren Schritt zu seiner Resignation und zur Einsetzung von P. Engelbert zum Rector Provincialis. Er schrieb an P. Vermeulen: *Aus wichtigen Gründen habe ich nun den folgenden Entschluss gefasst: Ehrerbietigst bitte ich den P. General und seine Kurie, dass ich vom Amte des Provinzials der deutschen Provinz befreit werde. Ich verzichte auf dieses Amt durch dieses Schreiben und bitte Gott und Sie um Verzeihung ... Der jetzige Vikar, P. Engelbert Eberhard, ist nun zur Verwaltung dieses Amtes sehr geeignet wegen seiner großen Klugheit und Geschäftskenntnis. Darum halte ich es für gut, dass er gerade jetzt die volle Gewalt in der Ausübung des Provinzialates habe ... Er hat bisher sein Amt ausgezeichnet verwaltet. Ich bin überzeugt, dass er dies auch in Zukunft tun wird und dass er im Juli 1930 mit großer Einhelligkeit zum Provinzial gewählt werden wird.* P. Clemens bittet um tele-

---

182 P. Clemens an P. Engelbert, 12. Nov. 1929; PA 2536.
183 P. Clemens an P. Engelbert, 19. Nov. 1929; PA 2539.

graphische Benachrichtigung, *wenn die Bitte in meinem Sinne entschieden wird.*[184]

Damit die Resignation und die Einsetzung ins Amt seinen vorgeschriebenen Gang nehmen konnte, tagten am 11. Dezember 1929 die Definitoren P. Godehard Brune (I. Def.), P. Ansgar Noeser (II. Def.) und P. Augustin Schmitt (III. Def.) und fassten folgenden Beschluss: *Die Bitte des H. H. P. Provinzials Klemens Fuhl um Enthebung von seinem Amte als Provinzial der Bayrisch-Deutschen Provinz hat das Definitorium in einer Sitzung vom 11. Dez. 29 eingehend besprochen und als berechtigt empfunden. Zugleich stimmt das Definitorium dem Vorschlag des bisherigen Provinzials bei und schlägt Ew. Paternität als Rector Provincialis den bisherigen Provinzvikar P. Engelbert Eberhard vor. Wir befürworten im Interesse des im nächsten Jahre stattfindenden Provinzialkapitels die Bitte des H. H. P. Provinzials Fuhl um möglichst schnelle Erledigung dieser Angelegenheit.*[185]

Der P. General Eustasio Esteban reagierte auf das Schreiben des Definitoriums sehr schnell. P. Clemens teilte dessen Entscheidung dem P. Engelbert kurz und knapp mit: *Vorgestern mittag bekam ich das Telegramm aus der Vatikanstadt, Eberhard Rector Provincialis. Von ganzem Herzen wünsche ich Ihnen Gottes reichsten Segen zu Ihrer wichtigen Aufgabe, die Ihnen ja nicht neu ist. Der neugeborene Weltheiland hat Ihnen diese Bürde auferlegt; er wird Ihnen auch beistehen, sie zu tragen, wenn sie dieselbe in seinem Geiste tragen. Wir wollen hier in Amerika treu in Ihrem Sinne arbeiten, wie Sie früher hier die Grundlagen gelegt und jetzt die Weisungen geben. Möge Gott uns geben den Geist des Gehorsams und der Liebe, wie ihn unsere heilige Regel haben will gegenüber unserem Oberen, den wir wie einen Vater behandeln sollen. Täglich beten wir für Sie und Ihre Anliegen.*[186]

Bereits vor der Ernennung von P. Engelbert zum Rector Provincialis hatte ihm P. Clemens aufgetragen, was er hinsichtlich seiner Person zu tun habe. *Wichtig ist für mich, dass nach der Erledigung der Besetzung des Provinzialats durch den Rector (nicht Prior) Provincialis mir sofort Weisung zukommt für meine Aufgabe*

---

[184] P. Clemens an P. Assistent Vermeulen, 21. Nov. 1929; PA 2542.
[185] Brief des Definitoriums an P. General, Münnerstadt, 12. Dez. 1929; PA 2554.
[186] P. Clemens an P. Engelbert, 21. Dez. 1929; PA 2555.

hier. Ich bin vom Definitorium gedrängt worden, hier die Visitation vorzunehmen und damit zusammenhängend Maßnahmen zu treffen. Gerade deswegen habe ich um Befreiung von meinem Amte in Deutschland gebeten. Doch muß natürlich formell ein Auftrag für hier ganz neu vom Rector Provincialis mit seinem Definitorium gegeben werden. Auch für Sie war während Ihrer Anwesenheit hier von 1927 ab durch das Definitorium die Sache geregelt worden. Werde ich wie Sie als Commissarius Provincialis aufgestellt, so müssen Sie die Wahl auch dem P. General anzeigen; mehr ist nicht nötig.[187]

Für das Amt des Rector Provincialis, das P. Engelbert nun auszuüben hatte, sprach P. Clemens nicht nur seine guten Wünsche aus, sondern entwickelte auch geistliche Gedanken über seine Handhabung. *Vor allem wünsche ich Ihnen Gottes reichsten Segen zum heiligen Weihnachtsfeste und zum Neuen Jahre. Ich hoffe zuversichtlich, dass bis dorthin auch die förmliche Amtsübertragung stattgefunden hat. Möge diese Übertragung nicht bloß äußerlich unter dem Zeichen des göttlichen Kindes erfolgen, sondern möge der göttliche Heiland als Kind Sie auch mit seinem Geiste erfüllen und Ihnen insbesondere das geben, was für den Oberen wohl das Wichtigste ist: Wer von Euch der Größere sein will, der möge aller Diener werden. So wird dann das Amt für Sie wohl manche Lasten bringen, aber Sie werden nie enttäuscht werden. Im Gegenteil, Sie werden immer finden, dass es besser geht, als man eigentlich erwarten könnte.*

Nach der Amtsübertragung wird es für P. Engelbert erforderlich, dass an seiner Stelle ein neuer Definitor gewählt wird. Vorschlagsrecht hat der Rector Provincialis, die Wahl erfolgt durch das Definitorium. *Doch sind Sie nicht frei in Ihrer Wahl, sondern gebunden an die Definitores in defectu.*

P. Engelbert hat das Amt des Rector Provincialis nicht angestrebt. Er war von P. Clemens in dieses Amt gedrängt worden. Als es ihm übertragen war, suchte er es mit Freude und all seinen Fähigkeiten auszufüllen. Die Annahme bedeutete für ihn den vorläufigen Verzicht auf seine Laufbahn als Gymnasiallehrer, die er mit seinem Philologiestudium angestrebt hatte.

---

[187] P. Clemens an P. Engelbert, 8. Dez. 1929; PA 2551.

AUGUSTINUSJUBILÄUM UND BEITRÄGE ZUR FORSCHUNG

Die Übernahme einer Anstellung am Gymnasium strebte P. Engelbert in seiner Lage nicht an, da jetzt andere Aufgaben als die Vorbereitung von Unterrichtsstunden oder die Korrektur von Schulaufgaben auf P. Engelbert warteten. Es stand die Jahrhundertfeier des hl. Augustinus (430–1930) an, um die er sich zu kümmern hatte.

Als am 1. Januar 1930 die Festgabe der Deutschen Provinz der Augustiner–Eremiten zu diesem Anlass erschien, hatte P. Engelbert das Vorwort geschrieben. Er unterzeichnete es als *Provinzialvikar pro tempore*. Der Titel traf auf ihn bei der Drucklegung der Festgabe noch zu, bei ihrem Erscheinen war er bereits *Rector Provincialis*, nachdem P. Clemens Fuhl sein Amt niedergelegt und das Amt des Provinzialvikars für Amerika erhalten hatte.

In seinem Vorwort stellte P. Engelbert heraus, dass der geniale Afrikaner tief auf die Gemüter wirkte und stark die Geister bewegte. Sein Einfluss reiche bis in unsere Zeit und seine Lebensgeschichte sei immer zeitgemäß. Seinen Lebensweg nannte er romantisch, da er im Taumel großer Städte anhebt und in der Stille des Klosters ausklingt. Als Ziel stand Augustinus der Besitz der Wahrheit vor Augen, dem er ruhelos mit großer Sehnsucht nachjagte. Von seinen Schriften geht auf den Leser ein wundersamer Zauber über. Sie erwecken den Eindruck, dass sie ihm Antwort auf seine heutigen Fragen geben würden.

Die Festschrift sollte ein Zeichen der Dankbarkeit dafür sein, dass sich die deutschen Augustiner nach der Reformation und Säkularisation in den letzten Jahrzehnten wieder langsam, aber sichtbar erholen konnten. Ihr Dank wird durch die Darstellung des Lebens und der Lehre Augustins sowie den Aufweis der Tätigkeit der Augustiner abgestattet.

Einen wissenschaftlichen Beitrag für die Festschrift verfasste P. Engelbert nicht. Dies überließ er anderen Mitbrüdern. Er selbst steuerte verschiedene seiner Gedichte bei, ermunterte die Mitarbeiter und förderte die Ausstattung und Drucklegung der Schrift.

Für das Augustinus-Gedenkjahr 430–1930 beteiligten sich P. Engelbert und P. Rudolph Arbesmann unter dem Chefredakteur P. Evodius Wallbrecht an der stärkeren Herausstellung des hl. Augustinus in der Zeitschrift *Maria vom guten Rat*. In diesem Jahrgang ist ihr Einfluss insofern festzustellen, als zu Beginn eines jeden Monats Texte aus den Schriften des hl. Augustinus abgedruckt wurden. Sie waren dem Büchlein *Augustinus* des Franziskaners P. Wenzeslaus Straußfeld entnommen. Er hatte Gedanken und praktische Anregungen aus den Schriften des heiligen Lehrers zusammengestellt für Schwestern der Augustinusregel. Außerdem wurden Bilder, die das Leben des Heiligen darstellten, abgedruckt. Es waren Photos der Supraporten im Studienseminar St. Josef in Münnerstadt, die der Künstler Willi Jakob (1895–1967) geschaffen hatte. Sie sind heute nicht mehr zu sehen, da sie in der neueren Zeit übertüncht wurden. Seine Illustrationen für die Festschrift von 1930 wurden auch in die Zeitschrift Maria vom guten Rat übernommen.

P. Engelbert setzte sich auch dafür ein, dass die von P. Stanislaus Strüber entworfene Schrift über *P. Jordan Simon aus dem Orden der Augustiner-Eremiten. Ein Lebensbild aus der Aufklärungszeit* als Festschrift zum 1500-jährigen Jubiläum des hl. Augustinus erscheinen konnte. Der bekannte Würzburger Kirchenhistoriker Sebastian Merkle (1862–1945), Lehrer P. Engelberts, den der unerwartet am 5. Juli 1928 verstorbene P. Stanislaus häufig beim Abfassen des Werkes konsultiert hatte, überarbeitete das Manuskript und brachte es am 19. Nov. 1929 ins Augustinerkloster, so dass die Schrift rechtzeitig erscheinen konnte. P. Engelbert gab als Provinzial am 2. Oktober 1930 die Druckerlaubnis.

Über die Fertigstellung und den Druck der Schrift freute sich auch P. Clemens. *Recht gefreut hat mich, dass Geheimrat Merkle die Biographie von Jordan Simon für den Druck fertiggestellt hat. Hinweisen will ich noch darauf, dass ein Geistlicher in Rom eine Biographie von Seripando vorbereitet hat. Geheimrat Merkle hat mir davon erzählt. Er kennt diesen Geistlichen und hat die Arbeit als eine sehr wertvolle bezeichnet. Er sagte, dieselbe könne eine sehr schöne Jubiläumsgabe werden. Ich glaube, dass auch P. Winfried den betreffenden Autor kennt. Vielleicht könnte durch unsere Druckerei mitgeholfen werden, dass dieses Werk rechtzeitig erscheint. Merkle hat darauf hingeredet. Ich kannte aber damals die Sache gar nicht und habe bloß eine ganz allgemeine Antwort gegeben.*[188] Der angesprochene Autor war Hubert Jedin, dessen Werk über Girolamo Seripando 1937 in Würzburg erschien.

In das Jahr des Augustinusjubiläums fiel auch der eucharistische Kongress, der in Karthago-Tunis im Mai gefeiert werden soll-

---

[188] P. Clemens an P. Engelbert, 9. Dez. 1929; PA 2553.

te. Auf eine frühzeitige Anfrage Engelberts beim Provinzial
Clemens, ob er und ein anderer Pater an dem eucharistischen
Kongress und der Jubelfeier zu Ehren des hl. Augustinus teilnehmen könnten[189], erhielt er eine positive Antwort. P. Clemens nannte gleich drei Patres, die er dafür geeignet hielt. *Für die Teilnahme
am Kongress in Karthago bin ich sehr und würde meinerseits
sogar für den Vorschlag stimmen, dass P. Rudolf und P. Hermann
Sie begleiten sollen. Es liegt so viel daran, dass gerade jetzt in uns
der lebhafte Wille genährt wird, dem heiligen Vater Augustinus als
unserm Regelvater treu zu folgen.*[190] Mit der Teilnahme am eucharistischen Kongress verband P. Clemens den Gedanken, P.
Engelbert solle mit den Augustinern anderer Provinzen in Kontakt
treten, damit so der Gedanke der Gemeinschaft gefördert wird,
was den Bestrebungen Engelberts entgegenkam. *Überaus wichtig
erscheint mir, dass wir in gute Fühlung mit unseren Mitbrüdern
treten gerade bei diesem Anlass. Was uns am meisten nottut, ist
wirkliche Liebe für die hl. Regel. Die großen Gedanken, die dort
enthalten sind, müssen in uns lebendig werden. Dann sind wir ein
großer Orden und können es auch wieder nach aussen werden in
unserer jetzigen Zeit. Dann haben wir der Welt viel zu sagen und
viel zu geben.*[191] Mit der Teilnahme am eu-
Diesen Gedanken trug auch P. Engelbert in seinem Rundbrief
vom 6. März 1930 vor. *In diesem Jubeljahr müßte die Lebensweise,
die sich auf die Klosterregel unseres heiligen Ordensvaters stützt,
wieder hell und klar vor jedes Mitbruder Seele stehen, müßte wieder die heilige Begeisterung in die Brust eines jeden von uns einziehen, wie sie in den ersten Jahren unseres Ordenslebens glühte.
Wir müßten uns alle in diesem Jahr bemühen, alle Halbheit ab-
zustreifen, so wie St. Augustins hochangelegte Natur keine
Halbheit mehr kannte, nachdem er sich entschlossen hatte, Mönch
zu werden. Wir wollen die Hand an den Pflug legen und nicht
rückwärts schauen. Alles Schwere, was uns je im Ordensleben begegnete, soll versinken in der heiligen Freude des Jubeljahres. Nur
vorwärts wollen wir blicken und erfinderisch sein, wie wir den
Stand unserer lieben deutschen Provinz fördern können; denn
damit fördern wir auch das Heil der Kirche, das Heil der
Menschen. Dies muss die Grundeinstellung von uns allen sein, ob*

---

[189] P. Clemens an P. Engelbert, 19. Nov. 1929; PA.
[190] P. Clemens an P. Engelbert, 8. Dez. 1929; PA 2551.
[191] P. Clemens an P. Engelbert, 9. Dez. 1929; PA 2553.

wir auf der Kanzel oder im Beichtstuhl, in der Schule oder in den Seminarien, in der Werkstatt oder auf dem Felde den Platz ausfüllen, wohin die Oberen uns gestellt.[192]

VERLEBENDIGUNG DER ORDENSTRADITIONEN

Im Aufleben der Ordenstraditionen erblickte P. Engelbert ein wirksames Mittel, den Orden lebendig zu halten. Deshalb forderte er: *Das typisch Augustinische soll wieder besser gepflegt werden. Wir stehen zurzeit im Zeichen starker Entwicklung. In einigen Jahren werden wir eine große Anzahl junger Patres und Brüder haben; da besteht die Gefahr, dass manches von unserer alten Tradition vergessen wird, dass unser Orden zu einem farblosen Gebilde auswächst. Das darf auf keinen Fall geschehen. Die tiefsten Wurzeln unserer Kraft liegen im ehrwürdigen Boden der Tradition. Man kann nur dann wirklich zeitgemäß arbeiten und wirken, wenn man ein tiefes Verständnis für die Vergangenheit hat; alles Neue hat nur dann Erfolg, wenn es gepaart ist mit Ehrfurcht vor dem Alten.*

Als Beispiel einer solchen Haltung führte er den jüngst verstorbenen P. Jakobus Zoller (1873–1930) an. *Er war ein schlichter, demütiger und einfacher Augustiner, aber er war eine Persönlichkeit, die einen jeden anzog. Der Grund, weshalb er besonders so tief auf die Ordensjugend einwirkte, war der, dass er ein ganzer Augustiner war, den Gesamtorden mit der ganzen Glut seiner Seele liebte, für alles im Orden das lebhafteste Interesse hatte und kein Opfer scheute, wenn es die Ehre und das Wohl des Ordens galt. Er verkörperte eine Tradition und zwar die vom gottseligen P. Pius Keller angebahnte.*[193]

TEILNAHME AM EUCHARISTISCHEN KONGRESS IN KARTHAGO-TUNIS

Am Eucharistischen Kongress in Karthago-Tunis nahmen zusammen mit P. Engelbert sein Sekretär P. Rudolf Arbesmann und P. Franz Roth aus Amerika (Tacony) teil. Zahlreich waren die anwesenden Augustiner aus Italien und Spanien.[194]

---

[192] Rundbrief vom 6. März 1930; PA.
[193] Rundbrief vom 6. März 1930; PA.
[194] MvgR 26 (1930) 167.

Nach Abschluss der Feierlichkeiten in Karthago reisten die deutschen Augustiner nach Hippo Regius, der Bischofs- und Sterbestadt Augustins. In der Kathedrale zelebrierte der deutsche Bischof Fleischer eine Pontifikalmesse. Dabei wurden deutsche Lieder gesungen. Die Predigt hielt der Provinzial der Augustiner, P. Engelbert, der die Größe Augustins sowohl für seine Zeit wie auch für unsere Zeit hervorhob.[195]

Bereits auf der Reise zum Kongress hatte P. Engelbert Gelegenheit, mit dem General des Ordens, P. Eustasio Esteban, zusammenzutreffen. Auf dem von Genua ablegenden Schiff teilte dieser ihm eine Entscheidung zur Diskretenwahl des Konventes Regensburg mit, um die P. Engelbert ihn gebeten hatte. Sie lautete, dass alle Patres des Konventes passives Wahlrecht haben.[196]

AUGUSTINUSWOCHE IN WÜRZBURG

Nachdem der heilige Vater Papst Pius XI. am Osterfest, dem 20. April 1930, zu Ehren des heiligen Augustinus das Rundschreiben *Ad salutem humani generis* herausgegeben hatte, wurden zahlreiche Augustinuswochen in der katholischen Welt durchgeführt. Es geschah auch in der Würzburger Augustinerkirche vom 21. bis 28. August als Vorbereitung auf das Hochfest des Heiligen am 28. In täglich drei Predigten suchte P. Alfons Maria Mitnacht, der aus Prag angereist war, den Zuhörern *die gewaltige Führergestalt Augustins* nahezubringen. Er zeigte auf, wie Augustin durch Beispiel und Lehre ein Führer ist, ein Führer, der den modernen Menschen durch wahre Liebe zum irdischen und ewigen Glücke führt.

Am Augustinusfest selbst hielt der Bischof von Würzburg, Dr. Matthias Ehrenfried, vor dem feierlichen Pontifikalamt die Predigt, in der er Augustinus als Kind der Gnade und als Werkzeug der Gnade pries.

Den Abschluss der Woche bildete eine von P. Engelbert gehaltene Dankandacht.[197]

---

[195] MvgR 26 (1930) 204-206.
[196] P. Engelbert an Prior Thaddaeus Mertl, 7. Juni 1930; PA.
[197] MvgR 26 (1930) 298-301.

VEREHRUNG DER ORDENSHEILIGEN

An der Verehrung der Ordensheiligen war P. Engelbert viel gelegen. In seinem Rundbrief vom 13. September 1929 verwies er bereits auf das 600-jährige Jubiläum des seligen Friedrich von Regensburg (+ 1329). Dieser Gedenktag sollte nicht übergangen werden, sondern in den größeren Kirchen sollte des Seligen mit einem Triduum gedacht werden. Eine überarbeitete Lebensbeschreibung durch P. Wilhelm Rügamer werde demnächst erscheinen. Es werden auch Andachtsbildchen des seligen Bruders von Regensburg zum Kauf angeboten.

Die Wiederbelebung des Festes des heiligen Nikolaus von Tolentino (1245–1305), eines anderen Ordensheiligen, begründete P. Engelbert geschichtlich und persönlich.

Aus der Geschichte sei bekannt, dass der heilige Nikolaus einst Patron der katholischen Kirche war und der zweite Schutzpatron Bayerns. Leider ist er wenig bekannt, obwohl er jahrhundertelang als einer der größten Wundertäter gefeiert wurde. Seine Verehrung, speziell in Verbindung mit den Armen Seelen, müsste wieder aufleben.

In jedem Konvent sollte sein Fest mit der Weihe der Nikolausbrötchen feierlich begangen werden. Zu dieser Aufforderung veranlasste P. Engelbert eine Begegnung in New York, die einen nachhaltigen Eindruck auf ihn gemacht hatte. Er traf dort eine alte Frau, die aus Volkach in Unterfranken stammte und vor 45 Jahren nach Amerika ausgewandert war. Bei dem Zusammentreffen zeigte sie ihm noch Nikolausbrötchen, die sie vor vielen Jahren in Würzburg erhalten und mit nach Amerika genommen hatte und die sie hoch in Ehren hielt.

WAHL P. ENGELBERTS ZUM PROVINZIAL
(PRIOR PROVINCIALIS)

Mit der Ernennung P. Engelberts zum *Rector provincialis* verfügte er zwar über alle Vollmachten, die einem Provinzial zustehen, es fehlte ihm aber noch der Titel des *Prior provincialis*, der ihm nur durch die Wahl auf dem Provinzkapitel verliehen werden konnte.

P. Clemens hatte in seiner Korrespondenz mit dem P. General seine Zuversicht zum Ausdruck gebracht, dass P. Engelbert auf dem bevorstehenden Provinzkapitel einhellig zum Provinzial gewählt werde. Es war nun abzuwarten, ob seine Prognose eintreffen würde.

Das Provinzkapitel der deutschen Augustinerprovinz wurde vom 22. – 25. Juli 1930 im Kloster Würzburg gehalten. P. Bonaventura Vermeulen, der Generalassistent, leitete es.

Am 22. Juli stand die Wahl des Provinzials auf der Tagesordnung. Bereits im ersten Wahlgang wurde P. Engelbert zum Provinzial gewählt. Er konnte 22 Stimmen auf sich vereinen. Zwei Wähler votierten für P. Joseph Eckstein, den III. Definitor, und einer für P. Godehard Brune, den I. Definitor.

Provinzialkapitel der deutschen Augustiner vom 21.—25. Juli 1930.

I. Reihe: P. Alban Beß, Provinzsekr. und -Prof. Würzb.; P. Augustin Schmitt; Dr. P. Rudolf Arbesmann; Dr. P. Engelbert Eberhard, Provinzial; H. H. P. Bacc. Bonaventura Vermeulen, Ass. gen., Präses Capituli; P. Josef Eckstein; P. Godehard Brune; P. Bonifatius Miraberger; P. Judas Thaddäus Merkl, Prior von Regensburg.

II. Reihe: P. Gabriel Schlachter; P. Matthäus Zimmermann; P. Gundisalv Eben, Prior von Würzburg; P. Ansgar Nösler, Prior von Berlin-Wittenau; P. Chrysostomus Spitzenberg, Prior von Karthaus b. Düllmen; P. Aloys Eben, Prior von Wies; P. Aureus Oesterheld; P. Novellus Bod; Dr. P. Gelasius Kraus, Prior von Racine, U. S. A.

III. Reihe: P. Johannes Brandmann, Subprior von Würzburg; P. Martus Amann, Prior von Pleystein; P. Teodins Waßbrecht, Prior von Münnerstadt und Redakteur der Zeitschrift M. v. g. N.; P. Hermann Geiler, Prior und Direktor vom Studienseminar Münnerstadt; P. Raymund Eberle, Prior und Direktor vom Studienseminar Weiden; P. Franz Roth, Philadelphia; P. Pius Bod, Prior von Fuchsmühl; P. Albert Maerkl.

Das Provinzkapitel der deutschen Augustiner vom 21. bis 25. Juni 1930
wählte P. Engelbert zum Provinzial.

Das Kapitel wählte am Nachmittag nach der Vesper die Definitoren. Auf Vorschlag des Provinzials P. Engelbert wurde als I. Definitor P. Rudolf Arbesmann, als II. P. Godehard Brune, als III. P. Augustin Schmitt und als IV. P. Bonifatius Mirsberger gewählt. Definitores in defectu wurden P. Josef Eckstein und P. Alban Beck. Letzterer wurde auch mit dem Amt des Provinzsekretärs betraut.

Das Kapitel überraschte mit einem Wahlvorschlag, den P. Engelbert machte und dem die Kapitularen folgten. Er betraf die Wahl des Definitors für das nächste Generalkapitel. P. Engelbert schlug den Provinzialvikar von Amerika, P. Clemens Fuhl, für diese Aufgabe vor. Der Vorschlag erhielt 18 Jastimmen. Damit war P. Clemens gewählt und hatte ein wichtiges Amt erhalten.[198]

Der neue Provinzial traf mit seinem Definitorium eine Reihe Bestimmungen (Definitiones), an denen deutlich wird, dass ihm die Herstellung der Verbindung des jetzigen klösterlichen Lebens mit der Vergangenheit, der Geschichte des Ordens, den Personen, die diese Geschichte prägten und durchlitten, ein Herzensanliegen war. Es zeigte sich in der 18. Bestimmung des Kapitels. Sie lautet: *Die Prioren werden dringend ermahnt, dafür zu sorgen, dass die Bruderschaften und Gebetsübungen (Devotiones), die unserem Orden eigen sind, in unseren Klöstern gepflegt werden. Besonders möge in den einzelnen Konventen der Dritte Orden des hl. Vaters Augustinus errichtet werden.* Die Durchführung dieser Bestimmung war ihm wichtig. Deshalb ließ sich P. Provinzial Engelbert vom Kapitel zum Visitator des Dritten Ordens aufstellen. Das Bemühen um die Verbindung mit den Ordensheiligen gehörte zu Engelberts Auffassung von der augustinischen Gemeinschaft. Zu ihr gehörten auch die großen Gestalten der Vergangenheit.

Wichtig war ihm auch, dass die augustinischen religiösen Gemeinschaften intensiv betreut werden. Er dachte dabei nicht nur an die Ritaschwestern, sondern auch an die anderen Genossenschaften, die sich auf die Regel des heiligen Augustinus beriefen.

Für die Verehrung der Ordensheiligen hatte sich P. Engelbert bereits als Provinzvikar eingesetzt. In dieser Eigenschaft veranlasste er, dass in der Klosterkirche in Würzburg der sogenannte *Rita-Donnerstag* eingeführt wurde. Die Verehrung, die er selbst dieser

---

[198] Provinzkapitel 1930; PA.

Heiligen entgegenbrachte, zeigt auch sein *Lied zur hl. Rita*, das er am 16. September 1916 verfasste. Die letzte Strophe lautet:

> *Heilge Rita, gläubig beten*
> *Wir zu dir in allen Nöten,*
> *Trifft uns Unglück und Beschwerde,*
> *Beugt uns Leid und Not zur Erde,*
> *O dann reich uns deine Hand!*
> *Heilge Rita, fleckenlose,*
> *Gnadenvolle Wunderrose,*
> *Bitt für uns beim Jesukind!*

Verantwortung in zwei Ländern

Als Provinzial trug P. Engelbert die Verantwortung auch für das Kommissariat in Amerika, das in P. Clemens Fuhl zwar einen umsichtigen und erfahrenen Oberen hatte, der ihm aber die letzte Verantwortung nicht abnahm. Er musste also für die deutschen Augustiner sowohl in Deutschland als auch in Amerika ein offenes Ohr haben.

In Deutschland machten P. Engelbert die finanzielle Lage der deutschen Provinz und die instabile politische Situation zu schaffen. In Amerika konnte das Projekt einer Klostergründung für die im Osten arbeitenden Augustiner bisher weder von ihm noch von P. Clemens verwirklicht werden. Dies blieb eine wichtige Aufgabe für den Provinzial und seinen Kommissar, da ein solches Kloster für das Gemeinschaftsleben und die spirituelle Weiterentwicklung der deutschen Augustiner in Amerika von Bedeutung war.

P. Athanasius Pape als Mitarbeiter P. Engelberts

Seitdem P. Athanasius Pape den P. Engelbert am Veterans Hospital und in der Pfarrei St. Nicholas in New York vertreten hatte, damit er am Kapitel teilnehmen konnte, entwickelte sich zwischen beiden eine freundschaftliche, vertrauensvolle Beziehung. Die Nachrichten über den Gesundheitszustand des P. Athanasius, die P. Engelbert erreichten, waren beängstigend. P. Athanasius war ein Hoffnungsträger für die deutschen Augustiner in Amerika. Als Engelbert von seiner schweren Erkrankung infolge eines Rückfalls erfuhr, schrieb er sofort an alle Häuser und ließ für ihn beten. Sein Schreiben lautete: Bei zwei anderen Mitbrüdern *war es ja auch sehr*

*schlimm, ich glaube nur das Beten so vieler hat diese durchge-
bracht. So wollen wir auch bei P. Athanasius hoffen ... Ich bitte
Sie, alles für ihn zu tun, was möglich ist, besonders ihn dann auch
in ein Sanatorium zu tun ... Möge uns doch der liebe Gott vor diesem Schlage bewahren; doch auch hierin soll sein heiliger Wille geschehen!*[199]

DIE FINANZIELLE LAGE DER DEUTSCHEN PROVINZ

Die finanzielle Lage der deutschen Provinz war durch die teuren Neubauten in Weiden und Würzburg sehr angespannt. Durch
eine bessere Zusammenarbeit der einzelnen Konvente in finanziel-
ler Hinsicht mit dem Provinzial hatte Engelbert die Lage unter
Kontrolle gebracht. Dann kam aber der schwarze Freitag an der
New Yorker Börse, der auch die Darmstädter Bank, die den
Augustinern Kredit gewährt hatte, zahlungsunfähig machte. P.
Engelbert sah die verzweifelte Lage: *Viel Gottvertrauen und wohl
auch Ergebung in Gottes Willen brauchen wir jetzt hier schon; die
Situation sieht ganz verzweifelt aus ... Die Finanzlage ist trostlos
und katastrophal; die Londoner Konferenz scheint auch ohne eigentlichen Erfolg verlaufen zu sein, so dass wir den kommenden
Wochen mit Bangen entgegensehen. Dass die Darmstädter Bank
zahlungsunfähig geworden ist, werden Sie gehört haben. Wir verlieren an sich nichts, weil wir ja bloß Schulden dort hatten, aber
es wird nicht so einfach sein, eine neue Bank zu finden, die uns
gleich Kredit gibt.*[200]

GEHEIMKONTO BEI DER DRESDNER BANK

Aus dem Gefühl der Vorsicht heraus hatte P. Engelbert jedoch
auf einer anderen Bank, der Dresdner Bank, Geld angelegt. Er
schrieb dem P. Clemens: *Ich weiß nicht, ob ich Ihnen schon einmal vertraulich mitteilte, dass ich an der Dresdener Bank hier ein
Geheimkonto angelegt hatte, von dem nur P. Alban und P.
Gundisalv wissen; wir haben dort ein Guthaben von ca. 55000*

---

[199] P. Engelbert an P. Clemens, 24. Juli 1931; PA.
[200] P. Engelbert an P. Clemens, 24. Juli 1931; PA.

*Mark. Wie froh bin ich, dass ich das damals tat. Das kann jetzt un-
sere Rettung sein.*[201]

Wie die Abwicklung der Geldgeschäfte verlief, ist nicht mehr
nachvollziehbar. Es drängten sich andere Überlegungen in den
Vordergrund. Die vorhandene Geldreserve wird Engelbert eine gewisse Ruhe gegeben haben für die Durchführung seiner Aufgaben.

ÜBERLEGUNGEN ZUM BEVORSTEHENDEN GENERALKAPITEL 1931

In Gedanken beschäftigte sich P. Engelbert auch mit dem bevorstehenden Generalkapitel, das der General Eustasio Esteban für
den 24. September 1931 einberufen hatte.[202] P. Clemens wünschte,
dass P. Engelbert vorher zu einem Besuch nach Amerika komme.
Dieser sprach sich aber dagegen aus, weil er keine Erfolgsmög-
lichkeiten für eine Klostergründung im Osten sah, verschiedene
amerikanische Mitbrüder Deutschland besuchen wollten, denen er
sich widmen müsse, und abzuwarten sei, *wer General wird.
Dadurch kann unsere ganze Situation sich ändern. Würde zum
Beispiel Fr. Hickey gewählt, dann könnte das große Bedeutung
haben für eine Neugründung im Osten.*[203]

Aus den Mitteilungen, die P. Engelbert erreichten, zog er die
Folgerung: *Für das Generalkapitel scheint Fr. Hickey die meiste
Aussicht zu haben. Die Spanier und besonders P. Vermeulen nann-
ten auch Ihren (P. Clemens) Namen; doch glaube ich persönlich,
dass Hickey durchkommt. Darüber ein anderes Mal.*[204]

ÜBERRASCHENDE WAHL DES P. CLEMENS ZUM GENERAL

In den Kreisen der Augustinerkurie in Rom war neben anderen auch P. Clemens als möglicher Kandidat für das Generalat im
Gespräch. P. Engelbert gab auf diese Nachrichten nicht viel, weil
er P. Clemens kannte und ihm ein solches Amt weder wünschte
noch nach seiner Resignation auf das Provinzialat zutraute. Andere
Mitbrüder beurteilten seine Resignation vermutlich als ein positives Zeichen der Demut und Freiheit von Machtgelüsten.

---

[201] P. Engelbert an P. Clemens, 24. Juli 1931; PA.
[202] AA 14 (1931–1932) 5-6.
[203] P. Engelbert an P. Clemens, 16. April 1931; PA.
[204] P. Engelbert an P. Clemens, 24. Juli 1931; PA.

Als stimmberechtigte Mitglieder aus der deutschen Provinz nahmen P. Engelbert und P. Clemens am Generalkapitel teil. Als die beiden in Rom im Generalkonvent St. Monica ankamen, wo das Generalkapitel stattfinden sollte, stellten sie eine positive Stimmung für P. Clemens fest. In diesem Punkt hatte sich P. Engelbert geirrt. Er kannte die Einschätzung der Teilnehmer hinsichtlich des P. Clemens nicht.

Gleich im ersten Wahlgang wurde sie offenkundig. Denn bereits in diesem erhielt P. Clemens die absolute Mehrheit der abgegebenen Stimmen. Die Wahl musste aber auf Wunsch von P. Clemens wiederholt werden, da ein Stimmzettel nicht ausgefüllt war und nicht gezählt wurde. Es entstand eine Unsicherheit, die auf seinen Wunsch hin durch einen zweiten Wahlgang beseitigt werden sollte. Die Wiederholung der Wahl erbrachte das Ergebnis, dass P. Clemens 59 Stimmen erhielt und damit beim zweiten Wahlgang zum General des Augustinerordens gewählt war.[205]

Mit einer solchen Wendung der Ereignisse hatten weder P. Engelbert noch P. Clemens gerechnet. Als man P. Clemens zum Generaldefinitor wählte, wollte man ihn wahrscheinlich von seinem Posten als Provinzkommissar in Amerika entfernen und wieder nach Deutschland zurückholen. Letzteres misslang gründlich. Statt eines kleinen Priorenpostens in einem der Klöster in der deutschen Provinz erhielt er das höchste Amt im Orden, das des Generals mit Sitz in Rom.

Glückwunschschreiben der deutschen Provinz zur Verleihung des Ehrendoktors der Theologischen Fakultät der Universität Würzburg an P. General Clemens Fuhl am 12. Mai 1932.

---

[205] Acta Capituli Generalis 1931, AA 14 (1931–1932) 228-229.

ZUSICHERUNG PERSONELLER UND FINANZIELLER UNTERSTÜTZUNG

Über die unerwartete Wahl des P. Clemens zum General herrschte bei P. Engelbert und den deutschen Mitbrüdern nach Überwindung der Überraschung große Freude. Es sollte aber nicht bei der Freude und dem Stolz über das Vertrauen bleiben, das dem deutschen Mitbruder entgegengebracht wurde, sondern P. Engelbert sicherte dem neuen General auch die personelle und finanzielle Unterstützung der deutschen Provinz zu.

Im September 1931 wies P. Engelbert in einem Rundbrief die Mitbrüder auf die Opfer hin, welche die Wahl mit sich bringe, damit P. Clemens sein hohes und schweres Amt angemessen durchführen könne.[206]

P. Clemens richtete an den Provinzial die Bitte, ihm P. Rudolf Arbesmann, den ersten Definitor, als Klerikermagister für das Internationale Kolleg St. Monica in Rom zu überlassen. Dann erbat er P. Hilarius Appelhans als Prokurator und die beiden Neupriester P. Damasus Trapp und P. Felix Gössmann als künftige Professoren für das Internationale Kolleg. Die beiden Klerikerstudenten Fr. Oswald Malzer und Fr. Reinhold Schraml sollten an der Gregoriana in Rom ihre theologische Ausbildung empfangen. Zu diesen Augustinern kamen noch drei Laienbrüder. Der erste war Br. Eugen Mützel, die beiden anderen Br. Sigismund und Br. Colonat Reitinger.

Die deutsche Provinz litt selber unter Leutemangel und brachte mit der Überlassung einiger Mitbrüder an P. Clemens ein großes Opfer. P. Engelbert deutete es als Eingehen auf den Willen Gottes: *Ganz stark hatte ich beim Generalkapitel den Eindruck, dass in der Wahl des P. Clemens zum General der Wille Gottes zum Ausdruck kam. Ganz spontan wurde er eigentlich gewählt und zwar mit einer auffallenden Einmütigkeit. Um so mehr halte ich es für eine Gewissenspflicht, ihm durch Überlassung von Hilfskräften die Durchführung seiner Pläne zu ermöglichen.*

In seinem Rundbrief ging er auch auf die Ereignisse in Spanien ein. Sie stimmten P. Engelbert sehr traurig. *Recht traurig sind die Ereignisse in Spanien. Der hochwürdigste P. General schrieb mir diese Tage, dass die Gesetze wohl nicht in voller Schärfe durchgeführt würden. Das ist ein kleiner Trost; die Tatsache selber ist unendlich traurig. Wir sehen wohl welch schwe-*

---

[206] Rundbrief P. Engelberts, 27. September 1931; PA.

*re Gefahren der Kirche Gottes überall drohen; es ist als ob die Hölle
all ihre Kräfte mobil machte. Wir wollen innerlich dabei ruhig bleiben; denn wir wissen, die Kirche wird auch aus diesen Kämpfen
siegreich hervorgehen, sie ist ja Gottes Werk. Aber wachen und
beten müssen wir, dass auch jeder Einzelne von uns siegreich und
treu bleibt; denn die Unüberwindbarkeit ist nur der Kirche als
ganzer garantiert, nicht aber den einzelnen Gliedern.*[207]

PRIOREN- UND REKTORENKONFERENZ

Die Finanzkrise, die in der deutschen Ordensprovinz durch die
Neubauten von Weiden, Germershausen und Würzburg sich stark
bemerkbar machte, veranlasste P. Engelbert zu dem kühnen, aber
echt augustinischen Gedanken, dass die ganze Provinz und nicht
nur das betroffene Haus zu einer Lösung der Finanzprobleme beitragen solle. Er ließ deshalb am 11. November 1930 das
Definitorium den Beschluss fassen, die Prioren sollten während der
Weihnachtsferien *wegen der schlimmen Finanzlage in Weiden* zusammenkommen und nach einer Lösung suchen.

Die finanzielle Lage der deutschen Provinz bedurfte einer
Lösung, da sie mit den finanziellen Mitteln, über die der Provinzial
verfügte, nicht herbeigeführt werden konnte. Es bedurfte dafür
einer breiteren Basis. Sie konnte nicht durch den Beschluss des
Provinzkapitels erfolgen, sondern musste auf einem anderen Wege
gesucht werden.

Eine Lösungsmöglichkeit erblickte P. Engelbert in der so häufig betonten klösterlichen Gemeinschaft. Er erwartete, dass sie
praktiziert würde und dass durch das Zusammenwirken aller eine
Lösung erfolge.

Er kannte die finanziellen Gegebenheiten der einzelnen
Konvente und erkannte, dass geholfen werden konnte, wenn jeder
Konvent seinen Beitrag leisten würde. Aus diesem Grunde wollte
er eine beratende Versammlung mit den Prioren der einzelnen
Konvente zu der Finanzsituation abhalten.

Die Konferenz der Prioren trat am 21. Januar 1931 in Münnerstadt zusammen. Auf ihr wurden die finanziellen Schwierigkeiten
Weidens vorgestellt. Der Provinzial Engelbert legte dann dar, dass es
darauf ankomme, die finanziellen Mittel zu bündeln, wenn Weiden

---

[207] Rundbrief P. Engelberts, 27. Sept. 1931; PA.

gehalten werden solle. Wenn dies nicht geschehe, müsse Weiden aufgegeben werden. Die Beratung ergab, dass keiner der anwesenden Prioren den Neubau in Weiden aufgeben wollte. Sie verpflichteten sich dazu, so viel Geld beizusteuern, dass Weiden gehalten werden konnte. Damit hatte P. Engelbert das vordergründige Ziel der Zusammenkunft, die Rettung Weidens, erreicht.

Mit der Priorenkonferenz hatte er aber mehr im Sinn. Sie war aus einer finanziellen Notlage heraus geboren und hatte sich in ihr als effizient erwiesen. Aus solchen regelmäßigen Zusammenkünften könnte vielleicht, so folgerte er, eine Verlebendigung und Aktivierung der Gemeinschaft entstehen. Dies war P. Engelbert am Anfang selber nicht so klar. Im Laufe der Zeit stellte sich dann aber heraus, dass er mit dieser Zusammenkunft einen Weg beschritten hatte, auf dem ein größeres Bewusstsein von Gemeinschaft und ein besseres Zusammenwirken hergestellt werden konnte. Die einzelnen Konvente sollten selbständig bleiben und für sich in erster Linie verantwortungsvoll sorgen, darüber hinaus sich aber auch für die Belange der Provinz mitverantwortlich fühlen.

Die nachfolgenden Priorenkonferenzen machten deshalb nicht nur mit den Belangen der Provinz bekannt, sondern es war auch den einzelnen Konventen die Möglichkeit gegeben, ihre Pläne und Sorgen vorzustellen. Angestrebt waren Lösungen, die für die Konvente und für die Provinz von Nutzen waren. Die Konferenz sollte sich aber nicht nur in einem Wissen um die jeweiligen Belange erschöpfen, sondern auch zur gegenseitigen Hilfe führen. Davon war der eine Konvent einmal mehr, der andere weniger betroffen, aber jeder konnte einmal auf die Hilfe des anderen Konventes angewiesen sein. Deshalb war ein Zusammenwirken für alle von Vorteil, da jeder Mitbruder bald in den einen oder anderen Konvent versetzt werden konnte.

Eine weitere Möglichkeit, die Zusammengehörigkeit der deutschen Augustiner zu fördern, erblickte P. Engelbert im Zusammenführen der Rektoren und Präfekten der Seminare, die er im Winter 1931/32 zu einer Konferenz einlud. Die verschiedenen Einrichtungen zur Erziehung der Jugendlichen waren ein wichtiger Schwerpunkt der deutschen Augustinerprovinz. Jedes mit der Erziehung befasste Haus führte jedoch sein Eigenleben. Eine Abstimmung gemeinsamer Erziehungsgrundsätze oder die Ausrichtung auf bestimmte Ziele auf Grund der politischen Lage hatte bisher offiziell nicht stattgefunden. Deshalb suchte P. Engelbert auch bei ihnen den Gedanken der Zusammengehörigkeit und des Zusammenwirkens zu wecken.

Er war auf eine gedeihliche Weiterentwicklung der Seminare nicht nur deshalb bedacht, weil er selbst Pädagoge war, sondern weil die Erziehung zu einem gemeinschaftlichen Denken und Handeln ein wichtiges Erziehungsziel ist, das sich aus dem augustinischen Denken herleitet und das für Pater Engelbert ein Herzensanliegen war.

Sowohl zu der Seminarkonferenz (3. und 4. Januar 1933) als auch zu der Priorenkonferenz (10. und 11. Januar 1933) lud P. Engelbert auch P. General Clemens ein. Auf beiden sollten interessante Themen behandelt werden. Sie waren für P. Engelbert *freilich bescheidene, aber wertvolle Versuche*, da durch sie der Gedanke der Gemeinschaft und Kooperation sehr gefördert wird, wie er P. Clemens mitteilte. *Es wurstelt nicht jeder in allen Dingen bloß so nach eigenem Rezept drauflos, wobei jeder immer von vorn anfängt und keine Korrektur hat.* Nach dem Urteil P. Engelberts geht das Zusammenhalten und Zusammenarbeiten jetzt schon bedeutend besser als früher. Deshalb wäre es gut, wenn P. General kommen könnte; denn dadurch bekäme die Sache einen starken Antrieb.[208]

Für die beiden Veranstaltungen schlug P. Engelbert die Themen vor.

Für die Seminarkonferenz waren sie teilweise auf die sich ankündigende bedrohliche Zeit bezogen, wenn etwa gefragt wurde: Welchen Ersatz haben wir für Marianische Congregation, Neudeutschland etc., falls sie aufgehoben werden? Mit der Beeinflussung der Schüler gegen den Nationalsozialismus setzte sich das Thema der Gesinnungspflege im Seminar auseinander. Ein weiteres befasste sich mit der Frage nach unseren Klosterschulen und der neuen Zeit. Es wurde auch über das Vertrauen der Schüler zu den Vorgesetzten referiert.

Die Ausbildung P. Engelberts zum Altphilologen und Humanisten hatte ihm das notwendige Wissen dafür vermittelt, dass die Seminare nicht nur Stätten sein sollten, in denen für eine gute schulische Ausbildung gesorgt wird, sondern auch für eine menschliche Formung der Schüler zur Gemeinschaft und zum Widerstand gegen unchrstliche Ideologien.

Als Themen für die Priorenkonferenz waren folgende vorgesehen:

Einen allgemeinen Überblick über die Lage der Provinz wollte P. Engelbert geben und zu aktuellen Fragen etwas sagen. Über

---

[208] P. Engelbert an P. Clemens, 16. Dez 1932; PA.

den Stand des Seligsprechungsprozesses des gottseligen P. Pius sollte berichtet werden. Besonderen Wert maß P. Engelbert dem Referat über die volle religiöse Persönlichkeit bei. Weitere Themen waren die Katholische Aktion und wir Ordensleute und die Unionsfrage.[209]

An Weihnachten konnte P. Clemens noch nicht in Würzburg sein, versprach aber zur Priorenkonferenz kommen zu wollen. Darüber freute sich P. Engelbert. Denn ihm lag sehr viel an einer gemeinsamen inneren Haltung, mit der man die neuen Herausforderungen bestehen konnte. Er schrieb an P. General: *Es werden wichtige Fragen zu besprechen sein, vor allem müssen wir sehen, dass wir neue Klarheit über manches bekommen und planmäßig und gemeinschaftlich handeln. Wichtiger ist mir, dass wir gemeinsam eine innere feste Haltung haben als Ratschläge, wie einzelne äußere Vorgänge zu behandeln sind. Dazu soll der Vortrag von P. Joseph dienen: Die volle religiöse Persönlichkeit.*[210] Die Gefahren, die für die Klöster heraufzogen, machten sich bemerkbar. P. Engelbert spürte sie und wollte seinen Mitbrüdern helfen, dass sie diese bestehen können. Auf der Priorenkonferenz sollte dafür ein Fundament aufgezeigt werden, das die einzelnen verinnerlichen sollten (religiöse Persönlichkeit), um den Gefahren der kommenden Zeit besser begegnen zu können.

VOM ALMOSENSAMMELN ZUM ARBEITSSYSTEM

In seinem Einladungsbrief an P. Clemens schrieb P. Engelbert, er könne auch den Generalökonom, den Amerikaner P. Spirali, mitbringen, einen guten Bekannten P. Engelberts. Ihn wollte P. Engelbert mit dem in der deutschen Provinz praktizierten Almosensystem bekannt machen, da es sich von dem in Amerika üblichen unterscheide. Es ist *mir sehr recht; es schadet ihm nichts, wenn er unser System auch kennenlernt. Amerika hat das reine Almosensystem, wenn auch in etwas feinerer Form als wir.* Er wollte ihm vor allem die klösterlichen Betriebe zeigen, durch welche die Klöster ihren Lebensunterhalt beziehen.

Im klösterlichen Bereich sah P. Engelbert das Terminieren, das Erbetteln von Almosen, schwinden. Deshalb sprach er sich für

---

[209] P. Engelbert an P. Clemens. 2. Dez. 1933; PA.
[210] P. Engelbert an P. Clemens, 22. Dez. 1933; PA.

die Pflege des Arbeitssystems aus. Er meinte damit die Förderung
der klösterlichen Betriebe. Er führte dafür folgende Begründung an:
*Nach meinem Empfinden werden bei der allgemeinen Verarmung,
in nächster Zeit wenigstens, die Orden stärker das Arbeitssystem betonen müssen, weil die Almosen nachlassen. Für uns z. B. ist jetzt
die Druckerei die allergrößte Hilfe, ohne die Würzburg gar nicht zu
denken ist. Sie liefert mehr als Amerika z. Zt. Für den Generalökonom wäre es schon wertvoll, diese Einstellung zu kennen.*[211]
Solche Gedanken konnte P. Engelbert aber nur so lange entwickeln,
wie die Provinz über eine größere Zahl von Laienbrüdern verfügte.
Sobald es Einbrüche gab und die Machthaber das Herstellen von
Druckerzeugnissen verboten, fiel dieser Erwerbszweig weg, was sich
in einigen Jahren ereignen sollte. Aber von diesen Ereignissen wußte
P. Engelbert natürlich noch nichts.

DEVISENGESETZ

Die Schulden des Klosterseminars Weiden brachten P.
Engelbert mit dem Devisengesetz in Berührung, aber nicht in
Konflikt. Wegen der unzureichenden Unterlagen kann der Ablauf
des Vorgangs nicht mehr aufgehellt werden. Es können nur einige
Daten genannt werden.

Bei einer Überprüfung wurden dem für die Vermögensver-
waltung des Studienseminars Weiden zuständigen Justizrat Pfleger
große Fehler nachgewiesen. Deshalb wurde er wegen ungenauer
und oberflächlicher Arbeit abgesetzt und musste *mit seinem ganzen
Vermögen für die Verluste* haften.

In seiner Eigenschaft als Provinzial war P. Engelbert in die
Angelegenheit verwickelt. Für bestimmte Transaktionen des Seminars
Weiden war die Einwilligung der Devisenbewirtschaftungsstelle nicht
eingeholt worden. Dies war eine heikle Angelegenheit. P. Engelbert
ging das Problem an und fuhr zur Devisenstelle. Im persönlichen
Gespräch erreichte er, dass die Erlaubnis rückwirkend auf die ganze
Aktion erteilt wurde. Damit war die Devisenfrage bereinigt.[212]

Wichtiger als die Beschäftigung mit neuen Projekten war für
P. Engelbert die Durchführung begonnener Arbeiten. Es galt, den

---

[211] P. Engelbert an P. Clemens, 16. Dez. 1932; PA.
[212] P. Engelbert an P. Clemens, 16. März 1933; PA.

Neubau in Würzburg zu vollenden, die Aufteilung der einzelnen Stockwerke für die klösterlichen Belange zu begleiten und für die Vermietung einzelner Stockwerke zusammen mit dem Konvent zu sorgen.

In Münnerstadt musste ein neues Noviziat gebaut werden, an dessen Kosten sich das Provinzialat beteiligte.

Der Neubau der Klosterschule in Germershausen musste vom Provinzialat bezahlt werden.

Die Geldschwierigkeiten des Klosterseminars Weiden mussten so geordnet werden, dass sie nicht dauernd als Bedrohung im Raume standen.

In den Geldangelegenheiten konnte P. Engelbert mit Zuversicht und Gelassenheit in die Zukunft blicken. Er kannte die Arbeit der deutschen Augustiner in Amerika. Er hatte sie aufgebaut und so organisiert, dass die Mitbrüder *eine ständige und sichere Hilfe* für die deutsche Provinz sind.[213]

GRÜNDUNG VON KLÖSTERN MIT PFARREIEN

Im Zeitraum von 1930 bis 1940 wurden in der deutschen Provinz einige Neugründungen vorgenommen, so dass man auf diese Zeit den Begriff *Gründerzeit* anwenden kann. P. Engelbert förderte sie.

Es war ihm ein wichtiges Anliegen, das personelle und räumliche Wachstum der Deutschen Provinz anzuregen und zu begleiten. Er konnte bei diesem Bestreben auf die Bemühungen seines Vorgängers P. Clemens Fuhl aufbauen.

Zur personellen Vermehrung hatte aber auch die finanzielle Hilfe beigetragen, die P. Engelbert und die in Amerika tätigen Augustiner für die deutsche Provinz geleistet hatten. P. Clemens hatte ihren Einsatz in Amerika mit der Sorge für die Schüler und Studenten begründet, die unterhalten werden müssten. Würden die Gelder aus Amerika nicht fließen, müssten sie nach Haus geschickt werden. P. Engelbert hatte zusammen mit anderen dazu beigetragen, dass die Ausbildungsstätten für den klösterlichen Nachwuchs erhalten und ausgebaut werden konnten. Der Weg, auf dem dies erreicht wurde, war die Arbeit in Amerika. P. Engelbert kannte die durch das amerikanische Vikariat erzielten Geldbeträge und wollte nicht darauf verzichten.

---

[213] P. Engelbert an Eltern, 15. Dez. 1927; PA, ES.

Blickte P. Engelbert auf die Gesamtzahl der Mitglieder der
Provinz im Jahre 1939, so erreichte sie die stattliche Zahl von 541
Ordensleuten, wie A. Kunzelmann angibt.

Das personelle Wachstum ermöglichte die Übernahme neuer
Aufgaben, so dass neue Häuser errichtet und besetzt werden konnten. Er kaufte das Zobelschloss in Messelhausen bei Tauberbischofsheim, gründete in ihm ein Kloster und veranlasste die
Übernahme der Pfarrei.

Am Wallfahrtsort zum heiligen Blut in Walldürn übernahm P.
Engelbert für die Augustinerprovinz die Wahrnehmung der
Wallfahrtsaufgaben und die Sorge für die Pfarrei und gründete ein
Kloster.

Nach dem Urteil des Ordenshistorikers P. Adalbero Kunzelmann
brachte *keine Amtsperiode eines Provinzials der deutschen Provinz so
viele Neugründungen wie die des P. Engelbert. Dabei ist allerdings zu
berücksichtigen, dass sie einmal die längste von allen bisherigen dar-
stellt und dass die Nachwuchspolitik des P. Clemens die Voraussetzungen dafür geschaffen hat. Von den 22 Konventen, die am Ende
seines Provinzialats 1947 zur deutschen Provinz gehörten, sind nicht
weniger als neun unter seiner Amtsführung entstanden.*[214] Zu dieser
Nachwuchspolitik haben P. Engelbert und andere in Amerika tätige
Mitbrüder in erheblichem Maße beigetragen.

BAUTÄTIGKEIT IN DEN DEUTSCHEN AUGUSTINERKLÖSTERN

Als P. Engelbert in den dreißiger Jahren die Leitung der
Provinz übernahm, begann in den Klöstern der deutschen Provinz
eine enorme Bautätigkeit.

Sie setzte 1933 mit dem Noviziatsbau in Münnerstadt ein, der
dringend notwendig war. Die Provinzkasse übernahm die
Baukosten. Am 6. Juni 1933 konnten schon 19 Novizen mit ihrem
Magister einziehen.[215]

Weil man den Nutzen der kleinen Klosterschulen als Zubringer
für die Klosterschule in Münnerstadt erkannt hatte, beschloss das
Provinzdefinitorium am 11. 4. 1934, dass die Klosterschule in
Fährbrück auf Provinzkosten errichtet wird.[216]

---

[214] A. Kunzelmann, Geschichte der neuerrichteten deutschen Augustiner-
Ordensprovinz, in: CU 25 (1967) 108.
[215] A. Kunzelmann, Geschichte, in: CU 26 (1968) 57.
[216] A. Kunzelmann, Geschichte, in: CU 26 (1968) 58.

Ebenfalls im Jahre 1934 wurde das Kloster in Regensburg erweitert. Es wurde das bereits 1923 käuflich erworbene Nachbarhaus in das bisherige Kloster einbezogen. Man veranlasste mit viel Mühe den Auszug der Mieter, so dass das Haus für die klösterlichen Verhältnisse hergerichtet werden konnte. Am Sonntag Gaudete, dem 16. Dezember 1934, konnte P. Provinzial Engelbert die feierliche Weihe des neuen Klostergebäudes vornehmen.[217]

Die außerordentlichen Ausgaben für Bauten seit 1934 in der deutschen Augustinerprovinz waren nur möglich, weil alle Klöster intensiv zusammenarbeiteten. Die in der Provinz vorhandenen Mittel wurden auf das Ziel hingelenkt, das gerade am wichtigsten erschien und durchgeführt werden sollte.

Im Jahre 1934 war es der Bau eines Klosters in der Reichshauptstadt Berlin. Das geräumige und praktisch eingerichtete Kloster der Augustiner wurde in Berlin-Wittenau gebaut. Die feierliche Weihe nahm am 1. April 1935 der Provinzvikar P. Hermann Josef Seller vor, da der Provinzial P. Engelbert sich auf Visitationsreise in Amerika befand.[218]

DAS KLOSTER IM OSTEN DER USA

Auf dieser Reise war die Gründung eines eigenen Klosters im Osten der USA, d. h. in New York oder in seiner Nähe, die vordringlichste Aufgabe, die sich P. Engelbert gesetzt hatte. Diesem Wunsch hatte sich P. Clemens angeschlossen. Auch er hielt es für wichtig, ein eigenes Kloster zu besitzen, in dem die in Amerika arbeitenden deutschen Augustiner wohnen, beten und arbeiten könnten, wie sie es in der deutschen Provinz gewohnt waren. Beide setzten sich für eine Neugründung ein, weil die amerikanischen Klöster, wie P. Engelbert ohne Überheblichkeit sagte, keine Klöster *in unserem Sinn* sind.

Es waren keine Vorurteile, aus denen der Wunsch entsprang, sondern Engelberts Kenntnis des klösterlichen Lebens der amerikanischen Augustiner sowohl in den Pfarreien als auch im Villanova Monastery. Er urteilte über diese Häuser, dass in ihnen das gemeinschaftliche Leben nicht so geübt wird wie in den deutschen. In ihnen herrschte ein anderer Geist und Rhythmus. Den

---

[217] A. Kunzelmann, Geschichte, in: CU 26 (1968) 59.
[218] A. Kunzelmann, Geschichte, in: CU 26 (1968) 59.

Unterschied machte er in einem Brief an P. Clemens deutlich: *Es gibt hier bloß Studienanstalten und Pfarreien. Ein eigentliches Communitätsleben finden Sie deshalb kaum.*[219] Ohne Scheu gesteht er aber auch, dass die amerikanische Provinz für die deutschen Mitbrüder sehr wichtig war. Über sie kamen die deutschen Augustiner nach Amerika. Jetzt braucht man aber einen selbständigen Stützpunkt und eine juristische Stellung.[220] Die deutschen Augustiner hatten in Racine ein eigenes Kloster. P. Engelbert wünschte, dass *dort ein reguläres Klosterleben angefangen wird. Dies sei notwendig, da wir nicht langsam verwildern dürfen. Um den Orden zu erhalten, dürfen wir das Ordensleben doch nicht aufgeben. Darum müssen wir gleich am Anfang auch energische Schritte in dieser Richtung tun – tuen wir so unsere Pflicht, dann wird der liebe Gott uns auch nicht hängen lassen. Je mehr ideelle und übernatürliche Prinzipien wir unseren Arbeiten unterlegen, desto sicherer werden wir uns entwickeln, weil ein stabiles Fundament da ist. Das bloße Haschen nach Geld macht einen innerlich kaputt und nimmt einem zuletzt auch die Freude an dieser mehr materiellen Arbeit.*[221]

Während seines Aufenthaltes als Provinzialkommissar in Amerika war es auch P. Clemens nicht gelungen, ein Haus im Osten zu bekommen. Nachdem P. Clemens am 26. September 1931 zum Ordensgeneral gewählt worden war, fiel er für die Arbeit in Amerika aus. Die Mitbrüder mussten also ohne ihn nach einem geeigneten Platz Ausschau halten und sich dann um die Erlaubnis des Erzbischofs bemühen.

Am 21. Januar 1932 fuhr P. Engelbert also nach Amerika zur Provinzialvisitation des amerikanischen Kommissariates. Hauptzweck war die Klärung der Lage im Osten. P. Provinzial war entschlossen, in dieser Angelegenheit Klarheit zu schaffen: Entweder es gelang die Gründung eines Hauses oder die Arbeit musste abgebaut werden.

In den ersten Wochen und Monaten zeigte sich keine Lösung. Dann erhielt P. Engelbert von P. Leo einen Brief mit der Mitteilung, dass das Veterans Hospital, das bisher nur Geisteskranke beherbergte, zu einem Militärkrankenhaus ausgebaut werden sollte. P. Engelbert erkannte sofort, dass man auf diesem Wege vielleicht zu

[219] P. Engelbert an P. Clemens, 26. Jan. 1924; PA.
[220] P. Engelbert an P. Clemens, 26. Jan. 1924; PA.
[221] P. Engelbert an P. Clemens, 2. Jan. 1926; PA.

einer Niederlassung kommen könnte, wenn auch ohne Kirche und öffentliche Kapelle. Der Generalvikar für die Armee, Msgr. George Waring, hatte Interesse an einer geordneten Seelsorge im Hospital und setzte sich für den Plan ein, einen Augustiner anzustellen, der in der Nähe seines Arbeitsplatzes wohnen müsste.

Für diesen Plan suchte P. Engelbert auch den P. Clemens zu gewinnen. Er legte ihm seine Dringlichkeit mit beredten Worten ans Herz: *Der Hauptzweck sei, unseren Leuten ein religiöses Gemeinschaftsleben zu ermöglichen, sie hätten eben eine andere Erziehung als die amerikanischen Mitbrüder, vielleicht nicht besser aber ganz anders. Unsere Leute brauchen einen Sammelpunkt, wohin sie immer wieder kommen und sich neu auffrischen können. Sie vereinsamen und verflachen sonst. Wohin eventuell mit einem Kranken? Zudem wird die Zusammenarbeit mit der hiesigen Provinz immer schwieriger. Auf die Dauer muß ein solches Zusammenleben, bei dem die eine Gruppe für ein ganz anderes Ziel arbeitet, zu Spannungen führen; denn wie viele geben sich die Mühe, es durchzudenken, dass es letzten Endes doch das gleiche Ziel ist?*[222]

P. Engelbert und P. Clemens wollten zuerst wohl ein Kloster mit einer Pfarrei. Nachdem sich dieser Wunsch aber nicht realisieren ließ, kam der Kauf eines Hauses ohne öffentliche Kirche ins Gespräch. Aber auch dafür brauchte man die Unterstützung der kirchlichen Behörde, d. h. des Kardinals von New York. Einige Mitbrüder der Villanova-Provinz hatten persönliche Beziehungen zum Kardinal, aber auch sie konnten das Zustandekommen des Vorhabens nicht bewirken.

Kurz vor seiner Abreise aus Amerika entwickelte P. Engelbert dem P. Clemens einen Plan, nach dem man vielleicht an ein eigenes Haus kommen könnte. Er schrieb: *Mit meiner Reise hier ist es mir ungefähr gegangen wie Ihnen s. Z. 1925. Äußerlich habe ich wenig zustande gebracht, jedenfalls ist die Gründung einer eigenen Niederlassung im Osten nicht gelungen. Aber ich bin deshalb nicht niedergedrückt. Ich hatte gleich am Anfang ein inneres Gefühl, als ob der liebe Gott in irgendeiner Form uns helfen würde, das Problem zu lösen; dieses Gefühl war sehr stark und hat mich ganz ruhig gemacht. Ich habe den besten Willen gehabt; wenn die Sache bisher noch nicht gelungen ist, dann hat der liebe Gott eben andere Pläne. Ich gebe mir Mühe, mich auf den Standpunkt zu stellen,*

---

[222] P. Engelbert an P. Clemens, 14. März 1932; PA.

dass der Erfolg gar nicht das wichtigste bei einem Unternehmen ist; die Hauptsache ist, dass wir unsere Pflicht und den Willen Gottes erfüllen.

Nun scheint sich aber gerade in den letzten Tagen eine Lösung unseres Problems zu bieten. Das Hospital in New York ist jetzt ein General Hospital geworden, d. h. es sind nicht bloß mental cases da, sondern es ist ein allgemeines Krankenhaus für die Armee. Nun soll dort ein permanenter Kaplan da sein, da die Arbeit sehr groß wird. Ja es wird für einen Mann zu viel werden, da ständig der Priester bereit sein muß für sick-calls. Außerdem ist die Zahl der nurses stark vermehrt (es sollen 300 werden!), die eine Frühmesse am Sonntag verlangen, da sonst die Hälfte ohne Sonntagsmesse ist. Fr. Zeiser wehrte sich mit Händen und Füßen gegen die neue Belastung. Msgr. Waring, der Generalvikar für die Armee, ist in der Klemme, da er keinen Fundus hat, den Kaplan zu bezahlen.

So habe ich Fr. Zeiser folgenden Vorschlag gemacht: P. Leo bleibt bei ihm wie bisher. Im Hospital stelle ich einen eigenen Pater an, der keinen Gehalt bekommt, aber das Recht hat, von den nurses und Angestellten eine Kollekte aufzunehmen. Der Cardinal gibt uns dafür Erlaubnis, ein eigenes Haus (ohne Kirche) in New York zu haben: a) damit der permanente Kaplan den Anschluß an die Kommunität bewahren kann; b) damit er von dort Ersatz bekommt, um in der Woche einen Tag frei (ab) zu haben.

Wenn diese Regelung gelänge, mit der Fr. Zeiser sehr zufrieden wäre, dann wäre es gut für uns: P. Leo behält seinen Gehalt wie bisher. Die Collekte im Hospital sollte gut ausfallen: Von den 300 nurses werden ca. 200 katholisch sein; dazu kämen sicher 50 weitere Angestellte (Küche, Wäscherei, Dienstmädchen etc.), also gut 250 Personen; das entspräche praktisch einer Pfarrei von 250 Familien; davon respektive wären 250 Gehaltbezieher, von denen die allermeisten keine Familie hätten! Zahlt jede Person bloß 10 Cent am Sonntag, dann wären es 25 Dollar pro Sonntag. Dazu kommen die Feiertage, eine eventuelle Monthly collection und Extra Oster- und Weihnachtskollektion. Dazu kommt, dass dieser Gehalt ständig ist, also keine Arbeitslose da sein werden. Ferner: Der Kaplan hat Logis und Verpflegung im Hospital frei!

Leider konnte ich Msgr. Waring nicht mehr sprechen, er ist seit Wochen schon in Europa; aber ich habe schon Versuche gemacht, ihn drüben zu treffen. Er ist ein sehr guter Freund der Augustiner, besonders Fr. Regnery's und hätte so eine endgültige Lösung des ihm lästigen Problems. Da der Kardinal Armeebischof ist, ist zu hoffen, dass der Plan gelingt.[223] Das Bemühen um ein eigenes Haus für die deutschen Augustiner in Amerika wird verständlich, wenn man sich die Schilderung vor Augen führt, die P. Engelbert von den Zuständen im Kloster Villanova gibt.

Er hält eine gründliche Reform der ganzen Provinz durch das Provinzkapitel für dringend geboten. Sie müsste beim Gebetsleben anfangen. *Es liegt schrecklich darnieder. Ich weiß nicht, ob in den Häusern, außer in Villanova, überhaupt Betrachtung und irgendein gemeinschaftliches Gebet gehalten wird.*

Ein weiterer Punkt ist die tägliche hl. Messe. Über ihre Unterlassung *macht man sich gar keine Gedanken.*

Als Mangel betrachtet es P. Engelbert, dass das vorhandene Gute von der Leitung der Provinz nicht hinreichend gefördert wird. *Die Leitung und Disziplin ist zu locker. Von oben herab kommt absolut gar keine religiöse Beeinflussung.*

Er machte dies auch an der Visitationspraxis des Provinzials Fr. Herron deutlich. Dieser habe nie, *auch nicht bei Visitationen eine eigentliche Ansprache gehalten. Die letzte Visitation hier dauerte einen Tag. Am Schlusse sagte Fr. Herron: Der Prior hat keine Klagen, die Patres haben keine Klagen, ich auch nicht: also müssen wir hier einen Musterkonvent haben. Auf diese sarkastische Bemerkung brach alles in Gelächter aus und ging auseinander. Der eine Satz war die ganze Ansprache!*

Für eine anfängliche Verbesserung schlug P. Engelbert dem General Clemens vor, dass Fr. Hickey als Präses des Kapitels klare Richtlinien für eine Reform gibt.[224]

Nach seiner Rückkehr aus Amerika besuchten P. Engelbert in Würzburg zwei Augustiner aus der Villanova-Provinz, Fr. Zeiser und Fr. Hasson. Mit ihnen war er näher bekannt. Aus den Gesprächen mit ihnen berichtete er dem P. Clemens: *Ich habe mein Bestes getan, um es ihnen so angenehm wie möglich zu machen, es hat ihnen auch offenbar sehr gut gefallen. Die erste Frage Fr. Zeisers war: wie steht die Sache mit dem Hospital? Als ich von ihrer Verhandlung mit Msgr. Waring sprach, war er sehr zufrieden. Er meinte, das ginge jetzt durch. Von Fr. Sullivan würden wir allergrößte Unterstützung bekommen. Er selber wünsche dringend, dass die Frage so gelöst würde, ich täte ihm einen großen Gefallen, wenn ich es durchbrächte. Das Hospital sei eine schreckliche Belastung*

---

[223] P. Engelbert an P. Clemens, Villanova, 10. Juni 1932; PA.
[224] P. Engelbert an P. Clemens, Villanova, 10. Juni 1932; PA.

*für ihn, er wolle es unbedingt los werden. Fr. Hasson ist begeistert
für diesen Plan; wenn der sich für etwas einsetzt, dann tut er es
meistens mit mehr Energie als Fr. Zeiser. Für seine Freunde setzt
er sich sehr scharf ein, und er ist wohl einer der besten Freunde,
die ich in Amerika habe.*[225]

In der Klostergründung konnte P. Clemens das grundsätzliche
Einverständnis von Msgr. Waring erreichen. Damit war schon viel
gewonnen. P. Engelbert machte dann dem P. Clemens Vorschläge
über den Inhalt der Briefe an den amerikanischen Provinzial Fr.
Sullivan und an den Kardinal. Engelberts Rat lautete: *Viele Gründe
würde ich nicht angeben, das macht eine Sache immer schwach.* Zur
Vorgehensweise schreibt er: *Diese beiden Briefe schicken Sie an P.
Athanasius; Fr. Sullivan möge diesem gleich seine Einwilligung
schriftlich geben. Dann kann P. Athanasius mit diesen Papieren zu
Msgr. Waring und mit diesem zum Cardinal gehen. Diese so wichtige Sache wollen wir unter den Schutz des hl. Nikolaus stellen, der
mir auch bei der Erwerbung von Racine so geholfen hat.*

P. Clemens konnte dem P. Engelbert mitteilen, dass seine
Bemühungen erfolgreich waren; dieser antwortete ihm: *Soeben erhielt ich Ihr Telegramm; Gott sei tausend Dank, dass diese Sache
gelungen ist! Ich bin natürlich gespannt, wie die Bedingungen sind;
hoffentlich ist es nicht bloß ein halbes Geschenk. Ich habe erst
kürzlich an P. Athanasius geschrieben und ihm einige Gedanken
nahegelegt betreffs der eventuellen Durchführung. Er wünscht
einen weiteren Pater, der bald kommen soll.*[226] Die Freude über die
Aussicht auf ein Kloster wurde durch die Nachricht getrübt, dass
P. Athanasius fünfmal einen Blutsturz erlitten habe. Diese
Nachricht beunruhigte P. Engelbert. Sie war für ihn ein schwerer
Schlag. Er schrieb dem P. Clemens als vermuteten Grund für seinen Rückfall: *Wahrscheinlich hat sich P. Athanasius nicht gehalten, obwohl ich ihn so dringend darum gebeten habe. Er sollte gar
nichts tun, sondern von Tacony aus alles leiten – aber er wollte
auch draußen arbeiten und verdienen. Wenn er die Sache diesmal
nur übersteht! Gerade jetzt, wo die Neugründung im Gange ist,
wäre es so nötig. Wer soll die Verhandlungen weiterführen, wenn
sie noch im Laufen sind?*

In dieser Zeit der Ungewissheit und des Wartens auf weitere
Nachrichten tauchte auch der Gedanke auf, P. Engelbert solle für

---

[225] P. Engelbert an P. Clemens, Würzburg, 12. August 1932; PA.
[226] P. Engelbert an P. Clemens, Würzburg, 25. Oktober 1932; PA.

einige Wochen nach Amerika fahren und die Verhandlungen führen. Er ging sogar noch weiter und brachte die Überlegung ins Spiel, ganz nach Amerika überzusiedeln. Aber auch in der deutschen Provinz standen wichtige Projekte an: *Wenn nur nicht auch hier so vielerlei im Gange wäre, könnte ich vielleicht ganz hinübergehen; mein Termin ist ja so in gut ½ Jahr vorüber. Aber in Münnerstadt soll im Frühjahr der Trakt zwischen Klosterschule und Brauerei ausgebaut werden (ganz einfach und billig mit eigenen Leuten); das ist nötig, es ist dort schreiender Platzmangel, aber sie können noch acht Brüder brauchen, wenn Raum für sie wäre. P. Prior aber muß geschoben werden, man muß froh sein, dass er mittut.*[227] Aber dann kam die freudige Nachricht, die Tuberkulose habe sich nicht verschlechtert; *die Blutungen stammten aus einer zufälligen Verletzung der Lunge.*[228] P. Athanasius setzte seine Bemühungen fort. Es gelang ihm über Msgr. Waring, von Kardinal Patrick Hayes, dem Erzbischof von New York, die Genehmigung zu erhalten, dass die deutschen Augustiner ein Kloster in New York City errichten könnten.

Den von P. Engelbert entwickelten Plan setzte man durch den Kauf eines Privathauses in Riverdale in der Bronx um, das P. Gelasius ausgekundschaftet hatte. Am 16. Juni 1933 genehmigte das Definitorium in Deutschland den Hauskauf; am 13. Mai 1934 war der Kauf in New York abgeschlossen. Am 3. September 1934 weihte Msgr. Waring das Haus in Gegenwart der im Osten tätigen Augustiner und von zwei Augustinern der Villanova-Provinz ein. Damit hatten die deutschen Augustiner ein eigenes Zentrum im Osten, in dem sie ihr klösterliches Leben entfalten konnten und das für die weitere Entwicklung von großer Bedeutung wurde.[229] Die seit Beginn ihres Aufenthaltes in Amerika angestrebte Klostergründung hatten weder P. Engelbert noch P. Clemens während ihres Amerikaaufenthaltes erreicht. Sie gelang dem Provinzialkommissar P. Athanasius Pape[230], der für die Entwicklung der deutschen Augustiner in Amerika von großer Bedeutung wurde.

Eigentlich wollten die Augustiner zur Einweihung ihres Klosters am Sonntag, dem 3. 9. 1934, eine größere Anzahl amerikanischer Mitbrüder und alle befreundeten Geistlichen zu einer

---

[227] P. Engelbert an P. Clemens, Würzburg, 9. Nov. 1932; PA.
[228] P. Engelbert an P. Clemens, Würzburg, 24. Nov. 1932; PA.
[229] MvgR 30 (1933/34), 108-109.
[230] E. Haeussler, Vitasfratrum, King City, Ontario 1987; Fr. Athanasius, p. 2; 18. 8. 1931 Provinzkommissar.

kleinen Feier einladen. Msgr. Waring verlangte jedoch, dass die
Weihe privat gehalten werde. So fand deshalb nur eine schlichte
Weihe durch ihn statt, der ein Festessen folgte, an das sich eine
zwanglose Unterhaltung anschloss.[231]

Bei seiner Visitatio 1935 stattete P. Engelbert voll Spannung
dem neuen Haus, das er noch nicht gesehen hatte, einen Besuch
ab. Sein Urteil lautete: *Es gefällt mir recht gut und erscheint mir
für unsere Zwecke sehr gut geeignet. Es dürfte vielleicht etwas
größer sein. Bei 5 Patres und 2 Brüdern, die jetzt hier stationiert
sind, sind alle Zimmer besetzt. Es läßt sich vielleicht später etwas
anbauen. Das Leben hier im Hause scheint gut zu sein. Die Patres
harmonieren gut, sie beten das ganze Officium gemeinsam in der
Kapelle. An Arbeit fehlt es nicht, doch erdrückt sie die Mitbrüder
nicht. Sie können einer regelmäßigen Arbeit nachgehen.*[232]

Das Bemühen um die Gründung dieses Klosters in New York
zeigt, dass P. Engelbert geduldig ein Ziel verfolgen konnte. Diese
Geduld bezog er aus der Überzeugung, dass die nach Amerika kommenden jungen Augustiner auch hier die Möglichkeit haben sollten,
ein Ordensleben zu führen, in das sie in der Heimat eingeführt worden waren und das sie auch in der Fremde weiterentwickeln sollten. Ein wichtiger Gesichtspunkt war ihm das Gemeinschaftsleben,
das vor der Vereinzelung und Isolation bewahren sollte. Dann kam
es ihm auf die Verrichtung des Chorgebetes, auf die Feier der hl.
Messe und die Betrachtung an. Diese gemeinschaftlichen Übungen
sollten die Mitbrüder nach Verrichtung der aufgetragenen Arbeit
wieder auf die wichtigen Punkte des klösterlichen Lebens zurück-
führen und ihnen Gelegenheit bieten, sich mit Erlebnissen ausein-
anderzusetzen und sie zu verarbeiten.

Für P. Engelbert sollte das Haus aber auch ein Ort für die nötige Erholung, Einkehr und Ruhe sein. Die Entspannung sollte nicht
außerhalb des Klosters gesucht werden, sondern in ihm möglich sein.

Er freute sich über das neue Haus, dessen Erwerb er nie aus
den Augen verloren hatte, obwohl er manchmal gezweifelt hatte, ob
er es je bekommen würde. Die Vorstellung, dass ein Haus nötig sei,
um das Ideal der augustinischen Gemeinschaft verwirklichen zu
können, trieb ihn immer wieder an, ein solches Haus zu suchen
und zu erwerben.

---

[231] P. Athanasius an P. Clemens, St. Vincent's Orphan Asylum, Tacony,
Philadelphia, 12. Sept. 1934; PA.
[232] P. Engelbert an P. Clemens, New York, 26. Febr. 1935; PA.

P. Engelbert und P. Clemens

P. Engelbert stand P. Clemens sehr nahe. Ihre Beziehung war von gegenseitiger Achtung und Hochschätzung geprägt. P. Engelbert schloss seine Briefe mit dem Satz: *Euer Paternität dankbar ergebener P. Engelbert.* Dies war nicht nur eine der in der damaligen Zeit üblichen Schlussformeln, sondern brachte auch den Dank P. Engelberts gegenüber seinem Förderer zum Ausdruck und seine Bereitschaft, mit ihm zusammenzuarbeiten. Wo es angebracht war, ordnete er sich ihm unter. Es war Ausdruck der Hochachtung des jüngeren gegenüber dem älteren Mitbruder, des Schülers im geistlichen Leben gegenüber dem Lehrer.

Die Aussage des P. Clemens in seinem Rücktrittsschreiben vom Amt des Provinzials an den General über die bisherige Zusammenarbeit mit P. Engelbert ist ein großes Lob für ihn. Aus dieser gelungenen Zusammenarbeit folgerte er, dass P. Engelbert auch in Zukunft seine Arbeit als Provinzial gut durchführen werde, wie er es bisher als Provinzialkommissar für Amerika getan habe.

Der Briefwechsel aus den dreißiger Jahren zwischen P. Engelbert und P. Clemens zeigt, dass zwischen beiden ein großes Vertrauensverhältnis bestand. In ihrer Korrespondenz ging es nicht nur um geschäftliche Fragen und um Vorschläge für die Besetzung von Stellen, sondern auch um geistliche Führung.

P. Clemens machte P. Engelbert darauf aufmerksam, dass er zu sehr Teilziele ins Auge fasse, dabei aber das Hauptziel zu wenig beachte. Engelbert schreibt dazu[233]: *Sie haben nur zu recht mit Ihren Worten: ich sehe zu viele äußere Ziele, verlege zu viel Kraft auf die Erreichung von Teilzielen, die doch alle nur Mittel zum Zwecke sein dürfen. Ich denke zu viel an mich selbst und zu wenig an Gott. Ich sehe das jetzt auch deutlicher denn je, während ich die Exerzitien hier (in Wies) mache. Mein religiöses Leben müßte tiefer werden, den ganzen Menschen erfassen; es bleibt so halt alles bloß Oberfläche, Firniss. Ich sehe, ich muß mich da sehr vertiefen und habe mir auch schon den festen Vorsatz gemacht. Sonst werde ich anderer Verführer statt Führer, wozu ich doch verpflichtet bin. Wenn Sie in diesem Sinne meiner hie und da im Gebet gedenken, bin ich Ihnen sehr dankbar. Sie dürfen mir in diesem Punkte auch ganz offen die Wahrheit sagen oder schreiben; ich brauche es. Unsere ganze Provinz braucht es, das sehe ich besonders bei den*

---

[233] P. Engelbert an P. Clemens, Wies, 10. Nov. 1931; PA.

Visitationen, die ich in letzter Zeit in der Oberpfalz machte. Es ist überall guter Wille da – Gott sei tausend Dank dafür! – aber überall auch schwacher Wille. Möge uns diese Zeit der Not und Bedrängnis dem lieben Gott näher bringen. Das ist sicher auch seine Absicht, wenn er diese Zeiten zuläßt. Besonderes habe ich bei den Visitationen nicht gefunden, es geht im allgemeinen gut in den Klöstern; mein Eindruck ist ein bedeutend besserer als das letzte Mal, wo ich innerlich recht unbefriedigt über die Oberpfalz war.

Engelbert ging nicht auf alle Wünsche des P. Clemens ein. Er lehnte es ab, Ende 1931 oder Anfang 1932 nach Amerika zu fahren. Seine Begründung dafür war, dass er die deutsche Provinz im Gemeinschaftsbewusstsein bestärken wollte, das er sich von der Konferenz der Direktoren und Präfekten und dann der Prioren erhoffte. *Eine gründliche Aussprache besonders der Prioren ist aber jetzt notwendig, damit wirklich zusammengearbeitet wird. Die religiöse Erziehung im Hause soll scharf betont werden, die Armut etc. Das Interesse für die gemeinsamen Ziele muß geweckt werden, sonst weiß ich nicht, wie wir durchhalten sollen; unsere Finanzen sind wieder sehr schlecht.*[234]

Auch über die politische Lage in Deutschland und in der ganzen Welt tauschten sie sich aus. Sie wurde von P. Clemens wie von P. Engelbert übereinstimmend als bedrohlich eingestuft. P. Engelbert bestätigte dies in einem Antwortbrief an P. General Clemens: *Kurz vor meiner Abreise von Philadelphia gestern brachte mir P. Athanasius noch Ihren Brief; recht herzlichen Dank dafür. Ich hatte in ähnlichem Sinne am Montag bei unserem letzten Zusammensein zu den Patres gesprochen. Die Verhältnisse in der ganzen Welt sind jetzt so, dass wir uns auf das Äußerste gefasst machen müssen; diesem sind wir nur gewachsen, wenn wir ganze Ordensleute sind. Die Beobachtung unserer heiligen Regel muß unsere allererste Pflicht sein. Die Hilfe für Deutschland ist sehr wichtig, aber bloß sekundär. Und wenn äußerlich alles zusammenbricht, so ist es lange nicht so schlimm als wenn wir innerlich untreu werden. Solange wir Gott treu bleiben, ist nichts Eigentliches verloren. Ich habe Ihren Brief, der ähnliche Gedanken enthielt, P. Athanasius überlassen, der ihn bei der nächsten Zusammenkunft verwerten soll.*[235]

---

[234] P. Engelbert an P. Clemens, 20. Dez. 1931; PA.
[235] P. Engelbert an P. Clemens, Rectory St. Nicholas of Tolentine, New York, 22. Juni 1932; PA.

Aus Würzburg schrieb P. Engelbert an P. Clemens[236]: *Die äuße-ren Verhältnisse sind allerdings jetzt recht zugespitzt; ich glaube, wir stehen am Vorabende großer Ereignisse. Wie sich die allerletz-ten Handlungen der Regierung Papen (Absetzung der preußischen Regierung) auswirken werden, kann man noch nicht sagen, doch scheint es ein Auftakt zu anderen Ereignissen zu sein. Gebe der liebe Gott, dass alles gut verläuft. Justizrat Pfleger, mit dem ich vor-gestern sprach, ist allerdings optimistisch, besonders bezüglich Bayerns.*

Die Richtungswahl ist nun vorüber; eine Klarheit hat sie nicht gebracht, wenn auch die Nationalsozialisten sehr zugenommen haben. Was nun wird, weiß kein Mensch. In Bayern ist man im allgemeinen ruhig und zuversichtlich, man vertraut sehr auf die neu organisierte Bayernwacht. Möge der liebe Gott uns helfen! Unnötige Angst hat jetzt auch keinen Zweck. Es geht nun jetzt schon seit 14 Jahren so zu, zu einer eigentlichen Katastrophe hat sich das deutsche Volk noch nicht treiben lassen, so darf man im-merhin Hoffnung haben. In Spanien und Rußland kamen die Dinge über Nacht, das Volk ahnte kaum, was vor sich ging; bei uns ist man seit Jahren auf dem Sprunge, in Vorbereitung, so sind ei-gentlich große Überraschungen schwer möglich.[237]

Einige Tage später schrieb P. Engelbert eine weitere Beurteilung der politischen Lage nieder, in der er die Rolle der Nationalsozialisten unterschätzte: *Über die Lage hier kann ich wenig Neues berichten. Die Wahl hat eine eigentliche Klärung auch nicht gebracht, so dass wir abwarten müssen, was die nächsten Wochen bringen. Die Stärkung und Haltung der Rechtsparteien haben auch eine starke Vermehrung und Aktivität der Linken herbeigeführt. Das hat das Zentrum bisher klug verhütet; jetzt bekommen wir eine Radikalisierung, bei der die Rechte wohl zum Schluß den kürzeren zieht, zumal in den Reihen der Nationalsozialisten viele Elemente sind, die sehr schnell nach links überschwenken. Hier liegt eine sehr große Gefahr, doch wollen und brauchen wir nicht mutlos zu werden; der allergrößte Teil Deutschlands will doch absolut nichts vom Bolschewismus wissen. Wenn es gelänge, die wirtschaftliche Lage der Welt zu bessern, dann würde sich bald vieles von selbst einrenken.*[238]

---

[236] P. Engelbert an P. Clemens, Würzburg, 21. Juli 1932; PA.
[237] P. Engelbert an P. Clemens, Würzburg, 3. August 1932; PA.
[238] P. Engelbert an P. Clemens, Würzburg, 5. August 1932; PA.

Die Anwesenheit P. Engelberts auf dem Katholikentag in Essen (1.–4. September 1932) wurde für die Emmerickversammlung gewünscht. In ihr ging es auch darum, die Emmericksache voranzubringen.[239]

In seiner Korrespondenz mit P. Clemens kommt zum Ausdruck, dass bei P. Engelbert die Geldsorgen etwas in den Hintergrund traten. Dafür schoben sich aber um so mehr die Fragen nach der weiteren politischen Entwicklung in den Vordergrund. Er stellte die besorgte Frage: *Was wird die Zukunft bringen? Es ist sehr schwer, über die jetzige politische Entwicklung schon etwas zu sagen. Wie die Wahl gezeigt hat, sympathisieren auch viele Katholiken mit der neuen Richtung. Sie sehen darin tatsächlich die beste Möglichkeit, den Bolschewismus zu überwinden. Bezüglich der Religion sind sie überzeugt, dass der Kirche bestimmt nichts geschehen wird. Aktuelle, auffallende Maßnahmen in dieser Hinsicht wird die Regierung ja im Augenblicke wohl vermeiden, aber es kann doch zu einer langsamen und darum vielleicht gefährlicheren Erdrosselung kommen. Wenn z. B. die katholischen Jugendorganisationen verboten würden oder gar Institute wie unsere Seminare, dann würde das uns sehr schwer treffen.*

Vorläufig erhielt P. Provinzial im Ministerium noch die Zusicherung, dass die entsprechend ausgebildeten Augustiner auch eine Anstellung am Gymnasium Münnerstadt erhalten werden. Es kamen ihm aber Zweifel, die er P. Clemens gegenüber aussprach: *Ob unter diesen Umständen P. Thomas und P. Magnus angestellt werden, ist wohl auch nicht sicher. Ich hatte persönlich deshalb zweimal beim Ministerium mich verwandt. Hatte dabei das alte Dokument von König Ludwig vorgelegt, so dass der Minister Goldenberger mir ein paarmal beteuerte: Ihre Leute werden selbstverständlich angestellt, Sie haben ein kontraktliches Recht darauf. Leider kam bald darauf die Wahl; die endgültige Anstellung aber ist noch nicht erfolgt. Aber wir können jetzt gar nichts tun als abwarten und dem lieben Gott die ganze Sache empfehlen.*[240]

Die wichtige Aufgabe der Visitation der Mehrzahl der Klöster hatte P. Engelbert durchgeführt. Seine Zusammenfassung über den Zustand der Mitbrüder lautete: *Im allgemeinen bin ich recht zufrieden mit dem Ergebnis. Am meisten freut mich das bedin-*

---

[239] P. Engelbert an P. Clemens, Würzburg, 5. August 1932; PA.
[240] P. Engelbert an P. Clemens, Würzburg, 16. März 1933; PA.

gungslose Zusammenarbeiten, das ich überall antraf. *Wenn nicht die Unsicherheit der äußeren Verhältnisse da wäre, dann wäre es zu schön, aber, ich denke, gerade diese Notzeit bringt uns so nahe zusammen, und so hat sie auch eine sehr wertvolle Wirkung auf unsere Provinz.*[241]

Zum Namenstag von P. Clemens sandte P. Engelbert seine und der ganzen deutschen Provinz Glückwünsche, die er so formulierte: *Möge Ihnen Ihr heiliger Namenspatron von Gott recht viel Kraft und Gnade erflehen für das hohe Amt, das gerade jetzt so viele Schwierigkeiten bietet. Ich darf Ihnen wohl nochmals versichern, dass wir freudig mit Ihnen zusammenarbeiten und auch die Opfer nicht scheuen wollen, die damit verbunden sind. Ich bin überzeugt, dass uns der liebe Gott, der ja unendlich viele Wege hat, auch uns wieder hilft. Denn wir dürfen doch auch auf den Segen des Gehorsams rechnen. Der liebe Gott braucht ja uns überhaupt nicht, er kann seine Ziele auch ohne uns erreichen. Was er von uns will, ist doch bloß unsere Bereitwilligkeit, seinen hl. Willen zu erfüllen.*[242]

Auch P. Clemens sandte P. Engelbert gute Wünsche, für die dieser sich bedankte. Er war erfreut über die Anregungen, die er ihm für die Gestaltung seines geistlichen Lebens gab, auf das er sich im Augenblick konzentrieren konnte: *Vor allem danke ich Ihnen recht herzlich für Ihre Wünsche und Anregungen zu meinem Namenstag. Ihr Brief wurde mir nach Wies nachgesandt, wo ich eben die hl. Exerzitien mache. Noch im letzten Augenblicke dachte ich, ich könnte nicht gehen, da P. Athanasius um zwei Patres schrieb, die sobald als möglich abreisen sollten. Aber dann bin ich kurzerhand noch in die Exerzitien gefahren. Und ich bin froh darum. Nach all der Hetze und den ständigen Aufregungen ist man doch froh um ein paar stille Tage, in denen man sich einmal mit seiner armen Seele beschäftigen kann.*

Aus dem Brief entnahm P. Engelbert, dass er sich darum zu bemühen habe, das als richtig Erkannte auch umzusetzen: *Die Gedanken Ihres Briefes von der Notwendigkeit der ganzen Hingabe an Gott und von den eigentlichen rechten inneren Werten berühren mich gerade in der Stille der Exerzitien mehr und tiefer als sonst. Es ist wahr, ich sehe zu sehr die äußeren Dinge und überschätze sie wohl auch. Verstandesmäßig sehe ich wohl, wie es richtig wäre*

---

[241] P. Engelbert an P. Clemens, Würzburg, 8. Juni 1933; PA.
[242] P. Engelbert an P. Clemens, Würzburg, 4. März 1934; PA.

*und wie ich es machen sollte, aber – die Bequemlichkeit! Beten Sie
für mich, dass ich das auch tue, was ich als recht erkenne.*[243]
Verschiedene Male traf P. Engelbert mit P. General Clemens
zusammen. Über den Inhalt ihrer Gespräche liegen wahrscheinlich
keine Aufzeichnungen vor. Ob sie geistliche beratende Gespräche
führten oder ob es sich um die Lösung konkreter Fragen handelte,
muss offen bleiben. Jedenfalls ging P. Engelbert dabei sehr diskret
vor, um Redereien vorzubeugen, die dem P. Clemens hätten schaden können.

Eines der Treffen fand in Tolentino statt. Dieser Treffpunkt
wurde brieflich vereinbart: *Schreiben Sie mir bitte auch, ob und
wo wir uns eventuell treffen können in Italien. P. Rudolf meint,
Assisi sei zu gefährlich, es könnten unsere Leute dahin kommen
und davon erfahren, er meint, Mailand sei besser.*[244] Schließlich
war der Treffpunkt das Augustinerkloster von Tolentino, in dem P.
Engelbert und P. Hermann sich anmeldeten. *P. Hermann und ich
werden also kommen und zwar fahren wir direkt nach Tolentino.*[245]

Zwei Jahre später schrieb P. Engelbert dem P. Clemens: *Aus
Ihrem Briefe ersehe ich, dass Ihnen eine persönliche Aussprache
wohl erwünscht wäre. Sie wissen, dass ich an sich gern dazu bereit bin, doch fürchte ich immer etwas die Kritik, die Ihnen schaden könnte. Sollten Sie ein Zusammentreffen wünschen, dann wäre
es wohl am besten in Rom selbst (nicht etwa Genua oder sonstwo),
um den Anschein der Geheimnistuerei zu vermeiden. Als äußerer
Anlaß könnte dienen: Besprechung über die Anleihe von der Curie
und die Schwierigkeiten der Zinsüberweisung.*[246] Der eigentliche
Grund des Gespräches wird in dem Brief nicht angegeben.
Vielleicht wollte P. Clemens ein geistliches Gespräch mit P.
Engelbert führen oder sich über Klagen, die Mitbrüder dem P.
Clemens mitgeteilt hatten, mit ihm austauschen.

P. Engelbert entschloss sich zu der gewünschten Romreise und
schrieb an P. Clemens: *Da Sie es offenbar gern sehen, habe ich vor,
vielleicht Ende nächster Woche oder auch vielleicht der übernäch-
sten Woche nach Rom zu kommen. Für letzteres Gespräch ein praktischer Grund, den ich Ihnen nur persönlich erklären kann; er ist
aber nicht so, dass er ausschlaggebend ist.*[247] Auf einer Postkarte teil-

[243] P. Engelbert an P. Clemens, Wies, 7. Nov. 1934; PA.
[244] P. Engelbert an P. Clemens, Würzburg, 5. Aug. 1932; PA.
[245] P. Engelbert an P. Clemens, Würzburg, 6. Sept. 1932; PA.
[246] P. Engelbert an P. Clemens, Wies, 7. Nov. 1934; PA.
[247] P. Engelbert an P. Clemens, Würzburg, 16. Nov. 1934; PA.

te P. Engelbert seine Ankunft mit. Zugleich nannte er als Begleiter den P. Baptist: *Ankunft in Rom am Dienstag (28. Nov.) Abends vom Brenner her in Rom oder wenigstens am Mittwochmorgen dieselbe Strecke. P. Baptist hat das Geld zu einer Reise geschenkt bekommen; ich setze Ihre Erlaubnis voraus (da ich nicht mehr anfragen kann) und bringe ihn mit.*[248]

ZUM GEISTLICHEN LEBEN BEI P. ENGELBERT UND P. CLEMENS

Für die Herausarbeitung des geistlichen Profils eines Menschen ist es hilfreich, die Beziehung zu untersuchen, in der er zu anderen stand. Bis in die dreißiger Jahre war es für P. Engelbert sein Vorgänger P. Clemens, der einen nachhaltigen Einfluss auf die deutschen Augustiner ausübte. Was ergibt sich für die Biographie P. Engelberts aus dieser Beziehung?

Die Reaktionen der Menschen, die mit P. Clemens in brieflichem Austausch standen, lassen zwei Punkte klar erkennen. Die Briefschreiber hatten großes Vertrauen zu ihm und erwarteten Hinweise für ihre Lebensgestaltung. Er wurde als ein Führer im geistlichen Leben angesehen.

Die brieflichen Mitteilungen gingen zuweilen in ein Bekenntnis nicht nur der persönlichen Schwächen, sondern auch der Sünden über. Er wurde geradezu als Beichtvater gesucht. In diesen Fällen erteilte P. Clemens natürlich nicht die Absolution, sondern schlug Gebete, Verhaltensweisen und Frömmigkeitsübungen vor, damit die Schreiber in ihrem christlichen Leben vorankommen konnten.

Auch P. Engelbert suchte den geistlichen Rat des P. Clemens. Dieser ermahnte ihn, dass er die äußeren Dinge nicht überschätzen solle. Wichtiger sei die innere Haltung, die Ausrichtung auf Gott und die Beziehung zu ihm. Engelbert suchte diese Mahnungen umzusetzen, indem er seinen Pflichten als Priester und Ordensmann nachzukommen suchte. Dies fiel ihm bei seinen Reisen, Gesprächen, Verhandlungen und dem Abwickeln von Geldgeschäften nicht immer leicht. Er strebte es an und versuchte es umzusetzen.

Zwischen äußerer Aktivität und innerer Hinwendung zu Gott war P. Engelbert hin und her gerissen. Bei ihm hatte das äußere Geschehen zweifellos das Übergewicht. Er suchte aber auch dagegen zu steuern, indem er sich Momente der Sammlung und des Gebetes reservierte.

---

[248] Postkarte P. Engelberts an P. Clemens; PA.

ANSTELLUNG VON AUGUSTINERN AM GYMNASIUM IN MÜNNERSTADT

Die Anstellung von Augustinern am Gymnasium in Münnerstadt war für P. Engelbert ein wichtiges Anliegen. Sobald die Referendare ihre Examina abgeschlossen hatten, fuhr P. Engelbert gewöhnlich nach München und verwies im Ministerium darauf, dass er für ein bestimmtes Fach einen Kandidaten präsentieren könne. Es war das Bestreben P. Engelberts, möglichst viele Augustiner am Gymnasium in Münnerstadt als Lehrer unterzubringen.

Nach einer solchen Aktion schrieb P. Engelbert voll Stolz an P. Clemens: *Habe ich Ihnen schon mitgeteilt, dass P. Thomas und P. Magnus ab 1. Juni in Münnerstadt angestellt sind? Es wurde die 8. Klasse auch noch geteilt, so dass keiner versetzt werden mußte außer Oberneder, der nach Nördlingen kam. Es sind also jetzt wieder die drei oberen Klassen geteilt. P. Thomas hat die 6. Klasse mit 42 Schülern. Er soll zwar etwas stöhnen, aber es schadet ihm wohl nicht.*[249]

Als Ziel strebte P. Engelbert in Münnerstadt ein mit Augustinern besetztes Gymnasium an. Deshalb richtete er an P. Clemens die Bitte, er möge P. Rudolf wieder freigeben, damit er seinem Lehrberuf in Münnerstadt nachkommen könne: *Wenn es möglich wäre, sollte doch P. Rudolf an Ostern hier bleiben wegen seiner Stelle in Münnerstadt.*[250]

Von P. Emmeram, einem fertigen Referendar, kann P. Engelbert berichten, dass er sein Studium und Referendariat abgeschlossen hat. Bevor er in den Schuldienst geht, möchte er noch eine Studienfahrt nach Italien machen. Aus dem Schreiben Engelberts an P. Clemens geht hervor, dass die Augustiner einen Rechtsanspruch auf Anstellung in Münnerstadt haben, wenn sie aus ihren Reihen qualifizierte Personen präsentieren konnten. Das Ministerium richtete sich bisher nach diesem Kontrakt, wie aus dem Brief P. Engelberts hervorgeht: *P. Emmeram hat seine 2. Prüfung mit 1,37 gemacht, hat also zusammen einen sehr guten Zweier. Der Ministerialrat, den ich um Anstellung bat, erklärte sofort, das sei selbstverständlich, es wäre ja der Kontrakt da. Wenn nun nichts dazwischen kommt, dann hätten wir wieder einen in Münnerstadt, ich habe das bisher noch nicht bekannt gegeben in Münnerstadt, bitte deshalb auch nichts nach hier dringen zu las-*

---

[249] P. Engelbert an P. Clemens, Würzburg, 8. Juni 1933; PA.
[250] P. Engelbert an P. Clemens, Würzburg, 26. Juli 1933; PA.

sen. P. Emmeram möchte nun einige Wochen nach Italien, da seine Eltern ihm die Reise bezahlen wollen. Ich denke, das kann man erlauben, denn das wird keine Vergnügungsfahrt, sondern eine Studienreise. Er wird natürlich auch nach Rom kommen wollen und ich bitte dafür auch um Ihre Erlaubnis, die meine habe ich gegeben.[251]

In der Frage der Anstellung von Augustinern am Gymnasium Münnerstadt setzte P. Engelbert auf die Vertragstreue der bayerischen Regierung. König Ludwig I. hatte am 16. September 1846 durch Erlass bestimmt, dass das Gymnasium Münnerstadt den Augustinern vorbehalten sein solle. Nach bestandenen Prüfungen hätten die Augustiner vor den anderen Bewerbern in der Anstellung den Vortritt.

Dieser Rechtsanspruch wurde von P. Engelbert geltend gemacht und auch bis 1934 von dem zuständigen Ministerialbeamten respektiert und durchgeführt.

Lösung von Problemfällen

Sein Besorgtsein um die Gemeinschaft zeigte P. Engelbert auch im Umgang mit jenen Mitbrüdern, die mit sich selbst und der Gemeinschaft Schwierigkeiten hatten. In der Korrespondenz P. Engelberts mit P. Clemens begegnen drei Augustiner, die solche Probleme hatten und bereiteten.

Als erster sei ein Frater genannt, dessen Fall vom Provinzial Engelbert sehr viel Fingerspitzengefühl hinsichtlich der Klostergemeinschaft und seiner Verwandtschaft verlangte.

Der Frater stammte aus Rhumspringe und war mit P. Engelbert verwandt. Er war bis zum Klerikat gelangt, machte dann aber Schwierigkeiten, da er sich nicht an die im Klerikat geltende Ordnung hielt. Der Klerikermagister entließ ihn wegen des Ärgernisses, das er dadurch gab. Gegen die Entlassung legte der Frater Widerspruch ein und wandte sich an die Religiosenkongregation.

P. Engelbert hielt die Gründe, die der Frater Remigius als Entschuldigung für die Vernachlässigung seiner Pflichten vorbrachte, für Vorwände. Er kam zu diesem Urteil in Übereinstimmung mit dem ganzen Klerikat. Er ist *ein scandalum, keiner glaubt seinen Vorwänden; ich denke, die vox populi kann kaum ganz un-*

---

[251] P. Engelbert an P. Clemens, Würzburg, 22. Februar 1934; PA.

richtig sein.[252] Die Kongregation entschied im Sinne des Fraters, dass er nicht entlassen werden dürfe. P. Engelbert erwartete diese Entscheidung, hielt sie aber doch für *recht unangenehm.*[253]

In einer Aussprache erklärte P. Engelbert dem Frater, dass er weder zur ewigen Profess noch zu einer Weihe zugelassen werde. Das veranlasste ihn dann, von sich aus das Kloster zu verlassen.

Damit er nicht mittellos auf der Straße stehe, gab ihm P. Engelbert eine Unterstützung und ermöglichte ihm eine ärztliche Untersuchung, damit er über seinen gesundheitlichen Zustand Bescheid wisse. Dem P. Clemens teilte P. Engelbert folgendes Ergebnis mit: *Mit dem Frater bin ich nun auch ins Reine gekommen. Er hat seinen Austritt schon schriftlich erklärt. Ich habe ihm 1500 M Unterstützung gegeben und lasse ihn an der Pforte essen, so kann er als Philologe durchkommen. Er war fünf Tage zu ganz gründlicher Untersuchung im Juliusspital; sämtliche Organe wurden aufs Genaueste untersucht von Prof. Förster und Dr. Genting. Resultat: er ist kerngesund, ohne jeden Krankheitsbefund; doch Psychopath (das wurde bloß mir gesagt). Förster sagte mir: Lassen Sie ihm keine Weihe geben. Er deutete mir (streng vertraulich!) auch an, dass der Frater homosexuell veranlagt sei (bitte darüber zu schweigen!). Ich bin froh, dass die Sache jetzt zu Ende ist.*[254]

Die vertrauensvolle Beziehung zwischen P. Engelbert und P. Clemens und Engelberts Sorge um die Gemeinschaft zeigte sich auch in der vorübergehenden Aufnahme eines irischen Augustiners und Priesters, um die P. Clemens wahrscheinlich den P. Engelbert gebeten hatte. Dieser wusste um dessen Identität und kannte auch den Grund für sein Untertauchen im Würzburger Kloster, in dem er sich seit dem 13. März 1933 aufhielt.

Auch in der Klostergemeinschaft suchte P. Engelbert den Mann zu schützen und machte deshalb nur die drei Patres Alban, Augustin und Bonifaz mit seinem wirklichen Leben bekannt. Alle anderen ließ er im Unklaren. Er schrieb dem P. Clemens darüber Folgendes: *Den anderen habe ich gesagt, er sei ein Kaufmann aus Irland, der im Importgeschäft tätig war, auch schon in Australien war und mit unseren Patres in guten Beziehungen stand. Die Geschäfte sind sehr flau jetzt, so will er deutsch lernen. Da er sonst religiös ist, sogar Brevier betet, hat mich der Provinzial in Irland*

---

[252] P. Engelbert an P. Clemens, Würzburg, 6. Sept. 1932; PA.
[253] P. Engelbert an P. Clemens, Würzburg, 25. Okt. 1932; PA.
[254] P. Engelbert an P. Clemens, Würzburg, 9. November 1932; PA.

gebeten, ihn aufzunehmen. In dieser neuen Identität sah P. Engelbert den besten Weg, ihm zu helfen. Er hoffte, dass es ihm nicht zu langweilig wird, *da er keine rechte Beschäftigung hat außer dem Erlernen der Sprache.*

Besorgt erkundigt sich P. Engelbert bei P. Clemens: *Wie lange muß er wohl aushalten, bis er wieder Habit tragen und zelebrieren darf? Er sagt, sein Provinzial habe gemeint, nach einigen Monaten könne das schon der Fall sein. Ich habe ihm gesagt, dass das nach meiner Ansicht länger dauere. Ist darüber irgendeine Entscheidung getroffen? Haben Sie sonst Vorschriften oder Ratschläge über oder für ihn? Wenn er wieder Habit tragen darf, dann müßte er wohl in eine andere Provinz.*[255]

Die Zukunft des irischen Augustiners beschäftigte P. Engelbert; er suchte ihm dadurch zu helfen, dass er es ihm ermöglichte, wieder als Priester wirken zu können und von unberechtigten Ängsten frei zu werden. In einem Schreiben an P. Clemens suchte P. Engelbert die Angelegenheit voranzubringen: *Über den Irländer habe ich schon länger nichts mehr geschrieben, es ist praktisch auch kaum etwas zu berichten. Er studiert fest deutsch mit P. Fidel und übersetzt ins englische. Religiös betätigt er sich sehr eifrig. Nur scheint ihn zu drücken, dass er gar nicht weiß, was kommt. Er meint immer noch, dass Sie falsch informiert sind. Ich gehe im Allgemeinen auf seine Sachen nicht ein und frage vor allem nicht. Er muß Ihnen am Anfang eine beschworene Aussage zugesandt haben, worauf Sie zurückfragten, ob er noch mit der Person zusammenlebe. Das verstehe er nicht. Vielleicht können Sie mir einmal schreiben, wie die Sache weiter geht und was für Aussichten da sind.*[256]

Nach einem Gespräch Engelberts mit P. Clemens und der Mitteilung der Ergebnisse an den Iren schrieb P. Engelbert: *Der Hauptgrund meines heutigen Schreibens ist die Angelegenheit des irischen Augustiners. Wie mir scheint, hat ihn die Nachricht, die ich ihm von Rom brachte, außerordentlich aufgemuntert. Ich denke, dass im Wesentlichen auch sein Misstrauen geschwunden ist, nachdem ich ihm alle seine Bedenken als unbegründet darlegte. Er ist nun im Gegenteil etwas sehr optimistisch und hat Hoffnung, dass er an Weihnachten schon die heilige Messe lesen darf. Seine Bitte um Erlaubnis wieder zelebrieren zu dürfen, lege*

---

[255] P. Engelbert an P. Clemens, Würzburg, 16. März 1933; PA.
[256] P. Engelbert an P. Clemens, Würzburg, 4. Sept. 1933; PA.

ich Ihnen bei und möchte Sie bitten, sich der Sache anzunehmen.
Wenn es wirklich gelingen sollte, ihm diese Erlaubnis zu erwirken,
dann würde das sicher sehr gut auf ihn wirken. Die bloße Zeit
macht es ja doch auch nicht aus. Wahrscheinlich wird der heilige
Stuhl doch auch meine Auffassung über den Mann wissen wollen.
Ich kann nur wiederholen, was ich Ihnen schon in Rom sagte: seine
religiösen Pflichten erfüllt er auf das Gewissenhafteste. Er beichtet
alle Woche regelmäßig, empfängt täglich die heilige Kommunion
und betet auch sonst viel; letzteres ist auch den Leuten im Hause
oft aufgefallen. Seine sonstige Zeit hat er ausgefüllt mit dem
Studium der deutschen Sprache, in der er gute Fortschritte mach-
te und mit der Übertragung von deutschen aszetischen Büchern (z.
B. Die hl. Rita von Fr. H. Biedermann) in das Englische. Ich per-
sönlich halte dafür, dass es nicht nur möglich ist, ihm jetzt schon
die Erlaubnis zum Zelebrieren zu geben, sondern dass es für seine
weitere Entwicklung sogar wertvoll ist. Sollte es notwendig sein,
dass ich ein formelles Zeugnis ausstellen muß, dann bitte ich um
baldige Nachricht.[257]

Die Nachricht kam ziemlich rasch, war aber enttäuschend:
Dem irischen Augustiner habe ich Ihre Antwort gesagt. Er war wohl
etwas traurig, nahm es aber ganz gut hin. Er ist halt Choleriker
und da fällt das Warten ihm wohl naturgemäß etwas schwer; doch
muß er sich fügen.[258]

Dann kam von P. Clemens eine befreiende Nachricht, die P.
Engelbert realistisch kommentierte: *Von Herzen danke ich Ihnen*
auch für die Dispens für den irischen Pater, der ganz glücklich ist
über diese Gnade. Hoffentlich hilft das ihm, sich wieder ganz in
den Orden einzufühlen und einzuordnen. Seine Schwächen und
Schwierigkeiten sehe ich immer mehr. Er ist wohl etwas krankhaft
veranlagt, sehr stark seinen Empfindungen unterworfen. Das zeigt
sich besonders auch in einer eigenartigen Neigung zu Misstrauen.
Er war in letzter Zeit wieder etwas durcheinander gekommen, weil
er wieder feindliche Kräfte vermutete, die seine Aktion hintertrie-
ben. Diese Stimmung war in den Tagen vor Ostern sehr stark ge-
worden, so dass ich für ihn fürchtete. Da kam Ihr Brief gerade im
rechten Augenblick, um seine ganzen Kombinationen über den
Haufen zu werfen. Er sah sich dann auch ziemlich ad absurdum
geführt. Möglich, ja wahrscheinlich ist, dass diese Stimmungen

---

[257] P. Engelbert an P. Clemens, Würzburg, 2. Dez. 1933; PA.
[258] P. Engelbert an P. Clemens, Würzburg, 22. Dez. 1933; PA.

*wiederkehren. Schwierig wird es sein, seine Zukunft richtig zu ge-
stalten. Er zeigte eine ziemlich starke Abneigung gegen die irische
Provinz, in der er allerlei Machinationen gegen sich vermutet und
machte ziemlich klare Andeutung, zu unserer Provinz überzugehen.
Das wird aber nicht gut gehen, weil wir keine rechte Beschäftigung
für ihn haben, auch für den Verlag hält P. Bernardin ihn nicht für
geeignet. Das Schwierigste ist wohl, dass er gar nicht recht geeignet ist für das Gemeinschaftsleben. Durch seine Stimmungen und
Gefühlsgeschichten, die sich zu Launen auswachsen, ist er eine
sehr schwere Belastung für eine Kommunität. Vielleicht denken Sie
einmal darüber nach, wo er eventuell Verwendung finden könnte.
In letzter Zeit zerrt er ständig an dem Gedanken herum, dass sein
Vorleben in der irischen Provinz bekannt wird, obwohl s. Z. die
Kongregation (oder Pönitentiarie?) die Weisung gegeben habe, das
Secretum zu wahren. Es brauche doch niemand zu wissen, dass er
verheiratet war. Er war schon daran, Sie zu bitten, eine diesbezügliche Weisung an die irische Provinz zu geben. Ich habe ihm
dann gesagt, dass ich Sie darum bitten würde. Es wäre vielleicht
gut, wenn Sie in diesem Sinne an den dortigen Provinzial schreiben würden, dass denen, die darum wissen, verboten würde, darüber an andere Mitteilung zu machen.*[259]
Es ergaben sich wohl Differenzen im Urteil über den irischen
Augustiner zwischen P. Clemens und P. Engelbert. Um sie aus-
zuräumen, suchte P. Engelbert das Gespräch mit ihm: *Ihr Urteil
über den Irländer ist wohl sachlich recht, doch muss man wohl
berücksichtigen, dass die Irländer – wie Sie ja aus Amerika wissen –
an sich viel persönlicher denken, außerdem halte ich ihn für anor-
mal in einem gewissen Sinne. Dazu kommt, dass er auch gesundheitlich nicht so auf der Höhe ist. Er muss öfter erbrechen und
scheint sonst viel an Kopfweh zu leiden. Ein angenehmer
Hausgenosse ist er gerade nicht, doch muss man sehen, dass es gut
tut und dass man nicht noch größere Schwierigkeiten bekommt.
Wir können ja darüber mündlich mehr reden.*[260]
Über die Ergebnisse des Gespräches liegen keine Aufzeichnungen vor. Aus dem Bemühen der beiden Oberen um den weiteren Weg des irischen Augustiners wird deutlich, dass beide für
ihn eine tragbare Lösung in einer klösterlichen Gemeinschaft an-
strebten. Wie sie dann aussah, konnte nicht geklärt werden.

---

[259] P. Engelbert an P. Clemens, Würzburg, 4. März 1934; PA.
[260] P. Engelbert an P. Clemens, Würzburg, 7. Mai 1934; PA.

Bevor von staatlicher Seite Missbrauchsfälle aufgedeckt und propagandistisch gegen die Orden und die Kirche ausgeschlachtet wurden, musste sich P. Engelbert bereits damit auseinandersetzen. Es waren Vorkommnisse bekannt geworden, in die zwei Laienbrüder verwickelt waren. P. Engelbert reagierte darauf mit der Entlassung der betreffenden Brüder.

An P. Clemens machte er darüber folgende Mitteilung: *Die Sache mit dem Laienbruder war recht traurig, er hat einen jungen Kandidaten wenigstens zweimal unsittlich missbraucht, der dann wieder einen anderen belästigte. Dadurch kam die Sache heraus. Die Folgen scheinen immer noch nicht ganz überwunden zu sein. So haben wir eigentlich in letzter Zeit ziemliche Verluste gehabt. Doch bin ich in diesem Punkte lieber etwas streng. Was nützt uns die große Zahl?*[261]

Der Brief eines Pfarrers aus Gera machte P. Engelbert mit dem Fall eines ehemaligen Augustiners bekannt, der aus dem Orden ausgetreten war und sein Priestertum aufgegeben hatte. Er verwertete jetzt seine Erfahrungen im Kloster in sensationell aufgezogenen Vorträgen.

P. Engelbert hatte mit der Entlassung des Paters nichts zu tun. Er wandte sich deshalb an den damaligen Oberen, P. Clemens, und bat um Aufklärung des Sachverhalts, der vom katholischen Pfarrer von Gera in Thüringen dem P. Engelbert mitgeteilt worden war. Danach hatte der frühere Pater dort einen Vortrag gehalten über das Thema *Mein Austritt aus dem Mönchsorden und die Ohrenbeichte.*

Der ehemalige Augustiner habe betont, dass er mit allen Ehren aus dem Kloster entlassen worden sei, obwohl ihm nahegelegt wurde, etwas Ehrenrühriges zu tun, damit ein Grund für seine Entlassung da sei und diese dann schneller vor sich gehe. Zur Priesterweihe, die er am 5. 1. 1920 empfing, sei er geradezu gezwungen worden. Sein Oberer sagte: *Auf meinen Befehl und eigene Verantwortung.*

Der Pfarrer, an den sich ein guter Katholik, der bei dem Vortrage anwesend war, um Aufklärung wandte, bat P. Engelbert um Auskunft über die Person des ehemaligen Paters im Interesse der Aufklärungsarbeit in der Gemeinde. P. Engelbert schrieb an P. Clemens: *Ich bin selber über die letzten Vorgänge nicht im Bilde, da ich damals in Amerika war und vorher auch nicht im*

---

[261] P. Engelbert an P. Clemens, Würzburg, 8. Juni 1933; PA.

Definitorium. Soll man überhaupt auf die Sache genauer einge-
hen? Schreiben muß ich dem Pfarrer wohl, da er auf Antwort
wartet. [262]

Es ist bemerkenswert, dass P. Engelbert den komplexen Fall
nicht einfach auf die Seite schob, sondern sich einen Einblick zu
verschaffen suchte, um eine angemessene Antwort geben zu können. Vielleicht hatte er den Verdacht, dass die von dem Pfarrer an-
geführten Bemerkungen durchaus gefallen sein konnten. Diesen
Verdacht wollte er ausräumen.

WUNSCH NACH EINEM ROMBESUCH

In den dreißiger Jahren ist nicht nur bei P. Engelbert, sondern
auch bei anderen Augustinern ein vermehrter Wunsch festzustellen, die Ewige Stadt besuchen zu wollen. Um zu diesem Reiseziel
zu gelangen, war nicht nur die Erlaubnis des Provinzials erforderlich, sondern auch die des Generals. Der Provinzial musste beim
General anfragen, ob es diesem genehm sei, dass ein bestimmter
Augustiner nach Rom kommen könnte. Hilfreich war, wenn für die
Fahrt plausible Gründe angegeben werden konnten.

Beim Provinzial Engelbert selber tauchten immer wieder
Fragen auf, die er mit dem General besprechen wollte. Dieser
äußerte seinerseits den Wunsch nach einem Gespräch mit P.
Engelbert. Bei beiden waren es meistens Angelegenheiten, die nicht
in einem Brief ausgebreitet werden konnten. Aber auch bei
Geldfragen, wie der Bezahlung der Zinsen, wenn die Devisengesetze
berührt wurden, und beim Umgang mit Personen, die besondere
Probleme hatten, war ein persönliches Gespräch angebracht und
wurde auch von P. Engelbert gesucht und wahrgenommen.

Wenn ihm dann beispielsweise die Teilnahme an einer
Diözesanpilgerfahrt nach Rom angeboten wurde, ergriff er gern die
Gelegenheit, daran teilzunehmen, wenn er sich auch zierte. *Es*
wurde mir nahegelegt, an der Diözesanpilgerfahrt nach Rom am
16. Oktober 1933 teilzunehmen. Die Fahrt würde mir wohl ge-
schenkt. Was meinen Sie dazu? Persönlich liegt mir ja nicht viel
daran, nur wäre es wegen der Regelung der Zinszahlungen. Ich
möchte aber auch nicht, dass in Rom wieder geredet wird. Bitte,

---

[262] P. Engelbert an P. Clemens, Würzburg, 22. Januar 1934; PA.

teilen Sie mir Ihre Meinung offen mit.[263] P. Clemens gab die Erlaubnis zum Kommen, für die sich P. Engelbert bedankte:

Besten Dank für die Erlaubnis nach Rom kommen zu dürfen. Mit P. Alfons war ich letzte Woche in Weiden zusammen und habe manches besprochen. Auch er wird einige Tage vor dem 16. Oktober schon in Rom sein, wie Sie bei ihm angeregt haben. Auch den Prior P. Ansgar Noeser zog es nach Rom; er ließ durch P. Engelbert um Erlaubnis nachfragen: *Vor einigen Tagen sagte mir P. Prior Ansgar, dass ihm eine Reise nach Rom angeboten sei; ich solle bei Ihnen anfragen, ob Sie die Erlaubnis dazu gäben, er erhält die Fahrt geschenkt. Er war noch nie in Italien, so dass ich nichts dagegen habe, wenn nicht von Ihrer Seite Bedenken da sind.*[264]

---

[263] P. Engelbert. an P. Clemens, Würzburg, 4. Sept. 1933; PA.
[264] P. Engelbert. an P. Clemens, Würzburg, 19. Sept. 1933; PA.

WIEDERWAHL ZUM PROVINZIAL 1933

Im Juli 1933 stand das Provinzkapitel an und die Wahl des Provinzials. Das Kapitel wurde in Würzburg gehalten.

Ein wichtiger Punkt war die Provinzialswahl. Aus der Zahl der abgegebenen Stimmen für einen Kandidaten kann man auf die Akzeptanz seiner Amtsführung im verflossenen Triennium schließen. Trifft dies zu, so kann man bei P. Engelbert eine hohe Übereinstimmung annehmen. Bei der Wahl zum Provinzial am 18. Juli 1933 erhielt er 24 Stimmen. Damit war er wieder gewählt. Von den zwei zur Einstimmigkeit fehlenden Stimmen entfiel eine auf P. Hermann Josef Seller, die andere auf P. Joseph Eckstein.

Als Definitoren wurden auf Vorschlag von P. Engelbert die folgenden gewählt: 1. Definitor P. Hermann Josef Seller, 2. Definitor P. Augustin Schmitt, 3. Definitor P. Godehard Brune, 4. Definitor P. Adalbero Kunzelmann. 1. Definitor in defectu wurde P. Ferdinand Lang, 2. P. Rhabanus Petersen, Sozius und Sekretär P. Alban Beck.

Vom Kapitel wurden 26 Bestimmungen (Definitiones) verabschiedet. Darunter befand sich die Aufforderung, die ordenseigenen Bruderschaften und Gebetsübungen wieder einzurichten oder zu fördern.

Die letzte Bestimmung betraf die Seligsprechung von P. Pius Keller. Damit sie vorangehe, wurde P. Alfons M. Mitnacht der Kurie als Vizepostulator vorgeschlagen. Dieser Passus war dem P. Engelbert sehr wichtig. Denn durch die Beschäftigung mit dem Leben, Wirken und der Spiritualität des P. Pius Keller erhoffte sich P. Engelbert eine religiöse Vertiefung unter den Mitbrüdern in der Provinz.

Nachdem P. Clemens die Akten des Kapitels[265] erhalten hatte, schrieb er aus San Gimignano einen Brief an P. Engelbert, in dem er ihm Glückwünsche und aufmunternde Worte mitteilte. P. Engelbert bedankte sich dafür und schrieb über den Geist des

---

[265] Standbuch 37, 140-141; PA.

Kapitels und die bevorstehende Aufgabe: *Es war wirklich ein guter Geist unter den Patres, besonders der einer starken Einmütigkeit und Opferwilligkeit für das Ganze, der die Gewähr für eine gute äußere Entwicklung gibt und wohl auch die Voraussetzung für die innere ist. Großes Gewicht müssen wir jetzt auf die religiöse Vertiefung legen, sonst zerrinnt uns alles wieder unter den Händen, sie ist und muß doch unser erstes Ziel sein. Darum soll ernst an die Seligsprechung des seligen P. Pius gegangen werden. Ich hatte zu diesem Zweck die Patres eigens zusammengerufen. P. Alfons hielt eine Ansprache. Er ist zum Vizepostulator gewählt; auch dazu erbitte ich Ihre Einwilligung.*[266]

Beim Kapitel hatte sich für P. Engelbert eine große äußere und innere Einheit gezeigt. Diese große Einmütigkeit und Opferwilligkeit für das Ganze galt es zu fördern und weiter zu entwickeln.

Der zweite Punkt war die spirituelle Vertiefung, an der intensiver gearbeitet werden müsse. P. Engelbert erhoffte, sie durch die Vorarbeiten für den Seligsprechungsprozess des P. Pius Keller fördern zu können. Zwar ging es bei diesem in erster Linie um die heroischen Tugenden des P. Pius. Ihr Herausarbeiten und Aufzeigen bei einer Einzelperson sollte aber auf die ganze Gemeinschaft ausstrahlen.

DIE RELIGIONSPOLITISCHE SITUATION UM 1933

Als P. Engelbert für seine zweite Amtsperiode zum Provinzial gewählt wurde, war Adolf Hitler bereits seit dem 30. Januar 1933 deutscher Reichskanzler. Die sogenannte nationalsozialistische *Machtergreifung* hatte stattgefunden und es erfolgte eine rasche Durchsetzung der nationalsozialistischen Herrschaft im deutschen Reich.

Am 20. Juli 1933 wurde ein Reichskonkordat zwischen dem Heiligen Stuhl und dem Deutschen Reich abgeschlossen. Es hatte *einen ausgesprochenen Defensivcharakter.* In der Zeit von 1933 bis 1945 bot es *eine rechtliche, wenn auch gegenüber dem NS-Unrechtsstaat schwache Basis zur Verteidigung ihrer* (der Kirche) *Rechte.*[267] Wer glaubte, dass durch diesen Vertrag die Probleme

---

[266] P. Engelbert an P. Clemens, Würzburg, 26. Juli 1933; PA.
[267] J. Listl, Konkordat, in: LThK³ 6, 264.

zwischen der katholischen Kirche und dem Staat geregelt seien, sah sich getäuscht. Der Nationalsozialismus strebte danach, die Religion auszurotten. An ihre Stelle sollte eine nationalsozialistische Ersatzreligion treten, in deren Mitte nicht ein jenseitiger Gott, sondern das diesseitige Volk, *Blut und Boden* stehen sollten.

Gegen eine solche Ideologie musste sich die Kirche wenden. Vor allem gegen Anordnungen und Vorgehensweisen, die elementare Menschenrechte betrafen. Es konnte nicht ausbleiben, dass es zu Auseinandersetzungen und Verfolgungen kam. Diese bekam auch P. Engelbert zu spüren.

INNERE VERTIEFUNG DES RELIGIÖSEN LEBENS

Um der nationalsozialistischen aggressiven Ideologie widerstehen zu können, strebte P. Engelbert eine Vertiefung des religiösen Lebens an. Er verstand darunter eine Verinnerlichung der religiösen Übungen, von der er sich die Kraft zum Widerstand erhoffte. Von seinen Vorstellungen über eine solche Vertiefung vermitteln die Exerzitien ein Bild, die er vom 2. bis 11. Februar 1931 den Novizen hielt. Ich beziehe mich auf die Mitschrift eines Teilnehmers.[268]

Am Anfang der Exerzitien stand die Auslegung der Einkehr Jesu bei Maria und Marta (Lk 10, 38-42). Aus dem Gespräch zwischen Jesus und den beiden Frauen folgerte Engelbert: Wir *müssen wie Maria auf den Meister hören und alles andere aus dem Kopf lassen.* Vor der Auferweckung des Lazarus sagte Marta zu ihrer Schwester Maria: *Der Meister ist da und lässt dich rufen.* (Joh 11, 28). Engelberts Ratschlag dazu lautete: Bezieh dieses Wort auf dich und öffne ihm dein geistiges Ohr! Das Leben kennzeichnete er als eine Wanderschaft mit Aufbruch und Ankunft an einem Ziel. Gott soll als das ewige Ziel und Glück vor unseren Augen stehen. Den Weg zu Gott zeigt uns Jesus durch sein Leben. Die Kraft auf dieser Wanderschaft gibt uns der Heilige Geist durch sein Gnadenwirken. Diese Eckpunkte sollen sich die Augustiner einprägen.

Das Wort Jesu sollen wir uns vor Augen halten: *Ich nenne euch nicht mehr Knechte ... Vielmehr habe ich euch Freunde genannt.*[269] Christus will uns nahe sein und wir sollen seine Nähe suchen. Von

---

[268] Das Notizbüchlein befindet sich im Augustinerkloster St. Michael in Münnerstadt.
[269] Joh 15, 15.

Jesus stammt das Wort: *Ihr sollt also vollkommen sein, wie es auch euer himmlischer Vater ist.*[270]

Das Erstreben dieser Vollkommenheit ist für uns eine Verpflichtung. Von diesem Bemühen wendet sich der Sünder ab. Durch die Sünde verliert er Gott als sein Ziel aus dem Auge. Er entthront ihn gleichsam und setzt das auf den Thron, was er in der Sünde zu erreichen sucht. Dieses Tun hat keinen Wert für die Ewigkeit.

Ein großes Hindernis auf unserem Wege zu Gott, unserem Ziel, ist die Lauheit. Sie ist eine seelische, geistige, freiwillige und andauernde Trägheit. Unter ihrem Einfluss wird unser Tun vor Gott von uns nur mürrisch, gewohnheitsmäßig und schlecht verrichtet. Das Streben nach Vollkommenheit ist ein wirksames Mittel dagegen.

Hat sich jemand durch die Sünde von Gott abgewandt, dann möge er sich durch die Reue über die Sünde und ihre sakramentale Vergebung wieder in die Beziehung zu Gott eingliedern, so dass er der Gnade, des Wohlwollens Gottes teilhaftig wird.

Wichtig ist die Betrachtung des Leidens Christi. Sie kann uns Kraft geben, unser Kreuz gern zu tragen. Besonders das Verhalten des Heilandes gegen alle Ungerechtigkeit soll uns veranlassen, selbst Unrecht auf uns zu nehmen, ohne zu klagen.

Die Nächstenliebe soll uns zu einem Bunde zusammenschließen. Wir sollen ein Herz und eine Seele in Gott sein. Unsere Liebe soll allgemein, herzlich, wohlwollend, zuvorkommend und wirklich auch innerlich in Gott gegründet sein. Sie zeigt sich in den Diensten für den Nächsten und in der Nachsicht gegenüber seinen Schwächen und Fehlern.

Die Nachfolge Christi soll sich im Gebet zeigen. Sie nimmt in der Demut Gestalt an. Der Sohn Gottes nahm Menschengestalt an und wurde in allem uns Menschen gleich außer der Sünde. Schauen wir auf sein einfaches und armes Leben. Wer Christus nachfolgt, begegnet seinem Leiden. Er hat dieses für uns erduldet. Wir können unser Kreuz leichter tragen, wenn wir es mit dem seinigen verbinden. Wer ihm am nächsten steht, der darf am meisten mittragen. Das dürfen wir uns in schweren Stunden ins Gedächtnis rufen.

Die drei Ordensgelübde sind drei Versprechen, die aus Liebe zu Gott abgelegt werden. Das Bemühen um ihre Verwirklichung macht demütig. Denn wir erkennen, dass wir ohne Gottes Beistand

---

[270] Mt 5, 48.

und ohne das Gebet um seine Unterstützung nicht arm, keusch und gehorsam leben können.

Das Gebet ist Atemholen der Seele. Wie der Leib nicht ohne Atem, so kann die Seele nicht ohne Gebet leben. Pflege das Lob- und Dankgebet. Das tägliche Leben veranlasst uns zu zahlreichen Bitten, die wir im Bittgebet Gott vortragen dürfen.

Aus der täglichen Betrachtung einer religiösen Wahrheit soll der Betrachtende das Erkannte auf sein eigenes Leben anwenden. Die Betrachtung ist ein gutes Hilfsmittel, um Gott besser zu erkennen und intensiver zu lieben. Sie verhilft aber auch uns zu besserer Selbsterkenntnis und angemessener Selbstliebe.

Das heiligste Altarssakrament können wir als ein Stück Himmel auf Erden ansehen. Der Heiland lebte in Menschengestalt auf einem kleinen Fleck der Erde. Er wollte das Glück seiner Gegenwart aber uns allen schenken im heiligsten Altarssakrament. In ihm ist Gott bei uns Menschen. Er ruft uns in seine Nähe. Ihm dürfen wir vertrauen. Er umfängt uns mit seiner Liebe. Antworten wir auf seine Liebe.

Maria, die Mutter Jesu, ist auch uns zur Mutter gegeben. Deshalb sollen wir sie besonders lieben. In Johannes hat uns Jesus seiner Mutter anvertraut: *Frau, siehe, dein Sohn! Dann sagte er zu dem Jünger: Siehe, deine Mutter! Und von jener Stunde an nahm sie der Jünger zu sich.*[271] Maria ist eine Mutter, die ihren Sohn auf seinem Weg begleitete. Sie ist diesen Weg mutig mitgegangen. Folgen wir ihrem Beispiel und folgen wir Jesus nach.

DIE RELIGIÖSE BILDUNG DER KLERIKER

Bei seinem Aufenthalt in Amerika hatte P. Clemens von verschiedenen Seiten Klagen über das Studium der deutschen Augustiner in Würzburg gehört. Er hatte diese Klagen an P. Engelbert weitergegeben und auf einen Studienabschluss gedrängt, wie er im Kirchenrecht vorgesehen war. Diesem Verlangen kam P. Engelbert dadurch nach, dass er bestimmte, dass nach der Priesterweihe noch Studienjahre bis zum Curaexamen abzuleisten seien.

Ein vordringliches Anliegen war für P. Engelbert die geistliche Betreuung der Kleriker. Er erkannte, dass *das Klerikat nicht bloß nebenamtlich verwaltet werden darf! Für die Klosterschulen, das*

---

[271] Joh 19, 26-27.

Noviziat und Klerikat müssen unsere allerbesten Kräfte genommen werden, darauf werde ich mit aller Kraft drängen. Alle anderen Fehler lassen sich leichter korrigieren als Erziehungsfehler. Ohne festes und gesundes Fundament bauen wir vergebens.[272] Dieser Aufgabe sollte für das Klerikat P. Ferdinand Lang nachkommen. Er wurde nach Ostern 1933 nach Würzburg versetzt, damit er sich den Belangen der Kleriker widme. *Für eine der allerwichtigsten Tatsachen erachte ich die Bestellung des P. Ferdinand zum Klerikermagister. Bei der Visitation haben sich alle Kleriker bei mir dafür bedankt; jetzt merke man erst, dass man im Klerikate sei.* P. Ferdinand kümmerte sich um die Belange der Kleriker. Seine Arbeit bewertete P. Engelbert mit Lob: *Er macht seine Sache sehr gut, er ist jederzeit da, steht immer für die Kleriker zur Verfügung und hilft auch im Studium. Im letzten Semester hielt er zwei Repetitionskurse. Im nächsten Semester soll auch ein Ergänzungskurs kommen. Dabei faßt er seine Aufgabe mit einem Ernste auf, wie es eben nur P. Ferdinand kann. Regelmäßig hält er seine gut ausgearbeiteten religiösen Vorträge. Diese Tatsache freut mich mehr als alle anderen Erfolge in der Provinz. Er ist auch praktisch ganz für diesen Posten freigestellt.*[273] Die von P. Ferdinand geleistete religiöse und weltanschauliche Arbeit war notwendig und sollte sich in der kommenden Zeit auszahlen.

Das Wachsen der Provinz in Deutschland und Amerika

In den dreißiger Jahren konnte P. Engelbert ein Wachsen der Provinz feststellen.

Die Weihen und hier besonders die Priesterweihen bereiteten ihm die größte Freude: *Die letzte Woche war angefüllt mit Weihen und Primizen. Die Priesterweihe war in unserer Kirche; alles ist sehr schön verlaufen. Wenn es nur mehr gewesen wäre. Man hat immer noch seine Last mit der Besetzung der Häuser; wenn es jetzt auch nicht mehr so schwer ist wie vor einigen Jahren noch.*[274] Die Belastung, die auf dem Kloster Weiden lag, war weiterhin drückend. Sie wird die Provinz auch noch lange begleiten. Sie musste mit Geduld abgetragen werden. P. Engelbert vertraute darauf, dass

---

[272] P. Engelbert an P. Clemens, Würzburg, 9. Nov. 1932; PA.
[273] P. Engelbert an P. Clemens, Würzburg, 26. Juli 1933; PA.
[274] P. Engelbert an P. Clemens, Würzburg, 16. März 1933; PA.

dies mit Gottes Hilfe möglich sein werde. *Bezüglich der Hypothek, von der ich im letzten Briefe schrieb, habe ich, um keine Zeit zu verlieren, schon Schritte getan. Ich habe den Antrag gestellt, beide Summen als eine Hypothek zu gleichem Range eintragen zu lassen und zwar auf die Namen: Curia Generalizia Agostiniana in Rom (Darlehen RM 276 780) und Administratore della oblazioni offerte alla Madonna del Parto nella Chiesa di S. Agostino in Rom (Darlehen RM 71 990). Mein Antrag beim Finanzamt geht auf Buchhypothek (die gewöhnliche Art), die im Grundbuch einzutragen ist.*

Mit Anrechnung der Amortisation betrüge unsere Gesamtschuld am 1. April 1933 noch ca. 478 000 M; doch scheint es, müssen wir die Zinsrate für 500 000 zahlen (= 5500 M pro Jahr). Das ist noch viel Geld: Doch war unsere Schuld im Herbst 1930 noch über 1 Million. Zwar sind davon 347 000 M durch die Anleihe von der Curia und Msgr. Zampini abgedeckt, aber durch die Bonds und die Zusammenarbeit der Häuser sind in den 2½ Jahren sämtliche Zinsen (mit Amortisation) in Deutschland und Rom regelmäßig bezahlt und das Kapital um 150 000 M verringert (bei 500 000 M jetziger Stand –Nominalwert!). Wie es nun jetzt weitergeht, weiß Gott allein, doch vertraue ich weiter auf seine Güte.[275]

Eine Zweckentfremdung des Studienseminars Weidens für Belange des Arbeitsdienstes konnte P. Engelbert noch abwenden. Er schrieb darüber: *Zudem gibt es in der jetzigen Zeit jeden Tag etwas Neues, ständig muß man auf dem Sprunge stehen. In der letzten Woche tauchte die Frage auf, ob wir nicht Weiden teilweise für den freiwilligen Arbeitsdienst zur Verfügung stellen müßten. Ich bin dann sofort nach München zum Kultusminister gefahren, der für die Sache volles Verständnis zeigte, so dass diese Schwierigkeit jetzt als gelöst betrachtet werden kann. Die Anregung war von der lokalen Behörde ausgegangen und stand wohl im Zusammenhang mit der Osthilfe!*[276]

Um die Rentabilität von 200 Schülern zu erreichen, wurde die Klosterschule Würzburg nach Weiden verlegt. Dies teilte P. Engelbert dem P. Clemens mit. *Die Klosterschule wird jetzt wohl ziemlich sicher von hier nach Weiden verlegt werden, es fehlt nur noch die offizielle Zusage des Ministeriums. Ich war selbst dort und fand keine Schwierigkeiten.*[277] Am 10. April 1934 zogen 70 Klosterschüler aus Würzburg in Weiden ein.

---

[275] P. Engelbert an P. Clemens, Würzburg, 21. März 1933; PA.
[276] P. Engelbert an P. Clemens, Würzburg, 1. Juni 1933; PA.
[277] P. Engelbert an P. Clemens, Würzburg, 22. Februar 1934; PA.

An P. Engelbert wurde das Angebot herangetragen, das Schloss Messelhausen bei Tauberbischofsheim zu kaufen. P. Engelbert wollte es nur dann annehmen, wenn den Augustinern die Pfarrei mit regulärem Pfarrersgehalt übertragen wird. Die Erzdiözese Freiburg ging auf diese Bedingung ein.

Den Ablauf der Verhandlungen schilderte P. Engelbert dem P. Clemens. *Wie Sie ja schon wissen, bemühen wir uns seit zwei Jahren um Messelhausen. Der dortige Rentamtmann aber will absolut uns. Ich machte nun eine ziemlich schwere Bedingung: Wenn man uns die Pfarrei mit regulärem Gehalt überträgt, dann will ich das Schloss kaufen, wenn es nicht gar zu teuer kommt. Darauf drängte man mich, nach Freiburg zum Erzbischof zu gehen; ich tat das letzte Woche und der Erzbischof erklärte sich bereit, uns die Pfarrei zu überlassen. Nun müssen wir es wohl annehmen.*[278] Kurz darauf teilte P. Engelbert dem P. Clemens mit: *Bezüglich Messelhausen habe ich am letzten Samstag Einigung über den Kaufpreis erzielt: 67 500.– M; gefordert waren 100 000.– M. Da die Pfarrei 4000.– M Gehalt bringt und das Kapital zu 5 % stehen bleiben kann, deckt die Pfarrei die Zinsen, so dass wir so gut ab sind, als wenn uns das Anwesen ohne Pfarrei geschenkt worden wäre.*[279] Das Erzbistum ließ dann nicht lange mit der Übertragung der Pfarrei auf sich warten. Darüber schrieb P. Engelbert: *Bezüglich Messelhausen erhielt ich heute inoffiziell die Nachricht, dass in einer Sitzung des Domkapitels in Freiburg am 17. November uns eine Niederlassung genehmigt wurde und dass uns provisorisch, wie in allen anderen Fällen in der Erzdiözese, die Verwaltung der Pfarrei bis auf weiteres übertragen wurde. Ich werde nun in den nächsten Tagen wohl die offizielle Benachrichtigung erhalten. Nun drängt der Oberstiftungsrat, der mit den Kaufverhandlungen beauftragt ist, sehr, den Kaufabschluß zu machen. Dazu brauchen wir aber die Genehmigung der Congregation.*[280]

Um diese suchte P. Engelbert nach, nachdem ihm die offizielle Mitteilung des Erzbischofs zugegangen war: *Bezüglich der Neugründung von Messelhausen kam heute die schriftliche Erlaubnis des Erzbischofs, die ich heute auch an P. Vermeulen gesandt habe mit der Bitte, die Erlaubnis des apostolischen Stuhles und der Generalkurie einzuholen. Der Erzbischof schreibt, er genehmige die Niederlassung gemäß Can 497 § 1 und fügt dann hinzu: Zweck der*

---

[278] P. Engelbert an P. Clemens, Würzburg, 25. Okt. 1932; PA.
[279] P. Engelbert an P. Clemens, Würzburg 24. Nov. 1932; PA.
[280] P. Engelbert an P. Clemens, Würzburg, 24. Nov. 1932; PA.

Niederlassung ist: Ausübung der Seelsorge in Messelhausen und Aushilfe in der Umgebung sowie Einrichtung eines Erholungsheimes. Diese Zwecke hatte ich auf Anfrage angegeben.[281]

Bereits 1932 beschäftigte P. Engelbert der Wunsch, in München ein Kloster zu gründen. Ein Sondierungsgespräch mit Kardinal Faulhaber im November 1932 führte aber zu keinem Ergebnis.[282]

P. Gelasius Kraus in Nordamerika war ein rastloser Planer neuer Projekte für die deutschen Augustiner in Amerika. P. Engelbert gefiel seine diesbezügliche Aktivität nicht immer; er musste ihn häufig zügeln. Selbst P. Engelbert fiel es zuweilen schwer, ihn davon zu überzeugen, dass das von ihm vorgestellte Projekt nicht realisiert werden könne oder unter den jetzigen Bedingungen zurückgestellt werden müsse. So war es zunächst mit dem Kloster Monastery in Nova Scotia, das für den Fall vorgesehen war, dass die Augustiner aus Deutschland ausgewiesen würden. Für eine solche Eventualität sah P. Engelbert aber momentan keine Anzeichen. Er schrieb an P. Clemens: *Die Sache mit Nova Scotia ist einstweilen abgelehnt. Sie hat jetzt gar keinen Zweck, weil die jetzige ruhige Entwicklung in Deutschland uns nicht vor plötzliche Entscheidungen stellen wird. Wo soll ich denn die Leute hernehmen für ein so umfangreiches Projekt? Wenn ich 12 ganz zuverlässige Brüder übrig hätte und einige hunderttausend Dollars, für die ich keine Verwendung hätte, dann würde ich sagen, er soll das Abenteuer versuchen, obwohl ich auch dann noch keinen Sinn und Verstand darin sehe. Es ist reine Romantik, die dem P. Gelasius im Kopfe steckt. In einigen Jahren wird man uns und sehr viele Ordensleute in Russland brauchen, das ist eine wirkliche Aufgabe. Deshalb lege ich gar kein Gewicht darauf, noch ein weiteres Kloster auch in den US zu gründen. Wir können doch nicht an allen Ecken und Enden der Erde das Gründen anfangen.*[283]

Aber auch P. Athanasius, der im Allgemeinen mit P. Engelbert übereinstimmte, sympathisierte mit dem Kloster Monastery in Nova Scotia. Er schrieb an P. Clemens: *Sollte es in Deutschland schief gehen, so wäre Nova Scotia ja ein schöner Zufluchtsort.*[284]

Hatte es den deutschen Augustinern in Amerika immer große Mühe bereitet, eine Pfarrei zu bekommen, so war es mit Kenosha in der Diözese Milwaukee anders.

---

[281] P. Engelbert an P. Clemens, Würzburg, 5. Dez. 1932; PA.
[282] P. Engelbert an P. Clemens, Würzburg, 9. Nov. 1932; PA.
[283] P. Engelbert an P. Clemens, Würzburg, 4. Sept. 1933; PA.
[284] P. Athanasius an P. Clemens, Philadelphia, 23. Okt. 1933; PA.

P. Franz war beim Erzbischof von Milwaukee, der ihm erklärte, er sei bereit, uns die Pfarrei zu übergeben und auch die kanonische Fundation zu gewähren. Seine Bedingung lautete, dass
wir, *wenn nicht sogleich, so doch mit der Zeit eine High School für
boys eröffnen*.[285] P. Engelbert hatte die Reaktion der amerikanischen Augustiner und ihre Empfindlichkeiten vor Augen. Er sah
aber in diesem Fall keinen wirklichen Anlass für eine mögliche
Verstimmung. Denn: *der Erzbischof hat, ohne Beeinflussung durch
uns erklärt, er biete die Pfarrei der deutschen Provinz an, einer anderen Provinz würde er sie gar nicht geben. Damit fallen eigentlich
alle Argumente gegen die Gründung weg*.[286] Die Besetzung des
Klosters erfolgte zügig: *Br. Ladislaus ist gestern nach Kenosha gefahren, nachdem er einige Monate in Deutschland war und mit mir
zurückkehrte. Er sowie P. Arnulf sind schon vor Weihnachten bei
Fr. Zeiser abgezogen, so dass nun niemand mehr bei den amerikanischen Mitbrüdern arbeitet. Deren Stimmung uns gegenüber ist
nicht sehr günstig – vielleicht wird es jetzt besser, nachdem keinerlei Berührungspunkte mehr da sind*.[287]

DIE BEVORSTEHENDE OPFERVOLLE, SCHWERE ZEIT

P. Engelbert war kein Hellseher, die Zeit hatte ihn aber hell-
sichtig gemacht.
In seinem Rundbrief zum Osterfest 1931[288] schrieb er bereits
den Mitbrüdern: *Dem jubelnden Ostern geht die ernst-düstere
Karwoche voran; so gibt es keine wahre Gottesfreude ohne vor-
ausgehendes Opfer. Möge diese Wahrheit unser Trost sein in dieser opfervollen Zeit und uns fähig machen, gern und freudig die
Opfer zu bringen, die wir jetzt zu bringen haben.*
*Wohl stehen wir in unserer Provinz vor den allergrößten
Schwierigkeiten, aber wir werden sie ganz sicher überwinden, wenn
jeder Mitbruder den Mut zur opferfreudigen Hingabe an das Ganze
aufbringt. Sie wissen, unsere Hauptschwierigkeit liegt in dem stark
vermehrten Nachwuchs, der noch in keinem Verhältnis zu den pro-
duktiven Kräften der Provinz steht, und der auch die Bauten, speziell in Würzburg nötig machte. Das wird sich jedes Jahr bessern.*

---

285 P. Engelbert an P. Clemens, Würzburg, 9. Juni 1934; PA.
286 P. Engelbert an P. Clemens, Würzburg, 19. Oktober 1934; PA.
287 P. Engelbert an P. Clemens, New York, 26. Febr. 1935; PA.
288 Würzburg, 1. April 1931; PA.

Nach unerwarteten Heilungen zweier Mitbrüder nahm P. Engelbert diese zum Anlass, auf die Kraft des gemeinsamen Gebetes in einem bestimmten Anliegen hinzuweisen: *Innigst bitte ich die Mitbrüder in der jetzigen schweren Zeit, viel zu beten für die großen Anliegen der ganzen heiligen Kirche, unseres heiligen Ordens, unserer Provinz und unseres Vaterlandes; denn ‚der ist ein Liebhaber der Brüder, der viel betet für das Volk und die heilige Stadt.'* (2 Mach 15, 14)[289]

Als eine Hauptsorge des Heiligen Vaters bezeichnete P. Engelbert die Auswahl guter Priesterkandidaten. Eine Anweisung an die Ordinarien besagte, dass nur würdige junge Männer zu den Weihen zugelassen werden dürfen. Wer sich als nicht geeignet erweist, solle schon frühzeitig aus dem Seminar entfernt werden.[290] Dem schloss sich P. Engelbert mit der Forderung an: *Erneuern wir uns alle wiederum in wahrem echtem Ordens- und Priestergeiste. Gerade in der jetzigen ernsten Zeit ist es unsere heiligste Pflicht, durch die Tat zu beweisen, dass wir ein Schauspiel sind vor Gott, den Engeln und den Menschen.* Als ein Hauptmittel, diesen Geist wieder lebendig werden zu lassen, bezeichnete er die jährlichen Exerzitien und gab die Anweisung: *Diese müssen in allen Konventen, auch in den kleineren, in denen sie gemeinschaftlich gehalten werden, wenigstens fünf volle Tage dauern. Einleitungs- und Schlusstag dürfen dabei nicht mitgerechnet werden. Diejenigen Mitbrüder, die an den gemeinschaftlichen Exerzitien nicht teilnehmen können, bedürfen der ausdrücklichen Erlaubnis des P. Provinzials.*[291]

Die schwierige Lage der Provinz und des deutschen Volkes kommt auch in der Bestimmung zum Ausdruck, die P. Engelbert zum Urlaub erließ: *Ein Urlaub oder gar eine Urlaubsreise steht keinem Mitbruder zu; jedoch gönne ich jedem eine berechtigte Erholung. Sie soll in einem unserer Klöster gesucht werden.* Er begründete seine Entscheidung mit den schlimmen Zuständen. *Kaum je hat unser Volk eine größere Opferscheu gezeigt als in den letzten Jahren. Manche Parteien gaukeln ihm Zukunftszustände vor, die nie erreicht werden können; das Ergebnis ist mangelnder Opfergeist, ohne den ein Volk nicht nur religiös, sondern auch wirtschaftlich tief sinken muß. Lassen wir uns von diesem Geiste nicht anstecken; er äußert sich in unvernünftigen Ansprüchen, in*

---

[289] Rundbrief, Würzburg, 18. Juni 1931; PA.
[290] Acta Apostolicae Sedis 23 (1930) 120 ff.
[291] Rundbrief, Würzburg, 18. Juni 1931; PA.

Unzufriedenheit und hässlicher Kritiksucht. Viele Kreise unseres Volkes werden heute durch die Not zum Opfer gezwungen; die kommenden Monate, besonders der Winter, werden noch viel härtere Opfer fordern. Wir Ordensleute dürfen nicht erst auf Notverordnungen warten, das Gelübde der heiligen Armut fordert von uns ständiges freiwilliges Opfer, Selbsteinschränkung und größte Bescheidenheit in unsern Ansprüchen. Haben wir tatsächlich bisher so gehandelt, dass wir ein Beispiel, eine Ermunterung und ein Trost für unsere notleidenden Volksgenossen sind?

Zur Lage der Provinz schrieb er: *Die wirtschaftliche Lage unserer Provinz ist durch die letzten Ereignisse noch viel schlimmer als im letzten Januar, wo ich die Konferenz aller Prioren einberufen mußte. Schon aus diesen Gründen müssen wir uns zu äußerster freiwilliger Opferbereitschaft erziehen.*

Der Blick in die Zeitgeschichte forderte zur Anstrengung heraus. *Der Zeitenhimmel ist voll schwarzer, drohender Wolken. In manchen Ländern tobt bereits der Kampf gegen Gott in einem Ausmaße, wie die Welt es bisher noch nie gesehen hat; in anderen Ländern bereitet man sich auf einen solchen Kampf vor mit einer Zähigkeit und einem Opfermut, der uns beschämen könnte. Wir stehen sicher vor ganz großen Entscheidungen nicht nur auf wirtschaftlichem, sondern vor allem auf weltanschaulichem Gebiete. Die kommenden Monate werden Schweres, vielleicht Schwerstes von uns fordern.*

Wie sollen wir uns jetzt verhalten? Wir wollen und dürfen nicht kleinmütig sein; wir wollen und müssen weiterarbeiten, als ob nichts geschehen wird; aber wir wollen uns innerlich so vorbereiten, als ob alles geschehen wird. – Zeiten der Not sind immer auch Zeiten der Gnade; sie zerbrechen den Schwachen und machen Helden aus den Starken. Lasset uns wachsen in der Liebe zu Gott und stark werden, damit wir dem gewachsen sind, was Gott von uns in der Zukunft fordert![292]

Das Pfingstfest 1934 veranlasste P. Engelbert, um die Gnade und Kraft des Heiligen Geistes beten zu lassen: *Gerade seine Hilfe ist uns in dieser schweren Zeit nötig. Wir brauchen sein Licht, um klar zu sehen in den verwirrten und verwirrenden Anschauungen unserer Tage und brauchen seine Stärke und Kraft, um mutig und unverzagt den Spuren unseres Meisters und seiner Apostel zu folgen. Möge doch auch das Pfingstwunder sich vollziehen an jedem*

---

[292] Rundbrief, Würzburg, 5. August 1931.

von uns! Dieses Wunder, das aus Schwachen und Kleinmütigen mit einem Schlage Helden und Opferbereite machte. Als die Apostel alle zusammen waren, ist es geschehen; stehen auch wir treu und fest zusammen! Als sie betend beisammen waren, kam das heilige Feuer über sie; seien auch wir ausdauernd im Gebete, vertiefen wir unser Gebetsleben! Dann wird Gott mit uns sein, dann brauchen wir nicht kleinmütig und verzagt in die Zukunft schauen!

Unüberlegte Worte können großen Schaden anrichten: Es hat keinen Zweck, sich dem Pessimismus zu ergeben, wir wollen weiterhin frohen Herzens Gott dienen und unsere Pflicht erfüllen. Notwendig ist aber auch, Klugheit in seinem Reden und Handeln anzuwenden. Vor allem bitte ich dringend alles unnötige Politisieren zu vermeiden. In der Öffentlichkeit, besonders auf der Kanzel direkt oder indirekt zu kritisieren, hat keinen Zweck, es wird nichts Gutes damit erreicht. Predigen wir ernst und eindringlich das Wort Gottes, suchen wir objektiv die religiösen Wahrheiten im Volke zu vertiefen; damit arbeiten wir am besten für Gott und seine heilige Sache.[293]

In seinem Brief zum Pfingstfest 1935 sprach P. Engelbert von außergewöhnlichen Schwierigkeiten, denen er mit außergewöhnlichen Mitteln begegnen will. Sein Wunsch an die Mitbrüder war: *Möge sein Licht uns erleuchten, dass wir den rechten Weg gehen in diesen dunklen Zeiten und möge er uns Mut und Kraft verleihen, treu zu bleiben in diesen schweren Zeiten. Er hat aus den zaghaften Aposteln Helden des Glaubens gemacht; so möge er auch unsere Seelen durchgluten und sie erfüllen mit Mut und Gottvertrauen und mit heiliger Liebe und Begeisterung für Gott, für die heilige Kirche und unsern Orden.*

Groß sind die Schwierigkeiten, die heute die ganze Welt bedrängen, groß die Sorgen, die jeden Einzelnen drücken. Da bei außergewöhnlichen Schwierigkeiten auch außergewöhnliche Mittel angewendet werden müssen, so habe ich mich entschlossen, folgendes anzuordnen:

1. Es soll in jedem Konvent sofort eine Novene zum Heiligen Geist und zum heiligen Joseph gehalten werden.

2. Bis auf weiteres ist der Psalm 69 (Deus, in adiutorium) mit einigen Versikeln und 2 Orationen in die Serotina einzufügen.[294]

---

[293] Rundbrief, Würzburg, 18. Mai 1934; PA.
[294] Rundbrief, Würzburg, 7. Juni 1935; PA.

In Schwierigkeiten, ob sie nun gesundheitlicher oder politischer Art waren, zeigte P. Engelbert großes Gottvertrauen, das im gemeinschaftlichen Gebet zum Ausdruck kam. Um die Lösung der Probleme ließ er die ganze Gemeinschaft beten.

Auf die Missbrauchsvorwürfe gegen die Klöster reagierte der Heilige Vater Papst Pius XII. P. Provinzial Engelbert erhielt ein Schreiben der Apostolischen Nuntiatur, in dem ihm mitgeteilt wurde, dass der Bischof vom Heiligen Vater *als Apostolischer Visitator für die Klerikalseminare und die entsprechenden Ordensinstitute aufgestellt* sei. Er nannte das Klerikat des Augustinerklosters als Wohnung der Kleriker und bat um Angabe des Termins der Visitation.[295]

---

[295] Brief vom 9. Juni 1938; PA.

KLOSTERSTURM

Der Kampf gegen die Orden und Klöster gehörte von Anfang an zu den zentralen Zielen der NS-Kirchenpolitik. Die Orden standen im Mittelpunkt des nationalsozialistischen Feindbilds von der katholischen Kirche.[296] So urteilte Annette Mertens. Für die deutschen Augustiner kann dieses Urteil bestätigt werden, wenn man sich das Ringen um die beiden Studienseminare in Weiden und Münnerstadt vergegenwärtigt.

DAS STUDIENSEMINAR IN WEIDEN

Die Schulden, die auf dem Studienseminar in Weiden lasteten, waren noch nicht abgetragen, aber so weit in geordnete Abzahlungsmodalitäten gebracht, dass sie nicht als ein Schreckgespenst auf der deutschen Provinz lasten mussten. Dann trat aber ein Ereignis ein, das die Lage gänzlich veränderte und zur Schließung des Studienseminars führte. Der Anlass war den Nationalsozialisten willkommen und passte in ihre Planungen.

Auslöser war der Augustiner P. Edgar Schmich, der Mitte Mai 1934 von P. Engelbert als Präfekt nach Weiden versetzt worden war.[297] Er wurde beschuldigt, er habe sich unsittlich an *Knaben unter 14 Jahren* vergriffen. Die Weidener Kriminalpolizei untersuchte den Fall und stellte die Falschheit der Beschuldigung fest.

Damit war der Fall aber nicht abgeschlossen. Denn die Gestapo griff den Fall auf und machte ihn zum Hauptargument für die Schließung des Seminars und zum Beweis dafür, dass die Augustiner unfähig seien, weiterhin Erziehungstätigkeit auszuüben.

---

[296] A. Mertens, Himmlers Klostersturm. Der Angriff auf katholische Einrichtungen im Zweiten Weltkrieg und die Wiedergutmachung nach 1945 (Veröffentlichungen der Kommission für Zeitgeschichte. Reihe B: Forschungen Bd. 108), Paderborn/München/Wien/Zürich 2006, 384.

[297] Rundbrief, Würzburg, 18. Mai 1934; PA.

P. Engelbert zeigte sich sowohl in der Sache des P. Edgar Schmich wie in der des Studienseminars als ein umsichtiger Oberer, der um seine Grenzen wusste und der bestrebt sein musste, innerhalb des ihm gegebenen Spielraumes das Beste für den P. Edgar und das Studienseminar zu erreichen.

Nach den Akten bietet sich folgendes Bild: Die Beschuldigungen veranlassten P. Edgar, den P. Provinzial in Würzburg aufzusuchen und ihm seine Sicht der Angelegenheit zu schildern. P. Engelbert glaubte ihm, riet ihm aber, Deutschland umgehend zu verlassen und nach Prag zu den dortigen Augustinern, bei denen sich der deutsche P. Alfons M. Mitnacht aufhielt, überzusiedeln. P. Edgar ging auf diesen Vorschlag ein und ließ sich bei seinem Besuch in Würzburg einen gültigen Pass für Besuche im In- und Ausland ausstellen. So gelangte er unbehelligt über die deutsche und später über die italienische Grenze und kam nach Rom.

Der Fall des P. Edgar Schmich wurde vom Bayerischen Staatsministerium für Unterricht und Kultus zum Anlass genommen, das Studienseminar in Weiden zu schließen.

Das Schreiben vom 28. Dezember 1936 enthält folgende Begründung.

P. Edgar Schmich habe *vom April 1935 bis zu seiner Überführung im Juli 1935 an neun seiner Obhut anvertrauten Schülern fortgesetzt Sittlichkeitsverbrechen nach § 174 Ziff. 1 und § 176 Ziff. 3 StGB begangen. Das eingeleitete Strafverfahren konnte noch nicht abgeschlossen werden, da sich der Täter im Ausland befindet.*

Aus diesem als Tatsache angenommenen Sachverhalt zog das Ministerium folgende Konsequenz: *Ich entziehe ihnen daher mit sofortiger Wirkung die Genehmigung zum Betriebe der in Abschnitt I genannten Anstalten und zur Tätigkeit in diesen (§ 16 EUV.) Sie haben spätestens mit Ablauf des Schuljahres 1936/37 aus den genannten Anstalten auszuscheiden; soweit sie Eigentümer der Gebäude sind, haben sie zum gleichen Zeitpunkt den Anstaltsbetrieb einzustellen.*

Es ist gut nachvollziehbar, dass P. Engelbert diesen Erlass nicht einfach hinnahm. Er und P. Clemens hatten so viel Mühe auf Weiden verwandt, dass er dagegen protestieren musste. Der Protest wurde am 9. Januar 1937 in einem ausführlichen Aufklärungsschreiben übermittelt.

Seine Argumente waren, dass man wegen der angeblichen *Verfehlungen eines einzelnen Mitgliedes nicht eine ganze Kommunität* bestrafen könne. Dann verwies er darauf, dass der

Grund für die Errichtung des Seminars gleich geblieben sei, näm-
lich die schulische Betreuung eines weiten Gebietes. Seine
Schließung würde bewirken, dass vielen Schülern der weitere
Besuch der Mittelschulen Weidens unmöglich werde.

Er machte deutlich, dass es gerade eine Folge der Überwa-
chung durch die Präfekten war, dass dem Direktor im Juni 1935
das anstößige Verhalten des P. Schmich gemeldet wurde. Es gebe
keine Anzeichen dafür, *dass Leiter und Präfekten ungeeignet seien.*
Er führte an, dass *die Anstalt aufs beste eingerichtet ist und allen
Anforderungen der Gesundheitspflege* entspreche. Die Beziehung
zwischen dem Seminar und den übrigen Schulen Weidens sei gut.
Die Seminaristen werden *als zuverlässige Jungen angesehen.* Der
wirtschaftliche Schaden für die Geschäftswelt sei enorm.
Abschließend nannte P. Engelbert eine Schuldenlast von 850 000 M,
die auf dem Seminar liege.

Auch die Mitteilung P. Engelberts, dass er P. Schmich aus der
Ordensprovinz ausgeschlossen habe und ihm den dringenden Rat
gab, sich laisieren zu lassen, brachte keine Umstimmung im
Ministerium. Er fügte auch hinzu: *Ich habe ihn nicht veranlasst,
sich ins Ausland zu begeben und sich einer gerichtlichen Bestrafung
zu entziehen.*

Das Seminar in Weiden wurde geschlossen.

Für eine Weiterführung des Seminars setzte sich auch der in
Prag tätige deutsche Augustiner P. Alfons M. Mitnacht ein. In seinem Schreiben vom 25. 1. 1937 aus Berlin an das Bayerische
Staatsministerium für Unterricht und Kultus ging es vor allem um
die Feststellung *dass es die Augustinereremiten nicht mehr als geeignet zur Führung von Unterrichts- und Erziehungsanstalten für
weltliche Zöglinge ansehen könne.* Zu P. Edgar stellte er fest, dass
er schon im Sommer 1935 aus der deutschen Augustinerprovinz
ausgestoßen sei. Von den betroffenen Schülern in Weiden habe er
gehört, dass sich P. Edgar eigentümliche Handlungen habe zu-
schulden kommen lassen. Vom Provinzial Engelbert habe er erfahren, dass P. Edgar nicht mehr nach Weiden zurückkehrt und auch
nicht mehr für Erziehungsaufgaben verwendet werde. Der bei P.
Alfons plötzlich in Prag auftauchende P. Edgar habe ihm berichtet,
der Provinzial habe von ihm verlangt, er solle freiwillig aus dem
Orden austreten. Diesen Schritt wollte P. Edgar aber keineswegs
tun, da er sich keines Vergehens, sondern nur eines unvorsichtigen
Benehmens schuldig gemacht habe.

P. Alfons übergab die Unterlagen für das kirchliche Gerichts-
verfahren dem General in Rom.

Um sich für ein solches Schreiben an das Ministerium zu legitimieren, verwies P. Alfons auf seine erzieherische Arbeit im Ausland und bat im *Staatsinteresse* durch einen neuen Erlass dem Studienseminar Weiden wegen neu vorgebrachter Tatsachen die *Fortführung des Betriebes probeweise auf eine bestimmte Frist, wenigstens auf ein Schuljahr neu zu gestatten. Ein solches Vorgehen stehe einer später geplanten Neuordnung des gesamten Anstaltswesens nicht im Wege, es würde aber die Ehre der deutschen Augustiner in gewissem Maße wiederherstellen.* P. Alfons unterschrieb die Ausführungen als Vizepostulator der Augustiner in Deutschland, Tschechoslowakei und Polen und Präsident der Auslandspresse in Prag.

Eine Zurücknahme oder Veränderung des Erlasses wurde durch die Schreiben nicht erreicht. P. Edgar konnte nach Rom in das exterritoriale Kolleg der Augustiner entkommen. Er hätte unbehelligt das Dritte Reich überlebt, wenn er in seinem Verhalten vorsichtiger gewesen wäre. Aber dies entsprach nicht seinem Wesen. Er ließ außer Acht, dass er überwacht wurde und nahm an einem Fußballspiel zwischen einer italienischen und deutschen Mannschaft teil. Dabei wurde er erkannt, verhaftet und im Gefängnis *Regina Caeli* inhaftiert. Beim Rückzug der Deutschen aus Rom wurde er als Gefangener mitgeführt und in Kassel unmittelbar nach Bombenangriffen zur Bergung der Toten und Beseitigung der Sprengkörper eingesetzt. P. Edgar überlebte auch diesen gefährlichen Abschnitt seines Lebens und gehörte dann zu den ersten Augustinern, die im zerbombten Augustinerkloster in Würzburg auftauchten und den Schutt wegräumten.

Es gelang dem P. Engelbert in Verbindung mit seinen Mitstreitern zwar nicht, die Aufhebung des Seminarbetriebes zu verhindern, doch war es möglich, das große, neue Gebäude vor der Beschlagnahme durch die NSDAP zu bewahren. Justizrat Dr. Pfleger und Prior P. Benno Rudolph verpachteten den Seminarbau an die Kirchengemeinde St. Josef, die ein Altersheim einrichtete, das von den Augustinern geleitet wurde. Außerdem wurde am 22. Januar 1937 eine Sicherungshypothek auf das Gebäude aufgenommen. Der Versuch der NSDAP, das Haus am 28. August 1939 zu beschlagnahmen, schlug dadurch fehl, dass P. Prior Benno durch einen Informanten der Partei von der bevorstehenden Beschlagnahme erfahren hatte. Kurz entschlossen bot er das Seminar der Wehrmacht an. Ein ihm bekannter Offizier beschlagnahmte es mit dem Ziel, darin ein Lazarett einzurichten. Dadurch war es wenigstens den Nazis entgangen.

VERBREITUNG EINES OFFENEN BRIEFES AN
REICHSMINISTER DR. GOEBBELS

Am 21. März 1937 wurde die päpstliche Enzyklika *Mit bren-
nender Sorge* in den katholischen Kirchen verlesen. Sie wurde in
hoher Auflage gedruckt und verteilt. Bis zuletzt wußte die Gegenseite
von der Verlesung des Schreibens nichts. Ihre Reaktion bestand in
massiven Gegenschlägen. Zu ihnen gehörte auch eine Rede des
Propagandaministers Dr. Josef Goebbels am 28. Mai 1937, in der er
das Thema der Devisen- und Sittlichkeitsprozesse wieder aufgriff. *Am
6. April ordnete Hitler die unverzügliche Wiederaufnahme der im Jahr
zuvor sistierten Sittlichkeitsprozesse gegen katholische Ordensleute
und Priester an. Damit wurde eine Propagandaaktion von unge-
wöhnlicher Perfektion und Radikalität eröffnet, deren Ziel es war, die
Bindungen des Kirchenvolks an seine klerikale Führung zu zerstören.
Nicht ohne sehr aktive Gegenwehr der Bischöfe und des Klerus bestand die Loyalität der deutschen Katholiken diese Probe.*[298]
  Eine solche Reaktion erfolgte auch in den beiden Augustinerklöstern Münnerstadt und Würzburg. Es waren keine direkt geplanten Widerstandshandlungen, sondern eher klösterliche Infor-
mationen, die aber durch den Zugriff der Gestapo zu solchen
hochstilisiert und dann auch als Widerstandsakte angesehen wurden.
  Von dieser Aktion wusste der Provinzial Engelbert zunächst
weder etwas, noch hatte er sie angeordnet.
  Im Klerikat herrschte – dies kann man wenigstens vom
Chronisten feststellen – eine feindselige Haltung gegen Goebbels.
Der Frater-Chronist schrieb am 18. 6. 1937 anlässlich der
Preisverleihung beim Universitätssportfest: *Sportfest der Uni;
Goebbels soll den Preis überreichen; die Theologen wurden ausge-
schlossen; kein Theologe nahm teil. Goebbels hatte sie als ‚gens
odiosa' (widerwärtige Sippe) bezeichnet.*[299]
  Nach den Unterlagen trug sich mit dem Brief folgendes zu: Es
war dem Prior des Klosters St. Michael in Münnerstadt ein Brief
bei einer Bahnfahrt übergeben worden. Dieser Brief wurde verviel-
fältigt und gelangte auch in das Kloster Würzburg, wo er in der
Rekreation verlesen wurde.
  Nach dem Vernehmungsprotokoll der Gestapo vom 7. 7. 1937
erklärte P. Evodius (Gottlieb) Wallbrecht, der Prior von Münnerstadt,

[298] Handbuch der KG VII, Freiburg 1979, 77.
[299] Klerikatschronik ab 1929; PA.

dass *er den Brief tatsächlich von einem weltlichen Geistlichen auf der Fahrt zwischen Düsseldorf und Frankfurt erhalten* habe. Er beteuerte, *dass ich auf meinen Angaben bestehen bleibe.* Er wurde *wegen Verdunkelungsgefahr in Polizeihaft genommen und im Amtsgerichtsgefängnis Neustadt untergebracht.*[300]

Wie es zur Verbreitung des Briefes kam, geht aus der Vernehmung des P. Hubert (Wilhelm) von Berg durch die Gestapo am 7. 7. 1937 hervor. Er erhielt den Brief von P. Prior Evodius, der zu ihm sagte: *Wenn ich mir davon eine Abschrift machen würde, dann sollte ich gleich mehr Durchschläge fertigen und ihm auch einen davon geben. Ich habe dann schließlich die Abschrift mit 13 oder 14 Durchschlägen gefertigt und zwar mit einer Schreibmaschine des Seminars.* Er versteckte die Maschine auf dem Speicher des Seminars. *Die von mir gefertigten Exemplare habe ich an folgende Personen abgegeben:*

P. Prior vom Seminar 1 Exemplar.
Pater Adalbert vom Kloster 10 Exemplare.
Pater Wolfgang – Würzburg 1 Exemplar.
Das eine Exemplar habe ich selbst behalten. Das Exemplar, von dem ich abgeschrieben habe, habe ich dem P. Prior vom Kloster Münnerstadt wieder zurückgegeben.

P. Hubert v. Berg wurde nach seiner Einvernahme wegen Verdunkelungsgefahr in Polizeihaft genommen und im Amtsgerichtsgefängnis Neustadt untergebracht.[301]

Von Münnerstädter Augustinern wurden in Polizeihaft genommen: P. Lambert (Albert) Dissel, P. Adalbert (Sebastian) Merkert, P. Evodius (Gottlieb) Wallbrecht, P. Hubert (Wilhelm) v. Berg.

Von Münnerstadt aus war der Brief ins Augustinerkloster in Würzburg gekommen.

Der Klerikermagister P. Wolfgang Rattler brachte wahrscheinlich den Brief von Münnerstadt nach Würzburg. Fr. Willibald (Ernst) Popp gab in seiner Vernehmung an, dass er an der hiesigen Universität Theologie studiere und dass P. Wolfgang nachmittags um 16.00 Uhr beim Kaffee *in Anwesenheit von etwa 30-35 Klerikern den Brief vorgelesen habe.* P. Wolfgang (Theodor) Rattler

---

[300] Geheime Staatspolizei z. Zt. Münnerstadt, den 7. Juli 37, Staatsarchiv Würzburg, Bl. 24-26.
[301] Gestapo Würzburg z. Zt. Münnerstadt, den 7. Juli 1937, Staatsarchiv Würzburg, Bl. 21-23.

wollte namentlich den nicht nennen, der ihm den Brief gegeben hat. Fr. Bonaventura (Eduard) Schott hat eine Abschrift vorgenommen und sechs Exemplare hergestellt.

Bei einer Vernehmung erklärte der Klerikermagister P. Wolfgang (Theodor) Rattler: *Über diese Rede waren die Kleriker stark erregt. Ich habe die Kleriker an diesem Abend, an dem Dr. Goebbels die Rede hielt, noch beruhigt und ihnen gesagt, sie sollten nicht schimpfen, obwohl ich selbst mit dem Inhalt der Rede nicht einverstanden war.*[302]

Bei der Beschuldigten-Vernehmung vor dem Amtsgericht Bad Neustadt/Saale am 15. Juli 1937 erklärte P. Hubert (Wilhelm) von Berg, dass es kein offener Brief gewesen sei. *Dieser Brief enthielt keine groben Beleidigungen und unwahren Tatsachen über den Reichsminister. Ich beschwere mich gegen den Haftbefehl, weil ich unschuldig bin.*[303]

Die verhörten Augustiner machten aus dem, was sie getan hatten, kein Geheimnis. In den Verhören gestand der Lieferant des Briefes, von wem er ihn erhalten hatte, sein Abschreiber und Verteiler gab an, wie viele Durchschläge er gemacht hatte. Die Zahl der Zuhörer wurde bei der Verlesung im Klerikat genannt.

Von den Inhaftierten distanzierte sich allerdings keiner von dem Inhalt des Briefes, obwohl sich ihre Haft über einige Monate hinzog.

Was steht in dem Brief an Dr. Goebbels, der unter den Augustinern kursierte?

Der Briefverfasser hielt dem Minister vor, dass er *die Freiheit des Wortes und der Schrift völlig unterdrückt* habe. Obwohl er wiederholt erklärt habe, dass ihm *Kritik willkommen sei.* Der Briefschreiber erklärt, dass er seine Kritik nicht öffentlich sagen kann und es deshalb brieflich tun müsse.

Der unmittelbare Anlass für den Brief sei die gestrige Rede. Gegen sie betont der Brief: *Der Kampf gegen die katholische Kirche, gegen Bischöfe und Priester ist ganz verfehlt. Es ist ein Unglück und ein Unrecht.* Zu dieser Feststellung kommt der Briefschreiber aus folgenden Gründen:

1. Aus Gerechtigkeit: Wer sich gegen Sitte und Gesetz verfehlt, muss bestraft werden. Das muss aber für alle gelten, für die Kirche wie für die Partei.

---

[302] Niederschrift des Amtsgerichts Würzburg vom 12. Juli 1937 (Bl. 64-65).
[303] Amtsgericht Bad Neustadt/Saale (Bl. 76).

2. Aus grundsätzlichen Erwägungen. Goebbels ist kein Gegner des Bolschewismus; er spielt ihm in die Hände.
3. Aus taktischen Gründen. Verschiedene Gründe verstimmen die Juden und Katholiken durch *die unglaubliche Vergewaltigung des Rechtes und der Rechtsprechung.*
4. Aus deutschem Ehrgefühl! *In ihrem Fanatismus gegen die Kirche scheinen Sie ganz zu übersehen, dass diejenigen, deren Schmutz Sie täglich in der Presse und im Radio in Riesenaufmachung waschen, Deutsche sind.* Sie tuen so, *als ob Deutschland ein großer Schweinestall sei.*
5. Aus Liebe zu unserer deutschen Jugend sei der Brief geschrieben, damit sich bei der heranwachsenden Generation nicht *der Anarchismus mit der Lasterhaftigkeit* verbindet. Geschieht dies, dann kann der Briefschreiber nichts anderes sehen als das Ende Deutschlands (*Finis Germaniae*).[304]

Gegen die Augustiner wurde kein Haftbefehl erlassen. Sie wurden wegen des Verstoßes gegen das Heimtückegesetz und wegen Verdunkelungsgefahr in Polizeihaft genommen. Der Chronist der Klerikatschronik vermerkte unter dem 23. Oktober 1937: *Heute wurde die Polizeihaft unserer Gefangenen in Schutzhaft umgewandelt.*[305] Im Gefängnis wurden sie etwa drei Monate festgehalten.

In einem Brief, den Fr. Bonaventura im Gefängnis am 14. Juli 1937 an seine Mutter schrieb, der aber von der Gestapo *wegen seines Inhalts zurückbehalten* wurde, in dem es um die Vorbereitung seiner Primiz ging, heißt es: *Das ist die einzige Sorge, dass es bis zum 1. August nicht zu spät wird. Ich bin ja auch nicht allein, es sind noch 6 andere Mitbrüder hier. Wir sehen uns beim täglichen Hofgang von 8-9. Sprechen dürfen wir nicht miteinander.* Er bittet um verschiedene Sachen und dann um *eine geistliche Lesung.* Er studierte aufs Examen. Dann heisst es: *Jetzt seid mir Gott befohlen und Kopf hoch. Es geht alles gut. Betet für mich!*

Fr. Bonaventura schrieb am 14. Oktober 1937 an die Augustiner: *Liebe Mitbrüder! Heute ist der 100. Tag meiner Gefangenschaft. Capti, attamen non fracti! (Gefangen, aber nicht gebrochen) Kopfhänger bin ich keiner geworden und so weit ich fetstellen kann,*

---

[304] Beilage zur Anklageschrift: SG Js 718,820/1937, Bamberg Staatsarchiv.
[305] Klerikatschronik, PA.

*meine Leidensgenossen auch nicht. Wir wissen, dass wir einer heili-
gen Tradition verpflichtet sind und dass wir uns ihrer würdig zeigen,
das erflehe uns unser Gebet. H. P. Provinzial schreibt mir: ‚Sei innerlich froh!' das versuche ich auch zu sein und es gelingt auch.* Die
Gestapo Würzburg machte dazu am 15. Oktober 1937 den Vermerk:
Der Brief wurde wegen seines Inhaltes nicht weitergegeben.

Dem Fr. Willibald (Ernst) Popp wurde vorgeworfen, er habe
*staatsgegnerische Einstellung ganz offensichtlich zum Ausdruck ge-
bracht. Sein Verhalten bedeutet eine unmittelbare Gefahr für die
öffentliche Sicherheit und Ordnung.* Vor der Gestapo Würzburg erklärte er am 26. Oktober 1937: *Ich war nur verbittert, weil seiner-
zeit nur die Prozesse der Ordensgeistlichen in den Zeitungen zu
lesen waren.* Fr. Willibald (Ernst) Popp wurde am 17. Dezember
1937 entlassen.[306]

Der Schreiber der Klerikatschronik, der in seinen Eintragungen
kein Hehl aus seiner Antinazi-Haltung machte, vermerkte unter dem
18. November 1937: *Gegen ½ 7 ist der P. Prior aus dem Gefängnis
zurückgekehrt. Klerikat sang: Nun sing, erlöstes Israel!* Dies wird sich
wiederholt haben, als am 17. Dezember 1937 vier Gefangene und am
23. Dezember 1937 die letzten zwei Gefangenen freigelassen wurden.
Das Osterlied, das er erwähnt, stammt von H. Lindenborn (1712-
1750) und sollte in froh belebter Weise gesungen werden, was die
Kleriker sicher auch taten. Die drei Strophen lauten:

> *1. Nun sing, erlöstes Israel! Das rote Meer ist überstanden,
>   man höret Freud' in allen Landen.
>   Besieget ist der Tod und Höll',
>   das Heil der Welt ist wirklich da. – Halleluja!*

> *2. Ägyptens harte Dienstbarkeit,
>   die Qual und alle Todesbanden
>   macht unser Retter heut' zuschanden
>   und ändert unsre Klag' in Freud';
>   kein' Tränen sieht man weit noch nah. – Halleluja!*

> *3. Durch Jesu roten Wundenquell,
>   durch seine Marter, Qual und Sterben
>   wir Freiheit, Fried' und Freud' erwerben.
>   Besieget ist der Tod, die Höll';
>   nun singet laut Victoria. – Halleluja!*

---

[306] Staatsarchiv Würzburg, Gestapoakten; PA der deutschen Augustiner,
022 Verhaftung kath. Priester und Ordensleute allgemein.

P. Engelbert hatte sich um die Freilassung der Augustiner
gekümmert und Rechtsanwälte aus München mit ihrer juristischen
Vertretung beauftragt. Es waren dies Jr. Dr. Warmuth, R. Simon und
Dr. Haus. Von ihnen erhielt er ein Schreiben, in dem die Rechtslage
dargestellt wurde. Darin heißt es: *Nach § 2 Ziff. 2 des Gesetzes vom
30. 4. 38 über die Gewährung von Straffreiheit werden anhängige
Verfahren wegen Taten, die vor dem 1. Mai 1938 begangen sind, eingestellt, wenn keine höhere Strafe oder Gesamtstrafe als Geldstrafe
und Freiheitsstrafe von nicht mehr als 6 Monaten, allein oder ne-
beneinander, zu erwarten ist ...* In der Anlage übersandte er die
Abschrift der Mitteilung des Oberstaatsanwalts bei dem Landgericht
Bamberg vom 21. Mai 1938. Aus diesem ging hervor: *Das Verfahren
gegen Herrn Pater Evodius, Pater Lambert, Pater Ferdinand,
Pater Ildefons, Frater Willibald und Pater Sigismund sind endgültig
eingestellt.*

Anders verhielt es sich bei folgenden Augustinern: *Gegen Herrn
Pater Adalbert, Pater Hubert, Pater Wolfgang, Pater Eugen und Frater
Bonaventura wird das Verfahren durchgeführt; der Staatsanwalt und
das Gericht halten es in diesen Fällen auf Grund der Aktenlage für
möglich, dass auf eine 6 Monate übersteigende Strafe erkannt wird.
Deshalb muß das Verfahren durchgeführt werden.*

Am 27. Mai 1938 fasste das Sondergericht den Beschluss: *Das
Verfahren wird wegen Vorliegens der Voraussetzungen des § 2 Ziff.
2 des Straffreiheitsgesetzes vom 30. April 1938 unter Überbürdung
der Kosten auf die Reichskasse eingestellt.*[307]

Auf jeden Fall werden die Herren Patres Adalbert, Hubert,
Wolfgang, Eugen und Frater Bonaventura auf Grund des § 2 Ziff.
3 des Gesetzes vom 30. 4. 38 amnestiert: *es ist absolut ausgeschlossen, dass auf eine 1 Jahr übersteigende Strafe erkannt werden könnte.*

An das Sondergericht Bamberg schrieb P. Engelbert am 21.
12. 1937 einen Brief, der Wallbrecht Gottlieb (P. Evodius) und
Genossen betraf. In ihm versicherte er: *Ich gebe als Provinzial der
Augustiner die verpflichtende Erklärung ab, dass ich dafür sorgen
werde, dass Merkert Sebastian (P. Adalbert) und Berg Wilhelm von
(P. Hubert) sich unter allen Umständen zur Hauptverhandlung stellen werden.* Sie wurden am 22. Dezember 1937 aus der Schutzhaft
entlassen.

---

[307] Staatsarchiv Bamberg, Staatsanwaltschaft b. d. Landgericht
Bamberg, Rep. K 105, Sondergericht Bamberg Nr. 886.

Am 10. Juli 1939 vormittags 9½ Uhr fand die Hauptverhandlung vor dem Sondergericht gegen Merkert, v. Berg, Rattler, Prucker und Schott statt. Anwesend waren zwei Pflichtverteidiger und drei Verteidiger.

Das Urteil fiel so aus: Merkert und v. Berg wurden je zu 8 Monaten Gefängnisstrafe, Rattler zu 7 Monaten Gefägnisstrafe verurteilt. Gegen Schott Eduard wird das Verfahren eingestellt, Prucker Eugen wird freigesprochen.[308]

Der Klerikatschronist vermeldete als Zeitzeuge vor der Verhandlung: *Große Spannung im Kloster.* Am nächsten Tag nach Bekanntwerden der Urteile kann man direkt sein Jauchzen hören, wenn er schreibt: *Freigesprochen! Freude überall. Wir singen P. Socius Wolfgang ein Lied.*

WIDERSPRUCH GEGEN DIE ENTFERNUNG DER GYMNASIALPROFESSOREN IN MÜNNERSTADT AUS IHREM AMT

Eine direkte Verbindung zwischen der Inhaftierung der Augustiner und der Entfernung der Gymnasialprofessoren aus ihrem Amt sah der Klerikatschronist.[309] Er schrieb: *Nun sind in Münnerstadt alle unsere Gymnasialprofessoren abgebaut, angesichts der vielen ‚Verbrecher' bei den Augustinern (unsere 11 Gefangenen).*

Die Inhaftierung der Augustiner wurde sowohl als Grund herangezogen, keine Augustiner mehr neu am Gymnasium einzustellen als auch für die Entfernung der fest Angestellten aus ihren Ämtern.

Das Bayerische Staatsministerium für Unterricht und Kultus begründete sein Vorgehen für die Nichteinstellung von Augustinern im Brief vom 1. Juli 1935 bei den Studienassessoren P. Dr. Benedikt Lindner und P. Emmeram Höcht so: *Aus grundsätzlichen Erwägungen muß ich Wert darauf legen, dass an staatlichen höheren Lehranstalten nach Möglichkeit nur Staatsbeamte als hauptamtliche Lehrer tätig sind.*[310] Mit der gleichen Begründung wurde am 15. April 1936 der Antrag des Studienassessors P. Dr. Sebastian Kopp abge-

---

[308] Staatsarchiv Bamberg, Staatsanwaltschaft usw. S. 39.

[309] Chronikeintrag vom 26. 8. 1937; PA.

[310] Schreiben des Bay. Staatsministeriums für Unterricht und Kultus an das Provinzialat der Augustiner Nr. VIII 27849; PA.

lehnt.[311] Am 8. September 1936 wurde der Studienprofessor P. Philipp Erhart vom Dienst enthoben.[312]

An der Entfernung der Augustiner vom Gymnasium und der Verhinderung ihrer Anstellung hatte der Direktor des Gymnasiums Schneider entscheidenden Anteil. Am 10. 4. 1935 hatte er bereits geschrieben, dass keine Augustiner mehr angestellt werden sollen, denn *es ist keine Gewähr geboten, dass Angehörige des Augustinerordens die deutsche Jugend in nationalsozialistichem Geiste erziehen.* Er fährt fort: *Man kann sich nicht vorstellen, dass ein Lehrer, der das Zölibat auf sich genommen hat, begeistert für die Rassen- und Bevölkerungspolitik des N.S. Staates vor den Schülern eintreten kann.*[313]

Am 27. August 1937 teilte das Direktorat des humanistischen Gymnasiums Münnerstadt den Patres Dr. Beckmann, P. Nolte, P. Deml, P. Marx, P. Seller und P. Schott mit, dass sie vom Lehramt abberufen seien. Der Oberstudiendirektor Hermann Schneider nannte folgende Begründung: *Ein großer Teil der Augustiner in Münnerstadt ist in eine politische Angelegenheit verwickelt, derentwegen vier Patres, darunter der Prior des Klosters und der Prior des Studienseminars Münnerstadt verhaftet werden mußten. Unter diesen Umständen sehe ich mich nicht mehr in der Lage, Angehörige dieses Ordens weiterhin als Lehrer am staatlichen humanistischen Gymnasium Münnerstadt wirken zu lassen. Mit Ablauf des Monats August dieses Jahres haben sämtliche Lehrkräfte des Ordens aus dem Dienst an der Anstalt auszuscheiden. Vom gleichen Zeitpunkt an werden die ihnen gewährten Vergütungen eingezogen.*[314]

P. Engelbert erhob gegen die Maßnahme Einspruch und bat mit folgenden Gründen um ihre Zurücknahme. 1. Die Patres seien ohne jedes Gehör fristlos aus dem Dienst entlassen. 2. Mit dem Goebbelsbrief hatten die abberufenen vier Lehrkräfte überhaupt nichts zu tun. 3. Der Augustinerorden hat sich um das Gymnasium Münnerstadt die größten Verdienste erworben. 4. Art. 25 Abs. 2 des Konkordats spricht gegen ein solches Vorgehen.

Durch den Widerspruch konnte P. Engelbert die Zurücknahme der Anordnung nicht erreichen.[315] Er musste die ihres Postens enthobenen Mitbrüder auf anderen Arbeitsfeldern einsetzen.

---

[311] PA.
[312] PA.
[313] 021 Schulwesen in der NSDAP; Münnerstadt, den 10. 4. 1935; PA.
[314] PA
[315] Würzburg, 18. Sept. 1937; PA.

BEMÜHUNGEN UM DEN ERHALT
DES STUDIENSEMINARS ST. JOSEF IN MÜNNERSTADT

Ein zweiter Schlag gegen die Augustiner in Münnerstadt wurde durch den Entzug des Studienseminars geführt. Dem Bezirksamt Kissingen wurde am 18. September 1937 mitgeteilt, dass die Augustiner *durch das an den Tag gelegte staatsabträgliche Verhalten die Genehmigung zum Betriebe des Studienseminars St. Josef verwirkt* hätten. Das Seminar solle aber nicht sofort geschlossen werden, sondern unter Bedingungen.[316]

Über die Rechtsanwälte Warmuth, Simon und Haus erklärte P. Engelbert dem Kultusministerium, dass er die im Schreiben des Bezirksamtes Bad Kissingen vom 22. September 1937 *aufgeführten Bedingungen nicht annehmen könne.* Er sei aber bereit, das Studienseminar bis zum Schluß des Schuljahres weiterzuführen und dann zu schließen, wenn nicht eine tragbare andere Lösung gefunden werden kann. Die Rechtsanwälte schrieben dem P. Engelbert: *Ich habe den Eindruck, dass Ihre Entschlossenheit ihre Wirkung nicht verfehlt hat.*[317] Aber die Verdrängung der Augustiner aus dem Seminar war nicht aufzuhalten.

Mit Schreiben vom 28. April 1939 vom Bayerischen Staatsministerium für Unterricht und Kultus wurde in Münnerstadt ein staatliches deutsches Schulheim errichtet. *Die Anstalt (Schule und Heim) führt bis auf weiteres die amtliche Bezeichnung ‚Deutsches Schulheim Münnerrstadt. Hum. Gymnasium – Oberschule'. Dieses Heim samt Einrichtung und Plätzen wird vom Bezirksverband Mainfranken gepachtet und dem Lande Bayern kostenlos zur Verfügung gestellt.*[318] P. Engelbert musste sich mit dieser Entscheidung abfinden.

ERSATZ FÜR DAS VERBOTENE TERMINIEREN

Zur Schließung des Studienseminars in Weiden und Münnerstadt und der Entfernung der Augustiner aus dem Schuldienst am Gymnasium in Münnerstadt kam noch das Verbot des Terminierens hinzu. Es traf alle Mendikantenorden. Das

---

[316] Entschließung Nr. VI 50386; PA.
[317] Rechtsanwälte, München 2 NW, 14. Okt. 1937; PA.
[318] PA.

Terminieren oder Betteln war für die Augustiner eine wichtige Einnahmequelle. Da auch andere Orden davon betroffen waren, wandte sich P. Engelbert in dieser Angelegenheit an den Generalsekretär der Superioren-Vereinigung, den Dominikaner P. Ansgar Sinnigen.

P. Ansgar war in dieser Angelegenheit tätig geworden und hatte sich an das Ministerium des Inneren gewandt. Er erhielt am 29. Juli 1936 folgende Antwort, die er dem P. Engelbert am 5. August 1936 mitteilte: *Den Mendikanten–(Bettel)-Orden kann die Genehmigung zur Sammlung von Geld und Sachspenden für den eigenen Lebensunterhalt künftig nicht mehr erteilt werden.* Der Kommentar des P. Sinnigen zu der Mitteilung lautete: *Nach Lage der Dinge dürfte eine nochmalige Eingabe zwecklos sein.*[319]

P. Engelbert war an einer Regelung gelegen, da verschiedene Brüder wegen unerlaubten Sammelns mit dem Gesetz in Konflikt geraten waren.

Das Oberlandesgericht Bamberg verhängte gegen Benno Kellermann, Laienbruder vom Kloster Fährbrück, und vier andere wegen Vergehens gegen das Sammlungsgesetz Geldstrafen, die vom Prior des Klosters Fährbrück, P. Vinzenz Wüstefeld, bezahlt wurden.[320]

Wegen unerlaubter Sammlung von Eiern wurde der Klosterbruder Friedrich Baier bestraft. Der Bruder aus dem Kloster Würzburg sollte die Eier kaufen, bekam sie aber geschenkt. Das Gericht befand, der Ankauf sei nur ein Vorwand gewesen. Gegen den beschuldigten Prior Adam Eckstein wurde eine Geldstrafe von 200 RM beantragt.[321]

P. Engelbert wollte verhindern, dass auf diese Weise eine Kriminalisierung der Mitbrüder erfolgte. Deshalb suchte er mit anderen Angehörigen von Bettelorden nach einer Abhilfe.

In einem Brief vom 16. April 1937 an das Bischöfliche Ordinariat Würzburg trug er den Vorschlag der Mendikantenorden vor, der auf Diözesankollekten zulief.

Aus dem Verbot des Kollektierens ergaben sich gravierende Folgen. Die Mendikantenorden seien dadurch *in solch ernste*

---

[319] Generalsekretariat der Superioren-Vereinigung, Berlin NW 21, Oldenburger Str. 46; PA.

[320] Staatsarchiv Bamberg; Oberlandesgericht Bamberg, K 100 VI Nr. 224.

[321] Staatsarchiv Bamberg, Oberl. Bamb. K 100 VI Nr. 226.

Schwierigkeiten geraten, dass teilweise ihre Existenz in Frage steht.
Um aus dieser Sackgasse herauszukommen, bildete sich eine
Interessengemeinschaft der Mendikantenorden. Als Bevollmäch-
tigter für die bayerischen Mendikantenorden wurde P. Engelbert
aufgestellt. Er wandte sich an alle Bischöfe mit der Bitte, *dass uns
durch allgemeine Diözesankollekten einigermaßen Ersatz geschaffen wird für den Ausfall der im Kirchenrecht (Can. 621) vorgese-
henen Sammlungen.* Mündlich waren vier Sammlungen pro Jahr
in Aussicht gestellt.

P. Engelbert hatte einen Vorschlag ausgearbeitet und an alle
Bischöfe gesandt; er fand allgemein Anklang. Ihn hatte der Bischof
von München, Kardinal Faulhaber, bereits angeordnet. Er umfasste folgende Punkte:

1. *Jährlich werden in allen Kirchen vier allgemeine Sammlungen für die in der Diözese wirkenden Mendikanten durchgeführt.*

2. *Das Ordinariat benachrichtigt die Pfarrer brieflich unter
   Angabe der Gründe und mit der Bitte um Befürwortung.*

3. *Der Erlös der Sammlung wird an das Ordinariat gesandt,
   das ihn durch den Provinzial der Augustiner an die einzelnen Mendikanten verteilt.*

4. *Die Verteilung geschieht nach der Kopfzahl der Mitglieder,
   die in der Diözese ihr Domizil haben. Gerechnet werden
   alle, die bereits das Ordenskleid tragen, ohne die eingeklei-
   deten Gymnasiasten.*

5. *Der Erlös der Sammlung in der eigenen Ordenskirche ver-
   bleibt, ohne abgeliefert zu werden, diesem Orden.*[322]

Für den 18. 4. 1938 vermerkt die Klerikatschronik, dass eine
Sammlung an den Kirchentüren stattfand. Das Gleiche geschah am
10. 4. 1939.[323]

Das Terminieren wurde deshalb verboten, weil die NSDAP
eine Beeinträchtigung ihrer verschiedenen Sammelaktionen befürchtete.

---

[322] An das Hochwürdigste Bischöfliche Ordinariat Würzburg, Würzburg,
16. April 1937; P. Engelbert Eberhard, Prov. D. Augustiner; PA.
[323] Klerikatschronik; PA.

EIN SCHLAG GEGEN DIE LITERARISCHE PRODUKTION DER AUGUSTINER

In einem Brief an P. Clemens hatte P. Engelbert die finanzi-
elle Bedeutung der Druckerei und ihrer Produktion für die deut-
sche Provinz hervorgehoben.[324]
Die von den Augustinern gedruckte Zeitschrift *Maria vom
guten Rat* und der jährliche Kalender hatten über die deutschen
Grenzen hinaus Verbreitung gefunden und erbrachten auch
Gewinn. Die inhaltlichen Aussagen der Monatszeitschrift standen
unter Beobachtung. Für den Inhalt war P. Dr. Eugen Prucker vom
Augustinerkloster Würzburg verantwortlich. Er hatte mit der
Gestapo seine Erfahrungen gesammelt.
In der Zeitschrift des Jahrgangs 1937/38 im 12. Heft hatte er
unter der Überschrift *Katholisch* einen Artikel veröffentlicht, den der
verstorbene Pastor Konrad Jakobs verfasst hatte. Der Beitrag enthält
eine Reihe von Aussagen, die der nazistischen Ideologie entgegen-
standen. Er widersprach dem Rassewahn und dem Nationalismus.
Der Artikel beginnt mit dem Satz: *Wie die einzelnen Menschenrassen
aus den klimatischen Verhältnissen und aus den äußeren Le-
bensbedingungen den Völkern und den Individuen ein besonderes
Gepräge geben, das Leib und Seele in Eigentümlichkeiten gestaltet,
so haben auch die verschiedenen Zeiten auf die Form des Menschlichen ihren Einfluss.*
*Wir alle sind Kinder unserer Zeit und tragen aber auch in jeder
Beziehung die Formung durch diese Zeit an uns.* Das Religiöse ist
davon nicht ausgenommen. Wir bleiben als Christen Menschen. *Die
Gnade hebt die Natur nicht auf, sondern setzt sie voraus und erhöht
und verklärt sie. Die Gnade ist aber auch der Berichtigungsfaktor
dieser Natur. Die Natur allein schlägt Irrwege ein. Wir könnten es
billiger haben, wenn wir bemüht wären, mit den Augen Jesu Christi
die Wirklichkeit zu sehen und mit dem Herzen Jesu Christi sie und
uns zu gestalten.*
*Katholisch heißt wörtlich: auf das Ganze gehend. Katholisch
ist die Menschheit: sie bildet eine Gemeinschaft, die den nämlichen
Ursprung hat und aus der niemand sich loslösen kann. Die
Tätigkeit eines jeden einzelnen ist so viel wert, als sie dieser Gemeinschaft dient.*
*Wenn wir diese großen Gedanken auch nur kurz oberflächlich
überlegen, kommen wir zur Erkenntnis, dass eine National-*

---

[324] Siehe S. 146.

Religion oder eine National-Kirche ein Unsinn ist. Noch viel weniger als ein einzelnes Volk sich loslösen kann aus der menschlichen Gemeinschaft, kann es sich loslösen aus seiner Herkunft von Gott und aus seinem Ziele zu Gott, dazu aus den Wegen, die Gott durch die Erlösung zu diesen Zeiten gegeben hat.

Schon in seinen Anfängen hatte das Christentum gegen den Irrtum des Nationalen zu kämpfen. Paulus ist der geistesstarke Künder der Wahrheit, dass es im Christentum keinen Unterschied gibt zwischen Juden und Nichtjuden, also zwischen Völkern und Rassen, weil alle Kinder Gottes und alle Erlöste sind

Es ist geradezu die Ewigkeitsaufgabe der Kirche, der zerrissenen Menschheit die Gottesgabe der Gemeinschaft zu bringen.[325]

Dieser Artikel hatte ein Verbot der Zeitschrift zur Folge. Gegen das Verbot hatte sich P. Eugen Prucker gewandt und am 7. und 10. September 1938 um dessen Aufhebung nachgesucht. Am 14. September 1938 erhielt er eine abschlägige Antwort. In dem Schreiben des Reichsministers für Volksaufklärung und Propaganda heißt es: *In dem Artikel ‚Katholisch' wird im Sinne der letzten Ansprachen des Papstes dem Rassegedanken entgegengearbeitet. Ich bin daher nicht in der Lage, eine Aufhebung des Verbots Ihrer Monatszeitschrift zu erwägen.*[326]

Die zweite Zeitschrift, die verboten wurde, war *Cor Unum*. P. Engelbert hatte sie gegründet. Im April 1936 erschien das erste Heft des ersten Jahrganges. In ihr sollten Mitteilungen an die deutsche Augustinerfamilie erfolgen. Jeder Jahrgang sollte vier Hefte umfassen.

Im ersten Heft schrieb P. Engelbert das Geleitwort, in dem er die Ziele der Mitteilungen benannte. Sie sollten darauf hinwirken, dass die Augustiner in der Gemeinschaft nach Vollkommenheit streben. Die Gemeinschaft sei aber nicht auf das Kloster als derzeitigem Aufenthaltsort der Brüder beschränkt, sondern umfasse auch die deutsche Ordensprovinz und den Gesamtorden. Sie will dazu beitragen, das Gemeinschaftsideal des heiligen Augustinus zu verwirklichen, *ein Herz und eine Seele in Gott* zu sein. Die neue Zeitschrift soll *Artikel über unsere Eigenart und Artikel geschichtlichen Inhalts bringen, damit wir mehr traditionsgebunden werden.* Sie will darauf hinwirken, dass die Gemeinschaft das Hauptmittel zur Erlangung der Vollkommenheit ist.

---

[325] MvgR 1937/38; Heft 12, S. 299-302.
[326] Reichsminister für Volksaufklärung und Propaganda. Geschäftszeichen: IV A 4003A/ 3. 8. 38/25-5.

Dieser Aufgabe ist die Zeitschrift in vier Jahrgängen nachgekommen. Am 1. Oktober 1939 musste sie ihr Erscheinen einstellen. Zur Begründung wurde die Kriegswirtschaft angegeben. Der eigentliche Grund war die Bekämpfung der katholischen Presse und der Lehre, die sie vertrat.

Dem Verbot war bereits der Versuch vorausgegangen, die Zeitschrift zu unterdrücken. Denn *durch Entscheidung des Leiters des Reichsverbandes der Deutschen Presse ist Cor Unum nach Maßgabe des Schriftleitergesetzes als politische Zeitschrift anzusehen und hat somit der Leitung eines in der Berufsliste eingetragenen Schriftleiters zu unterstehen.* Auf Antrag wurde P. Vitus in die Liste aufgenommen. *Von der Voraussetzung der fachmännischen Ausbildung wurde Befreiung gegeben.*[327]

Als Provinzial hatte P. Engelbert die Auflösung der Seminare und Klosterschulen erlebt. Er musste seine Hilflosigkeit dem Staat gegenüber erfahren durch die Verhaftung zahlreicher Mitbrüder. Die Publikationsorgane der Provinz wurden verboten, das Terminieren untersagt. Es war eine niederdrückende Bilanz, die ihm der Rückblick bot. Sie ließ ihn aber nicht verzagen.

Das Vorgehen der Machthaber des Dritten Reiches durch die Zwangsmaßnahmen der Enteignung, Vertreibung, des Verbotes der Aufnahme von Aspiranten wird als *Klostersturm* bezeichnet. Dieser fuhr auch über P. Engelbert und die deutsche Ordensprovinz hinweg. Er bekam seinen ganzen Druck zu spüren, ließ sich aber von ihm nicht aus seiner Verankerung losreißen, sondern nahm ihn zum Anlass, zahlreiche Augustiner dem Gewaltsystem, das auf Krieg zusteuerte, zu entziehen und nach Nordamerika und in die Schweiz zu senden.

Im Verwaltungsrat des Missionsärztlichen Instituts 1936–1953

Seit 1930 betätigte sich P. Engelbert für das Missionsärztliche Institut in Würzburg. Diese Tätigkeit ist bisher kaum in seiner Biographie gewürdigt worden. Sie wurde vielleicht deshalb übersehen, weil es sich dabei nicht um die Entsendung von Missionaren in Länder handelte, die vom Christentum noch unberührt waren, sondern um Ärztinnen und Ärzte. Durch seine Mitarbeit im Missionsärztlichen Institut zeigte er, dass die Missionen ihm ein

---

[327] CU 3 (1938) 59-60.

wichtiges Anliegen waren. Sein Versuch, Ritaschwestern in den Missionen der holländischen Augustiner in Bolivien zu verankern, scheiterte zwar an den klimatischen Verhältnissen, seine Mitarbeit im Verwaltungsrat des Missionsärztlichen Instituts wurde dagegen geschätzt.

Vor P. Engelbert nahm P. Clemens als in Würzburg ansässiger Ordensoberer an der missionsärztlichen Versammlung vom 18. bis 19. Oktober 1922 teil. Auf ihr wurde die Eröffnung des missionsärztlichen Instituts für das Wintersemester 1922 beschlossen.[328] Als Provinzial war P. Engelbert am 11. 7. 1930 bei einer Kuratoriumssitzung anwesend, auf der er eine Entschädigung für die Ritaschwestern beantragte, die bisher unentgeldlich am Institut gearbeitet hatten. Er meinte, dass die zehn Schwestern mit 1200 RM zufrieden seien.[329] Der Verwaltungsrat bewilligte am 9. Mai 1936 den Ritaschwestern 1000 RM zum Ankauf einer Obligation zu 4 ½ % verzinslich für den Neubau ihres Mutterhauses. Auf der gleichen Sitzung wurde der Vorschlag diskutiert, ein neues Mitglied als Vertreter der Superiorenvereinigung aufzunehmen an Stelle des Generals der Mariannhiller P. Weinmann. Aus einem Brief an Geistl. Rat Dr. Brander, Regens des Priesterseminars in Würzburg, geht hervor, dass man in Stuttgart den Provinzial der Augustiner vorschlagen solle. Am 21. Juni 1936 wurde an P. Engelbert die Bitte gerichtet, in den Verwaltungsrat eintreten zu wollen an Stelle des Generals P. Weinmann. Wörtlich heißt es: *Wir bitten Sie, Ihre reiche Erfahrung und Ihren Rat auch in den Dienst des missionsärztlichen Instituts zu stellen, um so mitzuhelfen, das für die katholische Mission so bedeutsame Werk auch durch die Fährnisse unserer heutigen Zeit hindurchzuführen.*[330]

Dem Verwaltungsrat gehörten an: Domkapitular Dr. Brander, P. Provinzial Dr. Engelbert Eberhard, Medizinalrat Dr. Bundschuh, Rechnungsrat Schubert und Direktor P. Bosslet OP.

Der Verwaltungsrat traf sich zu regelmäßigen Sitzungen. An ihnen nahm P. Engelbert teil. Im Protokoll vom 20. April 1938 heißt es unter Punkt 4: *H. P. Provinzial will Sorge tragen, dass noch eine Ritaschwester in das Missionsärztliche Institut kommt, die befähigt*

---

[328] U. Rapp, Heilung und Heil. 50 Jahre Missionsärztliches Institut, Würzburg 1922–1972, Würzburg/Münsterschwarzach 1972, 14, Anm. 6.

[329] Kuratoriumssitzung vom 11. 7. 1930.

[330] Sitzung des Verwaltungsrates des Missionsärztlichen Instituts vom 9. Mai 1936; TOP 5 und 7. Brief an P. Engelbert, Würzburg, 21. Juni 1936.

und geeignet ist, im Büro mitzuarbeiten. Diese Bitte wurde am 21.
Juni 1938 erneuert.

Am 2. April 1940 tagte der Verwaltungsrat in der Wohnung
von Herrn Medizinalrat Dr. Bundschuh, Ludwigstraße 11. Alle
Verwaltungsräte waren anwesend. Das Protokoll vermerkt dazu:
*Nach langer Pause fand wieder eine Sitzung des Verwaltungsrates
statt. Die Ferien, Ausbruch des Krieges, Umstellung des Institutes
zum Lazarett und späterhin verschiedene Abhaltungen der einzelnen Herren, bedingten diesen großen Zeitraum.*

In der Sitzung des Verwaltungsrates vom 18. Dezember 1941
ging es auch um die Vergütung der Ritaschwestern. Es wurden einzelne Fragen geklärt. Am Ende dieses Beratungspunktes heißt es:
*P. Provinzial erklärt, dass damit das Institut den Schwestern ihre
frühere um Gottes Lohn geleistete Arbeit wenigstens nach der materiellen Seite genügend bedankt habe.*[331]

Neben der Verwaltungsarbeit leistete P. Engelbert auch einige
Beiträge und Anstöße für die geistige Entwicklung des Instituts. So
wird seine Aussage zitiert, die er auf der Mitgliederversammlung
am 5. 1. 1950 machte. Er plädierte dafür, das Institut sich *natur-
haft entwickeln zu lassen und es nicht von Anfang an wieder mit
allzuviel theoretischer Problematik zu befrachten.*[332]

Auf dieser Sitzung wurde die Gründung der Gemeinschaft der
Missionshelferinnen und der Aufbau der Klinik beschlossen.

Für die Neuordnung des Missionsärztlichen Instituts war das
Statut des Instituts bedeutsam. An seiner Konzeption hatte P.
Engelbert mitgearbeitet. Seine Vorstellungen von der Gemeinschaft flossen in die Richtlinien ein. Das bisherige Statut war
von der Vorstellung ausgegangen, dass in der Mission Einzelarbeit
geleistet werde, jetzt müsse man aber mehr Gemeinschaftsarbeit
anstreben. Dieser Gesichtspunkt setzte sich immer mehr durch,
so dass man zu der Regelung kam, *dass für die Medizinerinnen,
freien Schwestern und Helferinnen nur eine einzige Form der
Mitgliedschaft eingeführt werden solle, nämlich die der Gemeinschaft auf Lebenszeit,* was besonders von P. Engelbert betont
wurde. Er gehörte auch der Kommission an, welche die
Richtlinien für das Institut erarbeitete. Am 7. Februar 1953 erfolgte die Neuwahl des Direktors des Instituts. P. Engelbert favorisierte den Augustiner P. Dr. Eugen Prucker, der auch gewählt

---

[331] Sitzung des Verwaltungsrates, TOP 3 Schwesternvergütung.
[332] U. Rapp, Heilung und Heil, 1972, 32.

wurde.[333] Dieser sandte dem inzwischen zum Ordensgeneral auf-
gestiegenen P. Engelbert am 8. Dezember 1953 den letzten
Entwurf für die Statuten der Gemeinschaft zu und am 12. Dezember den Entwurf der Ergänzungen für die neue Geschäftsordnung
mit der Bitte um Durchsicht.[334]

Bei seiner Arbeit für das Missionsärztliche Institut blieb P.
Engelbert seiner Linie treu, dass der Gedanke der Gemeinschaft
und dessen praktische Umsetzung ein wesentliches Anliegen Jesu
Christi war und von seinen Nachfolgern zu verwirklichen sei.

ÜBERNAHME DES JUSTINUSWERKES

Im Lebensablauf P. Engelberts muss einige Jahre zurückgegangen werden, es wird aber im Rahmen der Tätigkeit Engelberts
für die Missionen geblieben. Es soll auf den Beitrag eingegangen
werden, den P. Engelbert bei der Übernahme des Justinuswerkes
durch die deutsche Augustinerprovinz geleistet hat.

Es ist mir unvergessen, dass der Exprovinzial P. Engelbert in die
Klosterschule nach Münnerstadt kam und uns Schülern voll Freude
und Enthusiasmus einen Einblick in das Justinuswerk gab, das
Studierenden aus den Missionsländern ein Unterkommen biete für
die Zeit ihres Studiums. Wir deutschen Augustiner könnten durch die
Betreuung dieser Studenten eine große missionarische Aufgabe erfüllen, ohne zunächst selbst in ein Missionsgebiet ziehen zu müssen.

Bischof Charrière von Fribourg machte P. Bernardin Wild am
28. Mai 1951 das Angebot, die Augustiner sollten das von ihm ge-
gründete St.-Justinus-Werk (Oeuvre du St. Justin) und das diesem
Werk gehörige St.-Justinus-Heim (Foyer St. Justin) in Fribourg
übernehmen. Der Zweck des Werkes sei, orientalischen, besonders
ostasiatischen Studenten in Europa Gelegenheit zu geben, die
Kirche kennen und lieben zu lernen, um dann nach ihrer Rückkehr
in die Heimat die einheimischen Bischöfe unterstützen zu können.

Ende Juni 1951 führte P. Exprovinzial Engelbert Besprechungen
mit dem Bischof und seinem Rechtsberater über die Übernahme des
Werkes, wobei ein Vertragsentwurf ausgearbeitet wurde. Das
Definitorium genehmigte diesen am 25. Juli und der Bischof unterschrieb ihn am 12. August 1951.

---

[333] Protokoll vom 7. Febr. 1953.
[334] P. Eugen an P. General Engelbert, Würzburg, 12. Dez. 1953.

Gemäß dem Vertrag übertrug der Bischof von Fribourg das St.-
Justinus-Werk dem Augustinerorden mit der Auflage, es im Geiste
des Gründers fortzuführen und weiter zu entfalten, ohne Einschränkung auf bestimmte Missionsgebiete.

Die Übernahme wurde positiv beurteilt, da sich das Werk gut
in die Ziele einpasse, die sich die deutsche Provinz in der
Unionsarbeit gesetzt habe. Die deutschen Augustiner wolten damit
praktisch der Heidenmission dienen, ohne selbst eine Heidenmission zu übernehmen.[335]

ÜBERSIEDLUNG NACH NORDAMERIKA UND IN DIE SCHWEIZ

Nach diesem Vorgriff im Lebensverlauf P. Engelberts durch
die Darstellung seines Wirkens für die Missionen kehren wir wieder in die Zeit des Dritten Reiches zurück.

Umsichtig verhielt sich P. Engelbert in dem heraufziehenden
Klostersturm durch die Umsiedlung zahlreicher deutscher
Augustiner nach Nordamerika und einiger in die Schweiz.

Schon frühzeitig stellten er und andere sich die Frage, was sie
tun könnten, wenn sie aus ihren Klöstern vertrieben würden. Als
Zufluchtsorte kamen Nordamerika, wo die deutschen Augustiner
Fuß gefasst und drei Klöster gegründet hatten, die Schweiz und
Kanada in Frage. Je näher die Gefahr eines Krieges kam und die
Bedrohung der katholischen Kirche und der Orden zunahm, um so
mehr war der Provinzial darum bemüht, möglichst viele Augustiner
in das sichere Ausland, vor allem nach Nordamerika auswandern
zu lassen.

Als erste Anlaufstelle in Amerika kam das Augustinerkloster der
deutschen Augustiner in New York in Frage. Es war auch die erste
Station, welche die ankommenden Augustiner aufnahm. Aber bevor
es so weit war, mussten bestimmte Voraussetzungen geklärt werden.

Aus einer vom amerikanischen Konsulat in Stuttgart heraus-
gegebenen Liste geht hervor[336], dass sowohl die erforderlichen
Urkunden, ein polizeiliches Führungszeugnis und Passbilder ein-
zureichen als auch zufriedenstellende Unterlagen über die Si-
cherstellung des Lebensunterhaltes in Amerika vorzulegen waren.

---

[335] Cor Unum 9 (1951) 93-95.
[336] Amerikanisches Konsulat – Ausreiseanträge; Stuttgart N. Königstr.
19a; File No. 1 811.11.

Diese mussten bereits im Konsulat vorliegen, bevor die Vorladung geschickt werden konnte. Wer in die Vereinigten Staaten einwandern wollte, benötigte ein Visum. Um es erhalten zu können, musste er beweisen können, dass für seinen Lebensunterhalt in Amerika gesorgt ist. Er kann dies dadurch tun, dass er auf genügend Vermögen in Amerika verweisen kann oder durch Bürgschaftspapiere. Die Bürgschaften in Amerika müssen notariell beglaubigt sein, außerhalb Amerikas muss die Beglaubigung auf dem amerikanischen Konsulat erfolgen. Hat jemand ein Visum zur Einwanderung erhalten, so ist es vier Monate vom Tag der Ausstellung an gerechnet gültig.

Als die Ausreise von P. Joseph Knöchelmann anstand, schrieb P. Engelbert an das Konsulat in Stuttgart am 29. Januar 1938: *Ich darf aufmerksam machen, dass Very Rev. A. Pape bei seinem persönlichen Besuch bei Ihnen in Stuttgart am 20. August 1937 die Bankstatements auf dem dortigen Konsulate hinterließ. Sie sagten ihm, dass diese Bankstatements für die nächste Zeit genügten.*[337]

P. Athanasius hatte am 10. November 1937 geschrieben: *Bitte erwähnen Sie die Tatsache, dass die Bankstatements, die für die Ausstellung eines Visums erforderlich sind, sich bereits in den Akten des Konsulats befinden, seitdem die Patres Kopp, Nolte und Grosse um ihre Visas im Oktober dieses Jahres nachsuchten.*[338] Von den drei Genannten traten die Patres Nolte und Grosse die Reise an. P. Sebastian Kopp blieb in Deutschland.

Die Ausreise erfolgte mit dem Norddeutschen Lloyd Bremen. Der Inhaber des Lloyd Reisebüros in Würzburg war Carl Schlier in der Domstraße 21 und in der Schustergasse 4. Die drei größten und schnellsten deutschen Schiffe waren die *Bremen*, *Europa* und *Columbus*, die das Reisebüro vermittelte.[339]

Einen ganzen Weihejahrgang schaffte P. Engelbert noch am 28. April 1939 mit der *Bremen* aus Deutschland heraus nach New York. Es waren wohl die letzten deutschen Augustiner, die ausreisen konnten. Sie hatten die Besuchserlaubnis für ein Jahr. Dieses große Glück hatten die Neupriester Othmar Mußmächer, Arnold Diederich, Anastasius Lindner, Leonhard Lochner, Suitbert Moors und Leodegar Götzendörfer, der aber in Deutschland blieb. Sie konnten als Grund für ihre Ausreise angeben, dass sie ihr Studium

---

[337] Brief P. Engelberts an das amerikanische Konsulat in Stuttgart; PA.
[338] 021 Amerikanisches Konsulat – Ausreiseanträge; PA.
[339] Die Vertretung existiert heute nicht mehr in Würzburg.

in den Vereinigten Staaten abschließen wollten. Mit dem gleichen Schiff fuhren die Laienbrüder Patrick Bohmann und Regis Ankenbrand sowie P. Aurelius Stengel in die Vereinigten Staaten.[340]

Einen zweiten Zufluchtsort vor dem drohenden Krieg schuf P. Engelbert in der Schweiz. In Fribourg gab es eine gut erhaltene alte Augustinerkirche, welche die Augustiner gern übernommen hätten. Ihre Bemühungen um eine Übernahme scheiterten jedoch.

Die immer bedrohlicher werdende Klosterverfolgung durch die Nationalsozialisten drängte dazu, den von ihnen bedrängten Mitbrüdern eine Fluchtmöglichkeit zu bieten und eine Zufluchtsstätte nahe der deutsch-schweizerischen Grenze.

Ohne Ergebnis blieben die Verhandlungen darüber mit den Bischöfen von St. Gallen, Chur und Basel. Interesse an den Augustinern zeigte nur der Apostolische Administrator von Lugano, Bischof Jelmini, der die Augustiner freundlich aufnahm. Erste Gespräche mit dem Bischof führten am 19. Juni 1936 P. Provinzial Engelbert und der Provinzkommissar von Nordamerika, P. Athanasius Pape. P. Engelbert hatte P. Athanasius herangezogen, weil diesem wegen der politischen Schwierigkeiten die Klöster in der Schweiz unterstellt werden sollten. Am 23. Juni 1936 genehmigte Bischof Angelo Jelmini eine Niederlassung der Augustiner in seiner Diözese. Er übertrug ihnen die Bergpfarreien von Cavagnagno, Anzonico, Calonico und im Jahre 1938 zu Pfingsten auch noch Sobrio. Sie befanden sich an den Hängen des Livinen-Tals südlich des Gotthard im Kanton Tessin in einer durchschnittlichen Höhe von 1000 Metern. Als Einschränkung nahmen die Augustiner in Kauf, dass ihnen das Geldsammeln außerhalb der Diözese und die Errichtung von Erziehungsanstalten untersagt war.

Die Arbeit in diesen Orten war sehr schwer und steinig. Nach dem Krieg verließen die Augustiner bald die Ortschaften; der Letzte zog sich im September 1949 aus Cavagnago zurück.[341]

Eine augustinische Zwischenstation bezog am 29. Juli 1937 P. Capistran Haaf in Luzern im Steinhof. Er wurde Hilfspriester an der St. Paulspfarrei und bemühte sich um die Hebung der Rita-Verehrung.[342]

---

[340] PA.

[341] A. Kunzelmann, Geschichte der neuerrichteten deutschen Augustiner-Ordensprovinz, in: CU 26 (1968) 11-12.

[342] A. Kunzelmann, Geschichte, 13.

Vorüberlegungen zur Gründung eines Studienhauses in Fribourg führten im Frühjahr 1939 P. Provinzial Engelbert und P. Franz Roth durch. Die Franziskaner verwiesen sie auf die Villa eines Stadtbaumeisters auf dem Schönberg, die zum Verkauf anstand. Im August 1939 konnten P. Provinzial Engelbert und P. Provinzkommissar Athanasius Pape dem Bischof die Zustimmung zur Neugründung eines Konventes in dem Haus auf dem Schönberg abringen. Im Jahre 1940 weihte der Prior von Cavagnagno, P. Hilarius Appelhans, das Haus auf den Titel *Maria vom Guten Rat*.[343]

Nach dem Krieg wurde der Konvent zum Studienhaus *Augustinianum* umgewidmet. Hier wohnten einige Studenten, die ihr Studium an der Universität Fribourg durchführten, bis die Augustiner am 1. Oktober 1951 das Justinuswerk voll verantwortlich übernahmen.

Diese Gründungen in der Nähe Deutschlands hatte P. Engelbert für den Fall vorgenommen, dass die Augustiner aus ihren Klöstern in Deutschland vertrieben würden. Der Zufluchtsort in der Schweiz musste nicht in Anspruch genommen werden. Die Schweizer Klöster hatte P. Engelbert vorsorglich dem amerikanischen Vikariat eingegliedert. Sie unterstanden P. Athanasius Pape als ihrem Oberen.[344]

P. Athanasius als Vertrauter P. Engelberts

Als P. Engelbert nach Amerika kam, traf er auf P. Gelasius Kraus, der sich als Lehrer sehr schwertat; P. Engelbert bemühte sich deshalb um einen Posten für ihn, auf dem er sich besser betätigen konnte. Der Hauptkritikpunkt an ihm war, dass er ein Phantast sei und die begonnenen Arbeiten nicht fortzusetzen suche, sondern immer neue Pläne mache und nach neuen Plätzen für Klostergründungen Ausschau halte. Persönlich mochte P. Engelbert den P. Gelasius; für eine engere Zusammenarbeit reichte die Sympathie aber nicht aus.

Zu einer fruchtbaren, vertrauensvollen und langjährigen Zusammenarbeit kam es dagegen zwischen P. Engelbert und P. Athanasius Pape. Sie standen sich landsmannschaftlich und mentalitätsmäßig nahe.

---

[343] A. Kunzelmann, Geschichte, 13-14.
[344] A. Kunzelmann, Geschichte, 13-15.

Ein persönliches Verhältnis entstand zwischen ihnen durch die Erkrankung des P. Athanasius und durch die Aufforderung P. Engelberts an die Provinz, für den Erkrankten zu beten. Um die Gesundheit des P. Athanasius bangte P. Engelbert zusammen mit den Augustinern in Amerika mehrere Jahre. Bei einem Aufenthalt schrieb er an P. Clemens: *Morgen früh will ich nach White Haven fahren, um P. Athanasius zu besuchen. An Neujahr wurde er dort versehen. Soll sich jetzt wieder ganz gut machen.* Engelbert fragte ängstlich besorgt: *Ob er nicht doch besser nach Deutschland zurückkehrt?*[345] P. Athanasius brauchte wegen seines Gesundheitszustandes nicht nach Deutschland zurückzukehren. Er überwand nach verschiedenen Rückschlägen seine Krankheit und wurde ein erfolgreicher Oberer für die deutsche Vizeprovinz in Amerika. Als solcher gründete er verschiedene Klöster in Kanada und organisierte die Hilfssendungen an die deutsche Provinz nach dem Zweiten Weltkrieg.

HERR BRAND ALS BERATER IN FINANZFRAGEN

Die komplizierte finanzielle Lage der deutschen Provinz durch den Bau des Studienseminars in Weiden, die Schwierigkeiten, welche die Devisengesetzgebung und die allgemeine Finanzlage mit sich brachten, erforderten den Sachverstand eines Experten. P. Engelbert fand ihn in Herrn Brand, dem Direktor der Dresdner Bank in Würzburg.

P. Clemens hatte Kredite bei verschiedenen Institutionen im Ausland aufgenommen, beim Präfekten an der päpstlichen Sakristei, einem Augustiner, und bei den Augustinern der Philippinischen Provinz in Spanien.

P. Engelbert im Gespräch mit Herrn Brand, dem Direktor der Dresdner Bank, Würzburg.

Infolge der deutschen Devisengesetzgebung war äußerste Aufmerksamkeit geboten, damit in diesen Fragen keine Gesetzesübertretung begangen werde. P. Engelbert schaffte es, die deutsche Provinz durch den Dschungel der

---

[345] Brief P. Engelberts an P. Clemens, New York, 26. Febr. 1935; PA.

Devisenbestimmungen sicher zu steuern. Durch seinen Rat half er auch anderen Ordensgemeinschaften.

Dieses Kunststück gelang ihm durch Kontakt zu amerikanischen Finanzleuten, durch die Gewissenhaftigkeit von P. Athanasius und durch seine Freundschaft mit Herrn Brand von der Dresdner Bank, der ihm ein zuverlässiger Berater beim Meistern der finanziellen Schwierigkeiten war. Engelberts Bemühungen werden in einem Brief erkennbar, den er aus New York an P. Clemens schrieb: *Es wird Sie interessieren, dass Herr Brand von der Dresdner Bank bei mir ist. Eben kam ein hiesiger Bankbeamter, mit dem wir über Registermark etc. verhandeln wollen.*[346]

Direktor der Ritaschwestern

Nachdem P. Engelbert Provinzvikar geworden war, wurde er am 1. Oktober 1929 als Direktor der Ritaschwestern eingesetzt. Zum Spiritual wurde P. Wolfgang Rattler bestimmt, der auch den Gesang in der Genossenschaft pflegen sollte.

Neben seinen Aufgaben als Provinzial widmete sich P. Engelbert dem Aufbau und der Entwicklung der Ritaschwestern. Zusammen mit der Generaloberin der Gemeinschaft sorgte er als Erstes für eine angemessene Unterbringung der Schwestern. Es geschah durch den Kauf eines eigenen Hauses in der Ludwigstraße 13, der am 22. Februar 1930 getätigt wurde. Die Einweihung des Hauses mit einer eigenen Kapelle nahm der Direktor P. Engelbert vor. Der Kommentar zu diesem Ereignis lautete: *Es war wohl einer der schönsten Tage in der Geschichte der Ritaschwestern. Von da ab durften sie mit dem eucharistischen Heiland unter einem Dache wohnen. Dieses überaus große Glück war nach dem lieben Gott vor allem der Hilfe des P. Direktors zu verdanken.*[347] Die Ritaschwestern hatten ein eigenes Mutterhaus.

Das Haus hatte jedoch seine Mängel. Der größte bestand darin, dass im Haus keine Küche war, in der für 80 Personen gekocht werden konnte. Deshalb behielt man die Räume in der Residenz bei. Einen Teil vermietete man an die Klaretiner, in einem anderen kochte man. Von der Residenz wurde das Essen dann in Handwägelchen zum Mutterhaus gefahren. Dieser Zustand war dem P. Engelbert ein

---

[346] Brief P. Engelberts an P. Clemens, New York, 26. Febr. 1935; PA.
[347] CU 2 (1937) 93.

Dorn im Auge. Er suchte nach einer Abhilfe und fand sie in einem Grundstück in der Südtirolerstraße 32, das er für 40 000 Mark kaufte. Das Geld war ihm vom Missionsärztlichen Institut als Kredit gewährt worden. Hier begann er nach Überwindung vieler Schwierigkeiten und im Vertrauen auf Gott und die Hilfe der heiligen Rita mit dem Bau eines neuen Mutterhauses. Der große Umzug in den Neubau fand am 11. Mai 1936 statt. Am darauf folgenden Tag wurde die Küche von der Residenz in das neue Mutterhaus verlegt.

Die Genugtuung darüber und die Dankbarkeit dafür drückte eine Schwester mit diesen Worten aus: *So war es möglich, dass am 13. Mai der eucharistische Heiland ins schöne Tabernakelhäuschen seinen Einzug halten konnte. In ergreifenden Worten dankte P. Provinzial dem lieben Gott für das vollendete Werk und ermahnte die Schwestern zu steter Treue im wahren Glauben, zu gemeinschaftlicher Zusammenarbeit und zur Liebe untereinander.*[348]

Auch um die Weiterentwicklung der Ritaschwestern war P. Engelbert besorgt. Er erreichte, dass die Kongregation der Ritaschwestern mit römischem Dekret vom 8. Dezember 1936 dem Augustinerorden angegliedert wurde.

Im Verwaltungsrat des Missionsärztlichen Instituts setzte er sich dafür ein, dass den Ritaschwestern eine Entschädigung für ihre Arbeit gezahlt wurde, da sie bisher unentgeltlich gearbeitet hatten.

Im Genehmigungsdekret durch die römische Kongregation sollte die richtige Terminologie verwendet werden. Deshalb schrieb P. Engelbert an P. Clemens: *Der Bischof von Würzburg hat bei der Eingabe für die Ritaschwestern das Wort ,Wochenbettpflege' nicht gebraucht, sondern Hilfe für die Familie post partum! Sagen Sie das bitte P. Rudolf.*[349] Er unterrichtete den P. Clemens auch brieflich über neue Arbeitsfelder der Ritaschwestern: *Nun muß ich schließen, da ich in einer halben Stunde*

P. Engelbert nimmt die Gelübde einer Ritaschwester entgegen. Rechts P. Adolar Zumkeller, links P. Marianus Henke.

---

[348] CU 2 (1937) 96.
[349] P. Engelbert an P. Clemens, Würzburg, 9. Nov. 1932; PA.

nach Regensburg fahren muß, um die drei Ritaschwestern dahin zu bringen, die dort den Haushalt in einem Privatinstitut übernehmen sollen. Vorgestern haben die Schwestern eine neue Filiale mit drei Schwestern in Schraudenbach bei Zeuzleben aufgemacht.[350]

Auch bei den Ritaschwestern suchte P. Engelbert einen Ableger im Ausland einzurichten. Der erste Versuch war die Aussendung von vier Missionsschwestern in die bolivianische Indianermission zur Unterstützung der holländischen Augustiner.[351] Dieser Versuch misslang, da die Schwestern das Klima nicht vertrugen. Dann begleitete er zusammen mit P. Vitus Rumpel vier Ritaschwestern am 5. August 1938 nach Nordamerika. Die amerikanischen Mitbrüder hatten um die Schwestern für die Besorgung des Haushaltes in ihrem Noviziat gebeten. Seine eigene Fahrt nach Amerika begründete P. Engelbert mit der fälligen Visitation des Kommissariats, die vom P. General in einem Brief eigens gewünscht worden war.[352]

Zum 50-jährigen Bestehen der Ritaschwestern würdigte P. Hubert von Berg den P. Engelbert als Organisator der Ritaschwestern.[353] Er hob an ihm hervor, dass er erkannte und darauf hinarbeitete, dass er ihnen für ihre weitere Entwicklung ein Mutterhaus schaffen musste. P. Hubert urteilte aus eigener Anschauung über ihren Aufenthalt in der Residenz, dass sie in ihr nicht wohnten, sondern hausten. Er hat ihre Armut erlebt, als er als Diakon den kranken Schwestern die heilige Kommunion brachte. Aus dieser Erfahrung heraus schreibt er: *Die Jahre, die die Schwestern in der Residenz wohnten, waren wirklich Jahre der bittersten Armut.*[354]

Das Bemühen P. Engelberts in Zusammenarbeit mit den Schwestern um ein Mutterhaus blieb nicht bei dem Anwesen Ludwigstraße 13 stehen, sondern ging weiter zu einem Mutterhausbau, der den klösterlichen Anforderungen entsprach. Im Juli 1934 kaufte er das Grundstück an der Südtirolerstraße, heute Friedrich–Spee–Straße 32, auf dem das heutige Mutterhaus steht. Der Bau wurde bei der Bombardierung Würzburgs am 16. März 1945 total zerstört. Nach dem Krieg baute P. Engelbert das

---

350 P. Engelbert an P. Clemens, Würzburg, 4. März 1934; PA.
351 CU 2 (1937) 94.
352 CU 3 (1938) 88.
353 Zeit der Saat, Zeit der Ernte. Kongregation der Rita-Schwestern, Würzburg 1968, 18-28.
354 Ebenda 24.

Mutterhaus wieder auf. Sein vordringlichstes Anliegen war aber das Erstarken der Schwesternschaft. Schon im August 1945 richtete er deshalb im Augustinerkloster Fährbrück die Kandidatur ein und im Frühjahr 1946 in Würzburg das Noviziat. Er forderte die Schwestern auf, nach Kräften um Nachwuchs zu werben. Als Fundament für den Erfolg ihrer Werbung nannte er *ein felsenfestes Gottvertrauen, ein inniges Gebet und vorbildliches Leben.*[355] Mit der Zunahme der Anzahl der Ritaschwestern konnte P. Engelbert auch ihr Hauptarbeitsgebiet, die Familienpflege, erweitern. Er ließ die Schwestern in allen Gebieten der Familienpflege schulen. Ihre Ausbildung umfasste Hebammendienst, Kinder-, Wöchnerinnen- und Krankenpflege.[356]

Mit dem äußeren Aufbau suchte P. Engelbert auch den Ritaschwestern das augustinische Gemeinschaftsideal zu vermitteln: Ein Herz und eine Seele in Gott zu sein und die Einheit in allen Lebensbereichen immer besser zu verwirklichen.

Er sah auch, dass erst in der Zusammenarbeit zwischen dem männlichen und dem weiblichen Zweig des Ordens *das Ordensideal in seiner ganzen Fülle und Tiefe zur Entfaltung* gebracht wird.[357] Ansätze dafür waren in den deutschen Klöstern die Arbeit der Ritaschwestern im Haushalt, die kriegsbedingt die Laienbrüder ersetzten. Es gab aber auch eine wirkliche Zusammenarbeit zwischen Augustinern und Ritaschwestern in anderen Bereichen, in der Pastoral und im Augustinusverlag. P. Engelbert förderte sie, weil er in dieser Zusammenarbeit eine Verwirklichung des augustinischen Ideals erblickte, für das er glühte, in dem er *das Thema seines Lebens* erblickte.[358]

Der Augustiner P. Marianus Henke würdigte die Person P. Engelberts als des Direktors der Ritaschwestern in der Festschrift zum 75-jährigen Bestehen der Ritaschwestern. Das fast 25-jährige Wirken P. Engelberts bei ihnen ließ ihn zu folgender Charakterisierung kommen. Er sah an ihm *universelle Begabung und faszinierende Weitsicht, Klugheit der Menschenführung und die Fähigkeit, im richtigen Augenblick die richtige Entscheidung zu treffen, Organisationstalent und die Kunst, Beziehungen zu knüpfen und zu pflegen.* Dies sei überhöht gewesen *von einem unerschütterli-*

---

[355] Ebenda 21.
[356] Ebenda 22.
[357] Ebenda 26.
[358] Ebenda 28.

chen Vertrauen auf die führende Hand Gottes und die helfende der
hl. Rita. All dies zusammen *gaben seiner Persönlichkeit die Aura
einer providentiellen Erscheinung.* Er wurde während des Dritten
Reiches, während der Kriegs- und ersten Nachkriegszeit *von allen
als ein Geschenk der göttlichen Vorsehung angesehen,* der allein in
der Lage war, *die deutsche Augustinerordensprovinz und das
Häuflein der Ritaschwestern ungefährdet durch die tückischen
Riffe und Untiefen dieser makabren Zeit* zu steuern.[359]

VERWIRKLICHUNG DES GEMEINSCHAFTSIDEALS

P. Provinzial Engelbert hat nicht nur über das Ideal der
Gemeinschaft gesprochen, sondern auch versucht, es zu pflegen.
Dies tritt besonders deutlich bei den in den Konventen anfallenden
Festen hervor, wie die Chroniken der deutschen Augustinerklöster
zeigen. Er war nicht nur im Konvent Würzburg bei besonderen
Anlässen anwesend, sondern besuchte auch andere Klöster beim
Namenstag des Priors oder beim Jubiläum eines Mitbruders. Fragt
man sich, warum er dies tat, so lautet die zutreffende Antwort si-
cher nicht nur, weil er ein geselliger Typ war, sondern weil es auch
zu seinem Bild vom augustinischen Leben gehörte, dass man die
Gemeinschaft mit den Mitbrüdern pflegen muss und dies besonders bei Feiern und Festen.

Zu seinem eigenen Namenstag am 7. November hielt der
Konvent gewöhnlich eine Feier ab. Es geschah auch im Jahre 1937.
Die Glückwünsche der Klostergemeinde überbrachte in diesem
Jahr der Subprior nach der Vesper des Vortages. In der Erwiderung
ließ der Provinzial das Bedauern darüber einfließen, dass er die
Gratulation *leider nicht vom P. Prior des Konventes selbst erhalten*
habe, wie er bis jetzt noch gehofft hatte.[360] Der Prior P. Josef
Eckstein war verhindert, da er noch im Gefängnis saß. P. Engelbert
verwies auf die Notwendigkeit des Zusammenhaltens und die Pflege
des Familiensinns. Er *dankte der ganzen Provinz für das feste
Zusammenstehen und Mitarbeiten.*

---

[359] Das Werk muß leben. Chronik 1911–1986. Versuch einer geistigen
Bestandsaufnahme, in: „Bei dir ist die Quelle des Lebens, in deinem Licht
schauen wir das Licht" Ps. 36, 10. FS zum 75jährigen Jubiläum der
Ritaschwestern, Würzburg 1911–1986, Würzburg 1986, 8-18, bes. 10.
[360] CU 2 (1937) 106.

Am Abend führten die Mitbrüder verschiedene Musikbeiträge und auch kleine Theaterstücke auf. P. Subprior Adalbero Kunzelmann hielt eine kurze launige Ansprache unter dem Motto:

Ich bin klein,
mein Wunsch ist klein,
unser P. Provinzial soll glücklich sein.

Der Berichterstatter über die Feier vermerkt, dass *der Jägerchor aus der Oper von Weber mit wahrer Begeisterung gesungen* wurde.

Den Ablauf der vorgetragenen Musikstücke fasste er in diese Verse:

Mozart lieh nicht Text, doch Ton
Zu der Rekreation.
Schubertmarsch und Marsch von Lehmann,
Wer die Kunst nicht liebt, der geh' man!
Haydn schrieb uns ein Andante.
Ob er diesen Festtag spannte?[361]

P. Engelbert war bemüht, bei den entscheidenden Schritten, die ein Ordensmann in seinem Leben zu gehen hat, persönlich anwesend zu sein. Er hatte es sich zur festen Regel gemacht, die Einkleidung der Tertiaren in der Klosterschule selbst vorzunehmen. Er wollte ihnen durch seine Gegenwart ausdrücken, dass sie in der Gemeinschaft willkommen sind und dass sie sich mit ihm und den anderen Mitbrüdern verbunden fühlen dürfen.

Das Gefühl der Zusammengehörigkeit und des Interesses am Befinden der Mitbrüder brachte P. Engelbert bei der Feier der Priesterweihe, der Primiz, bei besonderen Geburtstagen und Jubiläen durch seine Anwesenheit zum Ausdruck und durch sein interessiertes Gespräch. Dieses konnte er durch Erzählungen oder durch einen Witz nach dem anderen interessant gestalten.

P. Engelbert war auch ein eifriger Briefschreiber. Er stand in einem intensiven Gedankenaustausch mit seinen Angehörigen, den er nicht abreißen ließ. Es existiert eine umfangreiche Korrespondenz P. Engelberts mit P. Clemens Fuhl, in der sie sich ihre Planungen und Überlegungen mitteilten und sich gegenseitig Ratschläge gaben. P. Engelbert nutzte die Möglichkeiten, die sich

---

[361] CU 2 (1937) 107.

ihm boten, um das augustinische Ideal der Gemeinschaft zu ver-
breiten und zu leben.

Er blickte dabei über den Bereich der deutschen Provinz hinaus und nahm Anteil am Geschick der spanischen Augustiner, die
vom Bürgerkrieg hart getroffen waren. Sobald er von den Spaniern
Nachrichten erhielt, teilte er sie voll Anteilnahme den deutschen
Mitbrüdern mit. Die Ermordung so vieler Augustiner führte ihm
drastisch vor Augen, dass sein eigenes Leben und das seiner
Mitbrüder unter der Nazidiktatur äußerst gefährdet war.

P. ENGELBERTS STELLUNGNAHME
ZUM DRITTEN REICH

Der Provinzial Engelbert stand unter der scharfen Beobachtung der Gestapo. Die Beamten der geheimen Staatspolizei besuchten ihn angemeldet und unangemeldet. Der Pförtner versuchte den P. Provinzial vor diesen Herren zu warnen. Es gelang ihm aber nicht immer, so dass sie ohne Anmeldung einfach in sein Zimmer gingen. Bei ihren Verhören und Durchsuchungen konnten sie nichts finden, was zu einer Anklage gegen ihn hätte führen können.

P. Engelbert erkannte das Unchristliche des Nationalsozialismus, die Bedrohung, die von ihm für die Kirche und die Orden ausging, und das Unglück, das durch ihn Deutschland drohte. Er widersetzte sich diesen Tendenzen in Verantwortung gegenüber den seiner Fürsorge anvertrauten Brüdern und Schwestern.

Er tat es am 4. Juli 1937 bei der so genannten *Großen Wallfahrt* zu Maria in der Wiese in Germershausen auf dem Eichsfeld. Zu diesem Ereignis fanden sich etwa 10 000 Menschen ein. P. Provinzial Engelbert war als Festprediger geladen, da das Kloster Germershausen sein fünfzigjähriges Bestehen feierte.

In seiner Predigt stellte er die deutsche Ordensprovinz als *eine blühende Provinz voll kraftvollen Lebens* vor und verwies darauf, dass *die Wurzeln dieser Entwicklung hier am Gnadenort Germershausen* liegen.[362]

Der Festprediger bezeichnete sich selbst als *ein Kind des Eichsfeldes* und erklärte, dass er seinen Beruf dem Kloster Germershausen verdanke. Das Eichsfeld sei zwar *ein armes Land*, doch sei es reich *an edlen Seelen*. Den Edelmut der Menschen erläuterte er an der Anzahl der Augustiner, die es hervorbrachte: *Wenn von den 132 Priestern, die der Orden zur Zeit in Deutschland hat, 30 vom Eichsfelde oder aus der allernächsten Umgebung stam-*

---

[362] CU 2 (1937) 63.

men, so sind das etwa 23 %, d. h. nahezu der 4. Teil unserer Patres.
P. Engelbert führte diese Entwicklung auf die wechselseitige Treue
zurück, auf die des Eichsfeldes zu den Augustinern und der
Augustiner zum Eichsfeld. Er forderte die Anwesenden deshalb auf,
ein gegenseitiges Treueversprechen abzulegen. *Und das wollen wir
uns in dieser Feierstunde gegenseitig versprechen: Treue um Treue.
Bleibt uns treu – wir bleiben euch treu.*

Die Predigt sollte sich aber nicht nur auf die Augustiner beziehen, sondern auch den Menschen, die mit ihren Nöten und
Sorgen zu Maria gekommen waren, Stärkung, Mut und Vertrauen
geben. Deshalb nannte der Prediger als Fundament für die menschliche Treue die Treue zu Gott. Es komme darauf an, *ihm, dem
höchsten Herrn Himmels und der Erde,* treu zu bleiben. Er ist der
Bleibende, während die *Menschen kommen und gehen; Menschen-
werke werden geschaffen und zerfallen wieder: Gott bleibt ewig!
Was haben wir in den verflossenen 50 Jahren alles erlebt! Krieg
und Frieden. Hunger und Inflation. Reiche sind zusammengebro-
chen, Throne gestürzt, Kronen in den Staub gerollt. Was ist
menschliches Wirken und Schaffen? Wie eine Woge im Meere, die
aufsteigt und wieder versinkt.*

*Die bittere Wahrheit von der Vergänglichkeit alles Irdischen
kommt uns gerade bei einem Jubiläum immer stark zum
Bewußtsein. Umso stärker und lebendiger muß unser Glaube an
den ewigen Gott werden; umso klarer müssen die ewigen
Wahrheiten vom Sterben und Auferstehen in Gott vor unserer
Seele stehen. Was nützt es dem Menschen, wenn er die ganze Welt
gewinnt, an seiner Seele aber Schaden leidet! Wie töricht, wenn
wir um eines armseligen Vorteiles willen unsere Ewigkeit aufs
Spiel setzen.*

*Bleiben wir Gott, dem Ewigen treu, treu dem Kreuze. Die rö-
mischen Kaiser haben mit Blut und Schwert gegen das Kreuz ge-
wütet. Julian der Abtrünnige wollte noch im 4. Jahrhundert das
Christentum ganz ausrotten und so ist es ununterbrochen zugegangen. Aber fest steht das Kreuz trotz allem und jedes Jahr vermehrt sich die Zahl der Anhänger des Gekreuzigten um Millionen
auf der Welt. Darum treu dem Kreuze! Halten wir Wacht unter
dem Kreuze wie die Mutter Gottes, die aushielt auf Kalvaria und
den Glauben bewahrte, obwohl ihr göttlicher Sohn vor ihren
Augen getötet wurde und scheinbar sein Werk vernichtet war.
Auch sie empfand wohl die Bitterkeit des Karfreitags, aber vor
ihrer gläubigen Seele stand auch schon der Jubel des Ostermor-
gens!*

Möge die Muttergottes uns allen heute einen solchen uner-schütterlichen Glauben erflehen und alle ihre treuen Anhänger des Eichsfeldes mit tiefer Kraft und heiligem Mut erfüllen![363]

In seiner Treue-Predigt machte P. Engelbert den Eichsfeldern, zu denen er sich ausdrücklich gezählt hatte, Mut, die kommende Auseinandersetzung mit Gottvertrauen anzunehmen und im Glauben an Gott und seinen Sohn Jesus Christus, der gekreuzigt wurde und auferstanden ist, durchzustehen.

Einen zentralen Gedanken in seiner Spiritualität hatte P. Engelbert angesprochen, Jesus Christus und seine Nachfolge. Die Betrachtung Christi und die daraus gezogenen Folgerungen begleiteten ihn während seines ganzen Ordenslebens und gaben ihm in den schwierigen Situationen während des Dritten Reiches die nötige Kraft zum Widerstand.

Das Thema der Nachfolge Christi behandelte P. Engelbert beispielsweise bei Exerzitien zur Einkleidung ins Noviziat vom 2. bis 11. Februar 1931.

Zur Nachfolge Christi führte er aus, dass sie im Gebet geschieht. Dies solle man gern und häufig üben. Er verwies darauf, dass durch die gute Meinung die Arbeit zum Gebet gemacht werden kann.

Christusnachfolge kann in der Demut geschehen. Christus nahm Menschengestalt an und lebte einfach und arm. Unsere Demut kommt in der Selbstverleugnung zur Geltung durch Bezähmen unserer Augen, Zunge, unseres Gaumens und unserer Ohren.

Als letzten Punkt hob er das Leiden Jesu hervor. Sein ganzes Leiden erduldete er für uns. Sein Kreuz lässt er von denen mittragen, die ihm nahestehen. Wer ihm am nächsten ist, der darf am meisten mittragen. Deshalb die kleinen Überwindungen und Opfer gern ertragen und guten Willen zeigen.[364]

Die in den Exerzitien vorgetragenen Gedanken waren für die persönliche Formung angehender Augustiner gedacht. Sie bildeten aber auch Richtlinien für Engelberts eigene Lebensgestaltung.

CHRISTUS UNSER FÜHRER

In der Predigtreihe *Christus ist unser Führer* trug P. Engelbert seine Gedanken zur Gestaltung des Lebens in der jetzigen Zeit vor, wie sie sich aus der Nachfolge Christi ergeben. Seine Gedanken ent-

---

[363] CU 2 (1937) 63-66.
[364] Nach dem Notizbüchlein von Br. Marold Diener OESA.

wickelte er in den Fastenpredigten 1931 in der Augustinerkirche in Würzburg. Über das gleiche Thema predigte er in Desingerode auf dem Eichsfeld und 1933 in der Wallfahrtskirche zu Fährbrück.[365]

Von den Mitbrüdern forderte P. Engelbert, sie sollten bei ihrer Tätigkeit auf der Kanzel alles Politisieren unterlassen. Ihre Aufgabe sei es, den katholischen Glauben zu verkünden.

Aus der nationalsozialistischen Bewegung hob er drei charakteristische Punkte hervor, an die der Prediger mit seiner Glaubensverkündigung anknüpfen kann: Es seien die großen Gedanken der Autorität, des Führerprinzips und der Gemeinschaft. Diese Gedanken seien nicht neu, sondern im Gegenteil seit Jahrhunderten die Grundlage unserer Lebensführung. *Machen wir ernst, sie im Leben praktisch zu verwirklichen.*[366] In seinen Christuspredigten stellte P. Engelbert Christus als den Führer vor. Er machte in seinen schriftlichen Aufzeichnungen keine Anspielung auf den Führer Adolf Hitler. Aber jeder gute Katholik wusste, dass P. Engelbert in seinen Predigten von einem Führer sprach und ein Programm entwickelte, das der Person Hitlers und seinen politischen Vorstellungen diametral entgegenstand.

In seiner ersten Predigt bezeichnete er Christus als den Führer zum wahren Glück. Er gewährt dem dieses Glück, der eine innige Verbindung zu Christus und der Kirche aufrecht erhält. *Wohl mag das Leid über dich hereinbrechen, das Kreuz mag schwer auf wunden Schultern drücken – du wirst nicht unglücklich sein, du siehst ja den Führer auf demselben Wege vor dir und du hast die Versicherung, dass, wer mit Christus leidet, auch mit Christus verherrlicht werden wird.*

In der zweiten Predigt behandelte er das Thema Christus und die Autorität. Sein Schriftwort lautete: Christus ist gehorsam geworden bis zum Tode, ja bis zum Tode am Kreuze. Auch in diesem Punkte müssen wir Christus als unserem Führer folgen. Die Heilige Schrift betont vom Heiland nichts stärker als seinen Gehorsam. Über seinem verborgenen Leben steht als Überschrift: Er war ihnen untertan. Noch stärker kommt der Gehorsam Jesu zum Ausdruck in seinem bitteren Leiden, so dass der heilige Paulus diese wichtigste Periode im Leben Jesu wieder zusammenfasst in die Worte: *Christus ist für uns gehorsam geworden bis zum Tode, ja bis zum Tode am Kreuze.*[367] Der Heiland übte die Tugend des

---

[365] Chronik Fährbrück.
[366] Rundbrief vom 12. Aug. 1933; PA.
[367] Phil 2, 8.

rückhaltlosen Gehorsams *für uns*, um so der beleidigten Majestät Gottes volle, sühnende Genugtuung zu leisten und uns Menschen Verständnis für den Gehorsam gegen Gott und die gottgewollte Autorität zu lehren. Als von Gott gewollte Autoritäten nennt er die Eltern, den Vorgesetzten, die Staatsgewalt. Alle Autorität beruht auf Gott. *Aber selbst den schlechten Vertretern der Autorität sind wir Gehorsam schuldig, außer sie verlangen etwas, was gegen das Sittengesetz verstößt.* P. Engelbert wandte die Grundsätze auf die aktuelle Lage an und sagte: Die Kirche *wird jede Regierung unterstützen und ihre Autorität anerkennen, solange die Regierung in ihrer Gesetzgebung und Verwaltung die Autorität Gottes respektiert. Wir sehen, die katholische Kirche geht hier genau den Weg, den ihr der Heiland durch sein eigenes Verhalten gezeigt hat. Er garantiert uns den inneren Frieden, der mehr wert ist als aller Besitz und alle Erfolge.*

In seinen Fastenpredigten stellte P. Engelbert Christus als unseren Führer in den brennenden Fragen der Gegenwart vor und thematisierte ihn als den Führer zum wahren Glück und als lebendiges Beispiel für Gehorsam gegenüber der Autorität.

In der dritten Predigt sprach er über Christus als unseren Führer in den sozialen Problemen der Gegenwart.

Von den Besitzverhältnissen vor Christus hebt sich herrlich und strahlend die Lichtgestalt des göttlichen Heilandes ab. *Am Abhang eines Berges sitzt er; vor ihm lagert das Volk in großen Scharen. Da öffnet er den Mund und es erklingen die Feierklänge der acht Seligkeiten. Es ist das soziale Programm Jesu Christi, das Fundament der neuen christlichen Kultur. Und gleich als ersten und wichtigsten Satz dieses Programms verkündet er: Selig sind die Armen im Geiste.* P. Engelbert bezeichnet als Armen im Geiste diejenigen, die ihr Herz nicht an die Güter der Erde hängen. Es sind alle Reichen, *die über ihrem Reichtum stehen und diesen verwalten im Dienst der Gesamtheit, die ehrlich sind, gütig und barmherzig. Das sind die Armen, die auf ehrliche Weise voranzukommen suchen, nicht hassen, nicht neiden und das Schicksal, soweit es sich durch Gebet und Arbeit nicht abwenden läßt, tragen als Kreuz, das der Herrgott auf ihre Schultern gelegt hat. Arm im Geiste ist derjenige, dem das Heil der Seele und das Wohl des Reiches Gottes höher stehen als Geld und Gut.*

Christus ist kein Gegner des Privateigentums. Seine besondere Liebe gehörte aber den Armen. Er räumte vor allem mit dem Vorurteil seiner Zeit auf, dass Armut eine Strafe Gottes für begangene Sünden sei.

Seine Ausführungen fasste P. Engelbert in diese Sätze zusammen: *So sehen wir, wie Christus wirklich ein ganz großes soziales Programm aufgestellt hat. Er hängt sich nicht an Kleinigkeiten, bringt keine Teillösungen wie unsere modernen sozialen Reformer und Phantasten, sondern löst die Frage großzügig und grundsätzlich. Armut und Reichtum sind nicht Selbstzweck, sondern bloße Mittel zum großen hohen Endziel der Menschen. All die Ungleichheit, die durch die Verschiedenheit des Besitzes entsteht, wird überbrückt und ist leicht zu ertragen durch das große Gebot Christi: Du sollst deinen Nächsten lieben wie dich selbst. In diesem Gebote liegt die Lösung unserer sozialen Frage.*

In der vierten Fastenpredigt legte P. Engelbert das große soziale Gebot Christi von der Nächstenliebe aus.[368] Er stellte fest, dass durch die soziale Bewegung unserer Tage ein stolzer, selbstbewusster Ton geht: *Wir wollen keine Almosen, sondern selbstverdienten Lohn. Wir wollen nicht Barmherzigkeit, wir wollen unser Recht. Wir wollen kein Mitleid, sondern Zustände, die das Mitleid überflüssig machen. Wir wollen keine Liebe, sondern Gerechtigkeit.*

Gegen diese Tendenz wandte P. Engelbert ein: *Aber falsch, grundfalsch wäre es, zu verlangen: Fort mit der Liebe! Gebt uns Gerechtigkeit! Die wahre Liebe setzt ja die Gerechtigkeit voraus. Wer ungerecht ist, hat keine Liebe.* Der Schlüssel zur vollen befriedigenden Lösung der sozialen Frage ist *die wahre, christliche Liebe. Es kommt kein neuer Heiland mehr, weder ein religiöser noch ein sozialer noch ein politischer! Die Hauptschwierigkeit in der Lösung der sozialen Frage liegt in der Selbstsucht der Menschen.* Darum gilt heute wie damals die Forderung Christi: *Daran werden alle erkennen, dass ihr meine Jünger seid, wenn ihr einander liebet.*

In der fünften Fastenpredigt beschäftigte sich P. Engelbert mit dem Thema Christus und die Ehe. Er bezeichnete sie als die wichtigste soziale Frage der Menschheit, für die Christus klare, feste Richtlinien gegeben habe. *Denn die gesunde Familie ist nicht nur die Vorbedingung für das Wohl des Einzelnen, sondern auch für das des Staates, ja der ganzen menschlichen Gesellschaft.*

Bei den Ehezwecken nennt er als ersten das Kind, das für die Erhaltung des Menschengeschlechtes unabdingbar ist. *Eine sehr bedenkliche Erscheinung in der ganzen Welt ist heute der Geburtenrückgang. Vom Kinderfluch spricht man, statt von Kindersegen, an Wiegen trauert man wie bisher an Gräbern. Die katholische*

---

[368] Joh 13,34.

Kirche aber sagt den Völkern: die Ehe ist ein Sakrament, ein Heiligtum der Gnade, dazu bestimmt, die Wiege neuen Lebens zu sein. Zur Erhaltung des Menschengeschlechtes gehöre aber nicht bloß die Erzeugung, sondern auch die Erziehung des Kindes. Und wie dort, so müssen auch hier beide Eltern zusammenwirken.

Der zweite Grundpfeiler der christlichen Ehe ist ihre Einheit. Der dritte ist die Unauflöslichkeit. An diesen drei Grundsätzen hat nur die katholische Kirche festgehalten.

Zusammenfassend stellte P. Engelbert fest: *Denn die unauflösliche sakramentale Ehe ist der sicherste Schutz der Frauen- und Kinderrechte, die Grundbedingung für die Erhaltung und Fortentwicklung der menschlichen Gesellschaft und damit des Reiches Gottes auf Erden.*

In seiner sechsten Predigt sprach P. Engelbert über Christus und die Kirche. Er betonte die Lebendigkeit Christi in der Kirche: *Für uns ist Christus nicht tot. Er ist wohl gestorben, aber er ist auferstanden und lebt; lebt nicht bloß im Gedächtnis der Gläubigen, sondern lebt wirklich in seiner Kirche. Es ist das wohl eine der wunderbarsten Tatsachen unseres heiligen Glaubens*: Die katholische Kirche als der fortlebende Christus, als der mystische Leib Christi wird von allen Christen insgesamt gebildet. *In dieser Kirche setzt Christus sein ganzes Leben fort.* Seine Unfehlbarkeit, seine Leiden. In der Welt ist die Sehnsucht nach Weltfrieden zu spüren. Für die Verwirklichung dieser Sehnsucht ist die katholische Kirche mit dem Heiligen Geist beschenkt worden. Dieses Geschenk fordert alle Katholiken zum Laienapostolat auf. Das *erste Gebiet deiner Aposteltätigkeit ist deine Familie.*

Auf die Frage, wie man Laienapostel sein soll, antwortete P. Engelbert: *Sei ein ganzer Katholik*, der von den Grundsätzen seiner Religion durchdrungen ist und sich nicht wie ein schwankendes Rohr verhält, *das der Wind des Zeitgeistes nach allen Seiten hin biegt, sei kein halber, sei ein ganzer Katholik.*

RUNDBRIEFE DER VORKRIEGSZEIT

Ein wichtiger Gesichtspunkt, der die Rundbriefe P. Engelberts in der Vorkriegszeit durchzieht, ist die Erinnerung an die in der Profess vollzogene Lebensweihe an Gott. Angesichts der vielfältigen Bedrohungen hielt es P. Engelbert für angebracht, die Kraftquellen in Erinnerung zu rufen, die Mut zum Widerstand und Durchhalten vermitteln konnten.

Einen wichtigen Punkt bot das Augustinusjubiläum, auf das P. Engelbert in seinem ersten Rundbrief vom 6. September 1930 einging.[369] Als er ihn verfasste, stand er noch unter den Eindrücken des Augustinusjubiläums.

Er forderte seine Mitbrüder auf, tiefer in den Geist des heiligen Augustinus einzudringen *und wirkliche Söhne des heiligen Ordensvaters zu werden* und sich ihm würdig zu zeigen. Deshalb muss er uns, *seinen geistigen Söhnen Wegweiser sein, da wir ja den heiligen Eid auf seine Regel abgelegt haben.* Augustinus betonte die Liebe in seiner Regel. Deshalb muss *echte tiefe Gottesliebe, aufrichtige und opferwillige Nächstenliebe das Wahrzeichen unseres Ordens sein.* Letztere sei *gerade im jetzigen Augenblick unumgänglich nötig.* Von der Welt sagte er, dass sie in Brand stehe, der durch den *Kampf der Geister* hervorgerufen sei. Die Weltgeschichte sah er an einem Wendepunkt angekommen. *Die nächsten Jahre werden Entscheidungsschlachten bringen.*

Drei Jahre später, im August 1933, stimmte P. Engelbert seine Mitbrüder auf Zeiten ein, die *wahrscheinlich noch schwerere Opfer auch von uns fordern als bisher.*[370] Er verwies auf die strengen Mittel, die der Staat ergreifen muss, um durchzuhalten. Davon werden auch die Augustiner betroffen sein. Sie sollen ihr Opfer *durch religiöse Beweggründe im Sinne des Armutsgelübdes* erleichtern. Mit Blick auf die bevorstehende Entwicklung schrieb er: *Es geht heute in der Welt ums Ganze; es scheint, wir stehen erst am Anfang einer ganz neuen Zeit und ganz neuer Entwicklungen.* Aus dieser Zeiterfahrung folgerte er für das Leben und die Frömmigkeitshaltung seiner Mitbrüder: *Da braucht man ganze Männer, die, Gott innerlich treu, mit ganzer Seele im Orden stehen und bereit sind, sich restlos Gott und seiner heiligen Kirche zur Verfügung zu stellen. Die Zeiten verändern sich, Entwicklungen kommen und gehen, aber in all dem Auf und Ab bleibt Gott unveränderlich. Unser Vertrauen auf ihn wird darum immer gerechtfertigt.*

Im Anschluss an die Visitation der Provinz durch den General P. Clemens Fuhl teilte P. Engelbert die positiven Aussagen des Generals über den Zustand der Provinz mit. Dieser hob die starke Aktivität und das rege Leben in der Provinz hervor. Er zeigte sich *erfreut vor allem über die enge Zusammenarbeit zwischen den einzelnen Häusern und der Provinzleitung und über die uneigennüt-*

---

[369] Rundbrief vom 6. Sept. 1930; PA.
[370] Rundbrief vom August 1933; PA.

zige und opferwillige Mitarbeit in den wirtschaftlichen Fragen. In der Bedachtsamkeit auf das Wohl der Gemeinschaft erblickte P. Clemens *den Grund für das auffallende Wachstum unserer Provinz. Von der Beibehaltung und weiteren Ausgestaltung dieses Geistes sei die Zukunft der Provinz abhängig.*

Angesichts der dunklen Wolken, die gerade jetzt am Himmel stehen, *möchte manchmal Mutlosigkeit uns beschleichen, aber wir brauchen keine Angst zu haben. Solange wir Gott innerlich die Treue halten, solange wir uns bewußt sind, dass wir ja ihm unser ganzes Leben geweiht und geopfert haben, werden wir innerlich stark und ruhig sein. Gott wird mit uns sein!*[371]

Im Jahre 1935 war P. Clemens unerwartet gestorben. Sein Tod war sowohl für P. Engelbert als auch für die deutsche Provinz ein herber Verlust. Es fehlte eine wichtige geistliche Stütze. Um so mehr kam es jetzt darauf an, sich die inneren Kraftquellen ins Bewusstsein zu rufen und ihre Verheißung und Kraft im Alltag umzusetzen.

Es wurde angesichts der Seminarauflösung und Entlassung der Gymnasialprofessoren in Münnerstadt für P. Engelbert notwendig, einen Weg in die Zukunft aufzuzeigen. Unter dem Eindruck dieser schweren Sorgen schrieb er an seine Mitbrüder: *Wir wollen dabei aber nicht mutlos und verzagt werden, sondern wollen fest vertrauen auf den, ohne dessen Wissen kein Haar von unserem Haupte fällt. Andererseits soll uns die Notzeit daran mahnen, es ernster zu nehmen mit unseren Ordenspflichten.*[372]

RUNDBRIEFE DER KRIEGSZEIT

Der Zweite Weltkrieg war ausgebrochen, als P. Engelbert seinen Rundbrief schrieb. Er brachte in ihm seine Sorgen zum Ausdruck.[373]

Die erste war die Einberufung der Mitbrüder zum Militär. Deshalb schickte er ihnen *die amtlichen Weihezeugnisse für das Subdiakonat, wie sie vom Militär angefordert werden.* Mit der Übersendung dieses Ausweises verband P. Engelbert die Hoffnung und das Gebet, *dass der Krieg bald zu Ende ist und wir diese Ausweise nicht brauchen.*

---

[371] Rundbrief vom 29. Okt. 1934; PA.
[372] Rundbrief vom 24. 4. 1937; PA.
[373] Rundbrief vom 7. 9. 1939; PA.

Die Einberufung zum Militär rief zweitens in den Klöstern einen Mangel an Personal hervor, da *unser ganzer Betrieb auf Männer eingestellt ist.* Als möglichen Ausweg schlug P. Engelbert die Einstellung von Schwestern vor. In diesem Fall würde er *für einen Teil des Hauses die Klausur aufheben.*

Er erinnerte daran, für die Mitbrüder zu beten, *die im Felde stehen und damit täglich dem Tode ins Angesicht sehen.*

Als P. Engelbert seinen Adventsrundbrief schrieb[374], waren 32 Mitbrüder zum Militär eingezogen. Dies veranlasste ihn zu grundsätzlichen Darlegungen, die ihn als einen besorgten und mit seinen Brüdern verbundenen Oberen zeigen.

Er erinnerte daran, dass der Kontakt zu ihnen nicht abbrechen darf: *Ich halte es für eine sehr ernste Pflicht, dass wir mit diesen Mitbrüdern ständig in engster Fühlung bleiben. Sie stehen draußen, von vielen Gefahren des Leibes und der Seele umdroht. Da wird es für sie ein Gefühl der Stärke und des Trostes sein, zu wissen, dass die Mitbrüder in der Heimat an sie denken, für sie beten und ihnen helfen durch teilnehmende Briefe, kleine Liebesgaben, gute Lektüre usw. Ich mache es einem jeden Oberen zur heiligen Pflicht, für einen derartigen regelmäßigen Verkehr mit den von seinen Untergebenen Eingerückten zu sorgen. Der Provinzial bittet darum, dass ihm regelmäßig über die im Felde oder in den Garnisonen stehenden Mitbrüder berichtet wird.*[375]

Mit einem gewissen Stolz berichtete P. Engelbert, dass die Universität zwar noch nicht den Vorlesungsbetrieb aufgenommen habe, die theologischen Vorlesungen aber bereits begonnen hätten. Das Priesterseminar richtete in Verbindung mit den Ordensleuten Hilfskurse ein, die bis zur Wiedereröffnung der Universität gehalten werden. *Von unseren Patres wirken als Lektoren mit: P. Adalbero (Liturgik), P. Ferdinand (Apologetik), P. Eugen (Alttestamentliche Exegese und Hebräisch) und P. Hermenegild (Patrologie). Die Vorlesungen sind zum Teil im Priesterseminar, zum Teil bei uns im Kloster.*

Erfreulich war auch die Nachricht, dass P. Hermenegild, P. Matthias und P. Adolar ihre schriftlichen Arbeiten für das Doktorexamen abgeliefert hätten und demnächst ihre mündlichen Prüfungen ablegen.

P. Engelbert griff aber auch die Zeit des Ordensfastens auf,

---

[374] Rundbrief vom 4. Nov. 1939; PA.
[375] Rundbrief vom 4. Nov. 1939; PA.

das an drei Tagen von Allerheiligen bis Weihnachten beobachtet werden sollte, und ermunterte dazu, diese Zeit der Einschränkungen religiös auszunutzen. Die äußerlich vorgeschriebene Enthaltsamkeit solle *mit freudigem Opfergeist* angenommen werden. Er schrieb, dass *Zeiten der Not auch immer Zeiten der Gnade sind. Durch Beten und Opfern erwerben wir uns die Gnade.*

Das nahende Weihnachtsfest deutete P. Engelbert trotz Krieg als Fest der Liebe, als Familienfest, das uns veranlassen soll, *die Bande, die uns als Ordensfamilie umschlingen, noch fester zu knüpfen.*[376]

Bei den Nöten und Entbehrungen der Kriegszeit soll es sich besonders darin zeigen, dass wir diese mit frohem Opfermut tragen.

Der starke Leutemangel soll uns nicht missmutig und verzagt werden lassen, sondern in uns Geduld wecken und die Bereitschaft zu gegenseitigem Helfen. Dadurch zeigen wir echten Familiensinn. *Möglich wird das nur sein, wenn unser Glaubensleben recht stark und lebendig ist.*

Die Opfer, die in dieser Kriegszeit jeder Tag fordert, und die unliebsamen Überraschungen, die er bereit hält, sind sehr belastend. P. Engelbert erinnerte daran, dass man sich von ihnen nicht niederdrücken und beherrschen lassen soll. Der Gedanke an Gott, der ewig derselbe bleibt, soll unser Leben praktisch beherrschen. Die Tagesereignisse werden uns dann *nicht erschüttern und aus dem Gleichgewicht bringen.* Er verwies auf das Schriftwort, dass denen, die Gott lieben, ja alles zum Besten gereicht. Voraussetzung dafür sei: *Wir müssen Gott und unseren Idealen treu bleiben, in guten wie in bösen Tagen, sonst wären wir erbärmliche Ordensleute, die sich zu keiner echten Gottesliebe und Gottverbundenheit durchringen würden, auch wenn es ihnen gut ginge. Ein recht tiefer lebendiger Glaube, ein felsenfestes Gottvertrauen zum Vater im Himmel, das möge die Gnade sein, die das göttliche Kind an seinem Geburtsfeste uns verleiht. Dann können wir getrost wie Kinder, die sich in Gottes Vaterschutz geborgen wissen, ins neue Jahr eintreten.*

In seinem Rundbrief vom Februar 1940 ermahnte P. Engelbert die Mitbrüder im Felde, *auch draußen Ordensleute* zu bleiben. Er vertraue darauf, dass sie die Freiheit nicht missbrauchen. Sie sollen sich bewusst sein, dass sie Gott die Treue halten, wenn sie die Sünde meiden und das Gebet und den Empfang der heiligen Sakramente nicht vernachlässigen. Sie sollen ihrem klösterlichen Beruf treu bleiben durch das Gebet um Bewahrung des Berufes, durch das

---

[376] Rundbrief vom 18. Dez. 1939; PA.

Aufrechthalten der Verbindung zum Kloster. Er versicherte ihnen: *Ihr wisst, das ist euere Heimat, dort betet man für euch, dort ist man aufs tiefste um euch interessiert. Wendet euch vertrauensvoll an euere Oberen, sie werden euch Vater sein und bleiben.*

Dann gab P. Engelbert einige Richtlinien zu dem Gelübde der Armut, des Gehorsams und der Keuschheit. Er wollte damit Unklarheiten beseitigen und betonte, dass der Buchstabe tötet und der Geist lebendig macht. *Bewahrt und stärket daher in euch den Geist der Gelübde. Es liegt mir daran, zu wissen, dass jeder von euch diese Richtlinien erhalten hat. Darum bitte ich jeden von euch, ihren Empfang an das Provinzialat oder an P. Ferdinand kurz zu bestätigen.*[377]

Nach dem Feldzug gegen Frankreich erfüllte P. Engelbert eine gewisse Erleichterung. In seinem Rundbrief vom 24. August 1940 konnte er mitteilen, *dass alle Mitbrüder gesund und bis auf Fr. Edelbert Jünemann, der leicht verwundet war, unverwundet zurückkehrten.*[378]

Als sehr trostreiche Tatsache nannte er die Weihe von fünf Neupriestern *trotz der Kriegszeiten.*

Aus der Betrachtung der Zeit zog er den Schluss: *Wir leben in einer großen Zeit.* Er mag diese Worte aus einer gewissen Euphorie über den gewonnenen Feldzug gegen Frankreich geschrieben haben. Aber in Wirklichkeit meinte er damit eine *Zeit großer Umwälzungen.* Diese werden sich nicht nur auf dem politischen Felde bemerkbar machen, sondern man wird sie auch auf kirchlichem Gebiete zu spüren bekommen.

Der Wunsch P. Engelberts an seine Mitbrüder lautete, dass sie sich innerlich vorbereiten, um *den Forderungen der Zeit und auch Gottes gewachsen* zu sein. Um dies zu erreichen, sei ein tiefer, klarer Glaube und die innigste Verbindung mit Gott als der großen Kraftquelle notwendig. Dazu müsse eine *klare Erkenntnis des Berufsideals* kommen.

Wer in diesem Sinne sein Leben gestaltet, dem sei *die Hilfe und die Kraft Gottes gewiss.* P. Engelbert beschloss seinen Brief mit einer Aufforderung und einem Versprechen: *Bleiben wir Gott treu, dann sind wir trotz allem, was kommen mag, geborgen.*

Von der in Casablanca tagenden Konferenz zwischen Roosevelt und Churchill wird P. Engelbert vielleicht gehört haben.

---

[377] Rundbrief im Februar 1940; PA.
[378] Rundbrief vom 24. August 1940; PA.

Die dort gefundene Formel von der bedingungslosen Kapitulation Deutschlands, Italiens und Japans wird ihn dann zu tiefst beunruhigt haben. In seinen Rundbriefen, die der Zensur unterlagen, durfte er darüber nichts schreiben.

In seinem Rundbrief, den er am 7. April 1943 aus Frankfurt am Main verschickte, berichtete er nichts über weltpolitische Nachrichten, sondern über private Tätigkeiten.[379]

Zuerst über seine Tätigkeit als Exerzitienleiter, über einen Einkehrtag für gefährdete Mädchen und anschließende Exerzitien für Schwestern vom Hl. Geist. Er griff die Frage auf, wie es dazu komme, dass er als Provinzial diese Arbeit verrichte. Die Antwort lautete, dass die Arbeit für ihn zwar ungewohnt gewesen sei, doch halte er bereits den fünften Exerzitienkurs und die Vortragstätigkeit mache ihm *schon Freude.*

Dann bezog sich P. Engelbert auf die Fastenzeit und brachte das Stehen in der Fastenzeit (das Befinden in ihr) mit dem Stehen an der Front in Verbindung: *Besonders ihr bei der Wehrmacht steht jetzt in einem sehr ernsten Abschnitt eures Lebens. Die Fastenzeit ist nie angenehm, man schaut da immer voll Sehnsucht nach dem frohen Osterfeste; aber beide Zeiten sind gottgewollt. So haltet tapfer aus, nicht bloß äußerlich, sondern vor allem innerlich.*

Engelbert wusste um die schweren und bitteren Opfer, die zu bringen waren. Er äußerte die Zuversicht, dass sie *euch allen zum Segen werden.* Er nannte auch die Glaubensüberzeugung, aus der heraus er diese Worte niederschreiben konnte: *Vergeßt nie die ungemein tröstliche Wahrheit von der ständigen Führung und Fügung Gottes. Es gibt keine Minute in unserem Leben, die Gott nicht gestaltend in seiner Hand hält; ohne seinen Willen fällt kein Haar von unserem Haupte. Dieser Gedanke läßt uns alles Leid und alle Not leichter tragen. Wir wissen, jedes Opfer hat seinen Sinn und wenn wir unser demütiges Ja dazu sagen, hilft es nicht nur uns zur Reife, sondern wird auch der Gemeinschaft zum Segen, auch wenn es im Augenblick als Verlust erscheint.*

Zum bevorstehenden Weihnachtsfest 1943 richtete P. Engelbert einen Brief an seine Mitbrüder.[380]

Bevor er auf das Weihnachtsfest zu sprechen kam, bedankte er sich für die Glückwünsche zu seinem Namenstag. Sie seien zahl-

---

[379] Rundbrief, Frankfurt a. M., 7. April 1943; PA.
[380] Rundbrief, Würzburg, 3. Dezember 1943; PA.

reich eingetroffen, obwohl viele Mitbrüder erst kurz zuvor zu seinem Jubiläum gratuliert hatten. Für diese Treue, bedankte er sich und nannte sie einen großen Trost.

Zum Weihnachtsfest sandte er den Mitbrüdern eine einfühlsame Auslegung der Weihnachtsbotschaft, die auf die damalige Zeit bezogen war.

Und nun naht das Christfest, auch zum 5. Male im Kriege. Wieder müßt ihr es fern der Heimat feiern. Aber auch das göttliche Kind feierte seine erste Weihnacht in der Fremde; ebenso Maria und Josef. Für diese war das ein großes, tiefes Leid. Ihr Trost war das göttliche Kind. Und das ist auch unser Trost; wir alle wissen: wo Gott ist, da ist unsere Heimat. Bleibt Gott treu, behaltet ihn im Herzen, dann wird euch die Fremde zur Heimat. Wenn dann die Weihnachtsglocken läuten und euere Gedanken in Sehnsucht heimwandern, dann mag wohl eine stille Wehmut euch beschleichen, aber das Gefühl der Gottverbundenheit wird euch innerlich froh machen.

Um diese innere Freude bete ich für euch und wünsche euch mit den Engeln von Bethlehem den echten Gottesfrieden.

Ganz bewusst handelte P. Engelbert gegen einen Erlass des Reichsarbeitsministers Franz Seldte. Dieser hatte allen arbeitsfähigen Deutschen den Eintritt in einen Orden mit der Begründung verboten, dass dadurch Arbeitskräfte für die Aufgaben der Reichsverteidigung verloren gingen. P. Engelbert vernachlässigte den Erlass und nahm am 18. 7. 1943 fünf Schüler des aufgelösten Studienseminars Weiden als Oblaten in den Augustinerorden auf.

Bei den Schülern handelte es sich um Gymnasiasten, die nach der Schließung des Klosterseminars Weiden bei Gastfamilien untergekommen waren, mit den Augustinern in Verbindung blieben und bei heimlichen Zusammenkünften von ihnen betreut wurden. Sie leisteten inneren Widerstand gegen die Vereinnahmung durch die HJ und ließen sich

Einkleidung von Augustineroblaten im Jahre 1943 bei den Ritaschwestern. 3. Reihe von oben, 3. von rechts Fr. Gebhard Maulhardt, 4. von rechts Fr. Ewald Spieß.

nicht von ihrem Ziel abbringen, Augustiner werden zu wollen. Diesem Wunsch kam P. Engelbert entgegen und bot ihnen an, sie in der bisher üblichen Weise als Tertiaren einzukleiden.

Sie alle wussten, dass sie bald eingezogen würden. Mit der Einkleidung wollte P. Engelbert die jungen Leute nicht nur fester an den Orden binden, sondern sie auch in ihrer Haltung des Widerstandes bestärken.

Die Einkleidung sollte aber nicht in Weiden, sondern in Würzburg vorgenommen werden. Deshalb kamen die Schüler einige Tage vor dem festgesetzten Termin ins Augustinerkloster Würzburg und erhielten von P. Hermenegild Biedermann, dem Präses der MC *Maria vom guten Rat*, Exerzitien. Die Einkleidung mit dem Augustinerhabit und die Übergabe eines neuen Namens erfolgte in der Kapelle der Ritaschwestern. Zu der Zeremonie waren die Eltern und Geschwister der Oblaten eingeladen. Der Einladung waren nicht wenige gefolgt.

Drei dieser Oblaten, P. Berthold, P. Gebhard und P. Ewald, sind nach ihrer Rückkehr aus der Gefangenschaft Augustiner geworden. Bald nach ihrer Einkleidung wurden die Schüler jedoch zur militärischen Ausbildung und dann zum Einsatz am Ende des Krieges eingezogen. Sie nahmen am Zusammenbruch des Dritten Reiches unter teils dramatischen Erlebnissen teil.

Bei seiner Ansprache versicherte P. Engelbert den Oblaten, dass sie in die besondere Gebetsgemeinschaft des Ordens aufgenommen seien und mit ihr rechnen dürfen.

An der Einkleidung nahm auch die Schwester von P. Engelbert, Anna, teil. Sie war die Mutter des Oblaten Fr. Ewald. Sie freute sich über den Schritt ihres Sohnes, mußte aber bald einen schweren Schlag verkraften.

Im September 1944 traf bei ihr die traurige Nachricht ein, dass ihr Sohn Alfons gefallen sei. P. Engelbert kannte diese Art von Meldungen vom Tod oder Vermisstsein aus der klösterlichen Familie. Die Nachricht, die seinen Neffen betraf, verletzte und erschütterte ihn in besonderer Weise, da sie in das Gefüge der eigenen Familie eindrang und es beschädigte.

Aus dem Trostbrief P. Engelberts an seine Schwester spricht sein Mitgefühl. Aus dieser Stimmung heraus suchte er das Sterben seines Neffen zu deuten und seine Schwester zu trösten.

In seiner Anteilnahme an dem schmerzlichen Schlag verwies er auf den Heiland, der über den Tod seines Freundes Lazarus weinte. Deshalb seien die Tränen seiner Schwester angebracht; sie brauche sich ihrer nicht zu schämen und müsse sie nicht unterdrücken.

In ihrem Schmerz suchte P. Engelbert seine Schwester aufzu-richten: *Und doch muss auch eine Mutter wieder tapfer sein, wenn ihr der liebe Gott ein schweres Opfer zumutet. Je näher man Christus kommt, desto näher kommt man dem Kreuze. Maria stand dem Heiland am nächsten, darum wurde sie die Mutter der Schmerzen, deren Seele ein siebenfaches Schwert durchdrang.*

Als weiteren trostvollen Gedanken führte P. Engelbert die Güte Gottes an. Von Gott schreibt er, dass er immer gut ist: *In der Ewigkeit sehen wir erst, wie gütig und weise Gottes Fügungen waren. Dem guten Alfons ist wohl viel Bitteres erspart geblieben.* An seine Schwester gewandt schrieb P. Engelbert: *Du musst auch das Trostvolle in der Heimsuchung sehen.* Er verwies auf die Bilanz an Vermissten und Gefallenen, die der Krieg von den Augustinern gefordert hatte. Gerade sei wieder eine Schreckensnachricht einge-troffen: *Heute bekomme ich die Nachricht, dass einer unserer fähigsten Patres vermisst ist in Russland: Das sind nun für uns 15 vermisste und 45 gefallene Mitbrüder! Es ist wohl besser, dass er gefallen als dass er vermisst ist bei den Bolschewisten!*

Als weiteren aufrichtenden Gedanken nannte P. Engelbert die Überlegung, *dass man die gefallenen Soldaten als Martyrer be-zeichnen kann (zumal wenn sie für die Religion kämpfen, was bei Alfons der Fall war). Nach der Ansicht der Kirche kommen die Martyrer ohne Fegfeuer sofort in den Himmel. Auf diesen Gedanken hat Kardinal Faulhaber hingewiesen und gesagt, die Leute sollten sich keine Sorgen um ihre Gefallenen machen. Und das habe ich gemerkt: Alfons war innerlich ein braver, sauberer Mensch!* Engelbert forderte seine Schwester deshalb zu einem tap-feren Ja auf, da *in jedem großen Opfer ein ganz großer Segen* liegt.

Er versprach ihr, dass er seiner bei der heiligen Messe geden-ken will *im Verein mit unserer Familie drüben beim lieben Gott: Vater, Mutter, Großmutter. Luisetante.*[381]

KONTAKTE ZUM AUSSCHUSS FÜR ORDENSANGELEGENHEITEN

Im Spätherbst 1940 setzte der Klostersturm ein und strebte im ersten Halbjahr 1941 seinem Höhepunkt zu. Dagegen konstituierte sich 1941 der *Ausschuss für Ordensangelegenheiten.* Er wurde von einem Laien, vier Ordensleuten und zwei Bischöfen gebildet. Da die Bischöfe zur Verletzung der Grundrechte auf Eigentum, persönli-

---

[381] P. Engelbert an Schwester Anna, Würzburg, 25. Sept. 1944; PA, ES.

che Ehre und Wahrheit schwiegen, forderte der Ordensausschuss den Einsatz der Bischöfe für die bedrohten Orden und die allgemeinen Grundrechte.[382] Der Generalsekretär des Ausschusses war der Dominikaner P. Odilo Braun. Während seiner Tätigkeit für dieses Gremium kam er von Berlin, dem Sitz des Sekretariats, und von verschiedenen anderen Orten häufig nach Würzburg. Er übernachtete dann gewöhnlich im Augustinerkloster, um nach Bad Orb weiterzureisen, wo ein befreundeter Pfarrer wohnte, den er aufsuchte.

Von diesen Kontakten zu den Augustinern liegen keine Aufzeichnungen vor. Ich bin durch eine Photographie auf sie gestoßen, die beim 40-jährigen Priesterjubiläum P. Engelberts 1958 aufgenommen wurde. Nach dem Jubiläumsgottesdienst wurde P. General Engelbert von den Teilnehmern zu seinem Elternhaus geleitet. Von diesem Zug existiert ein Photo. Es zeigt eine Gruppe Augustiner und Angehörige der Gemeinde. Von den Augustinern sticht in seinem weißen Habit und der Cappa magna ein Dominikaner ab. Ich fragte mich, wer der Dominikaner sei und wie er zu dieser Feier komme.

Am 40-jährigen Priesterjubiläum nahm der regimekritische Dominikaner P. Odilo Braun teil (oben links).

---

382 A. Leugers, Gegen eine Mauer bischöflichen Schweigens. Der Ausschuss für Ordensangelegenheiten und seine Widerstandskonzeption 1941 bis 1945, Frankfurt a. M. 1996, 109.

Nach langem Herumsuchen und -fragen fand ich heraus, dass es sich um den Dominikaner P. Odilo Braun (1899–1981) handelte. Er war mit P. Engelbert durch seine Aufgabe als Generalsekretär der Superiorenvereinigung und nach deren Auflösung durch seine Tätigkeit im Ordensausschuss bekannt und durch den Verwaltungsrat des Missionsärztlichen Instituts.

In einem Brief an einen katholischen Historiker vom 31. 10.1966 schrieb P. Odilo: *Die Augustiner, die mich während des Krieges immer sehr liebevoll aufgenommen und betreut haben, die darum auch etwas von meiner Tätigkeit wußten.*[383] Mit P. Odilo war eine markante Persönlichkeit des Ordenswiderstandes bei dem Jubiläum anwesend, die auch P. Engelbert danken wollte. Die geleistete Gastfreundschaft sollte nicht vergessen sein und dadurch ein kleiner Anteil am Widerstand, der durch den herumreisenden P. Odilo geleistet wurde.

In diesen Zusammenhang füge ich den Bericht von P. Ewald Spieß ein, den er von seinem Onkel P. Engelbert hörte. Er klingt abenteuerlich und unwahrscheinlich, soll sich aber ereignet haben. Er ist deshalb unwahrscheinlich, weil P. Engelbert sehr vorsichtig war. Aber vielleicht hat in diesem Fall sein Bedürfnis nach Klarheit über seine Vorsicht gesiegt.

Als er von den Gräueln der KZs hörte, wollte er sich davon überzeugen, ob sie zuträfen. Er fand Zugang zu dem Bauern in Dachau, der den Müll aus dem KZ abfuhr und verkleidete sich als dessen Hilfsarbeiter, leistete seine Arbeit und fuhr mit ihm durch das KZ Dachau. Zu welchen Ergebnissen er bei dieser Fahrt kam, ist nicht bekannt. P. Engelbert war ein guter Schauspieler, der seine Rolle als Hilfsarbeiter jedenfalls ganz natürlich spielen konnte.[384]

DAS ERLEBEN DES KRIEGSENDES

Während des Krieges hielt sich P. Engelbert gewöhnlich in Würzburg auf. Bei der verheerenden Bombardierung Würzburgs am 16. März 1945 war er im nahen Fährbrück. Von dem Bombenangriff wurde die Altstadt Würzburgs fast gänzlich zerstört. Betroffen waren auch das Kloster und die Kirche der Augustiner. Während

---

[383] Mitteilung von Dr. A. Leugers.
[384] Nach dem Bericht von P. Ewald Spieß, Augustinerkloster Germershausen.

des Großangriffes erteilte P. Engelbert die Generalabsolution *und sprach auch immer wieder Segen und Absolution über die Würzburger*.[385] Den Greuel der Verwüstung konnte er entweder nicht ertragen oder er hatte kein Fahrzeug, um nach Würzburg zu kommen. Deshalb schickte er am nächsten Tag P. Valerius Meibom dort hin, um zu erkunden, wie es um das Kloster und die Mitbrüder stehe. Er brachte die Nachricht, dass Kloster und Kirche völlig ausgebrannt seien, aber Gott sei Dank alle Mitbrüder leben.

Als die Nachricht in Fährbrück eintraf, dass die Amerikaner schon gegen Würzburg vorrückten, meinte P. Engelbert, der Eichelberg und die Gegend um Fährbrück könnten Kampfgebiet werden. Deshalb überlegte er, ob die von Würzburg in den Turm der Wallfahrtskirche ausgelagerten Sachen nicht besser nach Münnerstadt weitertransportiert werden sollten. Er riet auch den dortigen Augustinern, sich aus der Kampfzone nach Münnerstadt zurückzuziehen. Doch diesem Rat folgten sie nicht, sondern blieben am Ort. Denn die deutschen Truppen zogen sich rechtzeitig aus der Gegend zurück, so dass Fährbrück am Samstag in der Osterwoche, am 7. April 1945, ohne Kampf besetzt werden konnte.

In der Hoffnung, aus der Gefahrenzone zu kommen, hatte sich P. Provinzial in abenteuerlicher Fahrt nach Münnerstadt begeben, wo er am Ostersonntag, dem 1. April, in der Stadtpfarrkirche das Hochamt hielt. Er kam jedoch nicht weit mit der Feier der heiligen Messe, *da schwirrten schon wieder Jagdbomber umher, zehn Minuten später (beim Credo) fielen schon wieder die Bomben, diesmal auf die obere Stadt. P. Provinzial stand während der ganzen Zeit mit der Monstranz in der Hand zusammen mit den Diakonen in der linken Nische des Presbyteriums hinter einem Pfeiler*.[386]

Nach diesem dramatischen Gottesdienst dauerte es noch eine Woche, bis die Amerikaner in das bis zu einem Drittel zerstörte Münnerstadt mit ihren Panzern einzogen. Die Besitzungen der Augustiner hatten bei der Bombardierung keinen Schaden gelitten. *Das Kloster blieb wie durch ein Wunder unversehrt, ebenso Studienseminar und Musikschule*[387], die Besitzungen der Augustiner. So konnte P. Engelbert zunächst in Münnerstadt bleiben und hier das Kriegsende abwarten.

---

[385] Chronik von Fährbrück 1945-57.
[386] A. Kunzelmann, in: CU 27 (1969) 26.
[387] A. Kunzelmann, ebenda 26.

Die ersehnte Beendigung der Bombardierungen und Kampfhandlungen schenkte das Gefühl der Befreiung. Der lähmende Druck, den das Naziregime und der Krieg ausgelöst hatten, verschwand. Es regten sich bald die Kräfte, die eine neue Zukunft gestalten wollten.

DER WIEDERAUFBAU

Von dem Willen zum Wiederaufbau war auch P. Engelbert durchdrungen. Nach dem Ende des Krieges richtete sich seine Aufmerksamkeit auf zwei Bereiche, auf die Abhaltung des Provinzkapitels und den Wiederaufbau des Klosters und der Kirche in Würzburg.

Aufgrund der kriegerischen Ereignisse war es nicht möglich, dass im Jahre 1945 das Provinzialkapitel durchgeführt werden konnte. Das Definitorium stellte deshalb am 23. Juni 1945 an den Apostolischen Nuntius Cesare Orsenigo, der sich in Eichstätt befand, den Antrag, das Kapitel um ein Jahr zu verschieben. Außerdem beantragte es, dass alle Patres, die ein Amt innehatten, dieses ein weiteres Jahr lang ausüben könnten. Die erbetene Erlaubnis wurde erteilt. Sie war notwendig, damit die zu erwartenden rechtlichen Akte, wie Professerneuerung und einfache Profess, ihre Gültigkeit hätten.

Den Aufenthaltsort im Kloster Münnerstadt verließ P. Engelbert am 17. Oktober 1945 zusammen mit verschiedenen Klerikern und zog nach Würzburg. Hier konnten die Ankömmlinge noch nicht im Augustinerkloster wohnen, sondern waren zunächst im Mariannhiller Pius-Seminar untergebracht.

Sie trafen in diesem Kloster auf die Kleriker der Mariannhiller und die Alumnen des Priesterseminars. Die theologische Fakultät hatte bereits ihren Vorlesungsbetrieb im Pius-Seminar begonnen. Gehalten wurden die Vorlesungen von den Professoren Wunderle, Fischer, Staab, Hagen, Müller, Stegmüller, Pfeilschifter und Aufhauser.

Die feierliche Wiedereröffnung der Universität fand am 31. Oktober 1945 unter dem Rektor Prof. Martin statt, der dem P. Engelbert seit seinem Philologiestudium bekannt war. Bei dieser Eröffnung sagte der Bischof von Würzburg, Matthias Ehrenfried, sinngemäß: Wir wollen an unserer Universität der Wahrheit (_veritati_; so lautete die Inschrift am Giebel des Gebäudes) und damit allen Nationen dienen. In ihrem Wesen ist die Hochschule aber deutsch und soll es bleiben.

Sobald es die Gegebenheiten zuließen, ging P. Engelbert an den Wiederaufbau der Strukturen, welche die Nationalsozialisten verboten und zerstört hatten.

Dazu gehörte in Münnerstadt die Musikschule, deren Wiedereröffnung als *Singschule* unter P. Adalbero Kunzelmann die Militärregierung erlaubte. Im Klosterseminar wurde P. Thomas Beckmann als Regens eingesetzt. Das Gymnasium in Münnerstadt wurde wieder eröffnet. Es wurde auch von den drei untersten Klassen des bischöflichen Kilianeums besucht, die in den Räumen der Klosterschule untergebracht wurden.

Cor Unum pausierte bis zum Februar 1947. Dann setzte die Zeitschrift ihr Erscheinen mit dem ersten Heft des fünften Jahrganges fort. P. Engelbert schrieb wiederum das Vorwort unter der Überschrift *Zum Wiedererstehen*. Er verwies darin auf die Arbeit des Wiederaufbaus. *Wir bauen auf, müssen aus Schutt und Ruinen uns wieder herausarbeiten.* Es müssen nicht nur Häuser wieder hergestellt werden, sondern auch viel Wertvolles wie der Nachwuchs, die Schulen, die Struktur und die Ordnung. Als Grundlage des Wiederaufbaus nannte er: *Wir haben den Mut und das Gottvertrauen dazu. Wir wissen, Gottes Werke können von den Feinden schwer getroffen, aber nicht ausgerottet werden. Darum wollen wir gern Bauleute sein an Gottes Werk.* Die Zeitschrift soll Bausteine und Material liefern, soll den Mut und die Arbeitslust stärken. Zum Schluss erinnerte P. Engelbert an das Gebetswort des Heilandes vor seinem Sterben, dass alle eins seien, und setzt es in Beziehung zur Forderung der Augustinusregel, ein Herz und eine Seele in Gott zu haben.

Vorbereitung des Provinzkapitels

Bei aller Organisation der äußeren Verhältnisse vergaß P. Engelbert nicht, die klösterlichen Abläufe zu beachten und zu fördern.

Das Provinzkapitel, das für das Jahr 1945 eigentlich einzuberufen war, musste verschoben werden. Der wichtigste Grund dafür waren die Reiseschwierigkeiten. An der Zusammenkunft konnten die Patres des zur deutschen Provinz gehörigen nordamerikanischen Vikariats mit ihren Häusern in der Schweiz noch nicht teilnehmen. P. Engelbert musste sich aber darum bemühen, möglichst bald das Kapitel durchzuführen. Er hatte den Provinzialposten schon sehr lange, manche Augustiner meinten wohl zu lange, inne. Diese Stimmung spürte er auch selbst; er musste auf einen Wechsel an der Spitze hinarbeiten.

Es war nicht leicht, einen geeigneten Termin für das Kapitel zu finden. Deshalb verschob die Religiosenkongregation mit Indult vom 6. September 1946 das Provinzkapitel mit der Begründung, dass es nicht stattfinden könne, solange die jetzigen Bedingungen andauern (*perdurantibus praesentibus rerum adiunctis*). In der Sitzung vom 9. April 1947 fasste das Definitorium den Beschluss, das Provinzialkapitel am 20. August 1947 zu feiern. Zu dem Kapitel lud P. Provinzial am 12. April 1947 nach Münnerstadt ein.[388]

Teilnahme am Generalkapitel in Rom 1947

Für den 24. April 1947 hatte der General P. Carlo Pasquini zum Generalkapitel nach Rom eingeladen. An ihm wollte P. Engelbert zusammen mit P. Rudolf Arbesmann teilnehmen. Nachdem er am 19. 4. seine Ausreiseerlaubnis erhalten hatte, fuhr er am 21. 4. von Walldürn aus nach Rom ab. Provinzvikar für die Zeit der Abwesenheit P. Engelberts von der Provinz war P. Ferdinand Lang. Er war sein Socius und Sekretär, so dass er die Verhältnisse der Provinz bestens kannte.

Vor seiner Fahrt nach Rom teilte P. Provinzial mit, dass er nach dem Generalkapitel von der Schweiz aus nach Amerika fliegen wolle, um dort die Visitation durchzuführen. Seine Begründung lautete, dass er *seit 1938 nicht mehr drüben war und wir im August dieses Jahres noch unser Provinzialkapitel in Münnerstadt halten wollen*.[389] Außerdem wollte er auch die Visitation in Amerika durchführen, die er vor dem Generalkapitel nicht mehr abhalten konnte.

P. Engelbert traf rechtzeitig zum Kapitel in Rom ein und wählte zusammen mit den anderen Kapitelsvätern am 26. April 1947 den Amerikaner P. Joseph Hickey zum General. Er war dem P. Engelbert von seiner Tätigkeit am Villanova College bekannt.[390]

Visitation des Kommissariates in Amerika

Nach dem Abschluss des Generalkapitels flog P. Engelbert von der Schweiz aus nach Amerika. Hier visitierte er die einzelnen Häuser. Von den Mitbrüdern gewann er einen guten Eindruck. Das

---

[388] Das Einladungsschreiben trägt als Datum den 12. April 1947; PA.
[389] Würzburg, 20. April 1947; PA.
[390] R. Lazcano, Generales, Rom 1995, 208-210.

Resultat lautete: *Das religiöse Leben wird gut gepflegt, der Geist der Mitbrüder ist gut.*

Es gab während des Krieges einige Verluste. Zwei Mitbrüder verließen den Orden und traten in eine Diözese über, ein dritter musste wegen ärgerniserregenden Verhaltens strafversetzt werden. Er ließ sich ebenfalls exklaustrieren und trat in eine Diözese über.[391]

Für das bevorstehende Provinzkapitel wurde dem P. Provinzial eine Liste von Anregungen mitgegeben. Wichtig war für P. Engelbert die Bitte, dass auch in Amerika jährlich eine Priorenkonferenz gehalten werden solle. Aus den einzelnen Häusern wurden Beurteilungen über Mitbrüder zu ihrer Amtsführung und Eignung für bestimmte Ämter vorgebracht.

Bei einer Gruppe von etwa sechs bis acht Patres bestand *eine ziemliche Abneigung gegen den P. Vikar Athanasius.* Gegen ihn wurde eingewandt: *Er sei zu lange im Amte, sei zu diktatorisch, sei zu wenig um das seelische Wohl der Mitbrüder besorgt, betone zu stark das Materielle.* Ihre Forderung lautete, es sei ein Wechsel in der Leitung des Vikariates erforderlich.[392]

P. Engelbert hielt *diese Beurteilung als sachlich nicht berechtigt.* Er führte sie auf persönliche Abneigungen gegen P. Athanasius zurück. Aus den Gesprächen mit den Mitbrüdern hatte P. Engelbert den Eindruck gewonnen, dass *seine Persönlichkeit, sein Eifer, seine Arbeit und seine persönliche Opferbereitschaft restlos anerkannt wurden.* Trotzdem war er geneigt, diesen Bestrebungen zu entsprechen und P. Athanasius abzulösen und durch einen anderen zu ersetzen. Er wusste aber, dass sich dieser Wechsel nur schwer realisieren lasse. Es musste aber geschehen, da P. Athanasius bei einer Wiederwahl sehr große Schwierigkeiten bekommen würde und die innere Entfremdung zwischen Deutschland und Amerika noch größer würde.[393]

VISITATION IN DEUTSCHLAND 1946

Bei der Visitation der Konvente in Deutschland, die P. Engelbert bereits 1946 vor seiner Amerikareise durchgeführt hatte, wurden ihm keine größeren Schwierigkeiten genannt.

---

[391] PA.
[392] PA.
[393] Würzburg, 25. August 1947; PA.

Es war die erste nach dem Krieg. Während der Zeit des Nationalsozialismus konnte manches aus Furcht vor Hausdurchsuchungen nicht schriftlich festgehalten werden.

Als Mangel stellte er fest, dass die *Casus*, d. h. die zur Übung vorgelegten Fälle aus der Moraltheologie etwa gar nicht oder nur mangelhaft gelöst wurden. Als Entschuldigung dafür wurde Arbeitsüberlastung angegeben.

Die Kriegszeit entschuldigte zwar die Zurückhaltung bei den Eintragungen in die Chronik, doch falle die damals gebotene Vorsicht jetzt weg. Man brauche keine Angst mehr vor Überprüfungen zu haben, so dass regelmäßigen Eintragungen nichts mehr im Wege stehe.

Auch bei der Visitation der deutschen Provinz musste P. Engelbert feststellen, dass bei einer Gruppe jüngerer Patres eine Unzufriedenheit darüber herrschte, dass *manche Obere zu lang im Amte seien.* Er schlug deshalb vor, dass *die Constitutionen in dieser Hinsicht besser beachtet werden sollten.*[394] Er wird sich darüber im Klaren gewesen sein, dass auch sein überlanges Provinzialat damit gemeint war. Aus diesen Andeutungen und Bemerkungen konnte er schließen, dass sich seine Amtszeit als Provinzial dem Ende zuneigte, so schmerzlich es für ihn gewesen sein mag.

In seinem Einberufungsschreiben zum Kapitel hatte P. Engelbert den 20. August 1947 als den Beginn angegeben. Als Ankunftsdatum aus Amerika hatten P. Provinzial und P. Athanasius den 27. und 28. Juli vorgesehen. Zu diesem Zeitpunkt erwartete sie deshalb P. Ferdinand auf dem Flughafen in Frankfurt. Zu seiner Bestürzung musste er feststellen, dass keiner von ihnen auf der Passagierliste aufgeführt war. P. Ferdinand ängstigte sich deshalb, wurde jedoch von seinen Ängsten befreit, als P. Engelbert ihm am 6. August aus New York in einem Telegramm. mitteilte, dass P. Athanasius auf seine Flugerlaubnis *(permit)* warte und er selbst seinen Termin für den Abflug noch nicht genau angeben könne. Deshalb trug er P. Ferdinand auf, er solle den Beginn des Kapitels um eine Woche verschieben. Dies tat er, so dass der 25. August nun als Beginn festgelegt wurde.

---

[394] Würzburg, 25. August 1947; PA.

EXPROVINZIAL

Die Wahl des neuen Provinzials erfolgte am 27. August 1947. Gewählt wurde P. Ferdinand Lang, der bisherige Sekretär des P. Engelbert. Auf ihn entfielen 38 Stimmen, je zwei auf P. Engelbert und P. Liborius und eine entfiel auf P. Benno Rudolph. Damit war P. Ferdinand Lang neuer Provinzial.

Das Kapitel übertrug P. Engelbert kein nennenswertes Ordensamt. Er war jetzt Exprovinzial und führte damit einen damals noch üblichen Titel, der heute nicht mehr gebräuchlich ist. Exprovinzial war er von August 1947 bis August 1953. Die Kapitelsteilnehmer waren wahrscheinlich der Meinung, dass er zunächst etwas Ruhe benötige und Abstand von den Verwaltungsgeschäften nehmen solle.

Der eigentliche Grund für die Wahl eines neuen Provinzials war aber die Mitteilung des Generalassistenten P. Servus Makaay, dass P. Engelbert nicht mehr gewählt werden könne.[395] Hinter dieser Entscheidung vermuteten einige Mitbrüder zunächst eine persönliche Animosität des Generals P. Hickey gegen P. Engelbert. Diese Erklärung befriedigte P. Engelbert aber nicht. Er suchte und fand andere Drahtzieher, die das Schreiben veranlasst hatten. Die Vorgeschichte war eine Unterredung, die sich im Kloster in New York zugetragen hatte. Als P. Engelbert darauf wartete, dass P. Athanasius sein Flugpermit bekomme, sagte er nervös: *Ich muss doch heim und das Kapitel vorbereiten.* Diese Unterredung wurde propagandistisch so ausgelegt, als wollten die beiden schnell nach Deutschland, um ihre Fäden zu ziehen und ihr Thrönchen zu retten. Mit diesem Wort wurde gehetzt und es wurde sogar in einem Protestschreiben nach Rom angeführt. Es diente als Grundlage für die Androhung einer Klage beim apostolischen Stuhl. Dieser Vorgang veranlasste dann P. General Hickey, ein Telegramm zu senden, das die *eventuelle Wiederwahl* P. Engelberts *von vornherein verbot.*[396]

---

[395] Chronik des Klosters Fährbrück vom 27. August 1947; PA.
[396] P. Engelbert an P. Athanasius, Würzburg, 11. Febr. 1949; PA.

Ganz ohne Arbeit und Aufgabe blieb der Exprovinzial allerdings nicht. Nach den vielen Jahren als Provinzial hatte P. Engelbert wohl auch selbst die Befürchtung, dass er die Provinz in diesem Amte nicht mehr voranbringen könnte. Deshalb suchte er sich anderweitig zu beschäftigen. Ob in seinem längerfristigen Lebensentwurf auch das Generalat vorkam, ist nicht bekannt. Da sein Leben Parallelen zu dem von P. Clemens aufweist und er selber solche Annäherungen suchte, könnte er diesbezügliche Überlegungen durchaus angestellt haben. Aber vorerst hatte er ein Auge auf die Entwicklung in der deutschen Provinz zu werfen.

LEITER DES HILFSWERKES ST. AUGUSTIN

Angesichts der Not, die in Deutschland nach dem Krieg herrschte, gründeten der neue Provinzial P. Ferdinand und sein Definitorium das *Hilfswerk St. Augustin.*[397] Zu seinem Leiter wurde P. Engelbert bestimmt. Seine Beiräte waren der Provinzprokurator, P. Vitus Rumpel, und der Prior des Klosters Würzburg, P. Liborius Körner. Der Sitz des *Hilfswerkes* war Würzburg, Dominikanerplatz 2. Seine Leitung unterstand dem Provinzial und arbeitete *nach den vom Privatdefinitorium aufgestellten Richtlinien.*

Die wichtigste Leitlinie war die Buchführung über die Sachspenden und Geldmittel, die dem Hilfswerk aus dem Aus- und Inland zuflossen, und über deren Verteilung. P. Engelbert verzeichnete Ein- und Ausgänge entweder persönlich oder beauftragte damit eine vertrauenswürdige Person. Das Buch mit den Spendeneinträgen ist noch vorhanden Es vermittelt den Eindruck einer sauberen Buchführung und verzeichnet die Hilfe, die den einzelnen Augustinerklöstern und Privatpersonen zuteil wurde.[398]

Unvergessen sind die Pakete mit ihren Fettdosen, aus denen auch an die Klosterschüler in Münnerstadt zum Brotaufstrich eine Portion ausgeteilt wurde. Bei den begehrten Luxusgütern wie Kaffee, Tee und Rauchwaren ist vermerkt, wie viel der einzelne Prior für seinen Konvent erhielt. Diese Sendungen organisierte P. Engelbert bei seiner ersten Amerikareise nach dem Krieg und sorgte für eine gerechte Verteilung der Spenden.

---

[397] Würzburg, 30. Okt. 1947; PA.
[398] Spendeneingänge und ihre Verteilung, PA.

Unter den verteilten Ausgaben befindet sich eine Rubrik, die zeigt, dass mit den Hilfsgütern wahrscheinlich ein Künstler bedacht wurde, der für das Kloster etwas herstellte oder restaurierte. An ihn wurden vorzüglich die damaligen Luxusgüter geliefert. Sie waren die Bezahlung für seine vom Kloster erwünschten Arbeiten. Bei dem Künstler handelt es sich um Willy Jakob, der ausgebombt war und vom Kloster verpflegt wurde.

WIEDERAUFBAU DER WÜRZBURGER KIRCHE UND DES KLOSTERS

P. Engelbert als Exprovinzial zu Besuch im Kloster Münnerstadt.

Nachdem P. Engelbert die leibliche Versorgung der Augustiner und anderer Menschen in Würzburg und der näheren Umgebung organisiert hatte, war ihm der Wiederaufbau der Augustinerkirche und des Klosters in Würzburg ein vorrangiges Anliegen.

Davon gibt die Schilderung des amerikanischen Kunstschutz-Offiziers John D. Skilton jr. einen kurzen Einblick. Er schreibt in seinen Erinnerungen *Würzburg 1945* über die bauliche Sicherung und den Wiederaufbau der Augustinerkirche, dass er mit diesem Meisterwerk Balthasar Neumanns wenig Arbeit hatte. Er stellte zu seiner großen Freude fest, man habe *eine wirkliche Werkstätte daraus gemacht, in der die Mönche selbst eifrig dabei waren, die Rettung und Restaurierung ihres Gotteshauses durchzuführen.*[399]

In einem fingierten Interview setzte sich P. Engelbert in der Zeitschrift *Maria vom guten Rat* mit dem Vorwurf auseinander, dass man Kirchen und Klöster aufbaue, während Menschen noch in Kellern ein unwürdiges Dasein fristeten. Als Beobachter des Wiederaufbaus musste er aber feststellen, dass man in Würzburg kaum einen lebhaften Aufbau von Kirchen beobachten könne, sondern eher das Gegenteil. Einige Klöster bauen zwar an ihren zerstörten Häusern und Kirchen, auffallend sei aber vor allem der

---

[399] John D. Skilton jr., *Würzburg 1945.* Erinnerungen eines amerikanischen Kunstschutz-Offiziers, Würzburg 1952, 20.

große Neubau des Augustinerklosters, *der verhältnismäßig schnell wieder in Ordnung gebracht wurde. Auch die Kirche ist zu einem großen Teil wieder hergestellt.*

Er führte dieses Ergebnis auf den sofortigen Arbeitsbeginn nach der Katastrophe zurück. Der Zusammenbruch lähmte weder den Provinzial noch seine Mitbrüder. Schon nach den ersten Wochen gingen sie ans Werk. Sie hatten bei diesem Beginnen Glück, da die Baumaterialien noch nicht bewirtschaftet und von der Besatzungsmacht beschlagnahmt waren. Die Augustiner konnten sich das Material für den Dachstuhl der Kirche und des Klosters besorgen. Ein Glücksfall war es, dass sie rechtzeitig die Maschinen ihrer hauseigenen Schreinerei ausgelagert hatten, so dass diese bald in Betrieb genommen werden konnten.

Die Frage, ob der Bau von Wohnungen nicht wichtiger gewesen wäre als der Wiederaufbau der Kirchen, beantwortete P. Engelbert mit dem Hinweis, dass man in den ersten Wochen den Mangel an Baumaterial gar nicht so klar erkannte. Außerdem wurde durch die Erhaltung der nur ausgebrannten Augustinerkirche *der riesige Aufwand eines späteren Neubaus* nicht nötig. Er verteidigte den Wiederaufbau der Kirchen auch aus religiös-moralischen Gründen. In ihnen erwartete er die Vermittlung echter christlicher Lebensauffassung, die er für den Wiederaufbau unseres Vaterlandes für notwendig hielt. Eine weitere Frage lautete, woher die Augustiner die nötigen Arbeitskräfte nähmen, um ein so großes Objekt auszuführen. Seine Antwort lautete, dass alle Augustiner mitarbeiteten, angefangen bei den Novizen bis zu den Klerikern, Laienbrüdern und Patres. Dies war am Anfang nötig, wo es galt, den Schutt wegzuräumen und die noch brauchbaren Steine auszusortieren. Das Wichtigste war, dass die Kirche wieder ein Dach bekam; dabei haben alle mitgeholfen. Der Innenausbau kam erst später.

Ein weiterer Schritt war die Beschaffung von Wohnraum für die Mitbrüder. Den eigenen Leuten, die teilweise aus der Kriegsgefangenschaft kamen, musste eine Wohnung gegeben werden. Dafür wurde der am wenigsten zerstörte Flügel des Klosters hergerichtet. Die Zimmer hatten noch keine Fußböden, die Fenster und Türen waren behelfsmäßig eingesetzt. Man konnte wieder zusammen leben und eine klösterliche Ordnung einhalten.[400]

---

[400] Ja, die Klöster können bauen! (Vom Würzburger Augustinerkloster), in: MvgR 37 (1949) 8-10.

Die Schilderung, die P. Engelbert vom Wiederaufbau des Neubaus am Dominikanerplatz gab, zeigte ihn als einen Augustiner, der Geschäftssinn und soziale Verantwortung miteinander verband. Dieser Bereich des Klosters wurde für Läden, Büros und Geschäfte, die vermietet werden sollten, wieder in Stand gesetzt. Er erkannte, dass eine Stadt, die im Aufbau begriffen war, solche Einrichtungen brauchte. Dadurch förderten die Augustiner das geschäftliche und wirtschaftliche Leben der Stadt. Es wurden in diesem Gebäude aber auch der Studentenseelsorge Räume zur Verfügung gestellt. Für Fahrschüler wurde ein Studier- und Aufenthaltsraum geschaffen, für die Studentenspeisung ein Saal hergerichtet, der seit Eröffnung der Universität zur Verfügung stand. Die Speisen wurden von den Augustinern besorgt. In diesem Gebäude fanden auch die katholischen Jugendorganisationen wieder ihr Zuhause.

Nach der Absicht P. Engelberts sollten die Augustiner ihren Teil zum Wiederaufbau der Stadt beitragen. Ihr Anteil sollte in wirtschaftlicher, kultureller und religiöser Hinsicht großzügig und weitherzig ausfallen. Dies ist ihm für die unmittelbare Nachkriegszeit gelungen.

AUFBAU DES AUGUSTINUS-VERLAGES

Die Nachkriegszeit war eine Zeit des Neuanfangs und des Aufbruchs in vielen Bereichen. P. Engelbert hatte die Vision, die Augustiner sollten sich im Verlagswesen so stark machen, dass der Verlag die wirtschaftliche Grundlage für den Konvent Würzburg werde.

Das erste Hemmnis bestand darin, dass sich die Lizenz der amerikanischen Behörde für die Zeitschrift *Maria vom guten Rat* hinauszögerte. Der für den Posten des Chefredakteurs am besten geeignete Mann war P. Marianus Henke. Er befand sich aber noch in russischer Gefangenschaft, war also noch nicht einsetzbar. Nachdem der Verlag als *Augustinus-Verlag* gegründet und die Zeitschrift *Maria vom guten Rat* wieder zugelassen war, wurde P. Eugen Prucker der Schriftleiter der Zeitschrift.

In seinem ersten Leitartikel begrüßte er herzlich die Leser, von denen er acht Jahre getrennt war. Das vergangene Regime hatte die Zeitschrift verboten, *weil wir auch dann noch für Wahrheit und Gerechtigkeit eintraten, als sie es nicht mehr hören konnten. Wir* wurden verboten *wegen Stellungnahme gegen den nationalsozialistischen Rassegedanken.* Dies schrieben sie uns damals.

P. Eugen suchte das Gespräch mit den Lesern zu führen, um sie aus der Verbitterung herauszuführen und ihren Zorn auf Gott und die Welt abzubauen. Er zeigte auf, dass der zurückliegende Lebensweg nicht ohne Sinn war. *Das Kreuz ist nicht das Ende unseres Lebens, sondern nur der Weg, und ein harter Weg ist oft nur vom Ziele her zu verstehen. Es ist mit Deinem Leben wie mit dem Leben Christi: Mit dem Karfreitag ist es nicht zu Ende, und das Licht der Auferstehung erst wird all die dunklen Rätsel Deines Lebens lösen.*

Die Zeitschrift wollte Brücken bauen, Feinde versöhnen, Frieden stiften *durch die Zurückführung aller Streitenden auf die Quelle ihrer Einigkeit, den Ursprung ihres Seins: auf Gott – das ist das Anliegen und die Aufgabe unserer Zeitschrift. Laßt uns suchen, was uns eint!* Die Dankbarkeit darüber, dass uns der Krieg verschont hat, soll uns zur Arbeit anspornen. *Gottes Sense hat uns in der Zeit der großen Ernte nicht gemäht. Er will von uns, dass wir mitarbeiten als Werkleute am Hausbau des Friedens.*[401]

Dieser Aufforderung des Schriftleiters kam auch P. Engelbert in den Jahren 1947–1954 in verschiedenen Zeitschriftenbeiträgen und Buchveröffentlichungen nach.

Er warb beispielsweise für die Ritaschwestern, indem er die von ihnen praktizierte Familienpflege als eine moderne Aufgabe herausstellte oder für den Eintritt bei ihnen durch ein Gespräch mit einer Aspirantin im D-Zug warb.

Die meisten Beiträge P. Engelberts sind Kurzgeschichten, die sich mit Charakterzügen von Augustinern beschäftigen. Sie sind nicht nur von Bedeutung für den vorgestellten Augustiner, sondern haben auch eine didaktische Ausrichtung. Sie laden zum Nachdenken ein und sind Anfragen, wie weit das eigene Leben nach diesen Grundsätzen geführt werden könnte. Diese Geschichten erschienen unter der Rubrik *Menschen, die die Welt verließen.*[402]

Einige Beiträge verfasste P. Engelbert auch über seinen Mitbruder und hoch geschätzten Vorgänger P. Clemens Fuhl. In ihnen zeigte er die Bedeutung des P. Clemens für die deutsche Ordensprovinz, aber auch für den Gesamtorden auf. Er stellte an ihm heraus, dass er genügsam lebte, demütig war und sich als ein großer Beter betätigte.[403]

---

[401] MvgR 35 (1947) 3-4.
[402] Solche Beiträge finden sich in MvgR 37 (1949); 38 (1950); 39 (1951).
[403] MvgR 37 (1949) 180; 38 (1950) 175; 41 (1953) 269-270.

Verschiedene seiner Beiträge sind Ausdruck seines Humors. Von dem Bruder Ambrosius berichtete er, dass er einmal als Faulpelz beschimpft wurde. Darauf forderte er den Schimpfenden auf, er solle ihm seine Handflächen zeigen. Er hielt seine zum Vergleich dagegen und fragte: *Wer ist der Faulpelz?*[404]

Im Zusammenhang mit den Briefen, die gegen eine diffamierende und bösartige Rede von Goebbels in der Nazizeit im Umlauf waren, kam die Gestapo auch in das Kloster Carthaus bei Dülmen und verhörte einen Bruder. Sie fanden aber keine Anhaltspunkte dafür, dass der Brief von diesem Kloster aus verbreitet wurde. Nach dem Verhör und Aufsetzen eines Protokolls fuhren die Beamten den Bruder schroff an: *Los, hol deinen Kamm und deine Zahnbürste, du wirst auch mit abgeführt.* Der Bruder schaute sie nur erstaunt an, rührte sich aber nicht, so dass sie ihn schließlich anschrien: *Willst du endlich deinen Kamm und deine Zahnbürste holen?* Der Bruder rührte sich etwas und fragte: *Wenn der Kopf doch herunter soll, was brauche ich dann noch Kamm und Zahnbürste?* Da sind sie abgezogen – nicht als Sieger.[405]

BROSCHÜRE ÜBER MARIA GORETTI

In der Zeitschrift Maria vom guten Rat[406] berichtete P. Engelbert, dass die Teilnahme 1947 am Generalkapitel in Rom es ihm ermöglichte, an der Seligsprechung von Maria Goretti im Petersdom teilnehmen zu können. Dieses Erlebnis und das bewegende Sterben des einfachen jungen Mädchens veranlassten ihn, eine Broschüre unter dem Titel *Maria Goretti. Mord in der Campagna* zu schreiben. Sie erzielte eine hohe Auflage. P. Engelbert schilderte darin die Entwicklung Marias als Stütze ihrer Mutter und als Mittelpunkt des Hauses und ihrer Geschwister. Er arbeitete die Kraft heraus, die es ihr ermöglichte, dem wilden Begehren des jungen Mannes zu widerstehen, dem sie zu Willen sein sollte. Er hat ihre innere Entwicklung und ihre Haltung des Widerstandes trotz aller Bedrohung und Angst, die sie durchlitt, sehr einfühlsam und überzeugend geschildert und auf die Kraft ver-

---

[404] MvgR 36 (1948) 191.
[405] MvgR 39 (1951) 38.
[406] MvgR 35 (1947) 114-116.

wiesen, die ihr durch die Begegnung mit Christus in der heiligen Kommunion geschenkt wurde.[407]

HEILIGE DES AUGUSTINERORDENS

Ein großes Anliegen P. Engelberts war es, die Verbundenheit mit der augustinischen Tradition nicht abreißen zu lassen, sondern sie zu pflegen und aus ihr zu leben. Nach seinem langen Provinzialat waren ihm einige Jahre geschenkt, in denen er frei von Aufgaben des Planens und Verwaltens war. Diese nutzte er für die Abfassung von Büchern über augustinische Heilige, durch deren Lebensbeschreibung er diese Verbundenheit fördern wollte.

Seiner ersten Heiligenvita gab er den Titel *Rita. Schicksal einer heiligen Frau.* Darin schildert er in dramatischer Darstellung das bewegte Leben Ritas als Ehefrau, Mutter und Ordensfrau. Alle drei Abschnitte ihres Lebens hatten Höhepunkte, die P. Engelbert meisterhaft herausarbeitete. Er hat sich in ihr Leben hineingedacht und eine lebendige Biographie geschrieben. Was an ihrem Leben besonders fasziniert, kam gut in der Schilderung der dritten Zurückweisung Ritas durch die Äbtissin des Klosters zum Ausdruck. *Zum dritten Male war sie in Cascia gewesen und war wiederum abgewiesen worden. Jede andere hätte nun wohl die Hoffnung aufgegeben und sich ins Unvermeidliche gefügt. Nicht so Rita. Die Heiligen sind hartnäckige Menschen, deren Mut und Willensstärke nicht leicht zu brechen sind. Sie haben dazu ein ungewöhnliches Gottvertrauen. Sie sind tief durchdrungen von dem Gedanken, dass Gott alles lenkt und leitet und dass sein heiliger Wille trotz aller Widerstände von seiten der Menschen zum Ziele kommt.*[408] P. Engelbert hatte in diesem Punkt seine persönlichen Erfahrungen mit P. Clemens Fuhl gemacht, die an dieser Stelle ein wenig durchschimmern.

Seiner zweiten Lebensbeschreibung gab er den Titel *Stern über Tolentino. Nikolaus von Tolentin.* Der Stern, den P. Engelbert als Titel wählte, ging mit der Geburt des Nikolaus zwar über Tolentino auf, blieb aber nicht über seiner Heimatstadt stehen, sondern verbreitete sein Licht *am Himmel der Kirche.* Den spannungsvollen Bogen von Tolentino in die Weltkirche hinein zeich-

---

[407] E. Eberhard, Maria Goretti. Mord in der Campagna, Würzburg 1950.
[408] Rita. Schicksal einer heiligen Frau, Würzburg 1951, 46.

nete P. Engelbert in seiner Lebensbeschreibung nach. Er machte deutlich, dass der Heilige nicht nur dem Mittelalter angehörte, sondern auch unserer Zeit etwas zu sagen hat. Sein Eingriff in das Weltgeschehen zeigte sich etwa darin, dass kurz vor Ausbruch des Zweiten Weltkrieges die Arme des Heiligen zu bluten begannen, was auf die bevorstehenden schlimmen Zeiten hinwies. *Um unnötige Beunruhigungen zu vermeiden, wohl auch infolge der politischen Lage, wurde dieses Ereignis der breiten Öffentlichkeit nicht bekanntgegeben*, schrieb P. Engelbert.[409]

Die Aktualität des hl. Nikolaus werde in seinem Bemühen erkennbar, das aktive Leben mit dem kontemplativen so zu verbinden, damit aus der Betrachtung die Kraft für pastorale Arbeit erwachse. Nikolaus gehörte noch der Generation der frühen Augustiner an, die mit den Einsiedlern (Eremiten) als Mitbrüdern zusammenlebte. Der Zusammenschluß zum Augustinerorden (*Fratrum eremitarum S. Augustini*) lag noch nicht lange zurück.

Der mit seiner Priesterweihe verbundene Auftrag, die heilige Messe zu feiern, war für Nikolaus ein großes Geschenk. Einem Freund gegenüber schilderte er das hohe Glück. Er schätzte ihren Wert hoch ein. Dieser wurde ihm besonders als Wanderprediger bewusst, der die Wahrheiten über die Eucharistie gegen viele auftauchende Irrlehren zu verteidigen und zu verkünden hatte.

Aus seiner Verbundenheit mit den Lebenden und Verstorbenen wurde Nikolaus zu einem eifrigen Fürsprecher für die Armen Seelen. P. Engelbert führte diese Haltung auf eine Vision vieler Seelen im Fegefeuer zurück, die ihn baten, er möge das heilige Meßopfer für sie darbringen. Nachdem er ihren Wunsch erfüllt hatte, sah er bei der heiligen Messe eine weißglänzende, jubelnde Schar zu Gott emporschweben. Als Mitwisser ihres Geheimnisses fühlte er sich ihnen eng verbunden. Das Erlebnis der Wirksamkeit der heiligen Messe war für ihn Verpflichtung, sie für die Armen Seelen zu feiern. Auch die Erfahrung, dass durch sein Beten und Büßen sein leiblicher Bruder aus dem Fegefeuer befreit wurde und das Angesicht Gottes sehen durfte, bestärkte ihn in der Fürbitte für die Armen Seelen. Das Gedächtnis der Verstorbenen und der Kontakt mit den Armen Seelen verdeutlichten ihm das Erlösungswerk Christi.

Den heiligen Nikolaus nannte man nicht ohne Grund den Wundertäter. Zu Lebzeiten wirkte er Totenerweckungen, Bekehrun-

---

[409] E. Eberhard, Stern über Tolentino. Nikolaus von Tolentin, Würzburg 1952, 98.

gen und Heilungen an anderen. Ein Heilungswunder geschah aber auch an ihm selber. Bei einer heftigen Fieberkrankheit bat er die Jungfrau Maria um ihre Hilfe. Sie empfahl ihm, er solle sich für seine Gesundung ein frisches Brot bringen lassen, es in reines Wasser tauchen und essen. Er tat es und wurde wieder völlig gesund. Den Rest des Brotes ließ er an die Kranken der Stadt verteilen, die davon nach seiner Anweisung aßen und ebenfalls gesund wurden. Daraus entstand der Brauch, kleine Brötchen, die sogenannten Nikolausbrötchen, an seinem Festtag zu weihen und bei Krankheit mit einem Gebet zum heiligen Nikolaus zu essen.

P. Engelbert hatte damit seine besondere Erfahrung gemacht. Er empfahl deshalb die Verehrung dieses Heiligen und die Pflege des Brauches der Nikolausbrötchen.

Aus der Begeisterung für alles Amerikanische nach dem Krieg übersetzte P. Engelbert eine Schrift aus dem Englischen. Es war das Werk des Trappisten M. Raymond *The man who got even with God. Ein Mensch wird fertig mit Gott* lautete Engelberts Übersetzung. Es ist eine spannende Geschichte vom verlorenen Sohn, der als Cowboy am Rio Grande lebte, nachdem er die Tabakscheune seines Vaters im Zorn angezündet hatte. In der Stille der Natur und im Singen der Lieder veränderte er sich in der Tiefe seines Herzens und kehrte nach neun Jahren in seine Heimat, zu Mutter und Vater zurück. Hier zog es ihn zu den Trappisten, bei denen er eine Entwicklung mit Höhen und Tiefen durchlebte. Dieses Werden eines Heiligen hatte es wahrscheinlich P. Engelbert angetan, so dass er das Werk für wert erachtete, ins Deutsche übertragen zu werden. Über das Vorgehen Gottes heißt es: *Gott arbeitet langsam, aber er arbeitet mit außergewöhnlichem Erfolg. Joachim* (so hieß die Hauptperson der Erzählung) *hatte sich gewaltig geändert. Sein Herz war vertieft, sein Geist geschärft, sein Gewissen war feinfühlig und gotthörig. Diese innere Umwandlung gab auch seinem Äußern ihr Gepräge.* Er hatte sich bemüht, Jesus Christus ähnlich zu werden. Seine große Anhänglichkeit an die Heimat hatte sich in Sehnsucht nach der wahren Heimat gewandelt. Deshalb war der Tod für ihn das *Tor, durch das man zu Gott geht.*[410]

P. Engelbert schrieb zu der Übersetzung[411]: *War bis kurz vor Weihnachten für drei Wochen in Walldürn und habe da den größ-*

---

[410] M. Raymond, Ein Mensch wird fertig mit Gott. Vom Cowboy zum Trappisten, Würzburg 1950, 111, 139.

[411] P. Engelbert an P. Athanasius, Würzburg, 27. Dez. 1949; PA.

ten Teil der *Übersetzung des englischen Buches ,The man who got even with God' von Raymond angefertigt. Ich möchte gern, dass es bis Ostern gedruckt werden kann. Es ist sicher hoch interessant, wenn auch manches uns hier etwas fremdartig anmutet. Aber das macht das Büchlein vielleicht erst recht interessant. Auf deutscher Seite erscheint eigentlich wenig Neues. Übersetzungen besonders amerikanischer Schriftsteller ist jetzt Mode. Tatsache ist, dass uns Bücher wie die von Merton und Raymond in Deutschland fehlen.*

Das dritte Buch, das P. Engelbert über eine Heilige, einen Heiligen aus dem Augustinerorden schrieb, befaßte sich mit dem Laienbruder Friedrich von Regensburg. Es liegt als Typoskript vor, wurde aber nicht gedruckt. Ob P. Engelbert nicht dazu kam, es noch einmal durchzuarbeiten und druckfertig zu machen, lässt sich nicht sagen.[412] Es zeigt jedoch das brennende Interesse das er für die augustinische Tradition und hier besonders für die Heiligen des Ordens hatte.

Vorstellungen P. Engelberts zur Provinzentwicklung

In der Chronik des Klosters Fährbrück heißt es nach der Mitteilung von der Wahl P. Ferdinands zum Provinzial und der Entscheidung Roms, dass P. Engelbert nicht mehr gewählt werden könne, dass die *Besetzung des Definitoriums bereits radikale Umwälzungen in der ganzen Provinz vermuten* lasse.[413] Zu den Definitoren gehörten P. Wolfgang Rattler, P. Navigius Artmann, P. Adolar Zumkeller und P. Vitus Rumpel.

Die Feststellung des Chronisten kann man als Aussage der Hoffnung oder der Befürchtung verstehen. Es wurde etwas Neues erwartet. Auch P. Engelbert war auf die weitere Entwicklung gespannt. Nach Ablauf der ersten Amtsperiode P. Ferdinands bemerkte P. Engelbert in einem Brief an P. Athanasius: *P. Provinzial macht seine Sache nicht schlecht. Doch zaudert er zu lange, bis die Felle davongeschwommen sind. Nach außen tritt er wenig in Erscheinung.*[414]

In einem Brief hatte P. Athanasius den P. Engelbert aufgefordert, er solle sich als Provinzialskandidat ins Gespräch bringen. Im

---

412 PA.
413 Chronik von Fährbrück, unter dem 27. August 1947; PA.
414 P. Engelbert an P. Athanasius, 11. Februar 1949; PA.

Vorfeld des Provinzkapitels und der Provinzialswahl schrieb P. Engelbert an P. Athanasius. *Ich selbst habe keine Lust nochmals in die Arena zu gehen und habe einige gute Freunde dringend gebeten, keinerlei Propaganda dafür zu machen. So vermute ich, dass diesmal alles beim Alten bleibt.*[415]

Über die Stimmung vor dem Kapitel konnte P. Engelbert dem P. Athanasius auf seine Anfrage nur mitteilen, dass allgemein keine große Neigung vorhanden ist, *das bisherige Regime wieder zu wählen. P. Ferdinand hat in seinem Rundschreiben gebeten, von einer Wiederwahl abzusehen.*[416]

Auf dem Provinzialkapitel, das am 19. Juli 1950 in Münnerstadt gefeiert wurde, erhielt P. Ferdinand 30 Stimmen. Dies war ein gutes Ergebnis und zeigte einen großen Vertrauensvorschuss. Er konnte drei weitere Jahre das Amt des Provinzials ausüben. Auf P. Engelbert entfielen immerhin elf Stimmen. Es war eine deutliche Anzahl der Mitbrüder, die ihn als Provinzial sehen wollten. Seine Wahlanalyse zum Ausgang des Kapitels lautete, dass sich eine Gruppe durchgesetzt habe, *die den Fimmel hat, es müssen einmal neue Obere an die Reihe kommen.* Er schätzte sich selbst als jemand ein, der zu sehr an die Alten gebunden sei. Ausschlaggebend für die Wahl seien die Stimmen aus Amerika gewesen. Für P. Engelbert hätten aus dem Vikariat nur P. Athanasius und P. Venantius gestimmt.

Nach der Wahl und der Zusammensetzung des Definitoriums konnte P. Engelbert keine Prognose für die Entwicklung der Provinz abgeben, da er nicht wusste, *was P. Ferdinand innerlich denkt.* P. Hermenegild und noch mehr P. Bonaventura beurteilte er als Exponenten der neuen Richtung. Damit meinte er diejenigen, die für P. Ferdinand gestimmt hatten. P. Eugen rechnete er zu seinem Befürworter.

Blickt man auf die Wahlanalyse Engelberts, dann spricht aus ihr Enttäuschung über das Ergebnis und eine gewisse Traurigkeit über seine Niederlage. Sie rief in ihm aber keine Untätigkeit hervor, sondern die Überzeugung, dass hier *ein Wollen Gottes vorliegt, dem wir uns in Demut beugen müssen. Seine Wege sind eben nicht unsere Wege. So können wir nur beten, dass alles zum Guten gelenkt wird.* Sein Blick ging aber über den Augenblick hinaus und richtete sich auf das Ende des Trienniums und auf das

---

[415] P. Engelbert an P. Athanasius, Heisterbach, 1. März 1950; PA.
[416] P. Engelbert an P. Athanasius, Würzburg, 30. April 1950; PA.

Kapitel 1953. Für die Ergebnisse des zukünftigen Kapitels komme es darauf an, wie sich die Dinge in den nächsten drei Jahren entwickeln würden.

Über den als möglichen Provinzial gehandelten P. Liborius Körner schrieb P. Engelbert, dass er zwar ein guter Mensch sei, *but he has no vision* (aber er bietet keine Zukunftsvision).[417]

Welche Aufgabe sollte die deutsche Provinz nach der Vorstellung P. Engelberts in der jetzigen Situation übernehmen? Welche Pläne hatte er?

Er ging von dem *Hilfswerk St. Augustin* aus, das ihm als Aufgabe zugewiesen worden war. Es war eine wichtige Stelle, über die viel Gutes getan werden konnte. Bei seiner Visitation in Amerika hatte er einige Anweisungen für die Organisation der Hilfe gegeben. Im Würzburger Kloster waren Räume vorgesehen, in denen die Lieferungen zwischengelagert werden konnten. P. Engelbert wartete sehnsüchtig auf Sendungen, da er die vorhandene Not kannte.

Mit seinen Vorstellungen stieß er jedoch nicht bei allen Augustinern auf Wohlwollen. Einige waren der Meinung, man sollte die spirituelle Vertiefung stärker fördern, damit die Provinz nicht zu einem *Wirtschaftsverband* herabsinke. Diese Gefahr sah P. Engelbert nicht. Er beklagte sich darüber, dass die Pakete recht spärlich eintrafen und drückte die Hoffnung aus, es möge nicht auf einer Entfremdung zwischen der Provinz und dem Vikariat beruhen.

P. Engelbert kannte auch die Klage, dass es an Verständnis für die Sendungen bei den Mitbrüdern in Amerika fehle und der damit befasste P. Arnold Diederich nicht die notwendige Unterstützung fand. Deshalb schilderte er die Not der Flüchtlingskinder und fügte die vorwurfsvolle Überlegung an: *Wieviel Gutes könnte man heute tun, wenn die Patres drüben mit Energie und Interesse mittun würden. Das würde manche leere Stunde ausfüllen und das Zusammengehörigkeitsgefühl mit hier verstärken. Wie kann man Verständnis für die deutsche Not von Amerikanern erwarten, wenn Deutsche selber sich nicht recht erwärmen.* Diesem nachlässigen Verhalten stellte P. Engelbert das eifrige des Fr. W. Lunney, Augustiners aus Villanova, gegenüber, der in den *letzten Wochen schon 6 Pakete mit Schuhen (97 Paar neue!) und Kleidern schickte.*[418]

---

[417] Brief vom 30. April 1950.
[418] P. Engelbert an P. Athanasius, Würzburg, 18. Nov. 1947; PA.

Die Zukunft des Vikariats war P. Engelbert ein Anliegen. Dies zeigte sein Vorschlag für die Gestaltung der Exerzitienkurse im Kloster Marylake, das auch eine Landwirtschaft betrieb. Für die Exerzitienkurse schlug er vor, man solle in einer gemeinsamen Konferenz ein Programm aufstellen und nach diesem vorgehen.[419]

Für sein Hilfswerk rührte P. Engelbert energisch die Werbetrommel, indem er die Hilfslieferungen schilderte, die P. Capistran aus der Schweiz nach Deutschland sandte. Zwar räumte P. Engelbert ein, dass die Sachen für uns selbst ausreichen. *Aber wenn man die fürchterliche Not um einen sieht, dann hat man das Gefühl, man sei moralisch verpflichtet zu helfen.* Die Zukunft lag trostlos und dunkel vor ihm, so dass er schrieb: *Es gehört jetzt viel Gottvertrauen dazu, den Kopf hoch zu halten. Die Gefahr ist, dass die Leute verzweifeln oder völlig gleichgültig werden und nur dem Augenblicke leben.*[420]

Der unterschwellige Vorbehalt, den P. Engelbert gegenüber der jetzigen Provinzleitung hatte, war der einer fehlenden Vision. Die seine war die einer atlantischen Partnerschaft zwischen dem amerikanischen Vikariat und der deutschen Provinz. Diese sollte in der jetzigen Situation Deutschlands zur Geltung kommen. Die zuständigen Oberen in der deutschen Provinz und im amerikanischen Vikariat müssten diese Beziehung fördern und nicht nach ihrer Entkoppelung streben.

In der Stellung des Exprovinzials konnte P. Engelbert nur anregen, aber nicht viel bewirken. Er war sich dessen bewusst.[421]

Von P. Provinzial Ferdinand erwartete P. Engelbert in planerischer Hinsicht nicht viel, da er sehr auf seine Gesundheit bedacht sein muss. *Keine Aufregung! Sagt der Arzt. Er ist sehr gut zu mir und macht auch seine Sache gut, aber er kennt Amerika nicht. Es kommt mir manchmal die Versuchung: Kümmere dich um die Schwestern. Das ist deine amtliche Aufgabe – und lass das andere seinen Lauf nehmen. Aber dann sehe ich die Chancen, die unsere Provinz jetzt hat und dann plagt es mich wieder innerlich. Andererseits möchte ich auch keine Unruhe oder gar Unfrieden erregen.*

Als Bereiche, in denen sich die Provinz jetzt stärker engagieren könnte, nannte P. Engelbert folgende.

---

[419] P. Engelbert an P. Athanasius, Würzburg, 18. Nov. 1947; PA.
[420] P. Engelbert an P. Athanasius, Würzburg, 8. März 1948; PA.
[421] P. Engelbert an P. Athanasius, Würzburg, 8. März 1948; PA.

An erste Stelle setzte er das Buchwesen. *Was könnte der Verlag jetzt leisten, wo es kaum ein katholisches Buch oder eine Zeitschrift gibt, der Hunger aber nach solcher Lektüre ist sehr groß!*

Für die Seelsorge an den Heimatvertriebenen sollte unsere Musikschule als Ausbildungsstätte für pastorale Mitarbeiter um- und ausgebaut werden. Dies lehrten ihn die durch die Vertreibung angewachsenen Diözesen.[422]

Zwischen dem Provinzial, P. Ferdinand, und dem Vikar, P. Tarzisius Rattler, scheint die Kommunikation gering gewesen zu sein. Der Provinzial gab keinerlei Direktiven, ja nicht einmal Anregungen nach drüben. Würde man die Hilfe von Amerika gut organisieren, dann könnte man in Deutschland viel leisten. P. Engelbert sah dafür die großen Chancen: *Hier in Deutschland liegt die Entscheidung über das Schicksal Europas, ja der Welt, und vor allem der katholischen Kirche.*

Auch für den Orden sah P. Engelbert Entwicklungsmöglichkeiten in Deutschland wie seit Jahrhunderten nicht mehr. *Wenn wir die verpassen, dann läßt sich das kaum mehr gut machen. Mit dem jetzigen wirtschaftlichen System läßt sich das aber nicht machen.*

Die Verlagerung so vieler Patres nach Amerika hatte P. Engelbert auch in der Hoffnung durchgeführt, dass sie nach dem Krieg nach Deutschland zurückkehren und hier arbeiten würden. In dieser Annahme hatte er sich völlig getäuscht.

Seine Enttäuschung äußerte er über die Pläne, die im Vikariat gemacht wurden, und über die Blindheit für die deutschen Verhältnisse. Er schrieb: *Die Provinz hat nicht 1/3 der Patres geopfert, damit die drüben Pläne schmieden über Missionsarbeit in den Südstaaten, unter den Farbigen oder dergleichen. Dann wäre es besser gewesen, man hätte sie hier gelassen. Wir sind jetzt Missionsland. In Thüringen sind heute schon 1/3 Katholiken. Was hätten wir da für Einflussmöglichkeiten.*[423]

In den Augen P. Engelberts hatte der Provinzial zu wenig Interesse für die Zeitschrift *Maria vom guten Rat.* Deshalb schrieb er neben seiner Tätigkeit bei den Ritaschwestern eine Reihe von Beiträgen für die Zeitschrift. Nach seiner Vorstellung sollte sie *wenigstens 80 000 Abonenten haben statt 42 000.* Aber dafür stieß er auf kein Verständnis seiner Vorgesetzten, *obwohl das eine der besten und gesundesten Wirtschaftsgrundlagen wäre.*[424]

---

[422] P. Engelbert an P. Athanasius, Würzburg, 20. Dez. 1948; PA.
[423] P. Engelbert an P. Athanasius, Würzburg, 20. Dez. 1948; PA.
[424] P. Engelbert an P. Athanasius, Würzburg, 20. Dez. 1948; PA.

Die Beziehung zwischen der Provinz und dem Vikariat wurde durch zwei Briefe verschlechtert, in denen P. Franz die deutschen Augustiner in sehr aggressiver Weise kritisiert hatte. Er entschuldigte sich später dafür bei P. Engelbert und schrieb ihm, *dass er herausgebracht habe, dass diese beiden (P. Othmar und P. Conrad) alles falsch dargestellt hätten und Hetzer seien.* Im Anschluss daran urteilte P. Engelbert: *Es ist wirklich ein Jammer, dass Schreier die Situation beherrschen und gestalten.*

Die deutsche Provinz sah P. Engelbert *nicht in ganz große Schwierigkeiten hineintreiben, aber es wird bestimmt sehr viel ver-*passt. Aus einer bedrückten Stimmung heraus bemerkte er selbstkritisch: *Aber vielleicht hatte ich auch zu große Pläne und Hoffnungen. So wie ich die Situation in Deutschland vorausgesehen hatte, ist sie eingetreten; bezüglich der Rolle, die das Vikariat dabei spielen sollte, bin ich enttäuscht. Nicht, als ob ich unvernünftige Erwartungen gehabt hätte, aber auch drüben ist kein Plan, kein Verständnis.*

Die kritischen Worte sollten P. Athanasius, den Adressaten des Briefes; nicht entmutigen, sondern bestärken, tapfer weiter zu arbeiten. Eine tapfere Weiterarbeit nahm sich auch P. Engelbert vor. *Auch ich ziehe mich nicht in den Schmollwinkel zurück, sondern schaffe, so viel ich in meiner Stellung kann.*[425]

Der wichtigste Kritikpunkt P. Engelberts betraf das Fehlen hinreichender Kommunikation zwischen der deutschen Provinz und dem Vikariat. Darüber war P. Engelbert am unglücklichsten. Er kritisierte, dass der Provinzial keinerlei Informationen an den Vikar gab und umgekehrt keine von ihm erhielt.

An der Beobachtung des Verhaltens der Besucher aus Amerika zeigte er seine Kritik auf. Bei den aus Amerika kommenden Augustinern gehe *alles ohne Plan und System. Die Leute kommen und gehen als freundliche Gäste, aber ohne tieferes Interesse zu haben und ohne Instruktionen zu erhalten. Sie haben keine Rückfahrt-Karten, wissen nicht, wie sie sich hier aufhalten sollen, zu welchen amerikanischen Stellen sie gehen müssen. Keiner der früheren Besucher sagt dem andern etwas. So vergeht die halbe Zeit mit Reisen nach Frankfurt, Wiesbaden, München etc.*

Auch finde keine planmäßige Zuarbeit für das Hilfswerk in Amerika statt. Dort sei kein Augustiner, der die Aktionen für das Hilfswerk plane. Eine langfristige Strategie sei nicht festzustellen,

---

[425] P. Engelbert an P. Athanasius, Würzburg, 7. Jan. 1949; PA.

sondern alles geschehe *aus dem Augenblick heraus.*[426] Am schmerz-
lichsten berührte P. Engelbert, dass es keine Zusammenarbeit der
einzelnen Häuser gab. Von ihrer Bezogenheit aufeinander, von der
er meinte, dass er sie den Mitbrüdern eingeprägt habe, war nach
seiner Beobachtung nichts mehr zu spüren. Er musste erkennen,
dass der Partikularismus nicht überwunden war. Die einzelnen
Häuser trieben wieder ihre eigene Politik wie in früheren Zeiten.[427]

DER HAUPTABSCHNITT MEINES LEBENS LIEGT HINTER MIR

Aus den Klagen P. Engelberts spricht viel Enttäuschung. Er
hatte sich die Weiterentwicklung des von ihm Begonnenen und der
deutschen Provinz nach dem Krieg anders vorgestellt. Vor allem die
Beziehung zwischen der Provinz und dem Vikariat in Amerika miss-
fiel ihm. Die deutschen Mitbrüder in Amerika zeigten keinerlei
Neigung, nach Deutschland zurückzukehren. Dagegen konnte er
nichts mehr unternehmen, da er nicht der Provinzobere war. Die
Einstellung der deutschen Augustiner in Amerika schmerzte P.
Engelbert und machte ihn traurig.

Bei einem Exerzitienkurs für Augustinerinnen in Neuß a. Rh.
machte sich P. Engelbert seine augenblickliche Lage bewusst. In
der Atmosphäre der Sammlung und Besinnung schrieb er an P.
Athanasius einen Namenstagsbrief. Sein Wunsch für ihn lautete:
*Möge dir der Herrgott viel Gnade und Segen geben; du wirst doch
wohl noch viel zu arbeiten und zu leisten haben. Bei mir ist ein ge-
wisser Abschluss da; der Hauptabschnitt meines Lebens liegt hinter mir. Ich denke, ich will den Rest für den Auf- und Ausbau der
Ritaschwestern verwenden und etwas für meine arme Seele tun.*[428]

Unter dem *gewissen Abschluss* verstand P. Engelbert wohl
seine Arbeit in der Lenkung und Verwaltung der Provinz. Er hatte
ihr eine bestimmte Ausrichtung gegeben, musste nun aber sehen,
dass sie nicht vertieft, sondern verwässert wurde. Das schmerzte
ihn. Er suchte sich in der Gemeinschaft der Ritaschwestern das
Betätigungsfeld, auf dem er seine augustinischen Vorstellungen verwirklichen könnte.

---

[426] P. Engelbert an P. Athanasius, Würzburg, 11. Febr. 1949; PA.
[427] P. Engelbert an P. Athanasius, Würzburg, 30. April 1950; PA.
[428] P. Engelbert an P. Athanasius, Neuß a. Rh., 28. April 1949; PA.

Den Gedanken der Resignation wehrte P. Engelbert ab. *Das sind keine Gedanken, die aus Müdigkeit oder gar Enttäuschung entspringen (ich fühle mich gesunder als seit Jahren), sondern aus dem Gefühl, dass ich hier noch etwas schaffen kann und vielleicht auch soll.* In der deutschen Provinz mag er sich als überflüssig vorgekommen sein.

Kränkende Beurteilung der Arbeit des Vikariats

Die Entwicklung der Provinz verfolgte P. Engelbert mit großer Aufmerksamkeit. Er sah sie nicht auf einem guten Wege. *Ein wenig Sorge macht mir schon die Gesamtentwicklung.* Aber viel mehr Sorgen bereiteten ihm die Tendenzen zur Verselbständigung des Vikariats.

Der Grundsatz des P. Vikars Tarzisius ärgerte ihn; er lautete: *Wir müssen uns hier in das kirchliche Leben der Staaten und Canadas eingliedern und sind keine Bettelexpedition.* P. Engelbert erkannte richtig, dass bei einem solchen Denken *ganz von selbst die Atmosphäre des Selbständigwerdens* sich ausbreiten würde.

Solchen Überlegungen hielt P. Engelbert entgegen, dass man auf dem Boden der Tatsachen bleiben solle, *wenn man schon kirchlich denken will.*

Nach der Meinung P. Engelberts fallen die großen Entscheidungen in Deutschland. *Hier ist die Naht zwischen Ost und West. Christentum und Atheismus. Die kirchliche Not hier ist gewaltig. Die Aufgaben der Kirche übermenschlich. In Kürze wird eine katastrophale Priesternot sein.* Angesichts dieser Prognose fragte P. Engelbert: *Kann da die deutsche Provinz 1/3 ihrer jungen Kräfte abgeben, um sich in den kirchlichen Organismus von Ländern einzufügen, die keine Priesternot haben? Moralisch ist das nur zu verantworten, wenn es aus der Idee kommt, dass es besser ist, wenn das eine Drittel dem anderen dazu verhilft, effektiv arbeiten zu können, als dass das Ganze aus Mangel an Mitteln nichts schaffen kann. Das war mein Gedankengang bei der Ausweitung der amerikanischen Aktivität. Wenn im Ganzen mit Planmäßigkeit und Vernunft vorgegangen würde, braucht ihr drüben keine Bettelexpedition zu sein. Es kann drüben wertvolle Arbeit geleistet werden und zugleich hier geholfen werden. Es ist jetzt hier wohl in vielem besser geworden, aber vieles ist auch noch Schein!*

Das Urteil P. Engelberts über die Bestrebungen des Vikariats selbstständig werden zu wollen, ist klar und lautet: *Sie sägen sich ihren eigenen Ast ab.* Die Begründung für sein weitsichtiges Urteil lautete: *Wenn 1/3 der Patres einmal Amerikaner sind, dann sind die Deutschen doch nur noch tolerierte Mitarbeiter.* Wenn dann drüben eine neue Provinz entstanden ist, *was ist da Großes für die Kirche geleistet, wenn es auf Kosten der deutschen Provinz geht, die dadurch ihre vielleicht einmalige Chance verliert, aus der Enge und Kleinheit herauszuwachsen? Und wenn dadurch eine Stelle geschwächt wird, an der das Schicksal der christlichen Kultur sich entscheidet?*[429]

Den Lauf der Geschichte des Vicariats zur Selbstständigkeit hatte P. Engelbert richtig vorausgesehen. Als General musste er dazu schließlich seine Zustimmung geben. Ein langes Leben als selbstständige, lebendige Provinz war dem Vicariat nicht beschieden.

Das Urteil P. Engelberts über das Provinzialat P. Ferdinands lautete, dass schon sehr viel versäumt wurde. Sein besonderes Anliegen, *die innere Einheit im Zusammenarbeiten in der Provinz ist bereits dahin.* Es zeigte sich darin, dass jedes Haus auf eigene Faust vor sich hinarbeitete. Dagegen kann man noch nicht einmal viel sagen. *Das ist ja der Buchstabe der Constitutionen,* stellte P. Engelbert resignierend fest. Er vermisste planerische Vorgaben von der Provinzleitung, so dass er missmutig feststellte: *Eigentliche Ziele sind keine da, in allen großen Fragen, die in Deutschland aktuell sind, stehen wir beiseite. Die seligen Tage, wo wir eine unbedeutende Gruppe in Unterfranken waren mit einigen bescheidenen Ablegern in einzelnen Teilen Deutschlands, aber unsere bayerische Geruhsamkeit pflegen konnten, sind glücklich wieder da! Videant consules! (Die Ratgeber mögen zusehen) Ich tue nichts dafür und nichts dawider.*[430]

KANDIDAT FÜR DAS AMT DES GENERALS

Die Aufmerksamkeit P. Engelberts galt nicht nur der deutschen Provinz, sondern wandte sich auch Italien zu. Vom 1. bis zum 20. September 1951 war er im Auto in Italien unterwegs. Sein Interesse galt nicht nur den Augustinern, sondern auch den Sehenswürdigkeiten des Landes.

---

[429] P. Engelbert an P. Athanasius, Neuss a. Rh., 28. April 1949; PA.
[430] P. Engelbert an P. Athanasius, Würzburg, 15. Juli 1950; PA.

In einem Brief berichtete er dem P. Athanasius allerdings
nichts von seinen touristischen Eindrücken, sondern von den
Bemerkungen, die er in italienischen Klöstern zum kommenden
Generalkapitel (1953) gehört hatte. Nicht ohne Stolz schrieb er,
dass sich manche ihn als General vorstellen könnten.[431]

Von den Italienern werden als Kandidaten ausgeschieden P.
Hickey und ein Spanier. Er nannte dafür verschiedene Gründe, die
ihm berichtet worden waren. Hickey habe kein Geld gebracht, die
Spanier hätten Millionen mit ihrer Bank in Shanghai verspekuliert
und die Holländer seien unbeliebt. Deshalb sah er das Amt auf sich
zukommen: *Eine große (jüngere!) Gruppe will absolut einen
Deutschen. Ich war erschrocken (obwohl ich es schon vorher öfter
gehört hatte), dass man mich fast überall offen als Kandidaten begrüßte. Tatsächlich sehe auch ich kaum einen Ausweg.* Mit diesen
Mitteilungen musste sich P. Engelbert zunächst auseinandersetzen.
Seine erste Reaktion P. Athanasius gegenüber lautete: *Da ich mich
der Sache nicht mehr gewachsen fühle, werde ich dich in den
Vordergrund schieben.* Diese Mitteilungen sollten als sehr vertrau-
lich betrachtet werden; in Würzburg habe er darüber *noch kein
Wort fallen lassen!*

P. Engelbert wäre gern nach Amerika gekommen, fand aber
keinen rechten Grund für eine solche Reise. Sein Bemühen um
Exerzitien für Schwestern hatte zu keiner Einladung geführt. Er
wollte aber einen Grund den eigenen Leuten gegenüber angeben
können, da die Mitbrüder *hinter einer Amerikareise bei mir Hinter-
oder Nebengedanken wittern.*[432]

In einer brieflichen Mitteilung erfuhr P. Athanasius von einem
Mitbruder, was dieser von Augustinern an Überlegungen zum näch-
sten General gehört hatte. Er meinte, dass er die Stimmung ziem-
lich gut feststellen könne, da sie zahlreiche Besuche aus anderen
Provinzen erhielten. Er fasste sie in dem Satz zusammen: *P.
Engelbert hat gute Aussichten General zu werden, neben P.
Athanasius.*[433] Der Briefschreiber P. Cajetan favorisierte allerdings
P. Athanasius. Seine Begründung lautete, dass er Großes im Sinn
des verewigten P. Clemens leisten könnte.

Die Nachrichten, die bei P. Engelbert über das Generalkapitel
eintrafen, erfreuten ihn nicht nur, sondern bedrückten ihn auch.

---

[431] P. Engelbert an P. Athanasius, 2. Okt. 1951; PA.
[432] P. Engelbert an P. Athanasius, Würzburg, 20. Dez. 1951; PA.
[433] P. Cajetan an P. Athanasius, 21. Dez. 1951; PA.

Die Italiener der nördlichen Provinzen propagierten einen Deutschen. Sie wollten eine Fortsetzung der von P. Clemens begonnenen Linie. In diesem Zusammenhang wurde, wie P. Engelbert sich ausdrückte, *unseliger Weise* immer sein Name genannt.[434]

Wie ging P. Engelbert mit den Nachrichten, die ihn auch vom Provinzial P. Ferdinand erreichten, um?

Er führte sich die einzelnen Provinzen vor Augen und fragte sich, wen die Italiener eventuell wählen würden, wen die Spanier und wen die Amerikaner. Er schied einen Holländer aus, da die Italiener jeden von ihnen radikal ablehnten. Ein Spanier oder Amerikaner käme in Frage. Die Spanier zeigten aber bislang wenig Neigung, das Amt anzustreben. Sie fühlten sich zu sehr als eigene Gruppe im Orden. Die Amerikaner werden sich vielleicht scheuen, einen anderen gegen den amtierenden General Hickey aufzustellen.

Dann führte er sich vor Augen, wie er die Äußerung des deutschen Provinzials einigen Patres gegenüber einzuordnen habe, er sei der Kandidat der Italiener.

Angesichts dieses Ergebnisses musste sich P. Engelbert sagen, dass das Generalat wahrscheinlich auf ihn zukomme.

Was löste diese Erkenntnis in ihm aus?

Seine erste Reaktion war Ablehnung, da die Aufgabe zu schwer für ihn sei. *Ich selbst aber fühle die Kraft nicht mehr, mich an eine solch schwere Aufgabe zu wagen. Die Behandlung der letzten Jahre haben das Gefühl des Misstrauens an der eigenen Kraft und der Gültigkeit meiner Ideen vertieft, ich fühle mich nicht mehr sicher genug.* Dann blickte er auf seine körperlichen Krankheiten und Unzulänglichkeiten, die ihn von der Übernahme abrieten: *Dazu kommen körperliche Beschwerden: Die Prostata macht mir zu schaffen, das Herz streikt hie und da und viele andere kleinere Sachen.*

Als Alternative zu seiner Person nannte P. Engelbert den P. Athanasius. Er schrieb ihm:

Ich möchte dich doch bitten, dich zur Verfügung zu stellen. Jedenfalls werde ich die Aufmerksamkeit auf dich zu lenken suchen. Die von ihm vorgebrachten Gründe waren einsichtig. Die Italiener wollten einen Deutschen zum General, nicht unbedingt den P. Engelbert. P. Athanasius spreche Italienisch und kenne sich in Rom aus. P. Hickey habe immer behauptet mit Bezug auf P. Clemens: *General könne nur einer werden, der in Rom studiert habe.*

---

[434] P. Engelbert an P. Athanasius, Würzburg, 29. April 1952; PA.

Der Generalassistent P. Makaay hatte P. Engelbert mitgeteilt, dass P. Hickey versuche, sich für das Generalat erneut zu profilieren durch den Bau des Generalats-Flügels in St. Monica. Für ihn habe er einen Fond gesammelt, so dass noch in diesem Jahre mit dem Bau begonnen werden solle.

PROVINZIALKAPITEL 1953 IN MÜNNERSTADT

In Deutschland stand im Jahr 1953 das Provinzialkapitel an. Im gleichen Jahr wurde in Rom das Generalkapitel gefeiert. P. Engelbert war natürlich an den Namen der Kandidaten interessiert, die für die beiden Ämter genannt wurden, da sie nur vereinzelt zu ihm gelangten. Nach der Priorenkonferenz des amerikanischen Vikariats schrieb er deshalb an P. Athanasius: *Es würde mich interessieren, welche Namen genannt wurden! Es sind doch sicher Verbindungen nach hier da!*

Zu den Kandidaten zum Amt des Generals hatte P. Engelbert seit einigen Wochen nichts mehr gehört; sein Name wurde nicht mehr genannt. Deshalb sprach er die Vermutung aus: *Vielleicht ist die Sache eingeschlafen.*[435]

An den Namen der Kandidaten für das Provinzialat war P. Engelbert natürlich interessiert, hörte aber direkt nichts. Vertraulich erfuhr er jedoch, es sei seit längerer Zeit außer seinem Namen überhaupt keiner genannt worden. Er nannte einige Kandidaten, die früher einmal im Gespräch waren, die aber jetzt ausscheiden: P. Hermenegild ist seit einigen Monaten als Professor für ostkirchliche Fragen fest angestellt. Er kommt deshalb nicht in Frage. Dann auch P. Bonaventura, *der ist für Duisburg bestimmt und hätte auch keine Aussicht*, schließlich noch P. Eugen. *Er ist jetzt Direktor des Missionsärztlichen Instituts, scheidet also ganz aus!*[436]

Während P. Engelbert über seine Wiederwahl zum Provinzial nachdachte, erhielt P. Athanasius einen Brief, in dem er aufgefordert wurde, er solle dafür sorgen, dass die nächste Provinzialswahl wirklich zum Segen der Provinz ausfällt. *Dafür sei es notwendig, den P. Engelbert zu veranlassen, sich nicht mehr als Provinzialskandidat aufstellen zu lassen. Dies würde gewiss zum Frieden und inneren Fortschritt der Provinz gereichen. Die Provinz sollte einen*

---

[435] P. Engelbert an P. Athanasius, Würzburg, 18. Juni 1952; PA.
[436] P. Engelbert an P. Athanasius, Würzburg, 28. Febr. 1953; PA.

Mann finden, der das Gute des P. Engelbert und des P. Ferdinand zu verbinden und weiterzuführen versteht. Der Briefschreiber dachte wohl an P. Athanasius Pape.[437]

In der Zwischenzeit hatte P. Engelbert neue Nachrichten über seine Aussichten auf das Generalat erhalten. Nach seiner Rückkehr von Spanien brachte P. Provinzial Ferdinand die Nachricht mit, dass alle vier Provinziale P. Engelbert als General wünschten. Ähnlich sei die Stimmung in drei bis vier nördlichen italienischen Provinzen. Die Holländer hatten als Kandidaten an ihren neuen Provinzial gedacht, zogen ihn dann aber zurück. *So stehen einstweilen bloß P. Hickey und ich auf der Liste. Hoffentlich geht die Gefahr doch noch vorbei!*[438]

---

[437] An P. Athanasius von P. Cajetan, Richmond, Vancouver, 21. Dez. 1951; PA.

[438] P. Engelbert an P. Athanasius, Würzburg, 28. Februar 1953; PA.

ERNEUTE WAHL ZUM PROVINZIAL

Das Provinzkapitel der deutschen Augustiner tagte im Juli 1953 in Münnerstadt. Wie bei jedem Kapitel lag auch über diesem eine gewisse Spannung. Der bisherige Provinzial P. Ferdinand konnte und wollte nicht mehr gewählt werden. Von P. Engelbert hatte man gehört, dass er als Kandidat für den Posten des Generals in Frage komme. Wie sollten sich die Wähler entscheiden? Sollten sie einen ganz neuen Kandidaten favorisieren oder sollten sie den P. Engelbert wählen und damit signalisieren, dass sie ihn als Oberen haben wollen, aber zugleich für geeignet ansehen, das höchste Amt im Orden zu bekleiden? Die überwältigende Mehrheit der Kapitelsväter entschied sich für den langjährigen Provinzial P. Engelbert als neuen Provinzial.

Am 22. Juli 1953 erhielt P. Engelbert 36 von 43 Stimmen im ersten Wahlgang. Die restlichen sieben Stimmen verteilten sich auf folgende Mitbrüder: P. Hermenegild M. Biedermann 3, P. Eugen Prucker 2, P. Bonaventura Schott 1 und P. Adolar Zumkeller 1. P. Engelbert nahm die Wahl an und versprach, zum Wohl der Provinz arbeiten zu wollen.

Viel Zeit blieb ihm für die Arbeit in der Provinz zunächst nicht, da im September 1953 bereits das Generalkapitel stattfand, an dem der Provinzial teilnehmen musste und wollte. In der letzten Zeit war sein Name als möglicher Generalskandidat schließlich sehr häufig genannt worden. Jetzt wollte er es darauf ankommen lassen und wissen, ob die Berichte nur Gerüchte und Spekulationen waren oder auf Fakten beruhten.

WAHL ZUM GENERAL DES AUGUSTINERORDENS 1953

Der amtierende General P. Joseph Hickey hatte für den 24. September 1953 die wahlberechtigten Augustiner nach Rom in das Kolleg St. Monica zum Generalkapitel eingeladen. Von Deutschland nahmen neben dem Provinzial P. Engelbert auch P. Athanasius Pape als Definitor der deutschen Provinz und der Exgeneralassistent P. Winfried Hümpfner teil.

Die Kongregation hatte den Dominikaner P. Christophorus Berutti als Präses des Kapitels bestimmt. P. Engelbert gehörte mit drei anderen Augustinern zu den Richtern über die vorgebrachten Fälle *(iudices causarum)*.

In der Zeit der Wahlen für die verschiedenen Ämter, die einen ordnungsgemäßen Ablauf des Kapitels gewährleisten sollen, nahm P. Berutti das *Scrutinium* der Wahlberechtigten vor. Er hörte sich die personellen Vorstellungen der Kapitelsteilnehmer an und griff wohl aufgrund seiner gewonnenen Kenntnisse auch lenkend in die Meinungsbildung ein.

P. Athanasius berichtet, dass dem P. Engelbert im Provinzial der Villanova-Provinz, P. Joseph Dougherty, ein ernsthafter Konkurrent entgegentrat, der von einer Gruppe von Patres benannt wurde, aber bisher nicht im Gespräch war. Als P. Engelbert davon erfuhr, war ihm diese Konkurrenz äußerst peinlich, nicht weil er sie fürchtete, sondern weil er mit P. Dougherty befreundet war. Er sah sofort, dass es nicht zu einer heftigen Auseinandersetzung kommen dürfe. Sollte er zum General gewählt werden, brauchte er ihn, da er auf die finanzielle Unterstützung der amerikanischen Provinzen angewiesen war. Deshalb führte P. Engelbert ein offenes Gespräch mit dem Präses und dann mit dem Provinzial. Er erklärte ihm, er selber werde für ihn stimmen, wolle aber das Ergebnis den Wählern überlassen.[439] Nachdem alle Präliminarien durchgeführt waren, schritten die 59 Augustiner zur Wahl des Generals.

---

[439] P. Athanasius, General in Rom, in: CU 17 (1959) 41-50, bes. 41.

Der erste Wahlgang erbrachte folgendes Ergebnis: P. Engelbert Eberhard 35, P. Joseph Dougherty 15, P. Ignatius Arámburu 4, P. Joseph Hickey 3 Stimmen. Je eine Stimme erhielten P. Carolus Vicuna und P. Ambrosius Doyle. Damit hatte P. Engelbert die absolute Mehrheit der Stimmen auf sich vereinigt und war im ersten Wahlgang zum General gewählt.

Das Generalkapitel musste noch einige andere Ämter besetzen. Dafür stand dem neu gewählten P. General das Recht zu, den Kapitularen Vorschläge für diese Ämter zu machen, über die dann abgestimmt wurde. Als Generalprokurator wurde P. Ignatius Arámburu gewählt, als erster Assistent P. Augustinus Trapè, als zweiter P. Raphael Pérez, als dritter P. Servus Makaay und als vierter P. Ambrosius Doyle. Zum Sekretär nahm sich P. Engelbert den Italiener P. Raphael Bracco.[440] Dies waren die Mitarbeiter, die P. Engelbert bei der Leitung des Augustinerordens unterstützen sollten.

Bald nach der Wahl schrieb P. Engelbert seiner Schwester Anna einen Brief über den Wahlverlauf und über seine Gefühle als neuer General. Er stellte mit etwas Stolz fest: *Was ich – wie Du weißt – so lange befürchtet habe, ist nun tatsächlich eingetroffen: man hat mich zum General erwählt. Es war kaum möglich, daran vorbei zu kommen, denn ich wurde schon im ersten Wahlgang gewählt. Das ist seit Menschengedenken noch nicht vorgekommen, denn bei den vielen Nationen, die da zusammenkommen und sich ja kaum kennen, sind meistens mehrere Wahlgänge nötig, bis sich die Leute klar werden.*

P. Engelbert nannte dann die Stimmenverteilung und schloss aus den für ihn abgegebenen 35 Stimmen: *Das macht mir die Sache etwas leichter, weil ich viel Wohlwollen merke, aber es ist doch ein furchtbares Amt. Man hat die Verantwortung über etwa 3000 Mitbrüder, die über die ganze Welt zerstreut sind! Der Herrgott muß helfen, sonst müsste man verzagen.*

Den Kapitelsteilnehmern wurde vom heiligen Vater Pius XII. eine Privataudienz gewährt. Sein Verhalten gegenüber den Versammelten beurteilte P. Engelbert als *äußerst gütig und väterlich*.

Als nächster Punkt stand auf dem Programm der 60 Kapitelsväter eine Fahrt zum Heiligtum der *Mutter vom guten Rat* in Genazzano.[441]

---

[440] Analecta Augustiniana XXIII (1953) 3-25.
[441] Brief an Schwester Anna, Rom, 30. Sept. 1953; PA.

REGELUNG DER NACHFOLGE IN DER DEUTSCHEN PROVINZ

Auf die Assistenten und den Sekretär war P. Engelbert angewiesen; sie gehörten zu seiner Kurie, er musste mit ihnen zusammenarbeiten. Gleich zu Beginn erkannte er jedoch, dass er einen Augustiner brauchte, mit dem er ohne Scheu die anstehenden Fragen besprechen konnte. Seine Wahl fiel auf P. Athanasius Pape, mit dem er vertraut war und mit dem er über viele Jahre in brieflichem Gedankenaustausch gestanden hatte. Er übertrug ihm das Amt des Generalökonomen nicht im heiligen Gehorsam, sondern er warb um seine Mitarbeit, denn er wusste, dass P. Athanasius gern als Seelsorger gearbeitet hätte.

Bevor P. Engelbert den P. Athanasius in das für ihn vorgesehene Amt des Generalökonomen berufen konnte, musste die Frage des Provinzialkommissars für die deutsche Provinz, des Nachfolgers P. Engelberts, geklärt werden. Wahrscheinlich machte sich P. Athanasius Hoffnungen auf diesen Posten. P. Engelbert musste jedoch bei einer Probeabstimmung bei der Priorenkonferenz in Deutschland feststellen, dass eine Mehrheit nicht den P. Athanasius, sondern den P. Hermenegild für dieses Amt wünschte. Es fiel das Wort: *Wir haben bisher nicht anders gedacht, als dass P. Athanasius bei P. Engelbert bleibt.*[442]

P. ATHANASIUS ALS GENERALÖKONOM

Über den Hinweis, P. Athanasius als *tatkräftige Hilfe* dem P. General zu überlassen, war dieser heilfroh. Dies geht aus seinem Brief hervor, den er in Würzburg schrieb und in dem er um die Mitarbeit des P. Athanasius warb:

Wenn ich jetzt aus der Ferne nüchtern auf meine Aufgabe in Rom blicke, dann überfällt mich große Angst. So ganz allein da zu stehen ohne die Möglichkeit, eine Sache vertraulich und persönlich zu besprechen, ist doch sehr, sehr schwer. P. Engelbert blickte auf P. Clemens und fragte sich, wie dieser sich in ähnlicher Situation verhalten habe. Seine Antwort lautete: *P. Clemens hatte P. Winfried und holte sich P. Rudolf und P. Hilarius (neben Spirali), weil er sich allein verloren fühlte.*

---

[442] P. Engelbert an P. Athanasius, Würzburg, 22. Okt. 1953; PA.

In ähnlicher Weise ging auch P. Engelbert vor. Er suchte P. Athanasius in seine Nähe zu holen und zu halten, da er ihm in verschiedenen Punkten Sicherheit und Zutrauen in seine Kräfte vermittelte. Er schrieb ihm: *Mir wird es eine ganz große Erleichterung sein, die Finanzen in sicherer Hand zu wissen. Mit dir kann ich planen, mit dir zusammen wage ich auch die wirtschaftliche Seite des Generalates in Ordnung zu bringen und auch neue Quellen zu schaffen, denn ein General ohne finanzielle Kraft ist eine armselige Puppe.*

Neben der Garantie für die finanzielle Solidität suchte P. Engelbert in P. Athanasius aber auch den Ratgeber, Mahner und Anreger, also jemanden, der ihm zur Seite stand und einen Hinweis gab, damit er auf dem rechten Weg blieb:

Mehr bedeutet für mich aber die persönliche Zusammenarbeit. Du sollst mir Ratgeber, Mahner und Stimulus sein. Ich habe die Überzeugung, dass du meine Kräfte verdoppelst. In letzter Zeit bin ich zaghaftiger geworden, als die meisten ahnen – ich bin schon 60! Habe ich aber einen tatkräftigen Mitarbeiter, der mich auch einmal drängt, dann fühle ich wieder Mut und wage auch etwas.

P. Engelbert führte sich und P. Athanasius die Aufgaben vor Augen, die es anzupacken und zu lösen galt. Er suchte ihn damit zur Mitarbeit zu locken:

Es sind doch gewaltige Aufgaben, die zu lösen waren. Die früheren Generale (PP. Esteban, Pasquini, Hickey) haben doch keinerlei Impulse gegeben, alles ging in alten Geleisen eben so dahin. Keine Zusammenfassung der Kräfte, keine neuen inspirierenden Ideen, der Orden vergreiste.

Deshalb stellte P. Engelbert sich und P. Athanasius die Frage, ob er in der genannten Weise weiterarbeiten solle.

Und was kann ich ohne geeignete Mitarbeiter leisten? Ich werde eine große Enttäuschung. Denn die Leute haben große Hoffnungen (wohl zu große!) und sehnen sich nach neuem Leben. Dem Gesamtorden wieder neuen Auftrieb zu geben, ist sicher noch eine wertvollere Aufgabe als eine Provinz zu leiten, die doch schon im Gange ist.

P. Engelbert breitete vor P. Athanasius so etwas wie sein Regierungsprogramm aus, das er mit ihm zusammen umsetzen wollte:

Notwendig werden viele Reisen sein, um die Leute zu interessieren und für die Zusammenarbeit zu ermuntern, wie ich es als Provinzial immer getan habe (bei P. Ferdinand vermißte man das!).

P. Bracco kann ich da nicht mitnehmen, da er mehr Ballast als Hilfe wäre. Da müßtest du mit mir fahren: Nord- und Südamerika, Missionen!

Ein Blick auf die jüngste Entwicklung in seinem Leben rief bei P. Engelbert das Gefühl hervor, Gott sei dabei am Werk gewesen.

Alles in allem hat sich in den letzten Monaten alles so zwangsläufig gefügt, dass ich überzeugt bin, dass hier der liebe Gott wirksam ist.

Mit dieser Überzeugung sah P. Engelbert in P. Athanasius auch denjenigen, der sein Werk fortsetzen kann und soll:

Ich werde alt und bin nicht mehr recht gesund; so sehe ich in dir den Mann, der das, was ich beginnen muß, einmal fortsetzt, so wie ich immer die Arbeit des gottseligen P. Clemens fortführen mußte. Er forderte 1929 von mir auch das sehr schwere (und damals unverständliche) Opfer der Rückkehr nach Deutschland – und es war das Richtige.

Obwohl P. Athanasius in der Kurie noch kein Amt hatte, beauftragte ihn P. Engelbert mit der Erledigung einiger Aufgaben:

Damit nun der Rector Provinciae bald seine Tätigkeit aufnehmen kann, möchte ich mit seiner Ernennung nicht bis zu meiner Rückkehr warten. Da man mir nun sagte, dass auch die Kurie in einem solchen Falle immer abgestimmt habe, bitte ich dich, ihr meinen Vorschlag (P. Hermenegild als Rector Provinciae) zu unterbreiten und mir das Resultat möglichst bald mitzuteilen. Ich will nämlich sehen, dass ich wenigstens einen Bruder für die Curie bekomme. Auch andere Sachen drängen hier.

Die Übertragung des Amtes des Generalökonomen an P. Athanasius schob P. Engelbert bis zu seiner Rückkehr nach Rom hinaus, *da die Curie darüber abzustimmen hat.*[443] P. General ging davon aus, dass P. Athanasius das römische Amt übernehmen werde. In dieser Zuversicht schrieb er erleichtert: *Nun leb wohl! Ich muß sagen, ich fühle mich freier und wohler und komme jetzt auch gern nach Rom. Gott wird uns helfen.*[444]

Schweren Herzens war P. Athanasius bereit, das Amt des Oeconomo Generale zu übernehmen. Zu seinem Entschluss schrieb ihm P. Engelbert: *Dass es dir ein Opfer ist, das Ökonomat zu über-*

---

[443] Constitutionen 971.
[444] P. Engelbert an P. Athanasius, Würzburg, 22. Okt. 1953; PA.

nehmen, kann ich verstehen. Doch wirst du damit dem Orden und
damit der Kirche einen größeren Dienst erweisen als durch seel-
sorgerliche Arbeit. Bestimmt wird auf diesem Gehorsamsakt ein
großer Segen ruhen.[445]

ABSCHIED VON DEUTSCHLAND

Bevor P. Engelbert nach Rom aufbrach, musste er sich in seinem Heimatdorf Rhumspringe zu seiner Wahl zum General feiern
lassen. Die Ritaschwestern in Würzburg brauchten einen neuen
Direktor, um dessen Auswahl sich P. Engelbert noch kümmern
wollte. Für seine Arbeit in Rom benötigte er von der deutschen
Provinz drei Laienbrüder, von denen zwei in der Küche der Kurie
tätig werden sollten und einer in besonderer Weise als Chauffeur
des Generals seinen Dienst tun sollte. Für die Fortbewegung stellte die deutsche Provinz dem General den schon etwas älteren
Mercedes des Provinzialats zur Verfügung, der dem P. Engelbert
vertraut war.

P. General war zur 1600. Jahrfeier des Geburtstages des heiligen Augustinus (354–1954) nach Pavia eingeladen. Diese Einladung
durchkreuzte seine Pläne, die er vor seiner Übersiedlung nach Rom
erledigen wollte. Er hatte zunächst die Absicht, sich bei den
Feierlichkeiten durch Bischof Canisius Van Lierde und den italienischen Generalassistenten P. Trapè vertreten zu lassen. Seine
Abwesenheit wäre kein guter Einstieg in sein Amt gewesen. Deshalb
riet ihm P. Athanasius, den Termin wahrzunehmen, da er Ärger in
der Kurie befürchtete. P. Engelbert ging auf den Vorschlag ein, da
er auf keinen Fall Anlass zu Kritik geben wollte.

Im Brief äußerte P. Engelbert die ganz persönliche Bitte:
Übrigens kannst du mir die Adresse von P. Becker OMI mitteilen,
ich möchte ihm einen Gruß schicken.[446] Der Oblatenpater Becker,
dem der Gruß gelten sollte, wurde eine wichtige Bezugsperson für
die Patres Engelbert und Athanasius in Rom. Mit ihm und seinem
Mitbruder P. Rommerskirchen spielten sie regelmäßig Skat.
Daran war aber jetzt noch nicht zu denken. P. Engelbert musste
sich zunächst aus seinen vielen Beziehungen in Würzburg lösen.

---

[445] P. Engelbert an P. Athanasius, Würzburg, 2. Nov. 1953; PA.
[446] P. Engelbert an P. Athanasius, Würzburg, 2. Nov. 1953; PA.

Es war deshalb nicht verwunderlich, wenn er seufzte: *Es ist schrecklich, bis man hier loskommt.*[447]

ROM

Nachdem P. Engelbert das Abschiednehmen bewältigt hatte, wandte er sich Rom zu. Vorher legte er einen Zwischenaufenthalt in Pavia ein und nahm teil an den Feierlichkeiten zum 1600jährigen Geburtstag des heiligen Augustinus. Sie wurden im Augustinerkloster begangen, das das Grabmal des Ordensvaters betreut.

Von der Übersiedlung nach Rom über Pavia berichtete P. Engelbert mit einer gewissen Erleichterung seiner Schwester Anna: *Nun bin ich also in Rom und suche mich einzugewöhnen. Am Samstag, 14. 11. 1953, bin ich mit dem Auto nach Frankfurt und von da mit dem Flugzeug nach Mailand. Die Fahrt in 5000 m Höhe über die gewaltigen schneebedeckten Alpenberge war einzigartig schön. Von dort fuhr ich per Auto mit dem Bischof Van Lierde nach Pavia, wo der Leib des hl. Augustinus ruht. Dort waren am Sonntag aus Anlass des 1600. Geburtstages des heiligen Augustinus mehrere Feierlichkeiten, zu denen ich eingeladen war. Am Montag bin ich dann im Zuge nach Rom gefahren.*[448]

Über seine Anfangszeit in Rom teilte P. Engelbert mit, dass ihm die Eingewöhnung nicht schwer fiel. Was ihm allerdings als Mangel bewusst wurde, war die Unkenntnis der italienischen Sprache: *Unangenehm ist es, dass ich Italienisch wohl etwas verstehe, aber nicht spreche. Das muss ich also in meinen alten Tagen noch lernen. Soweit behelfe ich mich mit Deutsch, das unsere Patres hier können, oder mit Englisch, sonst aber mit Latein.*

Zu den Erfahrungen, die P. Engelbert zu Beginn seines Generalats machte, gehörte es, dass über die Missstände geklagt wurde, die seine Vorgänger hinterlassen hätten und wo überall unbedingt Veränderungen vorgenommen werden müssten. Er schrieb seiner Schwester: *Schwieriger sind die vielen Probleme, die an einen herantreten. Mir wird manchmal Angst und Bange, aber ich bin überzeugt, dass der liebe Gott helfen wird. Ich bin froh, dass ich mich gesundheitlich ziemlich wohlfühle.*[449]

---

[447] P. Engelbert an P. Athanasius, Würzburg, 12. Nov. 1953; PA.
[448] P. Engelbert an Schwester Anna, Rom, 26. Nov. 1953; PA.
[449] P. Engelbert an Schwester Anna, Rom, 26. Nov. 1953; PA.

ERSTES RUNDSCHREIBEN

Seinem Brief an P. Athanasius legte P. Engelbert einen Entwurf für sein erstes Rundschreiben bei.[450] Er bat um dessen Durchsicht, eventuelle Ergänzungen und Übersetzung: *Anbei schicke ich den Entwurf für das Rundschreiben. Es enthält im Wesentlichen die Gedanken meiner Schlussansprache. Was gesprochen wird, ist ja doch bald vergessen. Besprich die Sache mit einem, der ein Urteil hat und es vielleicht auch übersetzt. Ich bin selbstverständlich für Anregungen dankbar.*

Das in Latein abgefasste Schreiben wurde am 8. Dezember 1953 in St. Monica in Rom veröffentlicht. Es trägt die Handschrift P. Engelberts und enthält die wichtigsten Gedanken, von denen sein Ordensleben geprägt war.

An erster Stelle steht das Streben, ein Herz und eine Seele in Gott zu sein. Um dieses Ideal verwirklichen zu können, muss man sich in der heutigen Zeit gegen drei feindliche Strömungen zur Wehr setzen, die das augustinische Ordensleben gefährden und zerstören. Es sind dies der Nationalismus, der Partikularismus und der Egoismus. Gegen die daraus entstehenden Gesinnungen ist die Lektüre der Ordensregel und die Umsetzung ihrer Aussagen ein wirksames Gegenmittel.

Der General sagte im Blick auf sein eigenes Ordensleben, dass ihm die Einheit des Ordens von Anfang an ein Herzensanliegen war. Ihr galt sein Bemühen während der 18 Jahre seines Provinzialats, sie wird auch die vorrangigste und schwierigste Aufgabe während seines Generalates sein.

Drei Punkte stellte er heraus, von denen die augustinische Lebensform und Spiritualität geprägt sein soll. Die Liebe, das Studium und die Verwirklichung des Gutes der Gemeinschaft.

Die Liebe ist die Kraft, die zur Einheit und zur Gemeinschaft strebt.

Während der Amtszeit des P. Engelbert wurden vier wichtige Gedächtnisse begangen. Der Geburtstag des hl. Augustinus (354–1954), das Gedächtnis des hl. Thomas von Villanova (1555–1955), das Gedächtnis der Gründung des Augustinerordens durch die Magna Unio (1256-1956), und das Gedächtnis des Todestages der hl. Rita von Cascia (1457–1957). Anlässlich der Feiern der drei Personen und der Magna Unio erinnerte P. General

---

[450] P. Engelbert an P. Athanasius, Würzburg, 12. Nov. 1953; PA.

daran, den Geist der Liebe mehr und mehr zu befestigen und ein Herz und eine Seele in Gott zu sein: Jeder einzelne, die Konvente, die Provinzen und der Gesamtorden sollten sich um die Verwirklichung dieser Ideale bemühen.[451] P. Engelbert sah in ihrer Förderung seine Hauptaufgabe als General. Was er 18 Jahre lang als Provinzial in der deutschen Provinz getan habe, wolle er im ganzen Orden verwirklichen (*idemque in universo Ordine perficere Nostrum esse existimamus praecipuum gravissimumque officium*).

ALS GENERAL IN ROM

Es war das Bestreben P. Engelberts in Rom, sich in die Verhältnisse der Kurie und in die Stadt Rom einzuleben. Mit P. Athanasius unternahm er deshalb regelmäßige Spaziergänge zu den wichtigsten Kirchen und Klöstern Roms.

Erholung fand er auch beim Skatspielen, bei dem er die Mitspieler genau beobachtete. Wenn er einen Fehler feststellte, konnte er sehr lebhaft werden. In den zwei Oblatenpatres Becker und Rommerskirchen fand er angemessene Mitspieler. Dazu kam noch P. Athanasius. Wenn es irgendwie möglich war, ließ er diese Runde der Entspannung niemals ausfallen. Er brauchte sie und konnte sich in ihr ungeniert gehen lassen. Die Spiele wurden abwechselnd bei den Augustinern und den Oblaten durchgeführt.

Nach sechs Wochen Romaufenthalt schrieb P. Engelbert: *Sorgen habe ich genug, von allen Seiten erwartet man etwas: Verbesserungen, Hilfe u. s. w. Wenn man nur könnte, wie man wollte. Es ist viel Unordnung da, zu deren Beseitigung man Jahre braucht. Manches konnte ich schon ändern, aber es ist nur ein Anfang.*

Die äußere Feier von Weihnachten erlebte P. Engelbert mit anderen Akzentsetzungen als in Deutschland. *Weihnachten ist nun auch vorüber. Es wird hier nicht besonders gefeiert, der große Tag des Schenkens ist Dreikönig. An diesem Tag muß ich auch eine Predigt halten, zu der die katholischen Deutschen Roms kommen. In einer Kirche wird während einer Woche in allen Sprachen der Welt gepredigt, ich habe also die deutsche.*

---

[451] Analecta Augustiniana 23 (1953) 33-36.

Um auch finanziell besser helfen zu können, plante P. Engelbert eine Fahrt nach Amerika: *Im Frühjahr (nach Ostern) will ich nach Amerika und sehen, dass ich dort mehr Hilfe bekomme.*[452]

AUSSTATTUNG DER KURIE

Das erste Bestreben P. Engelberts war es, die neu errichteten Gebäude der Kurie und dann auch das Kolleg so auszustatten, dass sie die Grundlage für ein gedeihliches augustinisches Ordensleben und Studium boten.

Bei einem Besuch der Benediktinerabtei Sant'Anselmo auf dem Aventin wollten die Patres Engelbert und Athanasius das dortige Chorgestühl begutachten, um Anregungen für das eigene zu erhalten, das für die Kurienkapelle der Augustiner angeschafft werden sollte. Dabei trafen sie auf die Laienbrüder Stephan und Tarcisius aus Münsterschwarzach. Im Gespräch mit ihnen stellte sich heraus, dass Br. Stephan ein Bauexperte war. P. Engelbert lud ihn zu einem Besuch und Gespräch nach St. Monica ein.

NEUBAU EINER KAPELLE FÜR DAS KOLLEG

In einer Unterredung mit Br. Stephan entwickelten die beiden Augustiner Engelbert und Athanasius ihm ihren Plan, auf die jetzige Dachterrasse der Kapelle und Bibliothek von St. Monica eine große Zelebrationskapelle mit circa 20 Altären und einer Chorkapelle zu bauen. Aus der jetzigen Kapelle solle dann eine öffentliche Kirche werden.

Br. Stephan konnte dem Plan etwas abgewinnen und schlug als Architekten den jungen Schweitzer Silvio Gallizia vor, der mit dem Bau-

Rom, St. Monica: Bau der Kollegskapelle.

---

[452] An Schwester Anna, Rom, 28. Dez. 1953; PA.

techniker Sergio Scalesse zusammenarbeitete. Sie besuchten die Augustiner und inspizierten die Örtlichkeiten.

Den beiden Fachleuten entwickelten P. General und P. Athanasius die Idee von der Gemeinschaft im Augustinerorden, die in dem Bau zum Ausdruck kommen sollte. Der Gedanke von der Einheit der einzelnen Provinzen mit dem General an der Spitze wurde als Idee vorgegeben. Sie sollte durch die Chorkapelle ausgedrückt werden, auf welche die Einzelkapellen auszurichten seien. Mit dem Neubau wollte P. Engelbert sein augustinisches Lebensmotiv von dem *cor unum* und der *anima una* auf dem Weg zu Gott zum Ausdruck bringen und seinen Mitbrüdern visuell einprägen.

WIEDERERRICHTUNG DES STUDIUMS IM INTERNATIONALEN KOLLEG ST. MONICA

Mit seinem Schreiben vom 2. Juli 1955 errichtete P. General von neuem das Internationale Studium in St. Monica in Rom. Er tat es auf Bitten mehrerer Provinziale, aber auch aus sachlichen Gründen.

Das Studium im eigenen Haus hatte den Vorteil, dass ein langer Schulweg wegfiel. Die überschaubare Zahl der Studenten ermöglichte es den Professoren, sich mit diesen intensiv zu beschäftigen. Ihr Bleiben in der gleichen Gemeinschaft förderte bei den Studenten ein tieferes Eindringen in den augustinischen Geist. Da sie die Theologie des heiligen Augustinus gewissenhafter studieren sollten, sind sie dann auch in der Lage, sie auch genauer zu befolgen. Die Professoren des Kollegs sind nicht nur diejenigen, die sich der Wissenschaft widmen, sondern auch diejenigen, die sich im Orden wissenschaftlich betätigen. St. Monica als die zentrale Einrichtung kann und soll dem Orden eine herausragende Stellung geben.

Damit die aufgezeigten Ziele auch erreicht werden können, bat der General die Provinziale um das Überlassen verschiedener Professoren. Er zeigte sich davon überzeugt, dass diese großzügige Geste in der Zukunft reiche Früchte tragen werde.

Der erste Kurs begann am 20. Oktober 1955 in St, Monica. Die Studenten mussten ihr Philosophiestudium abgeschlossen haben.

Für P. Engelbert war die Wiedererrichtung des Internationalen Kollegs ein weiteres Zeichen dafür, dass die brüderliche Gemeinschaft verstärkt wird, dass mehr auf das Gemeinsame als auf das Eigene geachtet wird und die Provinzen untereinander enger zusammenrücken. Die Feier der bevorstehenden *Magna Unio* sollte diesen Gedanken herausstellen und zu seiner Verwirklichung ihren

Teil beitragen. Von Bedeutung sei aber auch das Internationale Kolleg, dem andere wissenschaftliche Einrichtungen folgen sollen.[453]

Die Bedeutung des Internationalen Kollegs und des Studiums in St. Monica unterstrich P. Engelbert auch bei der Eröffnung des ersten Kurses am 18. Oktober 1955 nach einer heiligen Messe, an der auch der Autor als Alumne teilnahm. Er drückte darüber seine Freude aus, dass nach fünfjähriger Unterbrechung die Aktivität des Internationalen Kollegs wieder aufgenommen werden könne. Er bezeichnete die Eröffnung als eine feierliche Stunde, in der wir den Schatz, den unsere Vorgänger Jahrhunderte hindurch mit großem Eifer hüteten, wiederum in Händen halten, um ihn uns anzueignen und in diesem Zentrum unseres Ordens zu pflegen.

Für diese Aufgabe warb P. Engelbert bei den Professoren und suchte die Studenten für sie zu begeistern.

Die Professoren sollen die Studenten in das Werk und den Geist des heiligen Augustinus einführen durch ihre Lehre und ihr Leben. Sie sollen den Studenten, die ihnen die Provinziale anvertraut haben, eine gesunde Lehre vermitteln und sie vor schädlichem und trockenem Intellektualismus bewahren. Außerdem legte er ihnen nahe, durch Publikationen in die aktuelle theologische Diskussion einzugreifen, damit unsere Stimme auch außerhalb dieser Mauern gehört werde. Es möge eine augustinische Tradition entstehen, die derjenigen der *Schola Augustiniana* würdig sei.

Den Studenten legte P. General nahe, sie sollten sich ihrer Berufung als würdig erweisen. Sie seien nach Rom, dem Haupt des katholischen Erdkreises, geschickt worden, um die Würde des Priestertums anzustreben. Diesem Vorzug sollen sie durch ihr Verhalten, das Studium und ihr tugendhaftes Bemühen entsprechen. Er rief ihnen zu: *Nutzt die wertvolle Zeit der Studien! Wissen und Lehre könnt ihr niemals genug euch aneignen! Werdet gelehrte Söhne unseres überaus gelehrten Vaters Augustinus! Lernt jenes Wissen, das die Frömmigkeit der Seele nährt, die Unversehrtheit der Sitten mehrt und die Heiligkeit des Lebens hervorbringt. Die alleinige geistige Arbeit wird euch nichts nützen, wenn ihr nicht mit ganzer Seele die aus den Büchern und Worten der Professoren herausströmende göttliche Weisheit aufnehmt und umsetzt. Eure Berufung zum Stand des Ordensmannes und des Priesters umfasst auch eure Berufung zum Studium. Von zwei Säulen wird unser Leben als Ordensmann und Priester getragen: Von der Frömmigkeit und von der Lehre.*

---

[453] Acta OESA I, 7.

Allen Anwesenden legte er als Richtschnur und Norm nahe, in der Frömmigkeit und Lehre die Einheit zu wahren. Wenn dies geschehe, dann bringe auch das Kolleg St. Monica den Grundsatz von der einen Seele und dem einen Herzen zum Ausdruck.[454]

Versammlung der Provinziale

Zum Bau der Kapelle leisteten die einzelnen Provinzen einen finanziellen Beitrag. P. General wollte dafür den Provinzialen seine Dankbarkeit ausdrücken. Er lud sie deshalb zu einer Zusammenkunft nach Rom ein. Es war das erste Mal, dass die Provinziale außerhalb des Generalkapitels zu einer Versammlung zusammenkamen. Eine solche Zusammenkunft hatte P. Engelbert als Provinzial in der Priorenkonferenz mit Erfolg erprobt. Anlässlich der Feier der *Magna Unio* wollte er diesen Brauch auch für die Provinziale einführen. Er konnte voll Stolz feststellen, dass alle seiner Einladung gefolgt waren. Die Zusammenkunft war aber nicht nur als Jubiläumsfeier gedacht, sondern sollte sich auch mit inhaltlichen Fragen befassen. Engelberts Bestreben war es, die einzelnen Provinzen näher zusammenzuführen, sie für die Bemühungen der anderen zu interessieren und an ihnen teilnehmen zu lassen und, wenn nötig, ihnen auch Hilfe zu gewähren. In solchen Bemühungen und Anstrengungen erblickte der P. General die konkrete Umsetzung des augustinischen Einheitsideals.

Einweihung der Kapelle

Als Werk der Einheit sah er auch die Kollegkapelle mit ihren Zelebrationsnischen an. Als P. General in Gegenwart der Provinziale und zweier Provinzkommissare die Einweihung der Kapelle vornahm, war er begeistert, dankbar und von Zuversicht erfüllt.

In seiner Ansprache hob er hervor, dass der Augustinerorden einst aus den Eremitenverbänden in der *Magna unio* zu einem Orden geformt wurde. Für die einzelnen Eremitengruppen sei es nicht leicht gewesen, ihre Einsamkeit verlassen zu müssen und in die unruhigen Städte überzusiedeln. Für die heutige Zeit bedeute dies für die Augustiner, dass sie enger zusammenarbeiten müssten, um dem Ordensideal zu entsprechen und den Anforderungen der Zeit zu genügen.

---

[454] Acta OESA I, 19-20.

Rom, St. Monica, Zelebrationskapellen der Provinzen des Augustinerordens.

Als Markenzeichen des Augustinerordens gelte das Wort des Ordensvaters von dem einen Herzen und der einen Seele in Gott. Bei der Umsetzung dieses Wortes habe man in den vergangenen Jahrhunderten, besonders zur Zeit des Humanismus, darin gefehlt, *dass man den Menschen und nicht Gott in den Mittelpunkt zu stellen pflegte. Es sei aber notwendig, dass Gott wieder den ersten Platz im menschlichen Leben erhält. Uns Ordensleuten obliege es, dass wir die Ehre Gottes fördern. Dies sollen wir vor allem denjenigen einprägen, die sich unserem Orden anschließen wollen.*[455]

In diesem Zusammenhang zeigte P. Engelbert den Grund auf, warum es sein *brennendes Verlangen* war, für das Internationale Kolleg eine Kapelle mit einem Chorraum zu erbauen. In ihr soll es möglich sein, das Breviergebet würdig zu verrichten. Es sollten auch so viele Altäre vorhanden sein, dass sie zur Feier der heiligen Messe ausreichen.

P. General erklärte die Kapelle zu einem Denkmal der großen Union und zu einem Symbol ihres Geistes. Im Geiste der Einheit soll auch das Gedenken an die *Magna Unio* gefeiert werden entsprechend dem Wort des heiligen Vaters Augustinus von dem einen

---

[455] Acta OESA 1,176.

Herzen und der einen Seele in Gott. Mit Blick auf die Zelebrationskapellen führte P. Engelbert aus, dass vierundzwanzig Altäre eben
so vielen Provinzen des Ordens geweiht seien, so dass man zu Recht
sagen könne, dass alle Provinzen in der Kapelle zur Einheit ver-
sammelt sind in Gott und vor Gott.[456]

Rom, St. Monica, Chor der Kollegskapelle.

Für den Bau der Kapelle hatte P. Engelbert das erreicht, was
ihm als konkrete Ausgestaltung der Zusammenarbeit der Provinzen
vor Augen stand, dass jede für die Verwirklichung dieses Zieles zur
Ehre Gottes frohen Herzens ihren Beitrag leistete. Deshalb sah er
in der Kapelle das Symbol, dass St. Monica in Rom das Herz und
das Haupt des ganzen Ordens ist. Das internationale Kolleg als Ort
der Erziehung junger Mitbrüder aus allen Provinzen biete die
Möglichkeit, dass sie den ganzen Orden als eine große Familie erfahren, der sie sich mit ganzem Herzen weihen. In der Kapelle
mögen sie gemeinsam das Lob Gottes singen und die Anliegen unseres Ordens Gott empfehlen. Die Orgel, mit der die Kapelle ge-
schmückt werde, möge den Glanz des göttlichen Kultes vermehren.[457]

---

[456] Acta OESA 1, 176
[457] Acta OESA 1, 176

P. Engelbert verwies noch auf die in flammendem Rot gehaltenen Chorfenster des niederländischen Künstlers Charles Eijck, welche die Aufnahme des Elia im Feuerwagen in den Himmel und die Herabkunft des Heiligen Geistes in Feuerzungen darstellen, und brachte sie mit dem flammenden Herzen Augustins in Verbindung. Die Glasfenster würden dazu auffordern, das Lob Gottes mit brennendem Herzen zu verrichten und sich im Dienste Gottes von seinem heiligen Feuer verzehren zu lassen.

Nach der Ansprache zelebrierte P. General am Hauptaltar die heilige Messe. Anschließend taten dies die Provinziale in den jeweiligen Kapellen, die ihren Provinzen gewidmet waren, umstanden von den in Rom anwesenden Mitbrüdern.

BERATUNGEN MIT DEN PROVINZIALEN

Zu Beginn der Beratungen mit den Provinzialen machte P. General grundsätzliche Ausführungen.

Er nahm das Jubiläum der *Magna Unio* vom Jahre 1256 zum Anlass, Darlegungen zur Einheit zu machen. Dafür hob er auf den schwierigen Einigungsprozess ab, der am Anfang des Ordens stand. Die damaligen Ordensleute verließen die Orte in der Einsamkeit und zogen in die lebhaften Städte. Diese erste Vereinigung war nicht leicht; sie kam unter Opfern zu Stande. Bei der Jubiläumsfeier soll den Provinzialen dieser Vorgang bewusst sein. Wenn die Feier auch für den heutigen Orden Konsequenzen haben soll, dann verweist sie darauf, dass die Neigungen zum Egoismus und Partikularismus nicht nur in den einzelnen Ordensmitgliedern, sondern auch zwischen den verschiedenen Provinzen überwunden werden müsse. Die *Magna Unio* fordere dazu auf, um die Einheit auch innerhalb der einzelnen Provinzen bemüht zu sein. Es muss zum Zusammenwachsen und zur Einheit kommen mit dem Ziel, sich ganz für Christus und die Kirche einzusetzen, wie es auch das Ziel der *Magna Unio* war.

Für die Herstellung der Einheit in der Provinz verwies P. Engelbert auf die jährlichen Priorenkonferenzen in der deutschen Provinz und auf die Erfahrungen, die er damit gemacht hatte. Er äußerte den Wunsch, dass alle Provinziale in ihren Provinzen so vorgehen und die Angelegenheiten ihrer Provinz in diesem breiteren und kompetenten Gremium beraten sollten.

Die Legitimation für ein solches Vorgehen fand P. Engelbert in dem Satz der Ordensregel, ein Herz und eine Seele in Gott zu sein.

Als seinen Beitrag zur Verwirklichung dieses Satzes stellte er
den Bau der Kollegskapelle und die Neugestaltung der unteren
Kirche dar. Er wollte damit ausdrücken, dass die Verehrung Gottes
an erster Stelle stehen muss. Dies soll nicht nur in St. Monica, sondern im ganzen Orden geschehen. Dazu gehören auch die geistlichen Exerzitien, die nicht vernachlässigt werden dürfen. Sie tragen
dazu bei, dass wir unseren Stand als Ordensleute fördern und nicht
zerstören.

Zu dieser Einheit müssen auch die Prioren des Hauses ihren
Beitrag leisten. Sie tun dies, wenn sie sich nicht nur als Leiter des
Konventes verstehen, sondern vor allem als Vater und Hirt der
Konventsmitglieder. Es genügt nicht, die äußeren Dinge gut zu re-
geln, sondern es müssen auch die inneren und religiösen Ange-
legenheiten behandelt werden, es muss auf das gemeinsame
Chorgebet geachtet werden. Wegen seelsorglicher Arbeiten darf
man es nicht vernachlässigen.

Über den Auftrag der Regel, das Gemeinsame höher einzu-
schätzen als das Eigene, hat der Prior zu wachen. Er soll dafür sorgen, dass den Brüdern das nicht abgeht, was sie zum Leben brauchen. Dabei soll aber auch die Armut geübt werden, indem das
Gemeinsame an erster Stelle steht.

Mit Blick auf die Geschichte des Ordens stellte P. Engelbert
zwei Traditionen heraus, die in ihm besonders gepflegt wurden, die
Seelsorge und die Wissenschaften.

Zu den Wissenschaften bemerkte er, dass sich die Augustiner
ihrer augustinischen Tradition stärker zuwenden sollten. Sie werden dazu direkt durch die intensive Beschäftigung der Menschen
mit den Schriften und der Lehre des heiligen Augustinus ermutigt,
ja geradezu gedrängt. Als Augustiner sei es deshalb unsere Aufgabe,
eine gut erarbeitete augustinische Theologie zu lehren und zu ver-
breiten. Diese Herausforderung sollen wir annehmen und durch
das Studium der Werke des heiligen Augustinus seine Lehre in ein
helleres Licht stellen.

Die auf dem letzten Generalkapitel vorgebrachte Klage von der
zu geringen Pflege der Wissenschaften in unserem Orden griff P.
General auf. Die Berufung auf Augustinus und unsere Tradition fordere von uns mehr, als wir leisten.

Er stellte heraus, dass er in der Ausstattung des Kollegs weder
Kosten noch Anstrengungen gescheut habe, um eine angemessene
Wohn- und Ausbildungsstätte zu schaffen. Alle Zimmer wurden erneuert, die notwendigen Einrichtungsgegenstände herbeigeschafft
und ein Sportplatz angelegt.

Die Cathedra St. Augustini ist als Einrichtung gedacht, die in unregelmäßigen Abständen für interne und externe Interessenten Vorlesungen aus der Philosophie und Theologie Augustins anbietet.

In die geistliche Lehre der Augustiner des Mittelalters und der nachfolgenden Zeit führten die Vorträge über die Spiritualität des Ordens ein, die vom 22. bis zum 27. Oktober 1956 gehalten wurden.

Die zweite Aufgabe des Ordens sei die Seelsorge, die in Klosterpfarreien und Missionsgebieten ausgeübt werde. Für die Pfarreien gab er zu bedenken, dass in ihnen das Klösterliche zum Ausdruck kommen sollte. Die in ihnen tätigen Patres sollten darauf bedacht sein, ihre Pflichten als Ordensleute nicht zu vernachlässigen, so dass die Pfarrangehörigen merken, dass sie von Augustinern seelsorglich betreut werden.

Dem Auftrag Jesu, hinauszugehen in die ganze Welt und das Evangelium zu verkünden, sind die Augustiner mit großem Einsatz nachgekommen. Auch für diesen Bereich gilt, dass eine größere Zusammenarbeit hilfreich wäre.

Als eine Frage auf Leben und Tod bezeichnete P. General das Bemühen um klösterlichen Nachwuchs. Er sagte mit Recht, dass ein Orden, der keine jungen Leute hat, allmählich zu Grunde geht. Deshalb forderte er die Provinziale auf, sich um nachrückende junge Leute zu bemühen. Sie sollten dafür keine Opfer scheuen.

Es ist immer wieder nötig, sich nicht nur in die Geschichte des Ordens zu vertiefen, sondern auch das aktuelle Geschehen in den Provinzen und einzelnen Klöstern kennen zu lernen. Denn nur was man kennt, kann man auch lieben. Zu diesem Zweck begründete P. Engelbert die *Acta Ordinis Eremitarum St. Augustini*. Die Zeitschrift soll eine Publikation des Generals sein, in der die wichtigsten Ereignisse mitgeteilt werden, so dass die Mitbrüder um sie wissen und zu ihnen Stellung nehmen können.

Aus dem gebotenen Überblick ging für P. Engelbert hervor, dass die geforderte Arbeit sich über einen langen Zeitraum erstrecken wird. Sie erfordere Ausdauer und Gottvertrauen und die Bitte an den Vater Augustinus, er möge seine Söhne mit seiner Fürbitte bei Gott unterstützen, dass sie mehr und mehr sich seiner Größe würdig zeigen.

GRÜNDUNG DER ZEITSCHRIFT ACTA OESA

P. General erkannte, dass er für die aktuelle Information neben den vorhandenen *Analecta Augustiniana* eine neue Zeitschrift gründen musste. Er nannte sie *Acta Ordinis Eremitarum*

Sancti Augustini. Den *Analecta* wurde die Publikation ordensge-
schichtlicher Beiträge zugewiesen, während die *Acta* aktuelle
Verlautbarungen des Heiligen Stuhls veröffentlichen und über die
aktuellen Ereignisse im Orden berichten sollten, die für alle
Mitbrüder von Interesse und Bedeutung seien. Die *Acta* sollen das
lebendige Band zwischen dem General, den Provinzen und einzelnen Mitgliedern sein. Durch sie soll die Einheit gefördert werden.
Die lobenswerten Publikationen in einzelnen Provinzen bleiben
häufig auf die jeweilige Provinz beschränkt und gelangen nicht der
breiteren Öffentlichkeit des Gesamtordens zur Kenntnis. Die neue
Zeitschrift hat dagegen den Gesamtorden im Blick und will über
die wichtigsten Ereignisse, die in den einzelnen Provinzen vorge-
fallen oder geplant sind, informieren und Publikationen vorstellen.
So soll ein umfassender Überblick sich herausbilden und einen ver-
engten Blickwinkel ablösen, der vom Geist des Egoismus,
Regionalismus und Nationalismus bestimmt ist. Die Zeitschrift soll
solche Haltungen überwinden helfen und den Blick auf die
Gesamtheit des Ordens und der Kirche öffnen. In dieser Zeitschrift
kommt der P. General zu Wort; es werden aber auch lobenswerte
Werke der Provinz vorgestellt, damit sie den übrigen Mitbrüdern
zur Nachahmung vor Augen stehen.

    Wenn St. Monica das Studienzentrum des Ordens sein soll, ist
es notwendig, dass die Veröffentlichungen an dieses Zentrum geschickt werden, damit Interessierte hier die gewünschten Schriften
einsehen können. Wenn dies geschieht, kann eine *Bibliographia
Ordinis* erstellt werden, die für alle von Nutzen ist.

    Für die Zeitschrift wünschte P. Engelbert, dass aktuelle Photos
von Ereignissen und Mitbrüdern übersandt werden mit der genau-
en Angabe der Personen. Als sehr gutes Werk der Liebe bezeichnete er die Erstellung eines Nekrologs der verstorbenen Mitbrüder.
Er soll die genauen Daten enthalten und objektiv abgefasst sein.

    Mit dieser Zeitschrift verfolgte P. General das Ziel, den Geist der
Einheit mehr und mehr zu fördern, damit der über den ganzen
Erdkreis verbreitete Orden wirklich ein Herz und eine Seele nach dem
Geist des heiligen Vaters Augustinus sei und immer mehr werde.

VISITATION ALS MITTEL ZUR FÖRDERUNG DER EINHEIT

Als Provinzial hatte P. Engelbert die vorgeschriebenen regelmäßigen Visitationen durchgeführt. Daneben besuchte er die Klöster der deutschen Provinz auch außerhalb der vorgeschriebenen Anlässe und Zeiten. Es geschah, wenn ein Mitbruder ein Fest feierte oder wenn im Kloster etwas Besonderes auf dem Programm stand.

In ähnlicher Weise wollte P. Engelbert auch als General vorgehen. Neben den offiziellen Visitationen wollte er auch mehr private Kontakte zu den Provinzen pflegen.

Auf seinen Visitationsreisen suchte er das Gespräch sowohl mit den Mitbrüdern als auch mit den Bischöfen und anderen Persönlichkeiten, die für den Orden von Bedeutung waren.

Die längste und wohl auch anstrengendste Reise unternahm P. Engelbert vom 10. April bis zum 5. Juni 1955. Diese Visitation führte ihn nach Australien, Japan und auf die Philippinen. Begleitet wurde er dabei nicht von einem Assistenten, sondern von P. Duffner, dem Provinzial von Irland.

Diese weite und lange Visitationsreise hatte P. General mit Augustinern und Gegenden bekannt gemacht, die ihm bisher unbekannt waren. Er hatte von seinem Ziel, die Augustiner besser mit der Zentrale des Ordens zu verbinden und einen persönlichen Kontakt zum General aufzubauen, ein wenig erreicht.

VISITATIONSREISE NACH SPANIEN

Am 7. Juli fuhr P. General zusammen mit dem spanischen Assistenten P. Raphael Pérez zur Visitation nach Spanien. Er nahm als Praeses am Kapitel der Madrider Provinz im Escorial vom 14. bis 20. Juli teil und ebenso vom 30. Juli bis 4. August 1955 an dem der Philippinischen Provinz im Kolleg von Saragossa.

Dies waren zwei wichtige spanische Provinzen, auf deren Sympathie und Mitarbeit P. General angewiesen war. Er wird sich bei den Kapiteln darum bemüht haben, seine Vorstellungen von der Zusammenarbeit in der Provinz und der Provinzen untereinander den Mitbrüdern ans Herz zu legen. Er hatte auch die Gelegenheit zu einem Zusammentreffen und zu einem Gespräch mit dem spanischen Regierungschef General Franco, mit dem er soziale Fragen besprach und dem er dafür Hochachtung entgegenbrachte, dass er dem Morden an so vielen Augustinern Einhalt geboten hatte. Er machte auf ihn den Eindruck eines wirklich christlichen Führers, der dem Wohl seines Volkes sich widmete, der tüchtig war trotz der Schwierigkeiten, denen er in der Außenpolitik begegnete.

Eintrag ins Gästebuch des Augustinerklosters El Escorial mit P. Emmanuel del Estal (links) und dem dortigen Prior.

AUSFÜHRUNGEN ALS PRAESES CAPITULI

Vor den Kapitularen hielt P. General gewöhnlich eine Ansprache. Schriftlich festgehalten sind die Ausführungen, die er bei den Kapiteln der Villanova-Provinz (18.–21. Mai 1956) und der Chicago-Provinz (9.–12. Juli 1956) in Nordamerika hielt. Er stellte darin die Punkte heraus, die für das Leben in einer Provinz von Bedeutung sind.

Er ging davon aus, dass es bei einem Kapitel nicht nur um Wahlen gehe, sondern dass auch über die Schwachpunkte der vergangenen Periode und über das zukünftige Programm entsprechend den Ordensidealen nachgedacht werden muss. Vor allem soll man sich an das Charakteristische erinnern, das Augustinus in seiner Regel aussagt. Sie soll die Richtlinie sein, nach der die Lösungen zu beurteilen seien. Verbindliche Richtlinien für den Gesamtorden kann nur das Generalkapitel aufstellen, für die Provinz kann es bis zu einem gewissen Grad das Provinzkapitel. Darüber gelte es nachzudenken und zu beschließen.

Als Hauptziel des Kapitels nannte P. General das Nachdenken über den ersten Satz der Ordensregel, in dem Augustinus von dem einen Herzen und der einen Seele auf dem Wege zu Gott spricht. Er fasste das Wort so zusammen: *Haltet euch an das Ziel des heiligen Augustinus: Werdet eine Gemeinschaft, die in Gott gegründet ist, die sich um Gott müht und die geordnet ist in Übereinstimmung mit Gott.* Bedenkt man dies, dann ist es einsichtig, dass Augustinus immer die Liebe betont. Sie ist die Kraft, die verbindet, versteht und vergibt. Dies trifft auch für den Fall einer ungerechten Behandlung zu. Wir sollen sie nicht ablehnen, sondern annehmen und zu ertragen suchen. Das Unrecht möge uns als ein Zeichen der Verbundenheit mit Christus dienen, der ungerecht gelitten hat.

Ein zweiter Punkt ist die Aufforderung, uns selbst zu vergessen und auf das Wohlergehen der Gemeinschaft bedacht zu sein. Diese Haltung komme in der Beobachtung der Ordensgelübde zum Ausdruck. Durch das Gelübde der Armut werde die Gemeinschaft gestärkt. Wir wählten freiwillig den Stand eines Bettlers und haben auf das Recht, etwas zu besitzen, verzichtet. Nicht das Geldverdienen soll das erste Ziel unserer Arbeit sein, sondern der Unterhalt der Gemeinschaft.

Durch das Gelübde der Keuschheit wird nicht nur auf die Anhänglichkeit an das andere Geschlecht verzichtet, sondern auch auf jede rein menschliche Anhänglichkeit. Diese Haltung macht ganz frei für Gott und die Gemeinschaft.

Der General rief den Mitbrüdern Punkte des Gehorsams ins Gedächtnis. Sie müssten sich an die Gesetze der Klausur halten (Konst. 422–444). Der Obere müsse wissen, wo seine Untergebenen sich aufhalten; wo sie Ferien machen.

Als große Gefahr für das religiöse Leben bezeichnete P. General das Radio und den Fernseher. Wer sich ausschließlich Gott geweiht und deshalb von der Welt zurückgezogen habe, sollte die Welt nicht auf diesem Wege in seine Zelle herein lassen. Beide Kommunikationsmittel können vor allem das Gemeinschaftsleben zerstören. Deshalb sei es Pflicht des Oberen, über ihren Gebrauch zu wachen.

Das Gelübde des Gehorsams muss äußerlich durch die Ausführung des Gebotenen, aber auch innerlich in der Gesinnung erfüllt werden. Gehorsam muss vom Oberen im Geiste der Liebe gefordert werden. Er muss darauf bedacht sein, durch seine Befehle einen wahren Familiensinn im Hause zu fördern. Seine Strenge muss mit Freundlichkeit und Güte gepaart sein. Der Prior muss selbst ein Beispiel des Gehorsams sein, indem er den Vorschriften des höheren Oberen und denen der Konstitutionen gehorcht.

In diesem Zusammenhang stellte P. General die kritische Frage, wie ein Prior Gehorsam erwarten kann, *wenn er selbst den Provinzial kritisiert, wenn er das Hauskapitel nicht hält, das immer dann gehalten werden soll, wenn bedeutsame Entscheidungen gefällt werden müssen (Konst. 890), sonst wenigstens einmal im Monat (Konst. 891), wenn er das Schuldkapitel nicht hält oder die Generalabsolution nicht erteilt, wenn er die religiösen Gemeinschaftsübungen regelmäßig vernachlässigt?*

Der Prior muss die Rechte seiner Untergebenen respektieren. Denn der Ordensmann hat nicht nur Pflichten, sondern auch Rechte, vor allem das Recht auf ein wahrhaft religiöses Leben. Hier ist es die Aufgabe des Priors, darauf zu achten, dass die Vorschriften der Konstitutionen zu diesem Punkt eingehalten werden.

Für P. General war das Fehlen von Laienbrüdern in den amerikanischen Provinzen eine große Sorge. Mit P. Clemens vertrat er die Auffassung, dass sie das mütterliche Element in der Ordensfamilie darstellen. Ihre Aufgabe sei die Sorge für die materiellen Angelegenheiten in der Ordensfamilie. In einem Haus mit einer hinreichenden Brüderschar gebe es keine Entschuldigung für die Priester, nicht an den gemeinsamen religiösen Übungen teilnehmen zu können. Für die Missionen ist ein Laienbruder zeitweise wichtiger als ein Pater. Deshalb wünschte P. General nachdrücklich, *dass unverzüglich ein Haus benannt und hergerichtet wird für die Erziehung von Laienbrüdern.*

Die Hauptpunkte seiner Ausführungen fasste P. General so zusammen: *Lasst uns unsere Ordensgelübde halten, lasst uns jene Liebe praktizieren, die unser Ordensvater in seiner Regel vorschreibt! Denn dann werden wir im Geist unseres heiligen Gründers ein vollkommen gemeinsames Leben führen.*

Ziel dieses Kapitels sollte nach dem Willen des P. Generals die Beseitigung des Geistes von Zwietracht und Parteilichkeit sein.

Wenn das geschieht, wird Friede und Übereinstimmung in der Provinz und den einzelnen Häusern hergestellt.

Es ist auch erstrebenswert, dass die einzelnen Provinzen sowohl untereinander enger verbunden werden wie mit der Generalkurie. Denn wir sollen auch als Gesamtorden ein Herz und eine Seele in Gott sein.

St. Monica in Rom als das Hauptquartier des Ordens darf nicht vernachlässigt werden, sondern muss so ausgestattet sein, dass es unserer heiligen Gründung wert ist, die sich so vieler vornehmer Leistungen rühmt. Die Wiedereröffnung unseres Internationalen Kollegs St. Monica in Rom verfolgt das gleiche Ziel. Wir hoffen, dass von dort neue Impulse für die wissenschaftliche Arbeit ausgehen.

Von den Feierlichkeiten der *Magna Unio* erwartete P. General die Förderung einer treuen und brüderlichen Vereinigung. Seine Zuversicht brachte er in diesen Worten zum Ausdruck: Wenn alle und jeder einzelne, Brüder, Häuser und Provinzen für dasselbe zusammenarbeiten, dass wir nämlich die Einheit von Herz und Seele in Gott anstreben, *dann können sich die Verhältnisse in der Zukunft nur verbessern.* Er bete zu Gott mit den Kapitelsteilnehmern, dass dieses Kapitel dazu beitragen möge, dieses Ziel zu erreichen.

KANONISCHE VISITATION DER MALTESISCHEN PROVINZ

Die erste kanonische Visitation während seiner Amtszeit nahm P. General in der Maltesischen Provinz vor. Sie fand im Oktober 1954 statt. Es war das Jahr, in dem der 1600. Wiederkehr des Geburtstages des heiligen Augustinus gedacht wurde. Deshalb sollte die Visitation unter dem besonderen Schutz dieses Heiligen stehen.

Was betonte P. General den maltesischen Mitbrüdern gegenüber?

Er forderte sie auf, den Geist der Ordensregel in sich aufzunehmen und sich von ihm durchdringen zu lassen. Diesem widerspreche die Konzentration auf das diesseitige Leben und Nachlässigkeit im geistlichen Streben. Es sei notwendig, die Trägheit im geistlichen Leben abzulegen und die Vollkommenheit anzustreben. Er machte sie darauf aufmerksam, dass das Ordensleben in der heutigen Zeit dem philosophischen Materialismus, der Schnellebigkeit und der Unruhe ausgesetzt sei. Beim Gebrauch der elektronischen Medien dürfe die Betrachtung nicht zu kurz kommen, zu ihr seien sie verpflichtet.

Als geeignete Gegen- und Heilmittel gegen das Vergessen auf das Jenseits nannte P. General die innere Sammlung unserer Seele und das Gebet. Als Heilmittel gegen die Trägheit und geistliche Lauheit schärfte er die Gewissenserforschung, Buße, monatliche Besinnung und die jährlichen geistlichen Übungen ein.

Er erinnerte daran, dass er es als seine Hauptaufgabe ansehe, den ersten Satz der Regel von dem einen Herzen und der einen Seele in Gott zur Geltung zu bringen. Um seine Verwirklichung sollen sich die einzelnen Häuser und Provinzen wirklich bemühen.

Als für das Ordensleben wichtige Haltung rief P. General den Mitbrüdern das Opfer in Erinnerung. Er sprach das Kreuzesopfer an, durch das uns Christus erlöste. Auch das klösterliche Leben sei ein Leben voller Opfer. Die wahre Nachfolge Jesu bestehe in der Annahme und im Tragen des auferlegten Kreuzes.

Unter Verweis auf den Satz des heiligen Augustinus, das Gemeinsame über das Eigene zu stellen[458] weitete P. General den Blick der Mitbrüder. Er rief sie zur Mitsorge für das Gedeihen des ganzen Ordens auf. Aus der Liebe zum Orden entstehe auch der Wunsch, dass der Orden überall blühe, dass er dort entstehe, wo bisher keine Klöster waren. Die Worte Christi vom Hinausgehen in die ganze Welt seien den Ordensleuten vor allem gesagt. Deshalb sollen sie Interesse an dem haben, was in anderen Provinzen des Ordens geschieht und sich darüber freuen, wenn das Reich Gottes durch den Orden ausgebreitet wird.

Zum Abschluss der Visitation wandte sich P. General noch einmal in einer Ansprache an die Mitbrüder. Er bescheinigte ihnen, dass er keine bemerkenswerten Missstände gefunden habe und dankte ihnen für die treue Beobachtung der Regel und Konstitutionen. Es sei zwar nicht alles perfekt, aber wer könne das schon von sich behaupten. Es bleibe immer noch ein Rest, um dessen Verwirklichung sich unser unruhiges Herz bemühen müsse.

Als Aufgaben, die zu bedenken und dann umzusetzen seien, nannte P. General an erster Stelle die würdige Verehrung Gottes (*cultus divinus*), das gefällig und schön rezitierte Breviergebet und die gewissenhafte Ausführung der sonstigen religiösen Übungen.

Er drückte seine Freude darüber aus, dass die Provinz von

---

[458] Ordensregel, 8. Kap.

Malta in Nordafrika eine Schule gegründet habe und dort seelsorglich tätig sei.

Die Provinz möge sich um Nachwuchs und dessen gute
Ausbildung bemühen. Vor allem möge sie darum beten und opfern. Es bestehe ein Mangel an Nachwuchs von Laienbrüdern. Sie
seien notwendig, weil sie das mütterliche Element in die
Klosterfamilie einbringen. Sie tun es dadurch, dass sie für das leibliche Wohl der Bewohner des Klosters sorgen und für die
Aufrechterhaltung der klösterlichen Übungen. Engelbert verwies
auf die heiligen Benedikt und Franziskus, die in ihren Klöstern wenige Priester, dafür aber viele Laienbrüder hatten. P. General
würde sich freuen, wenn auch die Provinz von Malta eine Schule
für Brüder schaffen würde.

Das Gedenken an die *Magna Unio* (1256), die im Jahre 1956
begangen wird, möge uns an die rasche Ausbreitung unseres
Ordens im ersten Jahrhundert über ganz Europa erinnern. Dieses
Faktum ruft in uns Staunen hervor. Es mag in uns aber auch die
Sehnsucht nach Impulsen für eine neue Vitalität und für eine neue
Blüte wecken.

Zum Abschluss der Visitation appellierte P. General noch einmal eindringlich an die Mitbrüder: *Wir müssen einen harten Kampf
mit den Anhängern des Antichrist ausfechten. Sind wir wachsam,
dass der Feind uns nicht schläfrig antrifft. Halten wir unseren
Glauben unbesiegt fest, nehmen wir die Opfer auf uns, die aus den
Arbeiten entstehen, die uns die Oberen auftragen. Wir verraten die
Sache Christi, wenn wir in dieser Lage ein bequemes Leben suchen,
wenn wir nichts anderes als die eigene Ehre und die eigene
Genugtuung anstreben, wenn wir unseren Eltern und Verwandten
größere Bedeutung beimessen als unseren Mitbrüdern im Reiche
Gottes. Sammelt alle Kräfte eurer Provinz, dass ihr gerüstet seid, die
Befehle Christi auszuführen, um die Nöte unserer Zeit zu beheben.*[459]

VISITATION DES GENERALKONVENTES SANCT AGOSTINO IN ROM 1954

Zu Beginn der Visitation des Generalkonventes Sanct Agostino
stellte P. General fest, dass wir Menschen das angestrebte Ideal
wohl sehen und bejahen, aber häufig die Kraft nicht aufbringen,
ständig danach zu streben. Es zeigt sich, dass wir sogar das
Gegenteil begehren *(semper cupimus negata)* und das Tägliche uns

---

[459] PA.

schlaff macht. Wir müssen deshalb aus unserer Trägheit aufgerüt-
telt und zu neuem Streben nach Vollkommenheit angespornt werden. Wenn wir es aufgeben, sind wir keine Ordensleute mehr.
Unsere Gelübde verpflichten uns zu diesem Bemühen. Einen solchen Anschub will die Visitation geben.

In seiner Ansprache ermunterte P. General zum beschaulichen
Leben, warnte vor einem zu starken Diesseitsstreben und der
Fesselung durch die modernen Kommunikationsmittel.

Gegen die Gefahren der Verflachung sollen die bekannten
Mittel eingesetzt werden, die tägliche Gewissenserforschung, die
heilige Beichte, die monatliche Geisteserneuerung und die jährlichen Exerzitien.

Ein außergewöhnliches Mittel sei die Visitation. Sie habe einen
doppelten Zweck: Sie soll den einzelnen Ordensmann zur
Selbstkontrolle anhalten und die gesamte Ordensfamilie kontrollie-
ren und vorhandene Schäden bessern.

Bei der Visitation des Generalkonventes erinnerte P. General
an die Klagen, die seit vielen Jahren über die Zustände im hiesigen
Konvent geäußert würden. Die Visitation ist der Beginn, die
Missstände zu benennen, das Ziel ist es, sie abzustellen und wieder
für echte Ordenszucht und Ordnung zu sorgen, *so dass der Konvent*
wieder eine Zierde des Ordens wird.

Er erwartete von dem Konvent, dass seine Mitglieder *ein gutes*
Ordensleben führen, dass Sie vor allem die gemeinsamen Ge-
betspflichten (Chorgebet, Betrachtung etc.) wieder gewissenhaft er-
füllen. Das erste der 10 Gebote verlangt als Wichtigstes die
Gottesverehrung, diese muss also auch unser erstes Anliegen sein.

Ebenso muss ich Sie ernst mahnen, die Ihnen aufgetragenen
Seelsorgsarbeiten, besonders das Hören der Beichte, treu und eif-
rig auszuführen, vor allem die Gottesdienste würdig zu gestalten.

P. General rief sie auf: *Pflegen Sie das private Gebet. Halten*
Sie vor allem auch die hl. Armut. Viele Missstände werden von
selbst verschwinden, wenn alle Mitbrüder im echten Geiste der
Armut und der Gemeinschaft zusammenleben. Er äußerte die
Zuversicht, dass die Mitbrüder guten Willens sind und mitarbeiten
wollen, so dass das Ziel dieser Visitation erreicht wird. Sie mögen
darum die Hilfe der in dieser Kirche besonders verehrten Heiligen
erbitten: der Madonna del Parto, der heiligen Monica und des heiligen Augustinus als ihres Kirchenpatrons.[460]

---

[460] PA.

BESUCH DER SPANISCHEN AUGUSTINER

Neben der kanonischen Visitation führte P. General auch Besuche durch, die einem Kennenlernen der Provinz dienen sollten und einen Austausch mit den Verantwortlichen zum Ziel hatte. Dadurch wollte er eine engere Bindung an die Ordenszentrale in Rom herstellen und mit der Mentalität des Landes vertrauter werden. Diesem Ziel diente auch die Spanienreise des P. Generals zusammen mit dem Generalassistenten P. Raphael Pérez vom 7. Juli bis zum 9. August 1955.

Er hielt sich im Kloster El Escorial auf, unterhielt sich mit den Laienbrüdern, um ihnen gegenüber seine Hochschätzung auszudrücken und ihre Bedeutung für das klösterliche Leben herauszustellen.

In Valladolid, dem alt-ehrwürdigen Konvent der Philippinischen Provinz, wurde P. Engelbert sehr feierlich aufgenommen. Von hier aus besuchte er verschiedene Einrichtungen, in denen die angehenden Augustiner ausgebildet wurden.

Am 6. August wandte sich P. General wieder Madrid zu, um eine Besprechung mit den vier spanischen Provinzialen durchzuführen. Gegenstand seiner Unterredung waren die Punkte, die er als wichtig ansah für die Zukunft des Ordens. Sie handelten über die Armut, das gemeinsame Leben, den Ordensnachwuchs, und die Betreuung der Ordensschwestern.[461]

In der Sakristei des El Escorial.

---

[461] Acta OESA I, 78-81.

DAS MUTTERGOTTESHEILIGTUM VON GENAZZANO

Das Muttergottesheiligtum von Genazzano ist der Mutter vom guten Rat geweiht. Es ist für die Augustiner in der ganzen Welt ein wichtiger Wallfahrtsort. Als die Augustiner von Genazzano P. General um einen Zuschuss für Restaurierungsarbeiten baten, versprach er ihnen Hilfe. Er konnte sie ihnen gewähren, weil er von Freunden auf seiner Amerikareise im Mai 1954 Geld für die Restaurierung erbeten und erhalten hatte. Durch diese Unterstützung konnte der erste Teil der Arbeiten an der Fassade fertiggestellt werden.

Dann stellte sich heraus, dass das in der Kirche verehrte Madonnenbild eine Veränderung aufwies. Am 23. Februar 1957 wurde ein weißer Fleck am Hals des Jesuskindes entdeckt. Daraufhin wurden das Bild und seine Umgebung von einer vatikanischen Kunstkommission am 1. April untersucht.

Der genaue Bericht der Untersuchung wurde Msgr. Van Lierde, dem päpstlichen Sakristan, am 5. 11. 1957 zugestellt. Aus ihm ging hervor, dass die wunderbare Übertragung des Bildes aus Albanien eine Legende sei. Bei dem Gnadenbild handele es sich um ein größeres Fresko aus dem Ende des 14. oder dem Anfang des 15. Jahrhunderts. Es war wahrscheinlich eine Zeitlang mit Kalk verdeckt. Als dann ein breiter Stein darunter in die Wand getrieben wurde, tauchte es wieder auf. So mag die Legende von der wunderbaren Übertragung und Erscheinung des Bildes entstanden sein.

Am 23. November 1957 überbrachte P. Athanasius an Msgr. Van Lierde einen Brief von P. General, in dem er ihn bat, die Restaurierung des Bildes in die Hand zu nehmen. Er möge sich aber erkundigen, ob sich der General oder die Kurie irgendwelche Rechte bezüglich des Bildes reserviert hätten, als der Konvent Genazzano der römischen Provinz überlassen wurde. Falls das nicht der Fall sei, solle der römische Provinzial die Erlaubnis zur Restaurierung geben. P. General bat Msgr. Van Lierde, er möge in dieser Angelegenheit bei der Generalkurie anfragen, was er gern tat.

Die Augustiner von Genazzano zeigten sich P. General gegenüber recht generös. Denn sie reihten ihn unter die Verehrer der Mutter vom guten Rat im Giebelmosaik der Basilika ein. Neben P. Engelbert liegt zu Füßen der Madonna die aufgeschlagene Ordensregel. Mit seiner rechten Hand verweist er auf Maria mit ihrem Kind, das sich an sie schmiegt, und fordert dadurch den Betrachter zu ihrer Verehrung auf.

ÜBERGABE DES HABITS DER HL. RITA
AN DIE WÜRZBURGER AUGUSTINER

Anlässlich der 500-Jahrfeier des Todes der heiligen Rita (1457–1957) hatte P. General von Papst Pius XII. ein apostolisches Schreiben erhalten. Dies veranlasste ihn, in der Unterkirche von St. Monica eine Ritakapelle einzurichten und für die Ritakapelle in der Augustinerkirche in Würzburg eine besondere Reliquie von den Schwestern in Cascia, den Hüterinnen ihres Heiligtums, zu erbitten. Sie schenkten ihm den Habit der Heiligen, mit dem ihr unverwester Leichnam 22 Jahre im Sarkophag bekleidet war. Dies war für den großen Ritaverehrer P. Engelbert eine große Freude und Ehre.

Provinzial P. Hermenegild Biedermann (links) im Kreis der Überbringer des Habits der hl. Rita von Cascia: P. Engelbert Eberhard, der Bischof von Norcia, Msgr. Ilario Roatta, und der Provinzial der umbrischen Provinz, P. Atanasio Angelini (Foto: Mainpost, Würzburg).

Er fuhr am 7. Februar 1957 mit dem Zug nach Würzburg. Zur Feier traf er mit Msgr. Ilario Roatta, dem Bischof von Norcia, der Heimatdiözese der hl. Rita, dem Augustinerprovinzial von Umbrien, P. Atanasio Angelini (1911–1987), dem Bürgermeister von

Cascia, Girolamo Ercoli, und dem Fremdenverkehrsdirektor von
Perugia, Angelo Contino, zusammen. Sie wurden vom Blasorchester
der Brüderschüler mit einem Ständchen festlich begrüßt.[462]

Die Überbringung der Reliquie war für P. General der krönende Abschluss seiner Ritaverehrung im Würzburger Augustinerkloster.
Für ihre Verehrung hatte er sich eingesetzt durch sein Ritalied, seine
Ritabiographie, die Einführung des Ritadonnerstages, einer Andacht,
die bis heute gehalten wird, und jetzt durch die Reliquie.

Den feierlichen Gottesdienst zelebrierte P. General mit dankbarem Herzen und großer Freude. Diese brachte P. Hermann Josef
Seller in seiner Festpredigt zum Ausdruck. Seine Worte waren nicht
von überquellender Begeisterung getragen, sondern kamen eher aus
einem nüchternen, fast wissenschaftlichen Nachdenken. Er blickte
vor der Ritareliquie auf die Verehrung der Reliquien des heiligen Stephanus durch Augustinus und rechtfertigte damit auch die Verehrung
der Reliquien der hl. Rita. Er griff den Titel der Heiligen als *Helferin
in aussichtslosen Anliegen* auf und folgerte daraus, dass der
Ritaverehrer zum unbegrenzten Vertrauen auf Gott aufgerufen sei.

P. General als Vermittler

Die Aufgaben P. Generals waren vielfältig. Um den Jahreswechsel 1956/57 musste er die Aufgabe eines Vermittlers zwischen den
Schwestern der hl. Rita in Cascia und der umbrischen Augustinerprovinz um ein Grundstück auf sich nehmen. Die Episode ist
auch insofern interessant, weil das auf dem Grundstück errichtete
Gebäude noch existiert und heute als Exerzitienhaus verwendet wird.

Um dieses Grundstück drehte sich der Streit. Es war mit dem
Geld der Schwestern gekauft worden, die Augustiner hatten das
Grundstück auf ihren Namen ins Grundbuch eintragen lassen und
bauten eine Klosterschule darauf. Dies geschah unter der früheren
Äbtissin des Klosters, wahrscheinlich der Mutter Fasce, die heute
als Selige verehrt wird. Die Schwestern verlangten nun, dass das
Grundstück auf die Schwestern übertragen wird. Kardinal Canali
bestand darauf, dass es geschehen müsse. Damit war der Provinzial
Atanasio Angelini nicht einverstanden. Deswegen rief der Kardinal
den italienischen Generalassistenten P. Trapè zu sich und machte
ihm scharfe Vorwürfe.

---

[462] CU 15 (1957) 21-24.

P. General fuhr am 29. Dezember 1956 mit dem Auto nach Cascia zu einem Gespräch mit der Äbtissin. Die Fahrt war wegen der Straßenverhältnisse sehr beschwerlich. Das Gespräch mit der Äbtissin verlief zufriedenstellend. Sie forderte die Überschreibung des Grundstücks auf die Schwestern. Wenn das geschehe, hoffe sie, dass der Kardinal sich beruhige und von seiner Drohung abgehe, die Klosterschule auf dem Grundstück nicht zu dulden.

Am 3. Januar 1957 fuhr P. General nach Perugia, um dort mit dem Provinzial P. Angelini und dem Definitor P. Benedetti über Cascia zu verhandeln.

Die Augustiner wollten das Grundstück samt Klosterschule nicht an die Schwestern verkaufen und wollten es eher zum Bruch kommen lassen und eventuell sogar Cascia aufgeben. Schließlich erklärten sie sich aber bereit, das Grundstück zu verkaufen, wenn ihnen die Klosterschule auf 30 Jahre vermietet werde. P. General machte den Mitbrüdern noch den Vorschlag, sie sollten den Schwestern die Kosten ersetzen, die der Bau der Klosterschule gekostet hat, damit sie von ihnen völlig unabhängig werden. Aber diese Kosten konnten sie nicht aufbringen, wie auch die nicht, die für den Unterhalt der Klosterschule anfallen würden.

Nach ruhiger Besinnung traf am 4. Januar 1957 die telephonische Mitteilung ein, dass die Schwestern auf die 30-jährige Vermietung der Klosterschule eingegangen seien. Der Diözesanbischof hatte seine schriftliche Zustimmung zur Vermietung sowie zur Eröffnung der Klosterschule gegeben. Das Definitorium der Provinz hatte den Verkauf des Grundstücks an die Schwestern beschlossen, so dass Kardinal Canali keine Schwierigkeiten bereitete.

Heute wird das Gebäude als Exerzitienhaus genutzt. Auf die Klosterschule verweist die Anlage des Hauses und der asphaltierte Sportplatz neben dem Haus.

VERLIEHENE AUSZEICHNUNGEN

Neben dem an der Universität Würzburg erworbenen *Dr. philosophiae* am 5. April 1923 erhielt P. Engelbert am 28. Juni 1929 vom General des Augustinerordens den Titel *Philosophiae Lector*.

Im Jahre 1943 ernannte ihn der Bischof von Würzburg zum *Bischöflichen Geistlichen Rat*.

Am 2. Juni 1956 erhielt er den *Ehrendoktor* des Merrimack College und am 4. Juni 1956 den *Ehrendoktor* der Villanova University.

Überreichung des Bundesverdienstkreuzes an P. Engelbert (Mitte). Links
Provinzial P. Hermenegild, rechts der Regierungspräsident von Unterfranken.

Am 11. März 1957 zeichnete ihn der Bundespräsident Theodor
Heuss mit dem *Großen Verdienstkreuz des Verdienstordens* der
Bundesrepublik Deutschland aus.

KRANKHEIT

Nach den Jahren der Aktivität begann im Jahre 1956 für P.
General eine Zeit der Passivität, der Krankheit, des Leidens. Er
wurde durch sie in seiner Bewegungsfreiheit eingeengt, da er
8½ Monate das Bett hüten musste. Von seinem eigentlichen
Wirkungsort, der Generalkurie in Rom, war er während dieser Zeit
getrennt. Dennoch ließ er die Verbindung zur Zentrale nicht abbrechen, sondern blieb mit dem Generalökonomen, dem General -
prokurator und verschiedenen Assistenten in brieflicher Verbindung. Die von ihm begonnenen Bauten wurden durch den
Generalökonomen P. Athanasius weitergeführt, der nach seinen
brieflichen Angaben handelte. P. General sah die Aufgaben, die noch
zu erledigen waren, und spürte auch die Erwartungen, welche die
Mitbrüder an ihn hatten, aber er konnte sie nur noch begrenzt oder
überhaupt nicht mehr erfüllen.

Es schmerzte ihn besonders, dass er so lange von Rom abwe-
send sein musste. Es drängte ihn zwar sehr, *nach Rom zurückzu-*

kommen, doch die Krankheit hinderte ihn daran. Die kritischen Äußerungen über seine Abwesenheit, von denen P. General erfuhr, schmerzten ihn und waren nicht förderlich für seine Genesung. Von seinem Krankenlager aus suchte er dennoch, so gut es möglich war, durch Briefe die auftretenden Fragen zu beantworten und Anweisungen zur Weiterentwicklung vor allem von St. Monica zu geben.

Behandlung im Missionsärztlichen Institut

Bei verschiedenen Untersuchungen wurde bei P. General ein zu hoher Blutdruck, viel zu hohe Zuckerwerte und Beschwerden an der Leber festgestellt. Es wurde eine Herzschwäche erkannt und dass sich Wasser in den Beinen gesammelt hatte. Unter diesen körperlichen und seelischen Belastungen konnte und wollte P. General nicht weiterarbeiten und benutzte deshalb am 7. Februar 1957 seine Fahrt nach Deutschland zum Antritt einer Kur im Missionsärztlichen Institut in Würzburg. Er ahnte nicht, dass es sich nicht um eine kurze erholsame Pause handelte, sondern um einen Klinikaufenthalt, der sich über mehrere Monate hinziehen werde. Eingewiesen und behandelt wurde P. General von dem erfahrenen Arzt Dr. Wegener.

Sein Leben in der Missionsärztlichen Klinik schilderte P. Engelbert seiner Schwester: *Ich muss nun ständig im Bett sein, darf nicht zelebrieren, muss ganz strenge Diät halten und muss alle möglichen Kuren durchmachen. Vor 10 Tagen hat er* (Dr. Wegener) *mir 5 Liter Wasser aus dem Bauche abgezapft. Er sagt, die Sache sei nicht hoffnungslos, aber ich müßte viel Geduld haben. Eigentliche Schmerzen habe ich keine, aber das ist bei der Leber so. Heute sagte er mir, er sei sonst zufrieden.*[463]

Es war P. General nicht recht, dass er manche Pläne zurückstellen oder ganz aufgeben musste. Es standen folgende Termine auf seinem Plan: *Im Mai sollte ich nach England, Irland und Schottland, in Italien sind 6 Kapitel abzuhalten – aber was will ich machen.* Als möglichen Termin für seine Rückkehr nach Rom nannte er den Herbst.

P. General hätte seine Arbeit gern wieder aufgenommen. Er hörte aber auch die Stimmen, die ihn drängten, die Kur nicht abzu-

---

[463] P. Engelbert an Schwester Anna, Würzburg, 6. März 1957; PA.

brechen, sondern gründlich durchzuführen. Er beugte sich ihnen
und schrieb an seine Schwester: *So muss ich in meiner Krankheit*
den Willen Gottes sehen und mich ihm beugen. Ich bestürme jetzt
den P. Clemens, zu helfen; vielleicht kannst Du auch etwas helfen.[464]

In den Monaten März bis Dezember ist in den Briefen P.
Generals durchgehend auch von seinem Befinden die Rede, von
Fortschritten in der Genesung sprechen sie, doch häufiger davon,
dass nur vorübergehend eine Besserung eingetreten sei. Es finden
sich Mitteilungen, dass ihm immer mal wieder fünf Liter Wasser
abgezapft wurden. Auch ließen die Ärzte durchblicken, dass die anfängliche Besserung nicht anhielt und seit Anfang April sich sein
Zustand verschlechtert habe. Seine Besucher sprachen zwar von
kleinen Besserungen, so etwa dass er besser aussehe, doch klangen
ihre Worte nicht hoffnungsvoll.

Die Würzburger Ärzte zogen einen geachteten Experten heran,
den Prof. Kalk aus Kassel, den man respektvoll den *Leberpapst*
nannte, um alles zu versuchen. Er untersuchte P. General und stellte fest, dass die bisherige Behandlung sehr gut war und dass die
Leber sich wieder gut regenerieren lasse. Dafür bedürfe es aber
einer Kur von sechs bis zwölf Monaten.

Dieser Befund ließ P. General etwas ratlos zurück. Deshalb bat
er den P. Athanasius um einen guten Rat: *Was soll ich nun tun?*
Kalk meint, wenn ich die Kur in Kürze abbrechen würde, dann sei
es nicht wahrscheinlich, dass ich die zwei übrigen Jahre meines
Generalats noch durchstehen würde. Ich habe schon daran ge-
dacht, ob ich nicht resignieren sollte. Nach den Konstitutionen
könnte dann das neue Kapitel auch erst im September nächsten
Jahres (1958) sein, weil zwischen der Erledigung des Generalates
und dem neuen Kapitel wenigstens 6 volle Monate liegen müssen.
Es würde also genügen, wenn ich im Laufe des kommenden März
resignieren würde. Bis dahin hoffe ich aber auf jeden Fall wieder
gesund zu sein. Es ist also wohl besser, noch keine klaren Angaben
über die Dauer meiner Krankheit in Rom zu machen. An P.
Aramburu habe ich geschrieben, dass der Heilungsprozess noch
eine Reihe von Monaten erfordere.[465]

Die Überlegungen P. Generals, auf sein Amt zu verzichten,
wurden vom Willen, im Amt zu bleiben, abgelöst, wenn sich ein
Lichtblick auf Besserung ergab. Er schrieb an P. Athanasius, der

---

[464] P. Engelbert an Schwester Anna, Würzburg, 6. März 1957; PA.
[465] P. Engelbert an P. Athanasius, Würzburg, 15. 7. 1957; PA.

seinen Besuch angekündigt hatte: *Meine Besserung hält, Gott sei Dank, noch an. Jedenfalls bin ich wasserfrei. Der letzte Leberfunktionstest ist auch zur Zufriedenheit des Arztes ausgefallen. Das Wetter ist auch erträglich, nicht zu heiß, so dass es im Bett auszuhalten ist. Ich freue mich auf Dein Kommen!*[466]

Für seinen Besuch bei P. General nahm sich P. Athanasius Zeit. Er hielt sich vom 10. bis 23. September in Deutschland auf. Er gewann bei seinen Besuchen einen verhältnismäßig guten Eindruck von seinem Gesundheitszustand.[467]

In einem Brief an P. Athanasius sprach P. General die Hoffnung aus, *dass der Arzt mich vor Weihnachten noch nach Hause lässt, wo ich allerdings die Kur noch fortsetzen muß.* Er hatte den festen Vorsatz gefasst, *sein Bestes zu tun, um wieder auf die Höhe zu kommen. Persönlich fühle ich mich recht wohl und eigentlich gar nicht krank.*[468]

LEICHTE BESSERUNG

Der von P. Engelbert in seinem Brief vorgetragene Optimismus hinsichtlich seines Gesundheitszustandes erhielt einen empfindlichen Dämpfer. Die Leberspiegelung fiel zwar gut aus, doch die Untersuchung eines Stückchens Leber im Pathologischen Institut zeigte, dass keine eigentliche Besserung eingetreten war. Dr. Wegener und die anderen Ärzte, die bei der Bauchspiegelung anwesend waren, *schütteln die Köpfe und sagen, sie können an das Resultat nicht glauben.* P. Engelbert musste die Kur fortsetzen.[469] Ein schwacher Hoffnungsschimmer für eine Rückkehr nach Rom kam bei ihm auf, als Dr. Wegener nach einem überraschend gut ausgefallen Leberfunktionstest ihm erklärte: *Wir wollen darauf hinarbeiten, dass Sie im März auf einige Zeit nach Rom können.* Es sei aber nur möglich, wenn die Funktionstests gut ausfallen.[470]

Die Pläne P. Generals für die Rückkehr nach Rom nahmen Gestalt an. Die Weihnachtstage verbrachte er im Würzburger Kloster. Vorher hatte Dr. Wegener ihm erklärt, dass er damit einverstanden sei, *dass ich im März auf einige Zeit nach Rom gehe.*

---

[466] Engelbert an P. Athanasius, Würzburg, 10. Aug. 1957; PA.
[467] Tagebuch P. Athanasius, 10. und 23. Sept. 1957; PA.
[468] P. Engelbert an P. Athanasius, Würzburg, 23. Okt. 1957; PA.
[469] P. Engelbert an P. Athanasius, Würzburg, 12. Nov. 1957; PA.
[470] P. Engelbert an P. Athanasius, Würzburg, 13. Dez 1957; PA.

Halb im Scherz meinte er, er könne ja mitfahren und mich am Anfang behandeln. Ich habe ihn natürlich ermutigt und so sagte er mir vor einigen Tagen, er würde gern mitfahren und etwa drei Wochen seines Urlaubs in Rom zubringen. Ich hatte ihm gesagt, er würde natürlich in Rom mein Gast sein. Das muß ich nun auch halten.[471]

P. Athanasius übernahm die Unterbringung des Ehepaares Dr. Wegener in Rom. Obwohl die Funktionstests nicht befriedigend waren, wird das Gesamtbefinden P. Generals als gut bezeichnet. Hinsichtlich seines Aussehens schrieb er: *Allerdings bin ich sehr dürr geworden, wiege noch 142 Pfund!*[472]

AMBULANTE BEHANDLUNG IN DER MISSIONSÄRZTLICHEN KLINIK

Zur Vorbereitung auf seine Rückkehr nach Rom kehrte P. Engelbert am 1. Februar ins Kloster in Würzburg zurück und setzte von hier aus die Kur fort.[473] Er fuhr *wöchentlich zweimal in die Klinik zu Infusionen in die Ader.* Er war sehr vorsichtig besonders hinsichtlich des Essens.

Der Generalprokurator P. Aramburu schrieb dem P. General, dass die Nachricht von seiner Rückkehr nach Rom eine große Freude für ihn und alle sei. Er fügte aber warnend hinzu: *Allerdings wird es dann hier nicht an Unannehmlichkeiten fehlen, die für Ihre Gesundheit nicht gerade die beste Medizin sind.* Der Kommentar P. Generals lautete: *Hoffentlich wird es nicht zu schlimm.*

Die Zeit bis zur Abfahrt nach Rom ging sehr schnell dahin. Das regnerische und kalte Wetter in Deutschland weckte in ihm die Hoffnung auf schöne Tage in Rom. Eine heftige Erkältung und Anfälle von Atemnot verursachten bei ihm Angst, nicht fahren zu können[474], aber Dr. Wegener beruhigte ihn und versicherte, er könne die Reise wagen. Dafür hatte P. Engelbert bereits die Fahrkarten gekauft und die Bettplätze reservieren lassen. Er nahm sich vor, am Anfang doch noch recht vorsichtig in Rom zu sein, da sich die zwölf Monate, ständig im Bett sein zu müssen, nicht in ei-

---

[471] P. Engelbert an P. Athanasius, Würzburg, 25. Dez. 1957; PA.

[472] P. Engelbert an P. Athanasius, Würzburg, 21. Febr. 1958; Tagebuch P. Athanasius, 5. März 1958; PA.

[473] P. Engelbert an P. Athanasius, Würzburg, 28. Jan. 1958; PA.

[474] P. Engelbert an P. Athanasius, Würzburg, 13. Febr. 1958; PA.

nigen Wochen aufholen lassen.[475] Für das Abholen am Bahnhof in Rom wünschte P. Engelbert die Bereitstellung von zwei Autos, *da Dr. Wegener und Frau dabei sind*.

RÜCKKEHR NACH ROM

Nach dem Tagebuch von P. Athanasius nahmen die Patres Aramburu, Makaay, Doyle, die Provinziale von Rom und Neapel, Br. Xaver und P. Athanasius den P. General am Bahnhof in Empfang. Der erste Eindruck, den P. Athanasius von P. General hatte, lautete, dass er nicht gerade gut aussehe. Das war auch nicht weiter verwunderlich, da er 30 kg verloren hatte. Er selbst kommentierte sein Aussehen mit den Worten: *Da bin ich wieder, d. h. ein Teil von mir*. Er sei aber froh, wieder in Rom zu sein. Das Kolleg St. Monica bereitete ihm einen großen Empfang.

Noch am gleichen Abend führte P. General mit P. Athanasius eine private Besprechung, bei der ihn P. Athanasius über die Lage und Stimmung in der Kurie informierte.[476]

P. Engelbert beim Aktenstudium in der Curia Generalizia Agostiniana in Rom.

---

[475] P. Engelbert an P. Athanasius, Würzburg, 21. Febr. 1958; PA.
[476] Tagebuch P. Athanasius, 5. März 1958; PA.

Nach der Rückkehr wurde P. General in der Villa Stuart behandelt. In Folge eines starken Nasenblutens musste eine Bluttransfusion vorgenommen werden. Der Arzt behielt ihn deshalb für einige Tage in der Klinik. Es wurde dann vereinbart, dass P. General für ein paar Tage in die Klinik geht und danach seine Behandlung zu Haus fortsetzt.

Als die Mitbrüder die äußere Erscheinung P. Engelberts sahen, waren sie erschüttert und suchten ihn zum Rücktritt zu veranlassen, damit er ganz gesunde und damit ein neuer General den Orden leiten könne.

Ein Vorschlag lautete, P. General solle jetzt resignieren, damit noch in diesem Herbst das Generalkapitel stattfinden könne.

Ein anderer sah vor, er solle die Kongregation um Erlaubnis bitten, das Generalkapitel um ein Jahr vorzuverlegen.

Beide Pläne konnten aber nicht zur Wirkung kommen, solange P. General im Amt blieb. Und dieser hatte nicht vor zurückzutreten, da er auf gesundheitliche Besserung hoffte. Er pendelte deshalb zwischen der Kurie und der Klinik einige Male während der Woche hin und her.

Er blieb nicht nur in Rom, sondern nahm am 24. Mai 1958 am Ritafest in Cascia zusammen mit P. Trapè und P. Doyle teil. Er hatte, so schrieb er P. Athanasius, für das Hochamt und die Vesper mehr Gläubige erwartet. Aber *sonst war es recht schön.*[477]

Nachdem die Blutwerte bei P. General gut ausgefallen waren, machten ihm die Ärzte Hoffnung. Einer hatte ihm gesagt: *Wenn Sie so weiter machen, sind Sie in drei Monaten gesund.* Diese Aussage richtete P. General auf, so dass er an den in Deutschland sich aufhaltenden P. Athanasius schrieb: *Ich fühle auch selbst, dass es ständig aufwärts geht. Gott sei Dank!*[478]

Die medizinische Behandlung P. Generals wurde in der Villa Stuart fortgesetzt. Er ließ sich von P. Athanasius das Medikament *Human-Albumin* aus Deutschland mitbringen. Dies wurde ihm regelmäßig gespritzt. Die Folge war, dass er kein Nasenbluten mehr hatte und sich auch sonst wohl fühlte, er führte seine Dienstgeschäfte durch und leistete P. Athanasius Schützenhilfe für den Umbau und die Einrichtung von St. Monica.

Während der langen Abwesenheit P. Generals von Rom hatte sich bei manchen Mitgliedern der Kurie Unmut über eine zu selbst-

---

[477] P. Engelbert an P. Athanasius, Rom, 24. Mai 1958; PA.
[478] P. Engelbert an P. Athanasius, Rom, 24. Mai 1958; PA.

P. Engelbert auf der Terrasse der Curia Generalizia in Rom.

ständige und selbstherrliche Amtsführung des P. Athanasius aufgestaut. Er führte deshalb eine lange Unterhaltung mit P. General, bei der es wahrscheinlich um die Verwaltung des Generalökonomats ging.[479]

In einem Rückblick auf die zurückliegenden Monate stellte P. General fest: *Bin nun schon fast vier Monate in Rom. Soweit ist es mir gut gegangen. Ich bin noch nicht gesund, werde es wohl auch nicht mehr ganz, aber ich wäre froh, wenn es so bliebe. Der Arzt sagt ja, ich hätte gute Fortschritte gemacht, aber ich merke doch, die Arbeit wird zu viel. Man hat zu viel Aufregung und auch Ärger und das ist Gift für die Leber. Dazu kommt jetzt noch die große Hitze hier, die mich sehr mitnimmt. Ich werde deshalb am 1. Juli (also in einer Woche) hier abreisen. Werde einige Tage in der Schweiz bleiben und hoffe, spätestens am 7. Juli in Würzburg zu sein. Wie und wo ich dann den Sommer verbringe, hängt davon ab, was der Arzt in Würzburg entscheidet.*[480]

Zum Hochfest Peter und Paul am 29. Juni nahm P. General an der Vesper im Petersdom teil und hörte sich den Hymnus *O Roma felix* an. Damit verabschiedete er sich von der *Ewigen Stadt.* Am 30. Juni leitete er noch einmal eine Kuriensitzung, bei der es hoch herging und die Verwaltung des Generalökonomats noch einmal behandelt wurde. Um den Vorwürfen die Spitze zu nehmen, wurde P. Doyle als Depositarius in der Sitzung der Kurie aufgestellt. Die PP. Doyle und Makaay wurden außerdem als für die Checks Zuständigen bestimmt.[481]

---

[479] Tagebuch P. Athanasius, 31. Mai 1958; PA.
[480] P. Engelbert an Schwester Anna, Rom, 25. Juni 1958; PA.
[481] Tagebuch P. Athanasius, 30. Juni 1958; PA.

Für die Zeit seiner Abwesenheit von Rom musste P. General ein Kommissar vertreten. Als erster kam dafür der Generalprokurator P. Aramburu in Frage, der sich jedoch weigerte, das Amt zu übernehmen. Deshalb wurde P. Doyle am 1. Juli zum Kommissar gewählt.[482] Der Grund für die Weigerung P. Aramburus ist wohl in dem unerquicklichen Verhältnis zwischen ihm und P. General zu suchen, der ihn wegen seines Umgangs zur Rede gestellt hatte.

P. General wieder in Deutschland

Nachdem P. General seine Vertretung geregelt hatte, fuhr er am Abend des gleichen Tages im Schlafwagen von Rom nach Luzern. Er hielt sich dann noch in Fribourg auf, blieb zwei Tage in Walldürn und fuhr weiter nach Würzburg.

Über den Gesundheitszustand von P. General urteilte P. Athanasius, er habe sich während der vier Monate seines römischen Aufenthalts bedeutend gebessert.[483] Nach seiner Ankunft in Würzburg begab sich P. General bald zu Dr. Wegener in die Missionsärztliche Klinik. Er hörte von ihm, dass die Leber ziemlich in Ordnung sei, nur die Nieren würden noch nicht recht klappen. Da es in Würzburg ziemlich warm sei, riet er ihm, er solle nach Walldürn gehen, was er auch tat.[484]

Da das 40-jährige Priesterjubiläum P. Generals nahte, entschloss er sich, an den Exerzitien für Priesterjubilare vom 20. bis 24. Juli 1958 in Würzburg im Exerzitienhaus Himmelspforten teilzunehmen.

---

[482] Tagebuch P. Athanasius, 1. Juli 1958; PA.
[483] Tagebuch P. Athanasius, 1. Juli 1958; PA.
[484] P. Engelbert an Schwester Anna, Walldürn, 17. Juli 1958; PA.

VIERZIGJÄHRIGES PRIESTERJUBILÄUM

Vierzig Jahre waren seit der Priesterweihe von P. Engelbert vergangen. Es stand die Feier seines Priesterjubiläums bevor, die sowohl im Kloster Würzburg als auch in seiner Heimatgemeinde Rhumspringe gewünscht wurde. Da er sein Amt als Priester gern und mit Freuden ausübte, stimmte er zu, mit den Menschen zu feiern, die sich ihm verbunden fühlten und mit ihm danken und sich freuen wollten.

Vor dem Jubiläum wollte er sich in Exerzitien sammeln und über die vergangenen vierzig Jahre nachdenken. So wollte er sich auf die bevorstehenden Feierlichkeiten seelisch vorbereiten. Er hoffte, dass seine körperliche Verfassung ihm dabei keine Schwierigkeiten machen werde.

PRIESTEREXERZITIEN

Die Priesterexerzitien im Kloster Himmelspforten vor den Toren Würzburgs wurden von einem Salvatorianerpater gehalten. P. Engelbert machte sie auch deshalb zusammen mit seinem Weihejahrgang, weil er sich dann an den römischen nicht zu beteiligen brauchte. Er schrieb darüber: *Heute Abend habe ich hier in Himmelspforten die Exerzitien begonnen, die ein Salvatorianer hält. Es sind bloß drei volle Tage (Schluss am Donnerstag Morgen), so werde ich schon durchhalten. So brauche ich die in Rom nicht mitzumachen und habe etwas mehr Zeit für die Visitation in Deutschland.*[485]

Den Exerzitien folgte P. General als aufmerksamer Teilnehmer, der sich bei jedem der elf Vorträge Notizen machte. Aus den Mitschriften kann man auf das schließen, was er für bedeutsam hielt und sich später wieder ins Gedächtnis rufen wollte. Es sollen einige Gedanken genannt werden, aus denen man auf seine innere Haltung schließen kann.

---

[485] P. Engelbert an P. Athanasius, Würzburg, 20. Juli 1958; PA.

In der Einsamkeit der
Exerzitien soll man sich die
Freude bewusst machen, die
aus der Gemeinschaft mit
Gott kommt. Der Geist der
Welt sickert in die Seele.
Ihm muss durch die Zwie-
sprache mit Christus und
das Gebet zur Mutter Gottes
begegnet werden.

Der zum Priestertum
berufende Gott beansprucht
den ganzen Menschen. Der
Priester ist ein Gott Ge -
weihter für die Menschen.
Ihm ist ein unauslöschlicher
Charakter *(character indele-
bilis)* eingeprägt, der ihn
zum Priester auf ewig *(sa-
cerdos in aeternum)* macht.

*P. Engelbert nach den Exerzitien im
Kloster Himmelspforten in Würzburg
mit Generalvikar Fuchs.*

Durch die empfangene Wei-
he nimmt er teil am Perso-
nalcharakter Christi. Der
Priester soll für Gott in der
Nachfolge Christi als Menschenfischer arbeiten. Das verpflichtet
ihn zu überdurchschnittlicher Vollkommenheit (St. Thomas). Im
Priester sehen die Leute, auch wenn er schwach ist (Graham
Green), ein Werkzeug Gottes. Der Priester ist ein *alter Christus.*

Zum priesterlichen Wirken gehört das Streben nach Heiligkeit,
das Bemühen um die Verähnlichung mit Christus. Ein Spitzel berichtete über den Pfarrer von Ars: *Ich habe Christus in einem
Menschen gesehen.*

Unserer Zeit fehlt das Sündenbewusstsein. Christus stand im
schärfsten Gegensatz zur Sünde. Die Entscheidung für Christus ist
auch eine Entscheidung gegen die Sünde. Es gab immer sündige
Priester. Sie sind ein Ärgernis, tragen zur Verachtung des
Priesterstandes bei und zur Zerstörung von Berufen.

Da der Priester an der Würde des ewigen Hohenpriesters teil-
nimmt, muss er die Sündenvergebung für sich selbst suchen und
das Sakrament der Buße spenden. In der Begegnung mit den
Sündern lernt er Mitleid, Geduld und Klugheit.

Das geistliche Leben des Priesters muss vom Verlangen nach Gott bestimmt sein. Er muss theozentrisch, nicht egozentrisch leben. In seinem Bemühen darf er nicht nachlassen. Denn aus der bewussten Lauheit folgt eine Vergiftung des Verhältnisses zu Gott. Die priesterlichen Handlungen werden zu oberflächlichen Verrichtungen.

Das Opfer Christi ist die Grundlage für die freie Hingabe an Gott. Sein Kreuzestod wurde zum Akt der Erlösung. Im Messopfer muss der Priester den Opfergeist Christi mitvollziehen. Er soll die Bereitschaft aufbringen, den Willen Gottes zu tun.

Weil das Leben des Priesters in Christus wurzelt, ist er um Christi willen töricht geworden. Er nimmt die Einsamkeit auf sich, lebt den Zölibat, schaut auf Jesu letzte, große Stunde, in der er furchtbar einsam war. In der Einsamkeit liegt göttliche Größe, auch in seiner Existenz im Tabernakel.

Jesus wird am Ende der Zeiten als der Sohn das Reich dem Vater übergeben. Sein irdisches Leben stand unter der Bereitschaft, den Willen dessen zu tun, der ihn gesandt hat. Von dieser Unterordnung unter den Vater soll die Demut des Priesters bestimmt sein. Die Demut ist die größte der menschlichen Tugenden und dem Hochmut, der Ursünde, entgegengesetzt.

Der Priester ist zu einer bestimmten Aufgabe erwählt. Zu ihrer Verwirklichung soll er sich Maria als Vorbild nehmen und mit ihr sprechen: *Siehe ich bin eine Magd des Herrn, mir geschehe nach deinem Wort.* Die Frucht der wahren Demut ist der Gehorsam.

Die Exerzitien hatte P. General gesundheitlich gut überstanden. Er musste aber noch acht Tage im heißen Würzburg bleiben, was ihm nicht gut bekam. Er zog sich deshalb nach Walldürn zurück, wo er sich klimatisch wohl fühlte.[486]

UMGANG MIT EINZELNEN PERSONEN

P. General hatte nicht zu allen Mitarbeitern einen so guten Kontakt wie zu P. Athanasius. Einen sehr guten Einblick in sein Inneres hätte eigentlich P. Bracco, der Sekretär des P. Generals, gewinnen können. Aber zwischen beiden kam es nicht zu einem so vertrauensvollen Umgang wie zwischen P. Athanasius und P. General.

---

[486] P. Engelbert an P. Athanasius, Walldürn, 5. August 1958; PA.

Dies geht aus einem Gespräch hervor, das P. Athanasius mit P. Bracco zu diesem Thema führte. In ihm beklagte er sich, dass er vom General zu wenig als Sekretär zu Rate gezogen wurde. Er fühlte sich von ihm zurückgesetzt.

In einem Brief bemerkte P. General dazu gegenüber P. Athanasius: *Im Gegenteil hatte ich persönlich immer Sympathie für ihn und habe sie auch jetzt noch. Ein Verhältnis wie zwischen Dir und mir hätte auch zwischen uns beiden sein können, wenn er sich etwas Mühe gegeben hätte. Er merkte, dass manche mir entgegen arbeiteten, ich hätte mich gefreut, wenn er gezeigt hätte, dass er zu mir stehe (dass er nicht gegen mich war, wußte ich!).*[487]

Von Vertrauen und Herzlichkeit war dagegen die Beziehung zwischen P. Athanasius und P. General geprägt. Über seine Beziehung zu P. Bracco schrieb P. General: *Zu P. Braccos Klagen kann ich nichts Neues sagen. Ich habe ihm in all den Jahren nicht ein einziges unfreundliches Wort gesagt. Wenn er einmal in mein Zimmer kam, suchte ich immer ein Gespräch mit ihm zu führen, aber er blieb immer kühl und reserviert. Anfangs suchte er mir klar zu machen, ich müsse mit P. Aramburu eng zusammenarbeiten, aber dann hätte ich die ganze Kurie gegen mich gehabt. Was kann ich dafür, dass die Assistenten und besonders P. Aramburu ihm nichts abliefern. Ich hielt es für meine Pflicht, die Assistenten zu informieren. Jetzt sind keine Assistenten da, somit bekommt er die Sachen von P. Doyle.*[488]

Seit seinem Studium in Deutschland war P. General mit P. David Gutièrrez bekannt. Er wollte ihm bei seiner Rückkehr nach Rom eine kleine Freude bereiten und Schokolade schenken. Deshalb schrieb er dem P. Athanasius: *Mit den Möbeln schicke ich ein Paket Schokolade, hebe sie auf, ich will sie zum Teil P. David geben.*[489]

EINIGE DIENSTGESCHÄFTE IM URLAUB

Von dem spanischen Assistenten P. Pérez erhielt P. General gute Nachrichten über die Kapitel, bei denen dieser den Vorsitz geführt hatte: *Heute habe ich den ersten Brief von P. Pérez bekommen. Die Kapitel sind sehr friedlich verlaufen. Pérez ist ganz stolz darauf.*[490]

---

[487] P. Engelbert an P. Athanasius, Würzburg, 11. Juli 1958, PA.
[488] P. Engelbert an P. Athanasius, Walldürn, 5. Aug. 1958; PA.
[489] P. Engelbert an P. Athanasius, Walldürn, 5. Aug. 1958; PA.
[490] P. Engelbert an P. Athanasius, Würzburg, 11. Aug. 1958; PA.

In Duisburg traf P. General mit den beiden Patres des italienischen Kommissariats in Amerika zusammen. Er schrieb über die mit ihnen verbrachten Tage: *Fr. Allegrini und Fr. J. Toscani waren auf meine Anregung von Le Havre direkt nach Duisburg gefahren; ich habe sie dann auch nach Dülmen mitgenommen und bin dann nach Koblenz gefahren. Dort übernachteten wir im Marienhof und hatten eine sehr schöne Fahrt am Rhein entlang. Mittags kamen wir nach Bingen und trafen dort P. Becker. Es war gerade das Rochusfest; der Bischof von Mainz war auch da und predigte, ein böhmischer Abt hielt das Amt. Das war natürlich ein Wiedersehen! P. Kowalski war auch da. P. Becker lässt dich grüßen!*

Bei der Begegnung mit den in Amerika wirkenden Augustinern ging es vor allem um die Unterstützung für die italienischen Studienhäuser. In einem langen Gespräch mit P. Allegrini über die Abgabe der Vizeprovinz für diese Häuser kam er mit P. General zu einem guten Ergebnis.[491]

In Duisburg führte P. General ein Gespräch mit P. Meyer, dem Vikar von Bolivien, der über die Visitation und die Situation in Chile berichtete. Aus dem Gespräch zog P. General diese Folgerung: *Ich habe nun P. Pérez geschrieben, er solle nach Würzburg kommen und hier sich mit P. Meyer besprechen, um klare Linien bezüglich des Kapitels in Chile (Januar 59) zu bekommen. Hoffentlich erreicht ihn mein Brief.*

Der italienische Assistent P. Trapè hatte ihm noch nichts über die beiden Kapitel berichtet, denen er präsidiert hatte. P. General fand sein Verhalten sonderbar.

P. Pasquini von Bologna hatte ihn um einen Zuschuss für das Kloster gebeten. P. General überließ die Höhe des Betrages P. Athanasius und schlug ihm auch das Konto vor, von dem er es abheben konnte: *Wenn Du das Geld privatim geben willst von den ca. $ 2000, die noch für meine Krankheit da sind, ist es mir auch recht. Ich habe mein hiesiges Geld noch nicht angegriffen.*

Dann war noch der Druck eines Rituales für die Schwestern zu entscheiden. Er verschob seine Zustimmung und erkundigte sich nach dem bisherigen Verlag. Wenn der Druck im Verlag der Kurie erfolge, dann wollte P. General nicht allein entscheiden, sondern die Kurie einbeziehen.

Mit seinem aktuellen Gesundheitszustand war P. General zufrieden. Er fühlte sich ziemlich gut und hatte sehr guten Appetit.

---

[491] P. Engelbert an P. Athanasius, Würzburg, 21. Aug. 1958; PA.

Er plante, bis zum 30. August in Walldürn zu bleiben. Danach soll am 1. September in Würzburg und anschließend am 7. in Rhumspringe sein 40-jähriges Priesterjubiläums gefeiert werden.[492]

FEIER DES VIERZIGJÄHRIGEN PRIESTERJUBILÄUMS

Sein 40-jähriges Priesterjubiläum feierte P. General an seinem Weiheort Würzburg und an seinem Primizort Rhumspringe. An beiden erschien er zwar in sehr abgemagerter Gestalt, aber innerlich froh und dankbar gestimmt. Bei den festlichen Anlässen war er umgeben von einer Gemeinschaft, die sich ihm verbunden fühlte und ihm ihre Hochachtung und Zuneigung entgegenbrachte. Es herrschte eine Atmosphäre der Zusammengehörigkeit, in der sich P. General wohl fühlen musste, denn in ihr fand er eine Bestätigung seiner Bemühungen. Jetzt, wo sie ihn umgab, konnte er sich nur dankbar freuen. Zu der Feier in Würzburg hatte P. Provinzial Hermenegild Biedermann die Prioren der Umgebung eingeladen.[493]

Schaut man sich die Photographie an, die P. Engelbert zeigt, wie er der Predigt des P. Hermann Josef Seller in der Augustinerkirche zu Würzburg aufmerksam lauscht, dann spürt man, dass er sich von den Worten des Predigers, der über das augustinische brennende Herz sprach, angesprochen wusste. Die Mitbrüder sollten zu einer lebendigen Gemeinschaft geformt werden, in gegenseitiger Liebe und in der Liebe zu Gott verbunden sein. Dieser Geist der Gemeinschaft sollte auch auf die Menschen übergreifen, mit denen die Augustiner in Verbindung stünden.

Der Prediger P. Hermann Josef traute sich einen Blick in die Zukunft zu. Zum Jubiläum des P. Generals äußerte er: *40jähriges Priesterjubiläum sei schon Herbstzeit im Priesterleben. Zeit der Ernte.* An P. General gewandt sagte er: *Die Ernte dieses Priesterwirkens sei reich und groß. Darum müsse dieser Priestertag als rechter Dank- und Freudentag begangen werden.*[494] Mit dem Hinweis auf die Ernte berührte er auch die Lebensernte des P. Generals. Dass sein Leben bald ein Ende finden würde, mag P. Hermann Josef geahnt haben, aber vorausgesehen hat er es nicht.

---

[492] P. Engelbert an P. Athanasius, Würzburg, 21. Aug. 1958; PA.
[493] P. Engelbert an Schwester Anna, Walldürn, 17. Juli 1958; PA.
[494] CU 16 (1958) 95.

Am 7. September 1958 feierte P. General sein Jubiläum in seinem Heimatdorf Rhumspringe. Er hatte dem Ortspfarrer Bernhard Voß geschrieben, er wolle nur ein Hochamt halten. Man solle von jeder äußeren Feier absehen. Er begründete seine Haltung mit seinem prekären Gesundheitszustand: *Hoffentlich fühle ich mich stark genug zu einem Amt. In den letzten 14 Tagen hatte ich wieder zwei mal Nasenbluten, das dann immer viele Stunden anhält. So ist bei mir alles immer ein Risiko! Also lasst alles weg! Bloß das Amt.*[495]

Die Predigt zum Festamt hielt wieder P. Hermann Josef. Er betonte, dass er es gern tue, da ihm der Jubilar im Jahre 1921 die Primizpredigt gehalten und an der Gestalt des Mose einen Ausblick in sein künftiges Priesterleben gegeben habe. In seiner Jubiläumspredigt griff P. Hermann Josef die Gestalt des Mose auf und hielt einen Rückblick auf die vierzig Jahre des priesterlichen Wirkens von P. Engelbert.

Wie Mose sei P. General der Prophet der Wahrheit Gottes, der Herold der Rechte Gottes, der Mittler zwischen Gott und Volk gewesen. Von Gott berufen und gesandt habe er unter Bedrohung und mit Enttäuschung, aber dennoch gotterfüllt in Gnade und Glück seinen Dienst getan. Sein Priesterleben sei in göttlicher Berufung und Sendung wirklich ein Führerleben in Priesterarbeit nach der Art des Moses gewesen. Dafür solle der Jubeltag ein voller Danktag sein. Dieses Priesterfest solle aber auch ein Bittfest sein, dass das katholische Eichsfeld an Priesterberufen nicht unfruchtbar werde.

Am Nachmittag kam der Diözesanbischof von Hildesheim, Heinrich Maria Janssen, der sich gerade in Duderstadt aufhielt, nach Rhumspringe, um P. Engelbert zu gratulieren.

Am Abend ehrte die Gemeinde den P. General mit einem Fackelzug und einem Ständchen. Im Namen der Pfarrei schenkte der Pfarrer dem Jubilar einen Kelch. Von dieser Feier heißt es: *Bewegt und begeistert für seine Heimat und für sein Eichsfeld dankte der Jubilar allen mit herzlichen Worten.*[496]

Über die Dankansprache, die P. General beim Mittagessen nach der Jubiläumsfeier im Kloster Würzburg hielt, urteilte P. Hermann Josef in seiner Würdigung nach dessen Tode: *Er hat oft in den vielen Jahren seiner Amtszeit zu uns gesprochen, kaum aber waren seine Worte eindringlicher, unmittelbarer und persönlicher gehalten als an seinem 40jährigen Priesterjubiläum mittags bei*

---

[495] P. Engelbert an Schwester Anna, Würzburg, 19. Aug. 1958; PA.
[496] CU 16 (1958) 95-96.

Tisch. Das war die Reife des wissenden, durch Krankheit geläuter-
ten Ordensmannes. Es war herzlicher Dank für seine Berufung zum
Priester und Ordensstand, herzlicher Dank an alle Mitbrüder: Eines
aber sei das Wesentliche im Ordensstand, dass jeder dort, wo er
stehe, als ganzer Ordensmann stehe, Gott alles gebe und nichts von
dem zurücknehme, was er Gott versprochen habe. Dort vor Gottes
Gericht werde nicht gefragt: ,Warst du General des Ordens oder ein-
facher Pater oder Bruder, sondern hast du dort an deinem Posten
das Opfer deines Ordenslebens ganz gebracht und in Treue.'[497]

DIE LETZTEN WOCHEN

Die Jubiläumsfeier in Würzburg fand P. General sehr gelungen.
Die Feier überstand er ohne jegliche Schwierigkeiten. Das Wetter war
für ihn angenehm warm, so dass er sich recht wohl fühlte. Die Feier
in Rhumspringe ging überra-
schend gut vorüber. Seit acht
Tagen fühlte er sich wohler als
je. Die Beklemmungen auf der
Brust waren zurückgegangen,
was er auf die Senkung des
Blutdrucks zurückführte.

Am 10. September führte
er ein Gespräch mit dem
neuen belgischen Provinzial
und dem Missionsoberen vom
Kongo. Sie baten um Leute, die
ihnen P. General nicht sofort
geben konnte. Als Geschenk
gab er ihnen 1000 M, die er aktuell für die Missionen erhalten hatte.

Brieflich drängte er den
P. Athanasius, er solle P. Pérez
auf die Zusammenkunft mit P.
Meyer hinweisen, die in Ge -
genwart des Generals stattfinden sollte.

P. Engelbert vor seinem Elternhaus bei
seinem 40-jährigen Priesterjubiläum in
Rhumspringe.

---

[497] CU 17 (1959) 70.

Sorgen bereitete P. General die Angina pectoris, nicht so sehr die Leberbeschwerden.[498]

GEPLANTE RÜCKKEHR NACH ROM MITTE OKTOBER

Die Aufgaben, die auf P. General warteten und die an ihn herangetragen wurden, erforderten seinen Einsatz, den er gern an seinem Amtssitz im Generalat in Rom leisten wollte. Er plante dementsprechend seine Rückkehr nach Rom.

Dies geht aus einem Brief hervor, den er an P. Franz Roth schrieb. Er hatte beim P. General um die Ernennung einer verdienstvollen Dame zur Ehrenaugustinerin angefragt. Am 23. September schrieb er ihm, dass die Angelegenheit noch warten müsse, da er in Münnerstadt kein Formular zur Hand habe, *so dass ich bis zu meiner Rückkehr nach Rom (Mitte Oktober) noch warten muss.*[499] Daraus spricht sein Wunsch, nach Rom zurückkehren zu wollen, um hier weiter zu arbeiten. Von dem Gedanken an ein nahe bevorstehendes Sterben ist noch keine Rede.

Seinen Plan, verschiedene deutsche Klöster zu visitieren, musste er aufgeben. In Münnerstadt setzte ihm das Wetter zu. Es lag ihm schwer auf der Brust. Er hoffte, *dass es in Rom besser gehen wird.*[500]

Die Planungen des P. Generals änderten sich wegen seines gesundheitlichen Zustandes schnell. Nach seiner Rückkehr von seinem 14-tägigen Aufenthalt in Münnerstadt, den er mit der Visitation verbunden hatte, schrieb er an P. Athanasius, dass er am Tage nach der Rückkehr einen ganz schweren Anfall von Angina pectoris hatte. Dr. Wegener sei aus dem Urlaub zurück und wolle ihn drei bis vier Wochen zur Behandlung der Angina in der Klinik haben. P. Engelbert gab sein Vorhaben, nach Rom zurückzukehren, nicht auf. Er schrieb an P. Athanasius: *Wenn sich dann die schweren Anfälle nicht wiederholen, komme ich doch nach Rom. Eventuell muß ich halt mal eine Zeitlang in die Villa Stuart. Ich war diese letzten Tage natürlich sehr niedergedrückt; es ist so bitter, wenn man die Arbeit sieht und nicht kann, wie man sollte. In den nächsten Tagen hoffe ich, Dir klarer schreiben zu können. Vielleicht ist es gut, wenn P. Doyle den Eröffnungsgottesdienst am 11. Oktober*

---

[498] P. Engelbert an P. Athanasius, Würzburg, 15. Sept. 1958; PA.
[499] P. Engelbert an P. Franz Roth, Münnerstadt, 23. Sept. 1958; PA.
[500] P. Engelbert an P. Athanasius, Münnerstadt, 24. Sept. 1958; PA.

halten würde. Wäre ich am 13. (Montag!) da und könnte nicht, wäre es unangenehmer! Bete für mich![501]

Verschlechterung des gesundheitlichen Zustandes

Dass es um P. General schlecht bestellt war, zeigte sich am 10. Oktober 1958. An diesem Tag rief P. Vinzenz Wüstefeld, der Prior des Würzburger Konventes, bei P. Athanasius in Rom an und teilte ihm mit, dass P. General einen so starken Anfall von Angina pectoris erlitten habe, dass er ihm die Letzte Ölung spendete. Es stand also kritisch um seinen Gesundheitszustand, zumal es auch noch hieß, er sei nicht transportfähig, könne nicht ins Krankenhaus gebracht werden.

Dies war für alle eine sehr traurige Nachricht, besonders für jene, die sich in Rom auf sein Kommen in der nächsten Woche gefreut hatten. Auf die Anfrage des P. Athanasius am 11. Oktober, ob er nach Würzburg kommen solle, erhielt er vom Prior des Klosters zunächst die Antwort, dass nach seiner Einschätzung dafür vorläufig noch keine Notwendigkeit bestehe. Einen Tag später, am 12. Oktober, rief P. Vinzenz dann auf Bitten von P. General an und ließ P. Athanasius ausrichten, er möge nach Würzburg kommen. Er traf dort am 13. Oktober ein und erfuhr, dass P. General leichtere Anfälle von Herzkrämpfen habe.

Geistig machte er auf P. Athanasius einen sehr frischen und interessierten Eindruck. Er erkundigte sich nach der Lage in St. Monica und sprach mit P. Athanasius darüber.[502]

Am 14. Oktober hielt sich P. Athanasius längere Zeit bei P. General auf. Nach seiner Beurteilung ging es P. General besser. Er hatte keinen Anfall von Herzbeklemmung, war aber sehr schwach. Geistig hatte er nicht abgebaut, sondern zeigte sich vollständig auf der Höhe. Die Situation im Orden beschäftigte ihn und veranlasste ihn, manche Probleme mit P. Athanasius zu besprechen.[503]

Am 15. Oktober war das Befinden wie am voraufgegangenen Tag. An ihm stattete Dr. Wegener dem Patienten einen Besuch ab und sagte dem P. Athanasius, dass es schnell mit P. General zu Ende gehen könne, wenn ein neuer, starker Herzkrampf auftrete. Deshalb

---

[501] P. Engelbert an P. Athanasius, Münnerstadt, 2. Okt. 1958; PA.
[502] Tagebuch P. Athanasius, 13. Okt. 1958; PA.
[503] Tagebuch P. Athanasius, 14. Okt. 1958; PA.

solle man körperliche Anstrengung und geistige Erregung von ihm fernhalten. Bei guter Pflege könne man ihn noch eine Zeitlang am Leben erhalten. Eine Rückkehr nach Rom schloss er aus.[504]

P. General traf jedoch noch einige Anordnungen für Rom. Er gab dem P. Athanasius den Auftrag, er solle sich bei dem Bildhauer Heffner in Würzburg nach einem großen Kruzifix erkundigen, das P. General zu seinem Jubiläum von der deutschen Provinz geschenkt worden sei. Er wolle es dem Kolleg St. Monica in Rom vermachen.[505]

Über das Befinden des P. General am 16. Oktober schrieb P. Athanasius, dass er öfter bei P. General im Krankenzimmer war und feststellte, dass sich sein Befinden weiterhin bessere. So kam er der Einladung zweier Mitbrüder zum Besuch des Films *Der veruntreute Himmel* nach; er beurteilte ihn als sehr gelungen.[506]

Am 17. Oktober hatte P. Athanasius verschiedene längere Unterredungen mit P. General, von dem er sagte, dass es ihm weiterhin besser gehe. Er schloss dies auch aus dem Umstand, dass er schon Pläne für das nächste Generalkapitel machte. Seine personellen Vorschläge waren: P. Athanasius Pape General, P. Athanasius van der Weijden Generalprokurator, die Patres Monti, Rubio, Cornelissen, Greenlee Assistenten.

Man kann diese Überlegungen aber auch so deuten, dass P. General sein Ende nahen fühlte und versuchte, sein Haus vor seinem Tode zu bestellen, soweit das möglich war.[507]

Für den 18. Oktober lautete die Beobachtung des P. Athanasius, dass P. General zusehends kräftiger werde, großes Interesse an allem zeige, was den Orden betrifft, besonders die Kurie und St. Monica.[508]

Am Vormittag des 19. Oktober besuchte P. Athanasius verschiedene Male P. General. Dabei klagte dieser über Müdigkeit und Spannung auf der Brust, fühlte sich aber sonst wohl. Dem P. Athanasius gab er den Auftrag, eine Monstranz für die Kirche St. Monica zu kaufen.

Dieser hatte keinen Verdacht, dass es mit P. General zu Ende gehen würde. Deshalb machte P. Athanasius einen Besuch bei seinem Bruder und dessen Familie in Schweinfurt. Während seiner

---

[504] Tagebuch P. Athanasius, 15. Okt. 1958; PA.
[505] Tagebuch P. Athanasius, 15. Okt. 1958; PA.
[506] Tagebuch P. Athanasius, 16. Okt. 1958; PA.
[507] Tagebuch P. Athanasius, 17. Okt. 1958; PA.
[508] Tagebuch P. Athanasius, 18. Okt. 1958; PA.

Abwesenheit ereignete sich nichts Dramatisches. Nach seiner Rückkehr fand er P. General friedlich schlafend in seinem Zimmer vor.[509]

DAS STERBEN DES P. GENERALS

Am Morgen des 20. Oktober empfing P. General, wie er es gewohnt war, die heilige Kommunion. Sie sollte seine Wegzehrung sein. Denn nach dem Empfang der Hostie setzte ein sehr starker Herzanfall ein. Der sofort herbeigerufene Dr. Wegener versuchte alles, um ihn zu retten. Selbst ein starker Aderlass, der beim letzten starken Anfall geholfen hatte, bewirkte nichts.

In dieser Stunde war P. Athanasius bei ihm und betete ihm die Sterbegebete vor. Als sie beendet waren, begann er mit dem Rosenkranz. Drei Gesätze konnte er zu Ende beten, beim vierten starb P. General. Es war gegen 8.30 Uhr.[510]

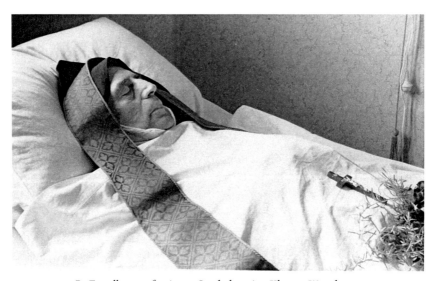

P. Engelbert auf seinem Sterbebett im Kloster Würzburg.

---

[509] Tagebuch P. Athanasius, 19. Okt. 1958; PA.
[510] Tagebuch P. Athanasius, 20. Okt. 1958; PA.

Sein Herz hatte aufgehört zu schlagen, es hatte Ruhe gefunden in Gott. In den letzten Tagen beschäftigte er sich mit der Anfertigung eines Kreuzes und einer Monstranz. Es waren nicht nur die Gegenstände, die dabei vor seinem geistigen Auge standen, sondern vor allem die damit verbundenen Inhalte: der gekreuzigte und der unter der Hostie gegenwärtige Christus.

Als erste Bewertung seines Wirkens schrieb P. Athanasius: *Ein ganz großer Verlust für den Orden, für den P. Engelbert mit größter Aufopferung und Liebe und außergewöhnlichem Erfolg 40 Jahre lang als Priester gearbeitet hat.*[511]

DAS ANTLITZ DES TOTEN GENERALS

Der Leichnam des verstorbenen P. Generals wurde am Abend seines Todestages vom Konvent unter dem Gesang des *Miserere* in die Ritakapelle geleitet und hier öffentlich aufgebahrt.[512] Viele Hunderte von Menschen nahmen am Sarge vorbeigehend von ihm Abschied. Am 23. Oktober 1958 wurde er nach einem Pontifikalrequiem, das der hochwürdigste Diözesanbischof Dr. Josef Stangl hielt, in der Augustinergruft auf dem städtischen Hauptfriedhof in Würzburg beigesetzt.

In dem Bericht des *Cor unum* über Tod und Begräbnis des P. Generals in Würzburg steht der Satz: *Das Bild des Generals auf der Totenbahre spricht von einer majestätischen Ruhe.*[513] Der heutige Betrachter des Fotos fragt sich, wie es zu diesem Gesichtsausdruck kam.

Durch seine Krankheit hatte P. General so stark abgenommen, dass sein volles Gesicht alles Aufgeschwemmte und Aufgedunsene verloren hatte. Nach seinen Exerzitien in Himmelspforten wurde er mit Generalvikar Prälat Fuchs und einem anderen Kursteilnehmer fotografiert. Die drei erscheinen auf dem Foto als schlanke Männer vor dem Maßwerk eines Kreuzgangfensters, die sich freundlich unterhalten. Das Gesicht des P. Generals, das auf diesem Foto hervortritt, ist das lebende Vorbild für sein Antlitz, das im Tode sichtbar wurde.[514]

---

[511] Tagebuch P. Athanasius, 20. Okt. 1958; PA.
[512] Siehe Gebete beim Tode von Mitbrüdern, in: Handbuch der deutschen Augustiner. Cor Unum, Würzburg 1956, 305-310.
[513] CU 17 (1959) 6-10, bes. 7.
[514] CU 17 (1959) 66.

Das Antlitz des aufgebahrten P. Generals in der Ritakapelle in Würzburg.

In ihm spiegelt sich die Ruhe, die er sich während seiner 18 Jahre als Provinzial angeeignet hatte und mit der er manche Stürme überstand. In ihm treten auch seine Anstrengungen hervor, die das Generalat mit sich brachte, die er auf sich nahm und zu bewältigen suchte. Es wird aber auch sein festes Wollen sichtbar, das einmal Begonnene zu Ende zu führen.

Aber Letzteres war ihm nicht vergönnt. Jetzt hatte der Tod ihm alles aus der Hand genommen, was er noch gern ausgeführt hätte.

Seine Botschaft bleibt über seinen Tod hinaus bestehen, ein Herz und eine Seele in Gott zu sein, als Klostergemeinschaft zusammenzuwirken, als verschiedene Klöster einer Ordensprovinz füreinander besorgt zu sein und das Wohl der anderen Provinzen nicht zu vernachlässigen. Dies waren die Hauptpunkte, die P. Engelbert für sich und seine Mitbrüder aus der Ordensregel des hl. Augustinus ableitete und zu verwirklichen suchte.

PERSONENREGISTER

Finito di stampare nel mese di aprile 2012
dalla Tipolitografia 2000 sas di De Magistris R. & C.
Via Trento, 46 - 00046 Grottaferrata (Roma)
Tel. e Fax: 06.941.04.73 - info@tip2000.it